Bauwelt Fundamente 157

T0337698

Herausgegeben von
Elisabeth Blum
Jesko Fezer
Günther Fischer
Angelika Schnell

Turit Fröbe

Die Inszenierung eines Mythos

Le Corbusier und die Akropolis

Bauverlag
Gütersloh · Berlin

Birkhäuser
Basel

Die Reihe Bauwelt Fundamente wurde von Ulrich Conrads 1963 gegründet und seit Anfang der 1980er Jahre gemeinsam mit Peter Neitzke herausgegeben.
Verantwortliche Herausgeberin für diesen Band: Elisabeth Blum

Vordere Umschlagseite: Jeanneret, wie ihn August Klipstein sah, September 1911, aus: Gresleri, Giuliano: Le Corbusier. Reise nach dem Orient, Zürich 1991, S. 340
Hintere Umschlagseite: Jeanneret auf der Akropolis, 1911, aus: Gresleri, Giuliano: Le Corbusier. Reise nach dem Orient, Zürich 1991, S. 345, fotografiert von August Klipstein.

Library of Congress Cataloging-in-Publication data
A CIP catalog record for this book has been applied for at the Library of Congress.

Bibliografische Information der Deutschen Nationalbibliothek
Die Deutsche Nationalbibliothek verzeichnet diese Publikation in der Deutschen Nationalbibliografie; detaillierte bibliografische Daten sind im Internet über http://dnb.dnb.de abrufbar.

Dieses Buch ist auch als E-Book (ISBN 978-3-0356-0913-4) und E-PUB (ISBN 978-3-0899-1) erschienen.

Der Vertrieb über den Buchhandel erfolgt ausschließlich über den Birkhäuser Verlag.

© 2017 Birkhäuser Verlag GmbH, Basel, Postfach 44, 4009 Basel, Schweiz,
ein Unternehmen von Walter de Gruyter GmbH, Berlin/Boston;
und Bauverlag BV GmbH, Gütersloh, Berlin

bau ||| |verlag

Gedruckt auf säurefreiem Papier, hergestellt aus chlorfrei gebleichtem Zellstoff. TCF ∞

Printed in Germany
ISBN 978-3-0356-1118-2

9 8 7 6 5 4 3 2 1   www.birkhauser.com

Inhalt

Prolog 7

Einleitung 9

I. Die Akropolis in „Vers une Architecture" **16**

Die Rezeptionsebenen der Akropolis in „Vers une Architecture" 19

Die Akropolis als ästhetische Ikone 19

Der Parthenon als kulturelle Ikone 21

Die Raumkonzeption der Akropolis – ein Modell für die Moderne 25

Die Akropolis als Rückgrat von „Vers une Architecture" 28

Nach „Vers une Architecture": die Akropolis in Le Corbusiers späteren Texten 33

**II. „Vers une Architecture": der Bezugsrahmen von
Le Corbusiers Akropolis-Rezeption** **42**

In der Tradition des romantischen Hellenismus 42

Auguste Choisy und die Entdeckung der Unordnung 45

Eugène Viollet-le-Duc und die pittoresk-poetischen Eigenschaften der Akropolis 53

Die Akropolis in der Architekturtheorie des frühen 20. Jahrhunderts 61

Die Akropolis als architektonische Höchstleistung 61

Der griechische Tempel als kulturelle Ikone 66

Die Fotografien von Frédéric Boissonnas: der gelenkte Blick 73

III. Die Entdeckung der Akropolis 1908–1914 . . . . **80**

Jeannerets Aufenthalte in Paris und Deutschland – die Suche nach
einem Ideal 80

Die Orientreise 1911 – ein Erweckungserlebnis? 90

Volumen im Licht – der Einfluss Henri Provensals und des Instituts
Jaques-Dalcroze in Hellerau 104

IV. Aus Jeanneret wird Le Corbusier 1918–1923 . . . . **117**

Die Neuausrichtung – Paris, Ozenfant und die „Wiederentdeckung"
der Akropolis 117

„Après le cubisme" – die Akropolis als Modell für den Purismus 126
Der Purismus und die Gründung des Zeitgeistmagazins „L'Esprit Nouveau" . . 133

**V. Die Akropolis-Idee in Le Corbusiers architektonischen
und städtebaulichen Entwürfen** **145**
Das gebaute Manifest: die Villa Savoye 145
Die Akropolis-Idee in Le Corbusiers Architekturen 158
Notre-Dame-du-Haut in Ronchamp (1950–1955) – die akustische Plastik 161
Das Appartement für Charles de Beistegui (1929–1931) – die Stadtlandschaft als Kulisse . . . 165
*Das Dach der Unité d'Habitation in Marseille (1946–1952) – das Spiel der Volumen
unter dem Licht* 170
Die Akropolis-Idee in Le Corbusiers städtebaulichen Projekten 176
Das Mundaneum der Cité Mondiale (1929) – ein Heiligtum der Völkerverständigung 176
Das Bürgerzentrum von St. Dié (1945) – eine Akropolis der Gemeinschaft 180
Das Kapitol von Chandigarh (1950–1965) – eine ehrwürdige Ruinenlandschaft 182

VI. Ausblick: Die Rezeption der Rezeption **192**
Le Corbusier als Katalysator von Auguste Choisys Akropolis-Rezeption 192
Die Verselbstständigung von Le Corbusiers Akropolis-Idee 198
Das Economist Building (1959–1962) – das abstrakte Akropolis-Motiv 205

Epilog 214
Anmerkungen 217
Literaturverzeichnis 248
Abbildungsverzeichnis 257

Prolog

Einleitung zum Festvortrag „Air, Son, Lumière", den Le Corbusier am 3. August 1933
anlässlich der Eröffnung des in Athen tagenden IV. CIAM-Kongresses hielt

„Vor 23 Jahren kam ich nach Athen. 21 Tage verbrachte ich auf der Akropolis, um unaufhörlich zu arbeiten und mich an dem wundervollen Spektakel zu laben.

Aber was habe ich während dieser 21 Tage für mich erreicht, frage ich mich. Ich weiß, dass ich eine Vorstellung von der unerbittlichen Wahrheit bekommen habe. Ich kehrte zurück, erdrückt von dem Übermenschlichen der Akropolis. Erdrückt von dieser einzigen Wahrheit, die weder heiter noch leicht, aber stark und unerbittlich ist. Ich war noch kein Mann und musste angesichts des Lebens, das sich mir eröffnete, erst ein Charakter werden. Ich habe versucht, zu handeln und ein harmonisches und menschliches Werk zu schaffen. Es ist mir gelungen, mit der Akropolis tief in meinem Inneren, in meinem Bauch. Meine Arbeit war ehrlich, treu, beharrlich, ernst. Es ist die hier empfundene Wahrheit, die aus mir einen Opponenten gemacht hat, jemanden, der etwas vorschlägt, das an die Stelle anderer Dinge treten, bestehende Situationen ersetzen wird.

Man wirft mir deshalb vor, ein Revolutionär zu sein. Ich war in den Westen zurückgekehrt, um den Lehren der Schulen zu folgen, und erkannte dabei, dass man im Namen der Akropolis log. Ich stellte fest, dass die Akademie den Faulheiten schmeichelnd log: Ich hatte gelernt nachzudenken, zu betrachten und einer Frage auf den Grund zu gehen. Es ist die Akropolis, die aus mir einen Revoltierenden gemacht hat. Diese Gewissheit ist mir geblieben: ‚Erinnere Dich an den Parthenon, wie er sich scharfkantig, rein, durchdringend, schlicht, gewaltig offenbart, und an den Schrei, den er in eine Landschaft aus Anmut und Schrecken ausstößt, in seiner Kraft und Reinheit.'

Heute Morgen sind wir mit einigen Freunden spazieren gegangen: Fernand Léger, der Maler; Zervos, der Herausgeber der ‚Cahiers d'Art'; Albert Jeanneret, der Musiker; Ghyka, Ihr Landsmann, der von sich reden machen wird. Wir blieben vor den Booten der Küstenschifffahrt stehen, Boote, wie es sie heute gibt und schon immer gegeben hat, Boote ihrer Geschichte. [...] In diesen Booten aus Piräus, die bemalt sind wie jene vor 2000 Jahren, haben wir die Tradition der Akropolis wiedergefunden; in der Zeit vor Perikles war man nicht vornehm. Man war stark, strikt, exakt und intensiv, sinnlich. Der griechische Geist ist das Symbol der Virtuosität geblieben; mathematische Strenge und das Gesetz der Zahlen bringen uns Harmonie. Nun bin ich am Ende dieser kleinen Einleitung, die mit meinem Thema unvereinbar scheint.

Es geht heute aber nicht darum, alle nur vorstellbaren Ansichten anzubieten; es gilt zu erkennen, warum essenzielle Dinge gemacht und Wege gefunden werden müssen, diese in einem Ensemble zu harmonisieren.

Im Namen dieser Harmonie muss – um nun mit der Akropolis abzuschließen – zuverlässig und beherzten Geistes auf der ganzen Welt ‚harmonisiert‘ werden. Ein Wort, das die Raison d'être der heutigen Zeit wahrhaftig ausdrückt.

Im Namen der Akropolis sei diese Harmonie kraftvoll, selbstbewusst, ohne Schwäche, ohne Versagen.

Denn dieses ist die Ermahnung der Akropolis: sich eine eherne Seele zu schaffen! Wenden wir uns modernen Zeiten zu."[1]

Einleitung

Le Corbusiers Hommage an die Akropolis, die er 1933 im Rahmen des in Athen tagenden IV. CIAM-Kongresses seinem Vortrag „Air, Son, Lumière" vorschaltete, gilt als sein persönlichstes und sicherlich auch bewegendstes Bekenntnis zu der antiken Ikone, das er jemals ablegte. Mindestens so interessant wie die Hommage selbst sind die Umstände ihrer Entstehung. Der Kongress tagte im Innenhof des Athener Polytechnikums mit Blick auf die Akropolis, die eigens für die Eröffnungs-veranstaltung illuminiert wurde.[1] Le Corbusier hatte seinen Vortrag „Air, Son, Lumière", der als Höhepunkt des Abendprogramms nach den Begrüßungsansprachen des Generalsekretärs Sigfried Giedion und des Präsidenten Cornelis van Eesteren vorgesehen war, mit einer dreiviertelstündigen Verspätung begonnen. Er trat laut Augenzeugenberichten unpassend gekleidet und offenbar schlecht vorbereitet ans Podium und entschuldigte seine Verspätung, die dazu geführt hatte, dass die Mehrzahl der offiziell geladenen Gäste bereits gegangen war, damit, dass er sein Auditorium schlichtweg vergessen habe, da er auf der Akropolis gewesen sei.[2] Anstatt aber mit seinem Vortrag „Air, Son, Lumière" zu beginnen, in dem es im Wesentlichen um die Etablierung vollständig klimatisierter Architekturen mit hermetisch abgeriegelten und dadurch schallisolierten Glasfassaden im modernen Stadtbild ging, begann er seinen Vortrag mit diesem flamboyanten Bekenntnis zur Akropolis. Da seine Affinität zu dem Athener Burgberg zu diesem Zeitpunkt, wie noch zu zeigen sein wird, bereits allgemein bekannt war, hätte diese Ansprache vermutlich keinen der mitreisenden Architekten ernsthaft überrascht – möglicherweise wäre sie sogar erwartet worden. Doch Le Corbusier hatte sich im Vorfeld eines Kunstgriffs bedient und hatte wenige Tage zuvor alle etwaigen Erwartungen bezüglich der Akropolis unmissverständlich zunichtegemacht. Anlässlich der Eröffnungssitzung des inoffiziellen Teils des an Bord der Patris II. tagenden Kongresses verkündete er laut Protokoll, „dass er die Schönheiten der antiken Architekturen für nicht geeignet halte, die Diskussion zu befruchten". Er behauptete, „die Empfindung von Ordnung reiner Ästhetik sei kein Thema für den IV. CIAM-Kongress. Probleme wie ARCHITEKTUR UND ÄSTHETIK; ARCHITEKTUR UND DIE POLITIK seien nicht Fragen der allgemeinen Ordnung und es sei auf jeden Fall gefährlich, sie zu diskutieren. Es handele sich um einen Kongress von

TECHNIKERN, wenn Poeten unter ihnen seien – umso besser. Aber das sei individuell – und das Individuelle könne nicht von 100 Personen diskutiert werden."[3] Mithilfe dieser Konstruktion sorgte er dafür, dass seine Hommage an die Akropolis zu einem Ereignis wurde, das unzählige Male publiziert und zitiert wurde.[4]

Le Corbusier verbrachte als knapp 24-Jähriger im September 1911 im Rahmen seiner Orientreise, die er zusammen mit seinem Freund August Klipstein unternommen hatte, drei Wochen in Athen. Zeit seines Lebens wertete er diesen Besuch auf der Akropolis als Schlüsselerlebnis, das sein Architekturverständnis entscheidend geprägt habe. Dass das nicht erst rückwirkend im Zuge einer Selbsthistorisierung geschah, sondern unmittelbar vor Ort, belegte er mit seinem Reisebericht, den er 1965 kurz vor seinem Tod redigierte und zur Veröffentlichung freigab. Er beschließt darin sein Athen-Kapitel mit der programmatischen Ankündigung, von nun an untrennbar mit der Akropolis verbunden zu sein, die fortan ein neuer Teil seines Seins sei.[5] Wie ein roter Faden begleitet sie mit unterschiedlicher Intensität seine Architekturprogrammatik und -propaganda. Mit dem Erscheinen von „Vers une Architecture" im Jahr 1923, der Publikation, mit der Le Corbusier über Nacht Weltruhm erlangte, wurde sie Teil seiner Selbstinszenierung. Sie wurde zum Prüfstein für die eigene Architektur, zum Maßstab, an dem er seine Ansprüche definierte, und zur Visitenkarte. „Wie ein Komet am Himmel erscheint die Akropolis von nun an zyklisch in den Schriften Le Corbusiers"[6], heißt es dazu bei Jean-Louis Cohen.

In der Forschung hat Le Corbusiers konsequenter, lebenslanger Rekurs auf die Akropolis in seinem geschriebenen Œuvre – Catherine Smet zählt 35 Publikationen und über 300 Aufsätze[7] – dazu geführt, dass die Rolle der Akropolis weitgehend unhinterfragt geblieben ist und mit großer Selbstverständlichkeit Le Corbusiers eigener Narration gefolgt wurde. Im Rahmen der vorliegenden Arbeit wird eine Neubewertung der Rolle der Akropolis für sein Denken und Schaffen vorgenommen. Die Akropolis war auch zentraler Bestandteil seiner Selbstinszenierung und hatte entscheidenden Anteil an der Gründung des Mythos Le Corbusier. Schon seine eingangs zitierte Athener Hommage an die Akropolis und die Umstände ihrer Entstehung offenbaren Le Corbusiers Gespür für große dramatische Gesten.

Le Corbusier hatte nachweislich sehr früh schon den Ratschlag erhalten, die Akropolis zur Selbstinszenierung heranzuziehen. In einem Brief vom 8. März 1912, ungefähr vier Monate nach seiner Rückkehr von seiner Orientreise, schreibt Le Corbusier, der sich damals noch mit bürgerlichem Namen Charles-Edouard Jeanneret nannte,[8] an seinen Mentor, den Schriftsteller, Journalisten und Maler William

Ritter: „Sie haben mir gesagt: Richten Sie es ein, dass man sich erinnert, dass Sie auf der Akropolis gewesen sind! Oh Aufstachler, der Sie sind, und Ironiker! Das Blut und das Fleisch unter meiner Haut wissen es und erinnern sich daran!"[9] Wann genau und in welchem Kontext er Ritters Empfehlung erhalten hatte, lässt sich nicht mehr rekonstruieren. Die wenigen überlieferten Quellen aus dem Reisejahr sprechen jedoch dafür, dass der Athen-Aufenthalt erst nachträglich zu einem Ereignis hochstilisiert wurde, als der Entschluss bereits gefallen war, die Akropolis mit einem Initiationsmythos zu belegen.

Im Rahmen der vorliegenden Arbeit wird rekonstruiert, wie Le Corbusiers Annäherung und Auseinandersetzung mit der Akropolis erfolgte und welcher Anregungen und Quellen er sich dabei bediente. Eine Reihe von Beobachtungen, die er bezüglich der Akropolis in seinem Orientreisebricht formuliert, befinden sich, wie Briefe belegen, die er im Vorfeld verfasst hatte, bereits als vorgefertigte Erwartungen, die von außen an ihn herangetragen worden waren, in seinem Reisegepäck. Hinzu kommen diverse Erfahrungen und Inspirationen, die er in anderen Kontexten gemacht hatte und später an den Fuß der Akropolis verlegte. Es wird nachvollzogen, wie sich Le Corbusiers Akropolis-Idee entwickelte, welche Rolle sie für seine Profil- und Theoriebildung spielte und wie sie sich in seinem gebauten Œuvre niederschlägt. Denn nicht nur in seinen Texten wird die Akropolis mit steter Regelmäßigkeit aufgerufen, sondern mit Beginn der 1920er Jahre auch in seinen Entwürfen. Dabei handelt es sich nicht um wörtliche Zitate, sondern vielmehr um abstrakte Ideen und Ableitungen, die vielen seiner Projekte – den kleinen und den großmaßstäblichen, den architektonischen und den städtebaulichen – unterliegen. So schlägt sich die Akropolis beispielsweise im Konzept der *promenade architecturale* nieder oder in der Idee des freien Grundrisses. Sie ist immer dann gegenwärtig, wenn es um die skulpturalen Aspekte der Architektur oder um die Wechselwirkungen von Architektur und Landschaft, von Innen- und Außenraum geht. Erst in Le Corbusiers Spätwerk wurden die Referenzen in einzelnen Projekten so deutlich lesbar, dass es legitim erscheint, von einem abstrakten „Akropolis-Motiv" zu sprechen.

Dass das Thema Akropolis in der Le Corbusier-Forschung heute mit größter Selbstverständlichkeit behandelt wird, verdankt sich nicht allein Le Corbusiers eigener Narration, sondern auch einzelnen Forschungsarbeiten. Als wichtigste Autoren sind hier William Curtis, Richard Etlin und Giuliano Gresleri zu nennen. Curtis stellt seit 1975 ausgehend von der Publikation „Le Corbusier. The evolution of his architectural language and the crystallization in the Villa Savoye in Poissy" in all seinen Texten über Le Corbusier den Einfluss der Akropolis dar und hat im besonderen Maße dazu beigetragen, dass die abstrakten Analogien lesbar wurden. Richard Etlin zeigt den historischen Kontext von Le Corbusiers Akropolis-Rezeption und macht deutlich, dass er fest in der Tradition der französischen Hellenisten verankert war. Zu nennen sind hier in erster Linie Etlins Aufsatz „Le Corbusier, Choisy and French Hellenism: The Search for a New Architecture" von 1987 und seine Publikation „Frank Lloyd Wright and Le Corbusier: the romantic legacy" von 1994, in denen er neben dem Einfluss Auguste Choisys insbesondere auch den Viollet-le-Ducs beleuchtet. Giuliano Gresleri erforscht und dokumentiert in der 1991 erschienenen beispiellosen Arbeit Jeannerets Orientreise. Er bezieht die gesamte Korrespondenz aus dem Umfeld der Reise ein und macht über 300 Fotografien ausfindig, die Jeanneret und Klipstein während der fünfmonatigen Reise anfertigten. Diese hat er zugeordnet und zum großen Teil identifiziert, sodass die Reise heute exzellent dokumentiert und erforscht ist. Gresleri ist unter anderem die wichtige Erkenntnis zu verdanken, dass das Kapitel über den Aufenthalt in Athen, genauso wie das über den Berg Athos, nicht 1911 im Rahmen der Reise selbst entstanden ist, wie Le Corbusier seine Leser glauben machen wollte, sondern nachträglich 1914 aus der Erinnerung verfasst wurde, um eine geschlossene Publikation daraus zu machen. Zu diesem Zeitpunkt war die Reise bereits ein Mythos für Jeanneret geworden.[10] Inzwischen gibt es verschiedene Aufsätze und Publikationen, die die Orientreise zum Thema haben.[11] Als eine der umfassendsten und besten Aufsatzsammlungen muss in diesem Zusammenhang der jüngst erschienene Tagungsband der Fondation Le Corbusier genannt werden „L'invention d'un architecte. Le Voyage en Orient de Le Corbusier" von 2013, in dem der Gesamtfokus, wie der Titel schon verrät, auf die Rolle der Reise für sein späteres Schaffen gerichtet wird. Anders als der Titel suggeriert, wird jedoch auch in dieser Publikation der Aspekt der kalkulierten Inszenierung der Akropolis nicht behandelt und die Bedeutung des tatsächlichen Athen-Aufenthaltes nicht infrage gestellt, obwohl die Quellenlage eine kritische Beurteilung durchaus nahelegt. Zum Thema Orientreise gibt es aber auch Abseitiges, wie die 2013 erschienene Dissertation Pamela Theodorakopoulous, in der die Autorin Le Corbusiers Reisebericht als „ein der Nachwelt gestelltes Rätsel" darstellt, das nur vordergründig wie ein „gewöhnliches Reisetagebuch" wirke.[12]

Neben diesen bereits erwähnten Grundlagenarbeiten sind verschiedene Beiträge zu nennen, die sich mit den Jugendjahren Le Corbusiers beschäftigen. Die Basis für diese Forschungen legte Paul Venable Turner bereits in den 1970er Jahren, als er ausgehend von Le Corbusiers Privatbibliothek seinen theoretischen Background und Werdegang aufschlüsselte.[13] Es folgten in den 1990er Jahren die Arbeiten Geoffrey Bakers „Le Corbusier. The creative Search. The formative years of Ch. E. Jeanneret" (1996) und insbesondere Allen Brooks „Le Corbusiers formative years: Ch. E. Jeanneret at La Chaux de Fonds" (1997), Letzterer beschreibt eindrücklich Jeannerets Wandlung vom Gotizisten zum Klassizisten. Aber auch der kurz darauf erschienene, von Stanislaus von Moos und Arthur Rüegg herausgegebene Katalog „Le Corbusier before Le Corbusier" (2002) und insbesondere der darin enthaltene Aufsatz von Francesco Passanti „Architecture: Proportion, Classicism and other issues" ist in diesem Zusammenhang hervorzuheben.

In der jüngeren Le Corbusier-Forschung ist das Thema der *promenade architecturale,* das, wie in dieser Arbeit dargestellt wird, im unmittelbaren Zusammenhang mit Le Corbusiers Akropolis-Rezeption zu verstehen ist, aufgearbeitet worden. Die Publikation von José Baltanás hat sich als oberflächlich und fehlerhaft erwiesen, aber auch die inhaltlich fundierte Arbeit Flora Samuels kommt weitgehend ohne die Akropolis als Referenz aus, was bei dem Thema durchaus erstaunlich ist. Zu den positiven Entwicklungen in der jüngeren Le Corbusier-Forschung gehört, dass endlich auch Le Corbusiers Publikationen bzw. Le Corbusier als Autor in den Fokus rücken. Le Corbusier ist weithin als Architekt, Städtebauer, Maler, Bildhauer und auch als Designer benannt. Er benutzte in seiner Carte d'Identité aber ausdrücklich „Homme de Lettre" – Schriftsteller – als Berufsbezeichnung, sodass Forschungen an dieser Stelle längst überfällig waren. Während bei Catherine Smet „Le Corbusier. Architekt der Bücher" von 2005 die Gestaltung seiner Bücher im Vordergrund steht, beschäftigt sich Christine Boyer in ihrem umfangreichen Werk „Le Corbusier. Homme de Lettre" von 2011 ausführlich mit seinen Inhalten. Obwohl an vielen Stellen etwas mehr Analyse wünschenswert gewesen wäre und weniger reine Inhaltswiedergabe, ist diese Publikation insofern ein Meilenstein, als den Lesern damit ein Überblickswerk an die Hand gegeben wird, um Kontexte und Hintergründe, in denen Le Corbusiers Texte entstanden oder publiziert worden sind, besser nachvollziehen zu können. Der Akropolis bringt Boyer keine besondere Aufmerksamkeit entgegen; sie ist lediglich in den einschlägigen Texten über die Orientreise oder über „Vers une Architecture" präsent, in denen sich eine Bezugnahme auf die Akropolis oder den Parthenon kaum vermeiden lässt.

Als Grundlagenarbeiten bezüglich der Rezeption des Parthenons, die beide abschließend auch einen Ausblick auf die Rezeptionen des 20. Jahrhunderts geben, sind zwei Aufsatzsammlungen zu nennen: „The Impact of the Parthenon", herausgegeben von Panayotis Tournikiotis im Jahr 1994, und „The Parthenon. From Antiquity to the Present" von 2005, herausgegeben von Jennifer Neils, in der Richard Etlin den Artikel „The Parthenon in the Modern Era" publizierte. Beide Publikationen beziehen sich jedoch ausschließlich auf den Parthenon und nicht auf die Akropolis als Gesamtanlage. Gänzlich unerforscht ist derzeit noch die Rezeption der unregelmäßigen Komplexbauten der Akropolis im 20. Jahrhundert. Insbesondere das Erechtheion mit seiner Allansichtigkeit, seinen vier unterschiedlichen Fassaden und seinen immensen Niveauversprüngen dürfte das Interesse der Architekten der klassischen Moderne, aber auch der sogenannten Vormoderne geweckt haben.

In der vorliegenden Arbeit wird dargestellt, wie Le Corbusier die Akropolis in seinem Werk einsetzt und inszeniert. Es wird nachvollzogen, wie die Auseinandersetzung mit dem Monument erfolgt und was der Architekt unter der Erfahrung der Akropolis für Fremdeinflüsse subsumiert und verschleiert. Die Vorgehensweise ist dabei nicht chronologisch, sondern Ausgangspunkt ist die 1923 erschienene Publikation „Vers une Architecture", in der die Akropolis-Idee bereits voll ausgereift ist. Der Text wird auch deshalb an den Anfang gestellt, weil er einen einschneidenden Wendepunkt markiert: die eigentliche Geburtsstunde Le Corbusiers. Das Manifest machte seinen Autor nicht nur über Nacht international bekannt, sondern es kennzeichnet auch den Moment, in dem die Kunstfigur Le Corbusier an die Stelle Charles-Edouard Jeannerets trat und seinen Werdegang, seine Vorbildung und sein Vorleben für viele Jahre bzw. sogar Jahrzehnte überschrieb. Das Aufbrechen der Chronologie ermöglicht es, die Frage der Inszenierung und die Perspektive der Zeitgenossen besser in den Vordergrund zu stellen. Aus heutiger Sicht mit dem Zugriff auf Le Corbusiers posthum veröffentlichten Reisebericht und die unveröffentlichten Texte und Korrespondenzen, die nach seinem Tod in der Fondation Le Corbusier der Forschung zugänglich gemacht wurden, ist es ohne Weiteres möglich, eine Entwicklung darzustellen, die im Vorfeld der Orientreise 1911 beginnt und bis zu seinem Tod reicht. Die Zeitgenossen hatten diesen Überblick nicht. Sie wurden 1923 mit einer fertigen Akropolis-Rezeption von außergewöhnlicher Form und Qualität konfrontiert, konnten sie aber kaum bzw. gar nicht verankern oder verorten, da die Kunstfigur Le Corbusier ein unbeschriebenes Blatt ohne Vergangenheit war. Längere Auszüge aus dem erst posthum veröffentlichten Orientreisebericht wurden zwar bereits 1925 im „Almanach d'architecture moderne" publiziert, sie wurden aber nie übersetzt und dürften daher eine relativ überschaubare Verbreitung gehabt haben.

In den ersten beiden Kapiteln der vorliegenden Arbeit steht die Publikation „Vers une Architecture" im Zentrum der Betrachtung. Im ersten Teil wird dargestellt, welche Rolle, Aufgaben und Funktionen die Akropolis in der Publikation einnimmt. Im zweiten Teil wird gezeigt, wie stark Le Corbusiers Akropolis-Referenzen in der Tradition des 19. und frühen 20. Jahrhunderts verankert sind und woher die wesentlichen Anleihen kommen. Zudem wird verdeutlicht, dass der Rekurs auf die Akropolis keineswegs ungewöhnlich war in der ersten Hälfte des 20. Jahrhunderts, sondern dass sich der Athener Burgberg im Gegenteil ungebrochener Beliebtheit erfreute und mit steter Regelmäßigkeit in den Schriften vieler zeitgenössischer Architekten aufgerufen wird. In den beiden anschließenden Kapiteln wird die Genese von Le Corbusiers Akropolis-Idee nachgezeichnet: zunächst steht die frühe Auseinandersetzung mit der Akropolis im Kontext der Orientreise im Zentrum der Betrachtung. Im Anschluss daran wird die Entwicklung der Akropolis-Idee unter dem Vorzeichen des „Purismus" nachvollzogen. Im Folgenden wird Le Corbusiers Architektur in den Mittelpunkt gerückt und der Frage nachgegangen, inwiefern sich die Akropolis-Idee in seinem gebauten Werk niederschlägt. An den Anfang wird die Villa Savoye gestellt, die sich als gebautes Manifest lesen lässt, in der Le Corbusier seinen in „Vers une Architecture" skizzierten Forderungen und Beobachtungen eine architektonische Gestalt verleiht und gezielt seinen Parthenon für das Maschinenzeitalter entwickelt. Daran schließt sich eine Analyse herausragender Einzelbauwerke und Stadtplätze an mit dem Ziel, den Einfluss der Akropolis sichtbar zu machen. In dem abschließenden Kapitel wird dargestellt, dass Le Corbusiers Akropolis-Rezeption nicht folgenlos geblieben ist, sondern dass sie für eine kurze Zeit durchaus eine gewisse Lesbarkeit besaß und von Künstlern und Wissenschaftlern aufgegriffen und weiterentwickelt wurde.

Ein Überblick über die Geschichte und die Architektur der Akropolis wird in der vorliegenden Arbeit nicht gegeben. Als einführende Basisliteratur werden neben der einschlägigen Handbuchliteratur[14] die Monographie von Lambert Schneider und Christoph Höcker „Die Akropolis von Athen. Eine Kunst- und Kulturgeschichte" von 2001 sowie diverse Artikel von Manolis Korres, welche die Ergebnisse der aktuellen, mittlerweile fast 40 Jahre andauernden Forschungs- und Restaurierungsarbeiten am Parthenon dokumentieren, empfohlen.[15]

I. Die Akropolis in „Vers une Architecture"

Le Corbusier erlangte, anders als es aus heutiger Sicht vielleicht zu erwarten wäre, nicht als Architekt, sondern zunächst als Autor Weltruhm. Er schaffte seinen internationalen Durchbruch 1923 mit der Publikation „Vers une Architecture", einem Pamphlet, in dem er mit „entschiedenem Ton" und einer ganzen Reihe „visueller Provokationen"[1] ein neues Zeitalter der Architektur ausruft und seine Architekturphilosophie und -programmatik darlegt. Zu diesem Zeitpunkt war er für die Öffentlichkeit ein mehr oder weniger unbeschriebenes Blatt. Einer kleinen Leserschaft der Zeitschrift „L'Esprit Nouveau", in der fast alle Kapitel zunächst als Artikel erschienen waren, wird der Name möglicherweise bekannt gewesen sein. Die einen oder anderen Leser erinnerten sich möglicherweise auch daran, dass Le Corbusier bereits 1922 im Rahmen des Pariser „Salon d'Automne" die Öffentlichkeit mit seinem Diorama für seine Idealstadt „Ville contemporaine" für drei Millionen Einwohner schockiert hatte. Für die große Mehrheit der Leser wird der Autor von „Vers une Architecture" jedoch ein Unbekannter gewesen sein. Charles-Edouard Jeanneret hatte 1920 anlässlich der Gründung der Avantgarde-Zeitschrift „L'Esprit Nouveau", die er anfangs anonym mit seinem Freund Amédée Ozenfant herausgab, das Pseudonym Le Corbusier angenommen und unterzeichnete mit ihm fortan alle Artikel mit architektonischem und städtebaulichem Inhalt, während er seine Texte über bildende Kunst und auch seine eigene Malerei noch einige Jahre lang mit seinem Geburtsnamen signierte, bis Charles-Edouard Jeanneret 1928 vollständig durch Le Corbusier ersetzt wurde. Aus dem Pseudonym war eine Identität erwachsen, eine Kunstfigur, mit der alles, was zur Persönlichkeit und Biographie Charles-Edouard Jeannerets gehörte – der arbeitslose Architekt, der erfolglose Maler, der gescheiterte Geschäftsmann einer Ziegelfabrik in Alfortville – überschrieben wurde.[2] Zusammen mit seinem sorgfältig arrangierten Erscheinungsbild – dem Hut, der Fliege, der schwarzen Brille – wurde Le Corbusier regelrecht zu einer Marke. Er trat mit „Vers une Architecture", wie Hanno Walter Kruft es formulierte, als „homunculusartige Schöpfung eines Architekten ohne Vergangenheit" in Erscheinung und richtete als solcher seine Appelle an die Architekten,[3] wobei er sich als Historiker, Kritiker, Entdecker und Prophet präsentierte.[4]

Der Erfolg von „Vers une Architecture" lag weniger in der Tatsache begründet, dass Le Corbusier darin bahnbrechend Neues verkündete. Im Gegenteil handelte es sich inhaltlich im Wesentlichen um eine Neuauflage der Werkbund-Ideen der Vorkriegszeit[5], was auch der Verleger Günther Wasmuth 1924 bemerkte und eine deutsche Übersetzung von „Vers une Architecture" mit dem Hinweis ablehnte, dass diese Ideen in Deutschland längst bekannt seien.[6] Le Corbusier, der mit den Werkbund-Ideen aufgrund seines mehr als einjährigen Aufenthaltes in Deutschland 1910/11 bestens vertraut war, übernahm in der Tat eine Reihe von Anregungen, „doch er verfremdete und überformte die oftmals theorielastigen Werkbund-Ideen im Geiste der künstlerischen Avantgarde der 1920er Jahre und versah sie mit einer Portion Surrealismus, sodass es ihm leicht fiel, sie häufig als Gegenteil der deutschen Positionen zu verkaufen, obwohl sie ihm eigentlich weitaus näher standen, als er zugeben wollte"[7]. Le Corbusier plädiert in „Vers une Architecture" für eine Abkehr von der Stilarchitektur hin zu einer Moderne, die sich an den Werken der Ingenieure orientiert. Er fordert die Architektenschaft dazu auf, sich bei der Konzeption von Architektur an den Ozeandampfern, Flugzeugen und Autos zu orientieren, da sie die Ikonen des Zeitalters seien, in denen die Aufgabe richtig formuliert sei und ein starker Ausleseprozess zu einer Typisierung geführt habe, während die Architektur weiterhin am alten Zopf der Stile ersticke. Er fordert sie dazu auf, sich von den zeitgenössischen Maschinen und Maschinenprodukten inspirieren zu lassen und jeglichen überflüssigen Dekor über Bord zu werfen. Er plädiert dafür, eine dem menschlichen Maß und der menschlichen Wahrnehmungsfähigkeit angepasste Architektur zu schaffen, die auf dem reinen Volumen basiert und ohne schmückenden Dekor auskommt – so wie es beispielsweise in den amerikanischen, von Ingenieuren konstruierten Industrie- und Siloanlagen oder auch in historischen Architekturen zu finden sei. Architektur definiert er als „das kunstvolle, korrekte und großartige Spiel der unter dem Licht versammelten Baukörper". Dazu heißt es in „Vers une Architecture": „Unsere Augen sind geschaffen, die Formen unter dem Licht zu sehen. Lichter und Schatten enthüllen die Formen; die Würfe, Kegel, Kugeln, Zylinder oder die Pyramiden sind die großen primären Formen, die das Licht klar offenbart; ihr Bild erscheint uns rein und greifbar, eindeutig. Deshalb sind sie schöne Formen, die allerschönsten."[8] Le Corbusier ruft dazu auf, die industriellen Fertigungsweisen auf die Architektur zu übertragen und Häuser im Serienbau zu errichten. Inhaltlich knüpft er, wie bereits erwähnt, nahtlos an die Werkbund-Zeit vor dem Ersten Weltkrieg an und verwendet sogar ohne Quellenangabe eine Reihe von Abbildungen von amerikanischen Fabrik- und Siloanlagen, die im Werkbund-Jahrbuch von 1913 in einem Artikel von Walter Gropius abgebildet sind.[9] Radikal und neu aber ist die Art und Weise, wie Le Corbusier seine Appelle an die Architekten richtet. „In apodiktischer und provokativer Sprache werden dem Leser Formeln in stereotyper Wiederholung eingehämmert"[10], charakterisiert Hanno-Walter Kruft Le Corbusiers aphoristischen Schreibstil. Reyner Banham verweist darauf, dass es nur scheinbar kausale Zusammenhänge in der Argumentation gibt. Die Einzelteile werden auf „so seltsame Art zueinander in Beziehung gesetzt, daß man die effektive Bedeutung dieser Konzeption nur klarstellen kann, wenn man die ganze Argumentation in einzelne Abschnitte zerlegt und diese dann stückweise für sich untersucht. Man tut der Gedankenführung durchaus keine Gewalt an, weil es nämlich in *‚Vers une Architecture‘* eine Argumentation im üblichen Sinne des Wortes gar nicht gibt. Das Buch besteht vielmehr aus einer Reihe von rhetorischen bzw. rhapsodischen Essays über eine begrenzte Anzahl von Themen; diese sind dann nacheinander so angeordnet, daß sie den Eindruck erwecken, als ob sie in einem zwangsläufigen Zusammenhang miteinander stünden."[11] Einen großen Anteil an dieser Argumentationsweise, der entscheidend zu der radikal neuen Erscheinungsweise der Publikation beitrug, hatte Le Corbusiers Text-Bild-Strategie, die er der damals noch jungen Werbekunst und der Werkbund-Faktographie[12] entliehen hatte. Die Abbildungen laufen wie ein Film vor dem Auge des Betrachters ab und führen mit ihren Bildunterschriften parallel zum Haupttext ein Eigenleben. In einer vierseitigen Werbebroschüre, mit der er das Erscheinen von „Vers une Architecture" ankündigt, heißt es in Bezug auf die Text-Bild-Strategie: „Dieses Buch ist einzigartig und gleicht keinem anderen. Das Buch stützt seine Eloquenz auf neue Methoden: Seine großartigen Illustrationen führen neben dem Text einen Paralleldiskurs von großer Macht. Diese neue Konzeption des Buches erlaubt es dem Autor, leere Phrasen und kraftlose Beschreibungen zu vermeiden. Durch die Kraft der Bilder explodieren die Tatsachen vor dem Auge des Lesers."[13]

Die Tatsachen, die Le Corbusier neben zeitgenössischen Industriebauten und den großen kulturellen Ikonen des frühen 20. Jahrhundert, dem Ozeandampfer, dem Flugzeug und dem Automobil, mit Abstand am häufigsten vor den Augen seiner Leser „explodieren" lässt, sind die Akropolis von Athen und der Parthenon. Welche zentrale Rolle der Akropolis in der Publikation zukommt, wird schon beim bloßen Durchblättern offenkundig: Kein anderes Thema ist mit Ausnahme von Le Corbusiers eigenen Entwürfen auf visueller Ebene so stark vertreten wie die Akropolis. Mit 29 Abbildungen ist ihr rund ein Siebtel des gesamten und mehr als die Hälfte des historischen Bildmaterials gewidmet. Aber nicht nur auf visueller Ebene entfaltet die Akropolis diese ungeheure Präsenz – ähnlich plakativ erscheinen die geschriebenen Verweise.

Die Rezeptionsebenen der Akropolis in „Vers une Architecture"

Die Akropolis als ästhetische Ikone

Der Hauptkorpus der Publikation „Vers une Architecture", die aus insgesamt 13 Kapiteln besteht, wird von den drei Trilogien „Drei Mahnungen an die Herren Architekten", „Augen, die nicht sehen …" und „Baukunst" gebildet. Als unübersehbarer Höhepunkt in Bezug auf die Akropolis wurde der letzte Teil der dritten Trilogie „Baukunst III. Reine Schöpfung des Geistes" formuliert, was sich schon beim ersten Durchblättern des Buches erschließt, da Le Corbusier hier das gesamte Abbildungsmaterial dem Athener Monument widmet. Le Corbusier führt in dem Kapitel den Parthenon als ein Werk höchster Präzision und Harmonie ein, das „in vollem Einklang mit der Natur und wahrscheinlich auch dem Universum" steht und „Spuren eines undefinierbaren Absoluten, das im Grunde unseres Wesens seit jeher lebt", aufweist.[14] Er beschreibt den Parthenon einerseits als Werk unerbittlicher Strenge bar jeder Zufälligkeit und andererseits infolge seiner Abweichungen von der Grundform und seiner optischen Verfeinerungen als Beispiel für eine poetische, lebendige Architektur. Er charakterisiert die Akropolis als architektonische Höchstleistung, die unter anderem daraus resultiere, dass ihr ein Gestaltungssystem zugrunde liege, das seine Wirkungen auf jeden Teil der Gesamtkomposition erstrecke.[15] So heißt es in einem Untertitel: „Man hat auf der Akropolis Tempel errichtet, denen eine einzige Konzeption zugrunde liegt und die rings um sich die öde Landschaft zusammenschlossen und sie ihrer eigenen Komposition unterworfen haben. So herrscht von allen Rändern des Horizonts ein einziger schöpferischer Gedanke."[16]

Wie ein Film entrollen sich die Detailaufnahmen von der Akropolis mit ihren zum Teil umfangreichen Untertiteln parallel zum Haupttext vor den Augen der Betrachter und bewirken, dass die Leser bereits die zunächst allgemein gehaltenen Textpassagen konsequent auf die Akropolis beziehen. Während Le Corbusier fordert, dass ein Werk klar formuliert sein müsse, einen einheitlichen Antrieb und Charakter benötige und eine reine Schöpfung des Geistes sein müsse,[17] haben die Leser parallel dazu bereits die Akropolis und den Parthenon als Beispiel vor Augen. Erst zum Ende des Kapitels hebt Le Corbusier zum Finale an und widmet sich der Akropolis auch im Haupttext, sodass alle drei Ebenen – Abbildungen, Untertitel und Haupttext – zu einem Akropolis-Dreiklang zusammengeführt werden.

Zentrales Thema des Kapitels „Baukunst III. Reine Schöpfung des Geistes" ist der Aspekt der „Modénature", ein Konzept, das auf Auguste Choisy zurückgeht, wie im nächsten Kapitel dargestellt wird, und in der deutschen Ausgabe von „Vers une Architecture" ungenau mit „Durchbildung der Form" übersetzt wurde.[18] Es handelt sich dabei vielmehr um das Licht- und Schattenspiel am griechischen Tempel, das infolge der Durchbildung der Form mit ihren bewusst vorgenommenen Abweichungen und optischen Verfeinerungen entstanden ist. Von Baukunst, so Le Corbusier, könne man erst dann sprechen, wenn poetisches Gefühl vorhanden sei, und das wiederum sei „Sache der plastischen Form"[19], die ihrerseits den bildenden Künstler auf den Plan rufe.[20] Als „Prüfstein für den Architekten", an dem man erkenne, ob er ein bildender Künstler sei oder nicht, definiert Le Corbusier die Modénature, die er als das „kunstvolle, genaue und großartige Spiel der Baukörper unter dem Licht" definiert. Mit der Modénature sei es möglich, *die Züge des Gesichts* zu prägen" und zu bestimmen, ob ein Gesicht strahle oder welke.[21] In einem Untertitel erläutert Le Corbusier das Phänomen am Beispiel des Parthenons: *„Die Griechen haben eine bildnerische Konzeption gehabt, die direkt und kraftvoll unsere Sinne anspricht:* Säulen, Säulenkanneluren, ein vielfältig und durchdacht gestaltetes Gebälk, Stufen, die Gegensätze schaffen und den Bau mit dem Horizont verbinden. Sie haben die klügsten Abweichungen von der Grundform angewandt, die der [Modénature] eine makellose Anpassung an die optischen Gesetze gestatteten."[22] Die Modénature sei es, die den Parthenon „als Träger eines gewissen Lebens"[23] erscheinen lasse, dessen Gestaltung so rein sei, dass man ihn als Naturerscheinung empfinde. Dabei handele es sich voll und ganz um eine Schöpfung des Geistes, deren Formen gänzlich losgelöst von den Erscheinungen der Natur seien. „Sie sind so gut in bezug auf die Ansprüche des Lichtes und des Baustoffes durchdacht, daß sie auf natürliche Art dem Himmel und dem Erdboden verbunden scheinen."[24]

Le Corbusier macht die Akropolis und den Parthenon in dem Kapitel „Baukunst III. Reine Schöpfung des Geistes" zum absoluten Maßstab für die Architektur, an dem sich alles messen lassen muss, und hebt zum Finale an, indem er sich auch im

Haupttext der Akropolis zuwendet: „Nichts Ebenbürtiges existiert in der Architektur aller Länder und aller Zeiten. Es ist der einmalige Augenblick, in welchem ein Mensch die edelsten Gedanken, die ihn bewegten, in ein Gebilde aus Licht und Schatten kristallisierte. Die [Modénature] im Parthenon ist makellos und unerbittlich. Ihre Strenge geht weit hinaus über alles, was wir gewohnt sind, über die normalen Möglichkeiten des Menschen. Hier ist das reinste Zeugnis für die Physiologie der Reize und für die mathematische Spekulation, die an sie anknüpfen mag. Die Sinne werden gebannt, der Geist wird entzückt, man berührt die Achse der Harmonie. Es handelt sich keineswegs um religiöse Dogmen, um symbolische Beschreibungen, um natürliche Darstellung: es sind lediglich reine Formen in präzise Beziehungen miteinander gebracht. Alle, die den Parthenon seit 2000 Jahren gesehen haben, haben gespürt, daß dies ein entscheidender Augenblick der Baukunst gewesen ist."[25] Untermauert werden Le Corbusiers Beobachtungen mit Ausschnitten von Fotografien, die der Schweizer Fotograf Frédéric Boissonnas 1907 auf dem Athener Burgberg angefertigt hatte und in Maxim Collignons Tafelwerk „Le Parthénon" von 1912 publiziert waren. Le Corbusier richtet mit den Abbildungen, bei denen es sich oft um Ausschnitte aus größeren Kontextaufnahmen handelt, den Blick auf Details und das, was er als Modénature bezeichnet – die Kurvaturen, das Licht- und Schattenspiel, die Wechselwirkungen zwischen horizontalen Architekturteilen und den entfernten Horizonten.

Der Parthenon als kulturelle Ikone

Dass Le Corbusiers bemerkenswerte Beschreibungen der Akropolis und des Parthenon in dem Kapitel „Reine Schöpfung des Geistes" nie die Wertschätzung und Beachtung erfahren haben, die ihnen durchaus gebühren würde, ist vermutlich der Tatsache geschuldet, dass das Kapitel immer im Schatten jener berühmt gewordenen Gegenüberstellung von Tempel und Automobil gestanden hat, mit der Le Corbusier seine Leser wenige Kapitel zuvor konfrontiert. (Abb. 1) Im letzten Teil der zweiten Trilogie „Augen, die nicht sehen … III. Die Autos" stellt Le Corbusier auf einer Doppelseite oben links die archaische „Basilika" von Paestum rechts dem hochklassischen Parthenon gegenüber, während einander in der unteren Bildhälfte links der Humbert von 1907, dessen Form sich noch von der der Kutsche ableitete, und rechts das damals topmoderne Große Sportmodell der Firma Delage von 1921 gegenüberstehen.[26] Aus dem Kontext ergibt sich, wie die Seite zu lesen ist: Formel-

Alle Menschen haben den gleichen Organismus mit den gleichen Funktionen.
Alle Menschen haben die gleichen Bedürfnisse.
Der Gesellschaftsvertrag, der sich im Laufe der Jahrhunderte stetig weiterentwickelt, bestimmt Klassen und Funktionen der Menschen, und damit Standardbedürfnisse, die Standardlösungen zeitigen.
Das Haus ist ein dem Menschen notwendiges Erzeugnis.
Das Bild ist ein dem Menschen notwendiges Erzeugnis, notwendig, um geistige

Bedürfnisse, die von typischen inneren Regungen bestimmt sind, zu befriedigen.
Alle großen Werke der Kunst gehen auf einige wenige typische Regungen des Herzens zurück: *Ödipus, Phädra, der verlorene Sohn, die Madonnen, Paul und Virginia, Philemon und Baucis, die Marseillaise, Madelon schenkt uns zu trinken ein*
Einen Standard entwickeln, heißt alle praktischen und vernünftigen Möglichkeiten erschöpfen, heißt einen als zweckgerecht erkannten Typ auf ein Höchstmaß an

Abb. 1: Gegenüberstellung von Tempeln und Autos in „Augen, die nicht sehen … III. Die Autos"

haft verkürzt dargestellt ist laut Le Corbusier von links nach rechts anhand von zwei unterschiedlichen Beispielen der Entstehungsprozess einer zur Perfektion geführten, auf Typen basierten Form. Demnach verhält sich, in horizontaler Richtung gelesen, die „primitive" archaische Basilika von Paestum zum ausgereiften Parthenon so, wie der in seiner Form noch an Pferdedroschken erinnernde Humbert von 1907 zum modernen, den Gesetzen der Stromlinienförmigkeit gehorchenden Großen Sportmodell der Firma Delage von 1921: „Um an das Problem der Perfektion heranzugehen", heißt es im Text, „müssen Typen entwickelt werden. Der Parthenontempel ist ein Ausleseprodukt, angewandt auf einen schon bestehenden Typ. Ein Jahrhundert zuvor schon war der griechische Tempel in all seinen Elementen durchkonstruiert. Ist eine Standardlösung einmal gefunden, so setzt das sofortige Spiel heftigsten Wettbewerbs ein. […] Das zwingt alle Seiten zum intensiven Studium. Fortschritt. Ein Standard ist das Ergebnis einer in die menschliche Arbeit hineingetragenen Ordnung."[27] Derselbe Selektionsprozess ist laut Le Corbusier auch bestimmend für die Entwicklung des Automobilbaus gewesen. Zitierten die ersten Modelle in ihrer Karosserieform noch die alte Pferdedroschke, seien durch das Studium der Gesetze der Luftverdrängung Standardlösungen für Rennwagen und Limousine entwickelt worden, die im Wesentlichen gleich angelegt seien, woraus sich ein Konkurrenzkampf, also Wettbewerb der unzähligen Autofirmen ergeben habe.[28] „So ist zur bestehenden Standardlösung das Streben nach Perfektion, nach einer über den rohen praktischen Gesichtspunkt hinausgehenden Harmonie getreten, was nicht nur Perfektion und Harmonie, sondern Schönheit bewirkt hat. Daraus entsteht Stil, das heißt jene einstimmig anerkannte Errungenschaft einer einstimmig empfundenen Vollendung."[29]

Den Lesern steht es natürlich frei, die Doppelseite mit der Gegenüberstellung von Tempeln und Autos auch anders zu verstehen. Durch die in der westlichen Welt etablierten, in vertikaler Richtung verlaufenden Lesegewohnheiten, die unterstützt werden durch das Seitenlayout, ordnen die Rezipienten automatisch die zum Zeitpunkt der Veröffentlichung altertümlich anmutende Karosserie des Humbert der archaischen Basilika von Paestum zu, während sie den fortschrittlichen Sportwagen auf den hochklassischen Parthenon beziehen. Auf diese Weise findet eine unmittelbare Verquickung zwischen den beiden an sich unvergleichbaren Objektgruppen Tempel und Auto statt, die die Leser bereits vollziehen, bevor es am Ende des Kapitels im Haupttext heißt: „‚Alles verkündet mit Überzeugung und Begeisterung: Die Limousine ist das Wahrzeichen für den Stil unserer Zeit!' […] Deshalb wollen wir hier Parthenon und Auto nebeneinander vorführen, damit man versteht, daß es sich um zwei Ausleseprodukte auf zwei verschiedenen Gebieten handelt, das eine vollendet, das andere auf der Bahn des Fortschritts. Dies adelt das Auto! Wir brauchen mithin nichts anderes zu tun, als unsere Häuser und Paläste mit den Autos zu vergleichen. Und da stimmt eben nichts mehr, da stimmt überhaupt nichts mehr. Wir haben eben keinen Parthenontempel."[30]

Es ist zwar davon auszugehen, dass die Doppelseite mit den Tempeln und Autos den zeitgenössischen Lesern weniger befremdlich erschienen sein wird als den heutigen, da ähnliche Vergleiche in der Architekturtheorie der frühen Moderne keine Seltenheit waren, wie noch zu zeigen sein wird. Dennoch wird sie auch für die Zeitgenossen durchaus irritierend gewirkt haben und eine Provokation gewesen sein, da sie in ihrer Inszenierung weit über das bekannte Maß hinausgeht. Anders als seine Vorgänger hebt Le Corbusier seine Analogie auf die visuelle Ebene und scheut sich nicht, Ausschnitte aus Abbildungen eines hochwertigen archäologischen Tafelwerks mit Abbildungen billiger Massenbroschüren zu einer Collage zu verbinden, was einer Provokation gleichkommt. Die Hochkultur wird, wie Stanislaus von Moos es formuliert, somit von der Massenkultur unterwandert.[31]

Mindestens genauso irritierend wie die Gegenüberstellung von Tempeln und Autos selbst wird sicherlich auch für die zeitgenössischen Leser die unmittelbare Nachbarschaft zu dem Kapitel „Baukunst III. Reine Schöpfung des Geistes" gewesen sein, das eindeutig in der Tradition der Akropolis-Rezeptionen des 19. Jahrhunderts steht. Während dort der Parthenon als eine Ikone der Perfektion, Harmonie und Schönheit proklamiert wird, bezieht Le Corbusier die gleichen Schlagworte in „Augen, die nicht sehen … III. Die Autos" ausschließlich auf das Automobil. Am Ende des Kapitels heißt es im Haupttext: „In unserer Zeit der Wissenschaften [...] erscheint uns der Parthenontempel als ein von Leben und großem Wohlklang erfülltes Werk. Das Ganze seiner makellosen Elemente setzt einen Maßstab dafür, welche Vollkommenheit von einem auf ein richtig gestelltes Problem konzentrierten Menschen erreicht werden kann. Diese Vollkommenheit ist hier derart fern jeder Norm, daß der Anblick des Parthenon im Augenblick nur sehr begrenzte Empfindungen in uns anspricht, nämlich [...] die auf Mechanisches reagierenden Empfindungen; jene Empfindungen also, mit denen wir diese eindrucksvollen großen Maschinen vorhin betrachtet haben, welche uns als die vollkommensten Erzeugnisse heutigen Schaffens erschienen sind [...]. Phidias hätte gern in dieser Zeit der Standardisierung gelebt. [...] Seine Augen hätten unsere Zeit richtig gesehen, nämlich als Frucht auch seiner eigenen Leistung. Er hätte die Erfahrung mit dem Parthenon wiederholt; sehr bald sogar."[32]

Anders als es auf den ersten Blick erscheint, sind die verschiedenen Rezeptionsebenen in den beiden Kapiteln keineswegs sauber voneinander getrennt. Auch im Kontext der Gegenüberstellung von Tempel und Auto lässt Le Corbusier keinerlei Zweifel daran, dass der Parthenon als Prüfstein schlechthin für die moderne Architektur aufzufassen sei und dass die Akropolis und ihre Bauten, wie Christine Boyer es formuliert, eher zur modernen Zeit als zur Antike gehören.[33] Parallel dazu bleibt es bei genauerer Betrachtung nicht bei der alleinigen Gegenüberstellung von Tempeln und Autos. Bereits in dem vorgeschalteten Kapitel „Augen, die nicht sehen … II. Die Flugzeuge" wird der Parthenon mit dem Flugzeug verglichen[34] und schon im ersten, noch allgemein gehaltenen Kapitel „Ingenieur-Ästhetik Baukunst" wird der Leser mit der Aussage „Baukunst lebt im Telefonapparat wie im Parthenon"[35] konfrontiert. Umgekehrt lassen sich im dritten Teil der Trilogie „Baukunst III. Reine Schöpfung des Geistes" diverse Anspielungen auf die Werke der Ingenieure ausmachen. So heißt es in einem Bilduntertitel über den Parthenon: „Das ist die Maschine, die uns erregt. Wir treten ein in die Unerbittlichkeit der Mechanik. An diese Formen knüpfen sich kein Symbole; diese Formen wecken unwiderstehliche Empfindungen; wir brauchen keinen Schlüssel zu ihrem Verständnis."[36] An anderer Stelle heißt es: „All diese Mechanik in der Durchbildung der Form ist in dem Marmor mit jener Strenge verwirklicht, die wir an der Maschine zu üben gelernt haben. Ein Eindruck nackten und polierten Stahls."[37]

Dass Le Corbusiers Gegenüberstellung von Tempeln und Autos nicht allein Provokation und Kalkül war, zeigt sich auch darin, dass Le Corbusier seine eigenen Werke mindestens bis ins Jahr 1933 mit Vorliebe in Kombination mit einem Automobil ablichten ließ, um die Modernität der Architekturen vor Augen zu führen.[38] Indem er das zeitgenössische Automobil durch die Gegenüberstellung mit dem Parthenon „adelt", wie er es selbst formuliert,[39] bedurfte es fortan nur noch der Gegenüberstellung von Architektur und Automobil, um den Parthenon indirekt aufzurufen.

Die Raumkonzeption der Akropolis – ein Modell für die Moderne

Dass sich hinter Le Corbusiers sehr unterschiedlichen Akropolis-Referenzen in „Vers une Architecture" mehr verbirgt als ein reines Stilmittel, das zur Inszenierung oder Provokation eingesetzt wurde, zeigt sich am deutlichsten in den beiden Kapiteln, die dem Thema Grundriss gewidmet sind: „Drei Mahnungen an die Herren Architekten III. Der Grundriss" und „Baukunst II. Das Blendwerk der Grundrisse". Hier finden die Leser die eindeutigsten Aussagen darüber, inwiefern die Akropolis als Modell für die moderne Architektur zu verstehen ist, und wonach im zweiten Schritt in Le Corbusiers eigenem Werk zu suchen ist, wenn es darum geht, Spuren der regelmäßig beschworenen Akropolis in seinen eigenen architektonischen Entwürfen ausfindig zu machen.

In der dritten „Mahnung an die Herren Architekten" verwendet Le Corbusier, wie später eingehend betrachtet werden soll, eine zu dem Zeitpunkt bereits sehr bekannte Grafik Auguste Choisys, die eine Kombination aus Grundriss und Ansicht der Akropolis darstellt, als Titelfrontispiz. (Abb. 2) Nachdem Le Corbusier in dem Kapitel den Grundriss als „Generateur", als Erzeuger, definiert, aus dem alles entstehe, folgt einige Seiten später eine weitere Grundrissgrafik der Akropolis mit dem Untertitel: „Akropolis von Athen. Die scheinbare Regellosigkeit des

Abb. 2: Titelblatt des Kapitels „Drei Mahnungen an die Herren Architekten III. Der Grundriss" aus „Vers une Architecture"

**DREI MAHNUNGEN
AN DIE HERREN ARCHITEKTEN**

III

DER GRUNDRISS

47

Grundrisses kann nur den Laien täuschen. Das Gleichgewicht ist nicht kleinlich berechnet. Es wird bestimmt durch die berühmte Landschaft, die sich vom Piräus bis zum Pentelikongebirge erstreckt. Der Grundriß ist auf Fernsicht zugeschnitten: Die Achsen folgen der Talsohle, und die Verschiebungen sind Kunstgriffe eines großen Regisseurs. Die Akropolis auf ihrem Felsen, mit ihren Stützmauern wirkt aus der Ferne wie ein geschlossener Block. Ihre Gebäude türmen sich auf entsprechend der Stellung ihrer vielfältigen Grundrißbildungen."[40] Einige Kapitel später greift Le Corbusier das Thema Grundriss in dem Text „Baukunst II. Das Blendwerk der Grundrisse" erneut auf. Er kritisiert die Planungspraxis der École des Beaux-Arts mit ihren sternförmigen, graphischen Grundrissgestaltungen und beschreibt den Grundriss, aus dem alles entstehe, als abstrakten Schlachtplan. „Die Schlacht kommt erst danach, und mit ihr der große Augenblick. Die Schlacht besteht aus dem Zusammenprall der Baukörper im Raum."[41] Wie in der dritten „Mahnung an die Herren Architekten" wird auch in „Baukunst II." die Akropolis exemplarisch dargestellt als eine der Wahrnehmungsfähigkeit des Menschen angepasste Architektur, die durch die freie Verteilung der Bauvolumen im Raum und ihre raumbildenden plastischen Qualitäten die Umgebung in die Komposition mit

26

einbezieht. In dem Unterkapitel „Die Anordnung" heißt es: „In der Wirklichkeit erkennt man die Achsen nicht so aus der Vogelperspektive, wie dies auf einem auf dem Reißbrett gezeichneten Grundriß der Fall ist, sondern in Augenhöhe, wenn der Mensch aufrecht steht und sich umsieht. Das Auge sieht weit und als unbestechliches Objektiv sieht es alles, selbst das, was über das Gewollte und Beabsichtigte hinausgeht. Die Achse der Akropolis geht vom Piräus zum Pentelikon, vom Meer zum Gebirge. Von den Propyläen, die rechtwinklig zur Achse stehen, bis zum fernen Horizont des Meeres. Eine [Horizontale] im rechten Winkel zu der Richtung, die einem die Architektur, in der man sich befindet, aufzwingt; ein Eindruck von rechtwinklig verlaufenden Kraftlinien, der wichtig ist. Es ist große Architektur. Die Akropolis sendet ihre Wirkung bis weit zum Horizont aus. Von den Propyläen in der anderen Richtung die Achse über die Kolossalstatue der Athene bis zum Pentelikon im Hintergrund. Das zählt. Und weil rechts der Parthenon und links das Erechtheion außerhalb dieser mitreißenden Achse stehen, *hat man das Glück, sie zu drei Vierteln zu sehen,* also ihre Gesamtphysiognomie vor sich zu haben. Man darf nicht alle Elemente der Architektur auf Achsen aufreihen; sie wirken sonst wie viele Leute, die alle auf einmal sprechen."[42] Illustriert ist das Unterkapitel unter anderem mit der kombinierten Aufriss- und Grundrissgrafik Auguste Choisys, die Le Corbusier in der dritten „Mahnung an die Herren Architekten" bereits als Titelillustration dient.[43] In dem daran anschließenden Unterkapitel „Das Außen ist stets auch ein Innen" beschreibt Le Corbusier, wie die umgebende Landschaft in die Komposition der Akropolis mit einbezogen wurde: „In architektonischen Schauspielen spielen demnach die Elemente der Umgebung gemäß ihrer Masse, ihrer Dichte, ihrer Stoffqualität ganz bestimmte und sehr verschiedenartige Rollen (Holz, Marmor, Baum, Rasen, blaue Horizonte, nahes oder fernes Meer, Himmel). Die Elemente der Umgebung werden gleichsam durch die Eigenschaft als Masse in ihrer Schichtung und Dichte zu Staffagewänden wie die Wände eines großen Saals. […] Diese Elemente müssen in die Komposition einbezogen werden. So ist es bei der AKROPOLIS VON ATHEN geschehen, wo sich die Tempel einander zuneigen, um eine Art Schoß zu bilden, den der Blick als Ganzes sofort erfaßt. Das Meer wird durch die Architrave mit ins Bild genommen. Alle die unendlichen Hilfsmittel einer Kunst voller gefährlicher Schätze, die nur zur Schönheit werden, wenn sie in eine Ordnung gebracht sind, müssen zur Komposition herangezogen werden."[44] Illustriert wird das unter anderem mit zwei Skizzen der Akropolis, den Blick auf den Nike-Tempel von der sogenannten Pinakothek der Propyläen und einer Ansicht der Propyläen-Ostseite vor dem Hintergrund des Meereshorizontes.[45] Dieser Topos, die Akropolis als Einheit von Architektur und Natur, als Ort, der die Landschaft dominiert und formt und sie gleichzeitig in die architektonische Komposition einbezieht, findet sich nicht nur in verschiedenen Untertiteln in „Vers une Architectures", sondern auch in Le Corbusiers gesamtem geschriebenen Œuvre. 1942 heißt es z. B. in „An die Studenten": „Die Landschaft ist die Umarmung der architektonischen Komposition. […] Das hatte ich 1911 gelernt: […] Hier entdeckte ich die der Landschaft angepaßte Architektur. Mehr noch: Die Architektur war Ausdruck der Landschaft, war Sprache, Beredsamkeit des Menschen, der sich die Landschaft unterworfen hatte: Parthenon, Akropolis, das Hafenbecken des Piräus und die Inseln."[46] 1941 in „Sur les quatre routes" schreibt er: „Der Parthenon oben auf der Akropolis bietet der ganzen Landschaft die Stirn – von den Bergen des Hymettos zum Pentelikon, von der Trichtermündung des Meeres bis zu den Inseln. Er bezieht sich auf sie und dominiert alle Punkte des Horizonts. Nun, er ist keine 18 m hoch und keine 30 m lang; aber er ist das mathematische Zentrum der ganzen Landschaft, und alle Kanten seines Kristalls antworten der Landschaft wie ein Echo."[47] Und schon im Orientreisebericht bezeichnet Le Corbusier die Akropolis als „raison de ce paysage"[48] und vergleicht in diesem Zusammenhang die flache Krone der Akropolis mit einer Perle in einer Muschel, die das Interesse weckt. Die Landschaft, wie die Muschel, sei uninteressant und erhielte erst durch ihre Architektur bzw. durch die Perle eine Rechtfertigung.[49]

Die Akropolis als Rückgrat von „Vers une Architecture"

Le Corbusier betrat mit einer höchst facettenreichen, modernen, auf den ersten Blick provokant und widersprüchlich anmutenden und daher eigenständig erscheinenden Akropolis-Rezeption die internationale Architekturbühne. Ziel seiner Publikation war es, aufzuzeigen, wie man eine moderne Architektur kreieren kann, die gleichzeitig Ausdruck des Maschinenzeitalters ist, dabei zeitlos erscheint, wie Richard Etlin Le Corbusiers Konzeption charakterisiert. „Virtually half of the Chapters explained the lessons of the modern works of engineering, such as factories, grain silos, ocean liners, airplanes, and automobiles; the other half conveyed the timeless lessons of architecture from past ages"[50], wobei insbesondere der Akropolis eine bedeutende Rolle zukam.

Die Akropolis übernimmt in „Vers une Architecture" unterschiedliche Aufgaben und Funktionen. Sie ist mal kulturelle Ikone, die die Leistungsfähigkeit und Innovationskraft ihres Zeitalters repräsentiert und in dieser Funktion auch den Vergleichen mit den kulturellen Ikonen des frühen 20. Jahrhundert, den Ozeandampfern, Flugzeugen und Automobilen, standhält. Dann wiederum ist sie ästhetische Ikone und architektonische Höchstleistung, eine reine Schöpfung des Geistes, die im Einklang mit den Gesetzen der Natur und des Universums höchste Harmonie verkörpert. An anderem Ort wiederum ist es das Raumphänomen Akropolis, das im Zentrum der Betrachtung steht und konkrete Anregungen und Forderungen für die zeitgenössische Architektur enthält.

Es ist davon auszugehen, dass Le Corbusier diese scheinbaren Widersprüche, Brechungen und divergierenden Aufgaben, mit denen die Akropolis belegt wird, systematisch anlegte. Mit Ausnahme von drei undatierten, nicht näher bestimmten Skizzen gibt Le Corbusier in „Vers une Architecture" keinerlei Hinweis auf seine eigene Athen-Reise im Jahr 1911, sondern versucht den Eindruck größtmöglicher Allgemeingültigkeit zu vermitteln. Er zielt darauf ab, einen eigenen Zugang zur Akropolis zu formulieren, sie mit einer Vielzahl unterschiedlicher Forderungen und Ideen zu verbinden und für unterschiedlichste Aspekte nutzbar zu machen. In erster Linie geht es Le Corbusier jedoch darum, seinen Namen untrennbar mit der Akropolis zu verbinden.

Dass Le Corbusier die Akropolis mit größter Sorgfalt in die Publikation hineinkomponiert, offenbart der Aufbau von „Vers une Architecture". Träger der Akropolis-Referenzen sind mit Ausnahme des einleitenden Kapitels „Ingenieur-Ästhetik, Baukunst", in dem er den Parthenon lapidar mit dem Telefonapparat vergleicht,[11] die drei Trilogien „Drei Mahnungen an die Herren Architekten", „Augen, die nicht sehen…" und „Baukunst", die auch den Hauptkorpus, das Rückgrat der Publikation bilden.[12] Gemeinsam ist allen drei Trilogien, dass die Akropolis-Thematik im jeweils letzten Teilkapitel gut sichtbar zu einem Höhepunkt verdichtet wird und bereits mit der Titelblattgestaltung eine Ankündigung erfährt. Lediglich das Schlusskapitel der mittleren Trilogie „Augen, die nicht sehen… III. Die Autos" hat als Frontispiz keine Abbildung der Akropolis, sondern zeigt den Schnitt durch eine Auto-Vorderbremse der Firma Delage. (Abb. 3) Der zugehörige Untertitel offenbart jedoch Le Corbusiers „zunehmend schärferen Sinn für paradoxe Montagen, ja für quasi-dadaistischen Nonsens"[13], indem die Gegenüberstellung von Tempel und Auto bereits vorweggenommen wird: „DELAGE, Vorderbremse. Diese Präzision, diese

Sauberkeit der Ausführung schmeichelt nicht nur einem neuentstandenen Gefühl für die Mechanik. Phidias empfand ebenso: das Gebälk des Parthenontempels beweist es."[54] Ebenfalls schon auf visueller Ebene erschließt sich, dass diese drei voneinander unabhängigen Akropolis-Höhepunkte der Endkapitel ihrerseits einer Steigerung unterliegen, die schließlich in der letzten Trilogie mit dem Kapitel „Reine Schöpfung des Geistes" als inhaltlicher Höhepunkt kulminiert.[55]

Eine gewisse Systematik lässt sich auch darin ablesen, dass der Haupttext nur selten von der Akropolis-Thematik berührt wird. Träger sind in erster Linie die Fotografien und die zugehörigen Untertitel. Mit 29 Abbildungen – 23 Fotografien, 3 Skizzen und 3 Grafiken – ist insgesamt ein Siebtel des gesamten Bildmaterials dem Athener Burgberg gewidmet. Nur an wenigen Stellen, jeweils auf dem Höhepunkt des Kapitels, wechselt die Akropolis auch zusätzlich in den Haupttext und sorgt so insbesondere im letzten Teil der Trilogie „Baukunst III. Reine Schöpfung des Geistes" für eine fulminante Verdichtung.

Die Streuung der Akropolis in „Vers une Architecture" legt die Vermutung nahe, dass sie bewusst und systematisch mit dem Text bzw. mit der konstituierenden Struktur des Textes verklammert wurde. Dabei ist zu berücksichtigen, dass das

Manifest nicht von vornherein als geschlossene Publikation, sondern als Aufsatzsammlung entstanden ist, wobei Jean-Louis Cohen darauf hinweist, dass das Buch wohl von vornherein als Ganzes gedacht worden war. Bereits in ihrer 1918 erschienenen Publikation „Après le cubisme" erwähnen und bewerben Jeanneret und Ozenfant das Erscheinen einer Serie von Büchern, zu denen auch „Vers une Architecture" gehören sollte, und sogar der Titel existierte, laut Cohen, damals schon.[56] Mit Ausnahme des Textes „Revolution oder Baukunst" waren sämtliche Kapitel in der Zeit zwischen Oktober 1920 und Mai 1922 in der Pariser Avantgardezeitschrift „L'Esprit Nouveau", die Le Corbusier und sein Freund Amédée Ozenfant anfangs unter Beteiligung des Dichters Paul Dermée gegründet hatten, erschienen. Diese facettenreiche, höchst komplexe und auf den ersten Blick widersprüchlich anmutende Akropolis-Rezeption, die sich den Lesern in „Vers une Architecture" bietet, ist erst durch die nachträgliche Kompilation zu einer geschlossenen Publikation entstanden und wäre unter anderen Umständen möglicherweise gar nicht in dieser Plakativität entstanden. Ursprünglich waren die einzelnen Artikel als Solitäre mit einem zeitlichen Abstand von vier Wochen, zuweilen auch mehreren Monaten erschienen. Zwischen dem Erscheinen der Tempel-und-Auto-Gegenüberstellung und „Reine Schöpfung des Geistes" lagen zehn Monate.[57] Um die Bezüge der einzelnen Artikel untereinander herzustellen, bedurfte es spezieller Bindeglieder und gewisser Anknüpfungspunkte. Le Corbusier wiederholt daher bestimmte Schlagworte oder Leitsätze geradezu gebetsmühlenartig, wie z.B. seine Definition von Architektur als das „[wissende], korrekte und großartige Spiel der unter dem Licht versammelten Baukörper"[58] oder den Ausspruch „aus dem Grundriss entsteht alles"[59]. Die Akropolis und der Parthenon fungieren dabei als entscheidendes Bindeglied und Erinnerungsstütze. So erstaunt es kaum, dass die Akropolis-Referenzen sich auch in erster Linie in den drei Trilogien konzentrieren, jenen Kapiteln, die per se schon eine erhöhte Bezugnahme zueinander erfordern. Es ist davon auszugehen, dass die Verweise dadurch ungleich plakativer ausgefallen sind, weil die Artikel zunächst als Solitäre erschienen sind. Dass „Vers une Architecture" nicht von vornherein als geschlossene Publikation entstanden ist, lässt sich im Fall der Akropolis auch an den Bilddoppelungen ablesen. Le Corbusier verwendet nicht nur Auguste Choisys kombinierte Grund- und Aufrissgrafik doppelt, sondern auch jene Frontalansicht des Parthenon, die er in der Gegenüberstellung von Tempeln und Autos verwendet. In dem Kapitel „Reine Schöpfung des Geistes" verwendet er die Abbildung als Titelfrontispiz (Abb. 4 und vgl.: Abb. 1) und in der französischen Ausgabe,

Abb. 4: Titelblatt des Kapitels „Baukunst III. Reine Schöpfung des Geistes" aus „Vers une Architecture"

BAUKUNST

III

REINE SCHÖPFUNG DES GEISTES

die an die Erstausgabe angelehnt ist, ist auch der Blick in das westliche Peristyl des Parthenon doppelt verwendet.[60]

Le Corbusier setzt den Parthenon und die Akropolis auch gezielt zur Provokation ein, handelte es sich doch um das Lieblingsmonument der Akademien. Ausgerechnet der Architekt, der keine Gelegenheit ausließ, um gegen die Akademien der Beaux-Arts-Tradition zu polemisieren, instrumentalisierte deren Lieblingsobjekt für seine Forderungen an die moderne Architektur. Und seine antiakademische Haltung brachte er nicht nur mit der Rolle, die die Akropolis in seinem Buch bekommt, sondern auch in der antiakademischen Publikationsform von „Vers une Architecture" zum Ausdruck. Wie hätte Le Corbusier besser seine moderne Haltung manifestieren können als mit einer radikalen Neuinterpretation eines Artefaktes, das das Lager, gegen das es sich aufzulehnen galt, seit Jahrzehnten für sich beanspruchte? Es ging um Deutungshoheit und darum, eine neue, moderne Position einzunehmen und zu besetzen. Es galt, die Akropolis auf einen neuen Sockel zu stellen und sie der Moderne zugänglich zu machen und als Kronzeugin für unterschiedlichste Aspekte aufzurufen. Stanislaus von Moos weist darauf hin, dass sich nebenbei auch ganz profane Intentionen mit der Platzierung der Akropolis in den Texten verbunden haben werden. Le Corbusier war in der Redaktion des „L'Esprit Nouveau" verantwortlich für die Anzeigenakquise. Die Firma Delage zeigte sich für die Adelung, die ihr Automobil durch die direkte Gegenüberstellung mit dem Parthenon im „L'Esprit Nouveau" erfahren hatte, erkenntlich, indem sie fortan Dauerinserentin der Zeitschrift wurde.[61]

Zweifellos war die Akropolis aber auch ein wichtiger Schlüssel zu seiner Architekturphilosophie und seinem eigenen Schaffen, wie an einem anderen Ort noch ausführlich dargestellt wird. Aber es verband sich eben auch Kalkül mit der Akropolis, sodass angenommen werden kann, dass Le Corbusier, als er die Artikel für den „L'Esprit Nouveau" verfasste, sich William Ritters Ratschlag vergegenwärtigte, dass man sich daran erinnern möge, dass er auf der Akropolis gewesen sei.[62] Er verband auf diese Weise seinen Namen konsequent mit der Akropolis und legte mit dem Parthenon und den anderen ehrwürdigen Referenzen „eine Art Horizontlinie fest, an der sich seine hochfliegenden Ambitionen messen lassen"[63] mussten.

Nach „Vers une Architecture": die Akropolis in Le Corbusiers späteren Texten

In welchem Maße es sich bei Le Corbusiers konsequentem Rekurs auf die Akropolis in „Vers une Architecture" um eine systematische Inszenierung handelte, die zur Mythenbildung bewusst eingesetzt wurde, verdeutlicht nicht zuletzt die Analyse der Akropolis-Vorkommnisse in seinem späteren literarischen Werk. Die Akropolis sollte bis zum Ende seines Lebens eine stetig wiederkehrende Referenz bleiben; eine inhaltliche Auseinandersetzung mit dem Monument lässt sich jedoch nach 1923 nicht mehr nachweisen und war mit dem Erscheinen von „Vers une Architecture" abgeschlossen. Während sein gebautes Œuvre starken Wandlungen unterlag und gut sichtbar in verschiedene Phasen untergliedert werden kann, bildete die 1923 ausformulierte Akropolis-Idee eine Konstante in seinem Denken und blieb in dieser Form für ihn bindend, was sich auch daran zeigt, dass er regelmäßig in seinen späteren Schriften aus „Vers une Architecture" zitiert oder die Kernthesen reformuliert.[64] Aus diesem Grund sei der Blick auf Le Corbusiers literarisches Gesamtwerk bereits an dieser Stelle vorangestellt. In der Regel handelt es sich bei den meisten nach 1923 entstandenen Äußerungen über die Akropolis um kurze Anspielungen und Verweise, die manchmal gekoppelt an Skizzen, selten auch an Fotografien erscheinen. Hauptaufgabe dieser Referenzen scheint es vorrangig gewesen zu sein, an Le Corbusiers Position in „Vers une Architecture" anzuknüpfen und daran zu erinnern, dass es die Akropolis war, die ihn zu einem Revoltierenden gemacht hatte, wie er in seiner eingangs zitierten Hommage an die Akropolis behauptet. Diese oftmals versatzstückhaft wirkenden, etwas stereotyp erscheinenden Verweise haben alle recht eindeutigen inszenatorischen Charakter, die den Verdacht erhärten, dass es vorrangig darum gegangen sein wird, die Akropolis unverrückbar an den eigenen Namen zu koppeln. So finden Akropolis, Parthenon, Phidias oder das klassische Zeitalter in Athen in nahezu jedem längeren Text mindestens einmal Erwähnung. Nur selten finden sich dabei Aspekte, die nicht bereits in „Vers une Architecture" formuliert oder angedacht sind, wie beispielsweise die unvermittelt eingestreute Beschreibung der Tag- und Nacht-Allegorien, die auf dem Ost-Giebel des Parthenon dargestellt sind, in „Les Trois Établissements humains" von 1942.[65]

Einen frischen Anstrich bekamen die Akropolis-Referenzen noch einmal ab 1946 mit der Einführung des Prinzips des *l'espace indicible*, des sogenannten „unbeschreiblichen Raums", der für sein Spätwerk und auch für die Le Corbusier-Rezeption zu einem wichtigen Schlagwort werden sollte. Den kurzen gleichnamigen Text publizierte er erstmals 1946 in der Sonderausgabe „L'Art" der Zeitschrift „L'Architecture d'Aujourd'hui". 1948 übernimmt er den Inhalt in seinem ersten Band des „Modulor", in dem der Text ohne besondere Kennzeichnung in den Fließtext eingearbeitet wurde, und stellt ihn als Einleitung – diesmal jedoch gekennzeichnet – seiner für den englischen Markt bestimmten Publikation „New World of Space" voran.[66] Auch in „L'espace indicible" rekurriert Le Corbusier wieder auf die Akropolis; wobei es um ein Thema geht, das von Beginn an zentral ist für seine Akropolis-Rezeption und auch schon in seinem Reisebericht präsent ist: Es geht um die im freien Raum platzierten Volumen, die miteinander und mit ihrer Umgebung in Wechselwirkung treten und dadurch Raum erzeugen. In dem Artikel „L'Espace indicible" heißt es: „*Wirkung des Werkes* (Architektur, Statue oder Gemälde) auf die Umgebung: Wellen, Rufe oder Geschrei (der Parthenon auf der Akropolis von Athen), Blitze, die wie in einer Strahlung hervorschnellen, wie von einer Explosion ausgelöst sind; Nähe und Ferne werden davon getroffen, geschüttelt, beherrscht und geliebkost. Reaktion des Milieus: Die Wände des Zimmers, seine Ausmaße, der Platz mit dem unterschiedlichen Gewicht seiner Fassaden, die Weiten und Hänge der Landschaft bis hin zu den nackten Horizonten der Ebene oder zu den gekrümmten Bergen, die ganze Umgebung erhöht die Bedeutung des

Ortes, wo sich ein Kunstwerk, das Zeichen des Menschenwillens, befindet, zwingt ihm ihre Tiefen und Höhen auf, ihre harten und zarten Dichtigkeiten, ihre Gewaltsamkeit oder ihren Sanftmut. Ein Phänomen der Übereinstimmung bietet sich dar, so genau wie eine Mathematik – eine veritable Manifestation einer akustischen Plastik."[67] Indem Le Corbusier die „akustische Plastik" und den *l'espace indicible* zu einem Prinzip erhebt, kann er sich fortan lange Beschreibungen ersparen.

Im „Modulor" und in „New World of Space" kombiniert er den Text noch zusätzlich mit einschlägigen Äußerungen zur Akropolis. Am Ende des „Modulor" heißt es über den Parthenon: „Schon als Begriff ist der Parthenon ein ungewöhnliches Monument, die Stätte *aller Nuancen*. Es ist mehr ein richtiges *Bildwerk* als ein Bauwerk. Er vervielfacht die ‚optischen Korrekturen', die er seiner Lage an einem Rand der Akropolis und der Kraft des attischen Lichts verdankt. […] Ich wiederhole: man steht hier vor einem großartigen, in die Landschaft des Hymettos, des Pentelikon, des Piräus und der Inseln gemeißelten Bildwerk, nicht aber vor einem Bauwerk, das in seinem Wesen und aus Notwendigkeit auf der Wiederkehr von Zahlen beruht."[68] In dem ebenfalls 1948 erschienenen „New World of Space" druckte er noch einmal die einleitende Passage seiner Hommage an die Akropolis ab, die er 1933 anlässlich der Eröffnung des IV. CIAM-Kongresses in Athen gehalten hatte.

Grundlegend neue Aspekte in Bezug auf die Entwicklung von Le Corbusiers Akropolis-Idee enthielt für seine Zeitgenossen lediglich der 1925 erschienene „L'Almanach d'architecture moderne". In dem Kapitel „Carnet du route 1910. Les Mosquées, sur l'Acropole; en Occident" publizierte er längere Auszüge seines Orientreiseberichtes,[69] der in voller Länge – wie bereits erwähnt – erst 40 Jahre später posthum erscheinen sollte –, darunter auch einen längeren Abschnitt aus dem Athen-Kapitel. Dieser kurze Auszug ist der erste und für die folgenden vier Jahrzehnte einzige Einblick, den Le Corbusier seinen Zeitgenossen in seine frühe Auseinandersetzung mit dem Athener Monument gewährt, und es ist auch das erste Mal, dass er die Reise ins Jahr 1910, anstatt ins Jahr 1911 datiert.

Obwohl die meisten von Le Corbusiers Äußerungen über die Akropolis nichts über eine persönliche Auseinandersetzung mit dem Monument verraten, lassen sich dennoch gewisse Tendenzen und Befindlichkeiten an ihnen ablesen. In der 1929 erschienenen Publikation „Feststellungen zu Architektur und Städtebau" ändert sich im Hinblick auf die Akropolis im Vergleich zu „Vers une Architecture" weniger der Inhalt als vielmehr der Tonfall. Le Corbusier benutzt in der Publikation, die zum Teil auch als Abrechnung mit der Misere rund um den Wettbewerb für den

Völkerbundpalast zu lesen ist,[70] die Akropolis erneut dazu, um an dem Lieblingsobjekt der Akademien seine antiakademische Haltung zu demonstrieren. Schon in seinem Orientreisebericht polemisiert Jeanneret im Zusammenhang mit der Akropolis gegen Vignola und die Akademien,[71] was bereits vor ihm Charles Blanc, der eine wichtige Inspirationsquelle für Le Corbusier war, getan hatte.[72] Ab 1929 wurde Giacomo Barozzo di Vignola, der in seiner Publikation „Regola delle cinque ordini d'architettura" (1562) versucht, architektonische Gliederungselemente in einer festen Wechselbeziehung von Zahlen zu normieren, für Le Corbusier zu einem Synonym für den Akademismus und zum Antipoden seiner eigenen Haltung am Beispiel der Akropolis hochstilisiert. „Herr Vignola, einer der italienischen Renaissance-Meister, meinte, der Nachwelt die Glaubensregeln der griechischen Kunst erhalten zu müssen – der Kunst, die im hohen Ansehen stand, die er selbst aber nur aus den plumpen römischen Verfälschungen kannte. […] Diese Glaubensregeln sind falsch – und zwar in einem Maße, wie ihr's euch gar nicht vorstellen könnt […] Ich bin auf die Akropolis von Athen gestiegen. Ich habe dort einen Monat leidenschaftlicher Begeisterung verbracht, ich war überwältigt von so viel Eindringlichkeit, Erhabenheit, übermenschlicher Erfindungskraft. Ihr seht, dass ich im Grunde die griechische Kunst verehre. Aber ich gebe es auf, irgendetwas von dem, was auf die anmaßende Initiative des Herrn Vignola erfolgte, begreifen zu wollen. Ich weiß, dass alle Welt mir Unrecht geben wird. […] Mein Protest bleibt platonisch, denn Herr Vignola hat die öffentliche und internationale Meinung für sich (Völkerbund)."[73] Es folgt eine Anekdote, in der Le Corbusier über den Besuch eines Professors der École des Beaux-Arts berichtet: „Wissen Sie, wir sind einander viel näher als es scheinen könnte", wird dieser von Le Corbusier zitiert. „Auch ich bin für Disziplin: An der École des Beaux-Arts beginne ich damit, den Anfängern die ‚Bauregeln' beizubringen; die Neuen lehre ich den dorischen Stil, denn das Dorische ist einfach. Dann, wenn sie wissen, wie man einen Zeichenstift hält, kommt das Jonische an die Reihe, was weitaus schwieriger ist, und zwar wegen der Voluten. Und schließlich, wenn sie soweit sind, lernen sie das Korinthische – denn darin sind alle Schwierigkeiten enthalten. Ich liebe die Disziplin!… ‚Oh Phidias – der du so bescheiden wie ein Anfänger beim dorischen Stil des Parthenon stehenbliebst! Aus alledem wird man leicht erkennen, wie gut die Schüler für die Probleme des Maschinenzeitalters vorbereitet werden!'"[74] Neun Kapitel bzw. rund 160 Seiten später erfahren die Leser, was Le Corbusier seine Schüler lehren würde: „‚Wenn ich Architektur lehren sollte?' […] Ich begänne damit, die ‚Regeln' zu verbieten, um mit dieser Krankheit der ‚Regeln' diesem Skandal der ‚Regeln', dieser unglaublichen geistigen Ohnmacht endlich einmal Schluß zu machen. Meine Forderung wäre diese: *Respekt vor der Architektur!* Wenn ich Architektur lehrte, dann erzählte ich meinen Schülern, daß es auf der Akropolis von Athen herrliche Dinge gibt, deren ganze Größe sie erst später – inmitten anderer großer Dinge – begreifen könnten."[75]

Le Corbusier definiert das akademische Wesen als etwas, was die Wirkung anerkenne, ohne die Ursache zu prüfen, an absolute Wahrheiten glaube und bei der Untersuchung eines Problems niemals sein „Ich" einsetze. Er dagegen habe „in einem Leben ohne Ruhe, in einem Leben voll unaufhörlicher Unruhe – die große Freude des ‚Wie' und des ‚Warum' erfahren."[76] Mit Pathos fährt Le Corbusier in „Feststellungen zu Architektur und Städtebau" fort: „Man hält mich heute für einen Revolutionär. Ich will Euch gestehen, daß ich immer nur einen Lehrmeister hatte: die Vergangenheit, und immer nur eine Bildung: das Studium der Vergangenheit."[77] Dieser Ausspruch, der stark an die eingangs zitierte Hommage an die Akropolis aus dem Jahr 1933 erinnert, zeigt, dass Le Corbusier sich im Zusammenhang mit der Akropolis immer wieder selbst zitiert und auf die immer gleichen Versatzstücke zurückgreift, die in unterschiedlichen Kontexten erscheinen. Auch hier findet sich die Formulierung: „Man wirft mir vor, ein Revolutionär zu sein." Jedoch ist es hier nicht das Studium der Vergangenheit im Allgemeinen, sondern die Akropolis, die er als seine Lehrmeisterin angibt.[78]

Dieses 1929 in „Feststellungen zu Architektur und Städtebau" formulierte Konstrukt, in dem er „Herrn Vignola" als Antipoden zu seiner eigenen Annäherung an die Akropolis und seiner Idee von dieser und zum Synonym für den verhassten Akademismus allgemein hochstilisiert, findet sich immer wieder in seinem geschriebenen Œuvre. In seinem 1943 publizierten Text „An die Studenten", den er 1942 seiner im Alleingang publizierten Fassung der Charta von Athen vorschaltet, heißt es: „Ich war dreiundzwanzig Jahre alt, als ich nach einer fünfmonatigen Reise vor dem Parthenon in Athen ankam. Seine Giebel standen noch, aber die Längsseite des Tempels war zusammengebrochen, Säulen und Gesimse auseinandergesprengt durch die Explosion des Pulvers, das die Türken eingelagert hatten. Wochenlang habe ich mit ehrfurchtsvollen, forschenden, erstaunten Händen diese Steine berührt, die in ihre ursprüngliche Form und vorgeschriebene Höhe gebracht die außerordentlichste Musik spielen würden, die je erklang. Trompetenklänge ohne Ton, göttliche Wahrheit. Tasten ist eine andere Form des Sehens. […] Ich kehrte über Neapel und Rom nach dem Westen zurück. Dort ließen die ‚Gesetze der Architektur' ein höchst zweifelhaftes Echo auf die echten Klänge der der Akropolis ertönen. Es wurde mir unmöglich – Sie werden es verstehen – die ‚Lehrsätze des VIGNOLA' anzuerkennen. Dieser VIGNOLA! Warum eigentlich VIGNOLA? Wo steht geschrieben, dass die moderne Gesellschaft wie durch einen Teufelspakt an diesen VIGNOLA gefesselt sein muss? […] Geben wir uns keinen Illusionen hin: Der Akademismus ist eine Form des Nicht-Denkens.“[79] Ein fast wörtliches Echo findet diese Passage einige Jahre später in dem 1948 verfassten Text „Unité“, den Le Corbusier in der ihm gewidmeten Spezialausgabe der Zeitschrift „Architecture d'Aujourd'hui“ publizierte.[80] Diese Mehrfachverwendung von Texten, Fragmenten oder Positionen, in denen es um die Deutungshoheit bezüglich der Akropolis von Athen geht, zeigt exemplarisch, dass Le Corbusier die Akropolis gezielt in sein geschriebenes Gesamtwerk hineinkomponierte.

Zu einer Verdichtung der Akropolis-Referenzen kommt es in den Texten der frühen 1930er Jahre rund um Le Corbusiers zweite Athen-Reise im Rahmen des IV. CIAM-Kongresses. In relativ dichter Folge erschienen drei kurze Texte, in denen die Akropolis noch einmal eine argumentative Schlüsselrolle einnimmt, zum Teil sogar Thema selbst ist. Einer von ihnen ist die eingangs zitierte Hommage an die Akropolis, die Le Corbusier seinem Athener Vortrag „Air, Son, Lumière“ voranschickt – bei den beiden anderen handelt es sich um den Aufsatz „Esprit grec, esprit latin, esprit gréco-latin“[81] und die „Manifestation décisive“[82]. Da alle diese Texte innerhalb eines kurzen Zeitraumes mindestens zweifach publiziert wurden, erhöhte sich auf diese Weise die Präsenz der Akropolis. Es verdeutlicht sich aber auch wieder der versatzstückhafte Charakter seiner Akropolis-Verweise, der zeigt, welche Kompatibilität sie tatsächlich besitzen. Besonders betrifft das die „Manifestation décisive“, die ursprünglich als Teil der Publikation „Croisade, ou la crépuscule des académies“ unter dem Titel „Certitude“ (1933) veröffentlicht wurde. In „La Ville radieuse“ (1935) wurde sie als Einführungskapitel Le Corbusiers eigenen Plänen vorangestellt, und in der französischen Zeitschrift „XXe Siècle“ erschien sie 1933 sogar als eigenständiger Artikel. Gemeinsam ist den drei Texten, dass sie ähnlich wie die üblichen kurzen Verweise oder Erinnerungen an die Akropolis zwar keine neuen Informationen beinhalten, sich aber dadurch auszeichnen, dass sie insbesondere im Fall der „Manifestation décisive“ mit Emphase auf ein Neues die Akropolis als Trägerin der menschlichen Stimme“ und Kronzeugin für die moderne Architektur ins Feld führen, „die den Lügen der Akademien die Stirn bietet“. Während die „Manifestation décisive“ in der Zeitschrift „XXe Siècle“ mit einer

klassischen, von der Pnyx aus fotografierten Ansicht der Akropolis erschien, wird sie dagegen in der Publikation „La Ville radieuse" in Kombination mit einer höchst ungewöhnlichen Fotografie illustriert, die so gut wie nichts von dem antiken Monument preisgibt bzw. nicht einmal ohne Weiteres der Akropolis zugeordnet werden könnte, wenn nicht im Hintergrund das Philoppapos-Denkmal zu erkennen wäre. (Abb. 5) Dargestellt ist der Blick aus einer dorischen Säulenhalle in eine leicht geschwungene Landschaft, die gerade von zwei Wasserflugzeugen überflogen wird, die auch hineinretuschiert worden sein könnten. Wichtiger als das Motiv der Akropolis oder des Parthenon ist hier offensichtlich die Verbindung von Tempel, Landschaft und Flugzeug, die an zentraler Stelle der Publikation – die „Manifestation décisive" markiert genau die Mitte des Buches – Le Corbusiers Kapitel mit seinen eigenen Stadtplänen vorangestellt wird.

Anders als es vielleicht zu erwarten wäre, lässt sich diese erneute Konzentration der Akropolis in Le Corbusiers Texten nicht allein mit Le Corbusiers zweiter Athen-Reise im Kontext des IV. CIAM-Kongresses erklären. Lediglich die eingangs zitierte Hommage für die Akropolis aus dem Artikel „Air, Son, Lumière" ist in diesem Zusammenhang entstanden. Der Aufsatz „Esprit grec, esprit latin, esprit gréco-latin" ist bereits im Februar 1933 erstmals publiziert worden, und die „Manifestation décisive" ist auf November 1932 datiert – beide sind also zu einem Zeitpunkt verfasst worden, als eine Athen-Reise noch nicht einmal zur Disposition stand.[83] Ursprünglich hatte der IV. CIAM-Kongress zum Thema „Die funktionelle Stadt" vom 30. Mai bis zum 10. Juni 1933 in Moskau tagen sollen. Erst wenige

Wochen vor Kongressbeginn machte eine plötzliche Absage der Russen eine zügige Umdisponierung nötig,[84] was zu dem von Le Corbusier mitinitiierten Beschluss führte, den inoffiziellen Teil des Kongresses auf einem griechischen Kreuzfahrtschiff, der Patris II., und den offiziellen Part in Athen tagen zu lassen.[85]

Dass es Anfang der 1930er Jahre noch einmal zu einer Verdichtung der Akropolis-Referenzen kam, lässt sich möglicherweise darauf zurückführen, dass es in der Zeit zu einem signifikanten Bruch in Le Corbusiers architektonischer Formensprache kam. Die Phase der weißen Moderne hatte Le Corbusier 1929 auf dem Höhepunkt seines Erfolges mit dem Bau der Villa Savoye überraschend abgeschlossen und nur noch einmal kurz darauf mit dem surrealistischen Penthaus für den Sammler Charles de Beistegui über den Champs-Élysée persifliert. Was folgte, waren größere Bauaufgaben, wie das Studentenwohnheim und die Zentrale der Heilsarmee in Paris, und eine allgemeine Hinwendung zu einer vernakuläreren Architektursprache. „Sein Vokabular enthielt nun dicke Rasendächer, kräftige Stützen und schützende Steinwände sowie Sonnenschutzelemente oder *brise-soleil*. An die Stelle der glatten Haut und der schwebenden Volumen traten jetzt strukturiertere Fassaden und massive Formen."[86] Diese Neuausrichtung in Le Corbusiers Formensprache könnte ein Grund dafür gewesen sein, dass Le Corbusier in dieser Zeit verstärkt auf die Akropolis rekurriert, um die Gültigkeit seiner bisherigen Paradigmen zu veranschaulichen.

Vieles deutet darauf hin, dass sich Le Corbusier wie viele seiner mitreisenden Zeitgenossen im Rahmen seiner zweiten Athen-Reise viel stärker für das Mediterrane im Allgemeinen und die weiße Insel-Architektur der Kykladen mit ihren flachen Dächern und den reinen Kuben interessierte als für die Akropolis. Den Anstoß dafür hatte Anastase Orlandos, Dekan der Architekturfakultät des Athener Polytechnikums, gegeben, der den Kongressteilnehmern einen Besuch auf den Inseln nahelegte und sie auf die Parallelen zwischen der weißen Moderne und der vernakulären Inselarchitektur mit ihrer extremen Einfachheit und der Logik der Disposition hinwies, deren weiße, strikt geometrische Volumen sowohl harmonisch als auch pittoresk organisiert seien.[87] Für die Teilnehmer des Kongresses wurde die griechische Inselarchitektur zu einer wichtigen Inspirationsquelle, und laut Simeoforidis und Tzirtzilakis wurde Le Corbusier in dieser Frage zu einem wichtigen Katalysator, genau in dem Moment, als er begann, nach etwas anderem zu suchen und anders zu bauen als bisher. Dieses Interesse für die vernakuläre Inselarchitektur spiegelt sich in unterschiedlichen kleinen Artikeln wider, die Le Corbusier in der Zeit zwischen 1934 und 1939 in den französisch-griechischen Zeitschriften „Le Voyage en Grèce" oder „XXe Siècle" publizierte. 1910 habe er, so schreibt Le Corbusier 1939 in „En Grèce, à l'échelle humaine", die Inseln noch nicht gesehen. Erst 23 Jahre später, während des IV. CIAM-Kongresses, hätten sie einige Kurzbesuche auf den Kykladen gemacht. „In der Zwischenzeit […] habe ich verstanden, dass das Mediterrane ein unerschöpfliches Reservoir von nützlichen Lehren für unsere Weisheit ist."[88]

Wie sehr sich in Le Corbusiers späten Schriften die Akropolis-Referenzen bereits verselbstständigt hatten und wie lange seine aktive Auseinandersetzung mit dem Monument zu dem Zeitpunkt bereits zurücklag, lässt sich daran ermessen, dass er die Orientreise mit steter Regelmäßigkeit ins Jahr 1910 statt ins Jahr 1911 datierte und dass die Angaben über die Dauer des Athen-Aufenthaltes ungenau wurden. Mit zunehmendem Alter wurde die Reise länger. Bereits 1929 in „Feststellungen zu Architektur und Städtebau" waren aus den drei Wochen, die er in Athen verbracht hatte, vier geworden.[89] In einem Brief aus dem Jahr 1962 berichtet er bereits von einem sechswöchigen Aufenthalt,[90] und in seinem letzten Interview, das er im Mai 1965 wenige Wochen vor seinem Tod gab, macht Le Corbusier aus dem ursprünglich dreiwöchigen Aufenthalt in Athen sogar konsequent einen siebenwöchigen,[91] was darauf hindeutet, dass das Ereignis immer weiter verzerrt wurde und gemessen an seiner Bedeutsamkeit auch mehr zeitlichen Raum einforderte.

II. „Vers une Architecture": der Bezugsrahmen von Le Corbusiers Akropolis-Rezeption

In der Tradition des romantischen Hellenismus

So ungewöhnlich Le Corbusiers Akropolis-Rezeption in „Vers une Architecture" aus heutiger Sicht auf den ersten Blick erscheinen mag, umso deutlicher offenbart sich bei eingehender Analyse der Einzelaspekte, wie fest er in der Tradition des 19. Jahrhunderts verankert ist.[1] Die Akropolis hatte sich seit ihrer Wiederentdeckung Mitte des 18. Jahrhunderts als Modell von höchster Elastizität erwiesen, das von den unterschiedlichsten Strömungen mit zum Teil divergierenden Auffassungen vereinnahmt und aufgerufen werden konnte. In der Zeit vor den Befreiungskriegen[2] ist die Rezeption noch davon geprägt, dass die griechische Antike „für einen gewissen Zeitraum zum Futter vorwärtsgerichteter Utopien wurde"[3]. Gerhard Grimm beschreibt in seinem Aufsatz „‚We are all Greeks' Griechenbegeisterung in Europa und Bayern", wie sich überall in Europa Anfang des 19. Jahrhunderts eine beispiellose Griechenland-Euphorie entwickelte, die das im Entstehen begriffene Bürgertum erfasste und sich in den Romanen, Opern, Theaterstücken, Gedichten und in der Tagespresse niederschlug und in der Unterstützung der Griechen in den Befreiungskriegen mündete.[4] In dieser neuen Griechenland-Verehrung waren die klassischen Monumente der Akropolis nun zum überall verstandenen Wahrzeichen der Befreiung von althergebrachten Zwängen geworden und standen für Demokratie und freiheitliches Denken.[5] Das änderte sich um die Jahrhundertmitte, als nach dem Ende der Befreiungskriege unter bayerischer Regentschaft der Burgberg ab 1834 allgemein zugänglich wurde. Schon bald erfreute sich die Akropolis, wie Lambert Schneider und Christoph Höcker darstellen, auch unter den reaktionäreren Strömungen großer Beliebtheit und fand in Form von unzähligen wörtlichen Zitaten und direkten Adaptionen Eingang in die zeitgenössische Architektur. So diente das Erechtheion in Europa vielfach als Vorlage für die Fassadengestaltung von Privathäusern und für die Innendekoration von öffentlichen Gebäuden, wohingegen für Mahnmale, Bahnhöfe, Gerichtsgebäude gerne auf die Propyläen und den Parthenon zurückgegriffen wurde.[6]

Starken Wandlungen unterlag auch die architekturtheoretische Rezeption, die eng mit den Erkenntnissen der in Athen tätigen Archäologen-Architekten zusammenhing. In seinem 2005 erschienenen Aufsatz „The Parthenon in the Modern Era" definiert Richard Etlin vier Rezeptions-Phasen, die im 19. Jahrhundert aufeinanderfolgten und alle, wie noch zu zeigen sein wird, eindeutige Spuren in „Vers une Architecture" hinterlassen haben. In der ersten Phase, dem sogenannten „Romantischen Hellenismus" wurde die Akropolis noch unter osmanischer Herrschaft von den ersten Athen-Reisenden und Philhellenen zum Paradigma der höchsten Perfektion, Harmonie und Zeitlosigkeit ausgerufen.[7] Nach den Befreiungskriegen läutete in den 1830er Jahren die erste Generation der offiziell in Athen tätigen Archäologen-Architekten mit ihren Entdeckungen der optischen Verfeinerungen die zweite Phase ein, die Etlin als „Living Architecture" – lebendige Architektur – bezeichnet.[8] Insbesondere die „lyrische Interpretation" Joseph Hoffers führte ab 1838 dazu, dass die Kurvaturen und andere Verfeinerungen nicht mehr allein als optische Korrekturen begriffen wurden, wie Vitruv sie klassifiziert, sondern als Methode, mit die die Griechen den leblosen Formen Leben einhauchten, indem sie sich an der Natur orientierten, in der es keine geraden, sondern nur geschwungene Linien gebe, wie Hoffer darlegt.[9] Diese Erkenntnisse gingen in den 1840er Jahren in die dritte Phase über, in der die pittoresken Gestaltungsprinzipien der Akropolis entdeckt wurden.[10] Durch die von Leo von Klenze in die Wege geleitete Säuberung des Plateaus von allen nachklassischen Zutaten unter Bayerischer Regentschaft in den 1830er und 1840er Jahren rückten nun erstmals auch die beiden unregelmäßigen Komplexbauten, die Propyläen und das Erechtheion, in den Fokus der Archäologen-Architekten. Die Propyläen sind unvollendet geblieben und mussten während der Erbauungszeit eine Planänderung verkraften, während das Erechtheion, das sicherlich ungewöhnlichste Bauwerk der klassischen Antike mit seinen vier unterschiedlichen Fassaden, verschiedene Heiligtümer beherbergte und Niveausprünge von bis zu drei Metern auszugleichen hatte. Waren diese Bauten von den ersten Griechenland-Reisenden wie James Stuart und Nicholas Revett oder Julien-David Le Roy noch im Sinne des Klassizismus begradigt und achsensymmetrisch wiedergegeben worden, ließen sich die Unregelmäßigkeiten nach den „Säuberungsarbeiten" auf dem Plateau nicht mehr ignorieren.[11] Die beiden Komplexbauten boten, wie Etlin es andernorts formuliert, der neuen Generation von Archäologen-Architekten einen Einblick in eine Welt der pittoresken Gestaltung, die die überlieferte Idee des vitruvianischen Klassizismus regelrecht auf den Kopf stellte.[12] Den Höhepunkt dieser pittoresken Phase markiert Auguste Choisys Akropolis-Rezeption, die Le Corbusier fundamental beeinflusste, wie zu zeigen sein wird. In der vierten Phase, Ende des 19. Jahrhunderts, stand das Sublime, „the highest possible manner of aesthetic experience", im Vordergrund, wobei Etlin als wichtigste Vertreter neben Émile Burnouf auch Charles Blanc und Ernst Renan nennt, die ebenfalls beide für Le Corbusiers Akropolis-Rezeption ausgesprochen wichtig werden sollten.[13]

Während in der Architekturtheorie die pittoresken Eigenschaften der Akropolis in den Vordergrund traten, änderten sich auch die Darstellungen der Akropolis mit dem Einsetzen der Romantik. Das Hauptinteresse galt in den Reiseberichten, Zeichnungen und Veduten nun weniger den antiken Bauten als vielmehr der pittoresken Ruinenlandschaft. Während Natur und Mensch in den perspektivischen Ansichten aus dem späten 18. Jahrhundert von Stuart und Revett lediglich dazu verwendet wurden, die antiken Ruinen zu beleben, kehrte sich das Verhältnis in den pittoresken Veduten der Folgezeit regelrecht um: Die antiken Bauten dienten nun eher als Hintergrund und akzentuierten die Landschaft. Im Zentrum der Betrachtung standen nun nicht mehr die Bauwerke als solche, sondern ein Traumgemisch aus Natur und Antike.[14] Was dabei in der Regel vergessen wird, ist die Tatsache, dass ungefähr zur gleichen Zeit die Gestalt der Akropolis radikal verändert und in ein pittoreskes, modernes Konstrukt verwandelt wurde.[15] Unter dem Banner der Wissenschaft ließen Leo von Klenze und sein späterer Nachfolger Ludwig Ross die Akropolis von allen nachklassischen Zutaten befreien. Auf dem Burgberg befand sich am Ende der Befreiungskriege ein türkisches Dorf, in der Cella des zerstörten Parthenon stand eine kleine Moschee, und die Propyläen waren in die Festungsmauern mit dem Turm aus der fränkischen Besatzungszeit eingebaut. Diese nachklassischen Zutaten wurden abgetragen, und der Burgberg wurde bis auf den nackten Fels freigelegt, so lange, „bis nur noch eine kahle Steinwüste mit vier Ruinen aus dem 5. Jh. v. Chr. übrig blieb. Wunschgemäß erhoben sie sich nun als Symbol der höchsten Kultur einsam auf dem nackten Burgfelsen als dem Symbol der Natur – ein Zustand, den es so zu keiner Zeit jemals gegeben hatte."[16] Doch damit noch nicht genug; Lambert Schneider und Christoph Höcker weisen darauf hin, dass auch die vier klassischen Großbauten keineswegs authentischer Überrest aus dem 5. Jh. v. Chr. waren, sondern so lange immer wieder aufs Neue zusammengefügt und ergänzt wurden, „bis sie endlich der Vorstellung vom ‚richtigen' Aussehen entsprachen".[17] „In diesem ‚Zellaustausch' haben im Verlauf von nicht einmal 150 Jahren alle vier klassischen Bauten ihr Gesicht mehrfach gründlich verändert. Aus einer echten, geschichtlich gewachsenen Ruinenlandschaft ist so ein absichtsvoll konstruiertes Ruinenensemble geworden. Mögen die Restaurierungsarbeiten auch im einzelnen ziellos und inkonsequent erscheinen, so verrät das Ergebnis doch System. Entstanden sind pittoreske Fassadenteile von Gebäuden; Außenhüllen von Architektur kann der Betrachter auf der Akropolis nun wahrnehmen. Sie erheben sich frei in der Landschaft. Während etwa die Säulen des Parthenon ursprünglich dicht vor der beschatteten Wand der Cella standen und der Bau so ein kompaktmassives Aussehen besaß, wird nun ein optischer Genuss eigener Art vermittelt: Die lichtumflossene Säule oder das vom Fels aufragende Mauerbruchstück vor blauem Himmel im Landschaftspanorama."[18] Das reale Erscheinungsbild der Akropolis wurde also mit den zeitgenössischen Idealvorstellungen in Einklang gebracht, sodass eine hochmoderne Anlage entstanden ist, die weniger über den antiken Zustand als vielmehr über die zeitgenössischen Vorstellungen von griechischer Antike im 19. Jahrhundert Auskunft erteilt.

Auguste Choisy und die Entdeckung der Unordnung

Le Corbusiers Akropolis-Rezeption war fest in der Tradition des 19. Jahrhunderts verankert, sodass es durchaus zutrifft, dass er, wie Bruno Foucart bemerkt, 1923 so geklungen habe wie Quatremère de Quincy und Raoul Rochette in den 1830er Jahren.[19] Die wichtigste Quelle, die sich in Bezug auf die Akropolis in „Vers une Architecture" sogar gut sichtbar widerspiegelt, ist Auguste Choisys revolutionäre Akropolis-Rezeption, die er in seiner „Histoire de l'Architecture" von 1899 publiziert. Le Corbusier hatte, wie bereits dargestellt wurde, gleich zweimal Choisys kombinierte Grund- und Aufrissgrafik der Akropolis in „Vers une Architecture" abgebildet und damit Choisys Rezeption aufgerufen, die sich zu dem Zeitpunkt bereits einer hohen Bekanntheit erfreute.

Choisy hatte als 24-jähriger Ingenieurschüler im Jahr 1865 die Entdeckung gemacht, dass der scheinbaren Unordnung, die sich im Grundriss der Akropolis widerspiegelt, eine Ordnung zugrunde liegt, die auf eine bewusste Gestaltung schließen lässt – keine achsensymmetrische, dem vitruvianischen System entsprechende Ordnung, sondern eine auf pittoresken Prinzipien basierende. Es handelt sich um eine Beobachtung, die über den Katalysator Le Corbusier eine ganze Generation von Architekten beeinflussen sollte. Für die klassische Archäologie scheinen Choisys Beobachtungen keine Relevanz gehabt zu haben, was möglicherweise darin begründet liegt, dass die Architektur und die Archäologie zu dem Zeitpunkt bereits getrennte Disziplinen waren, anders als noch im frühen 19. Jahrhundert, als die Akropolis wiederentdeckt wurde. Lediglich William Henry Goodyear nimmt noch in seiner 1912 erschienenen Publikation „Greek refinements: studies in temperamental architecture" Bezug auf Choisy, würdigt ihn als den bedeutendsten Ingenieur der modernen Zeit, geht dabei aber nicht explizit auf seine Interpretation der Akropolis ein.[20]

Choisy erkennt die Akropolis als dynamische Architektur, die der optischen Wahrnehmungsfähigkeit der Betrachter angepasst ist und ihre Bewegung voraussetzt. Als Beweis dient ihm das umfangreiche System von sogenannten optischen Korrekturen, das die „alten Griechen" bei der Errichtung ihrer Tempel nutzten, um eine harmonische Erscheinungsweise hervorzurufen. Zum Teil waren diese schon aus den Schriften Platons und Vitruvs bekannt, wie Choisy darlegt: Man wusste beispielsweise, dass durch die Entasis ein optischer Ausgleich zwischen tragenden und lastenden Architekturteilen geschaffen wurde und dass ein verjüngter Durchmesser der zweiten Säulenreihe im Opisthodom und Pronaos eine größere Tiefenwirkung evoziert. Es war außerdem bekannt, dass die Ecksäulen verstärkt wurden, da diese sich nicht vor der Cella-Wand, sondern vor dem Blau des Himmels abzeichnen mussten. Man wusste, dass die Säulen nach innen und die Giebelfelder im Gegensatz dazu nach außen geneigt und dass die Skulpturen der Giebelfelder asymmetrisch geformt waren, um aus der Nähe, in starker Unteransicht betrachtet symmetrisch, zu erscheinen.[21] Erst in den 30er Jahren des 19. Jahrhunderts wurde zeitgleich von deutschen und englischen Archäologen-Architekten mit den Kurvaturen am Parthenon der volle Umfang der optischen Korrekturen wiederentdeckt.[22] Diese leichten, für das Auge fast unmerklichen Krümmungen an den horizontalen Architekturteilen waren laut Vitruv optische Korrekturen, die benutzt wurden, um optischen Täuschungen entgegenzuwirken, die bei gerader Linienführung den Eindruck hätten entstehen lassen, dass sich die waagerechten Architekturteile unter der Last biegen.[23] Choisy bezweifelt, dass die Kurvaturen, wie von Vitruv beschrieben, lediglich die Aufgabe hatten, optische Irrtümer auszugleichen, sondern geht davon aus, dass sie übertrieben stark ausgeführt wurden, um sichtbar zu machen, dass es sich um eine bewusste Konzeption handelte.[24] Er folgt aus der Tatsache, dass die

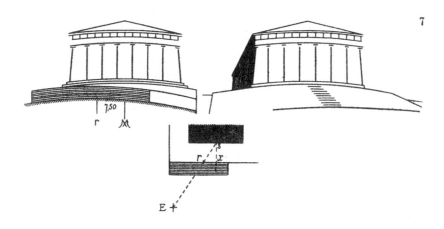

Abb. 6: Optische Korrekturen: die Verschiebung der Kurvatur aus dem Scheitel, Auguste Choisy (1899)

Erbauer der Akropolis auf die Wahrnehmungsfähigkeit der Betrachter reagierten, es demnach auch intendierte Schauseiten gegeben haben müsse, die beim Wiederaufbau nach den Perserkriegen gezielt angelegt wurden. Diese Theorie findet er in den Kurvaturen des Parthenonstylobats und denen der vorgelagerten, in den Stein gehauenen Terrassenstufen bestätigt: Der Scheitelpunkt der Kurvatur der vorgelagerten Terrassenstufen ist laut Choisy um 7,50 m aus der Mittelachse verschoben, woraus sich ein idealer Betrachterstandpunkt ergibt, der den Tempel in der Übereckansicht in seiner vollen Plastizität zeigt.[25] (Abb. 6) Choisy schließt daraus, dass der scheinbaren Unordnung in der Grundrissdisposition der Akropolis eine Ordnung zugrunde liegt; keine achsensymmetrische, dem vitruvianischen System entsprechende, sondern eine auf pittoresken Prinzipien basierende. Er beschreibt die Anlage als szenografisch konzipierte Abfolge kontrolliert angelegter Bilder. Mindestens vier Standpunkte müssen die Betrachter einnehmen, um das Gesamtensemble Akropolis zu erfassen. In jedem dieser vier Bilder sind Gebäude oder Statuen unterschiedlicher Größen und Distanzen asymmetrisch um ein zentrales Objekt balanciert. Den ersten Standpunkt nehmen die Besucher vor den Propyläen ein, dem einzigen Bau der Anlage, der sich ihnen frontal entgegenstellt. (Abb. 7) Nachdem sie die Propyläen durchschritten haben, überblicken sie die Gesamtanlage. Dominierendes Motiv ist aus dieser Position die Kolossalstatue der Athena Promachos. (Abb. 8) Dahinter verborgen und nur ausschnitthaft sichtbar befindet sich das

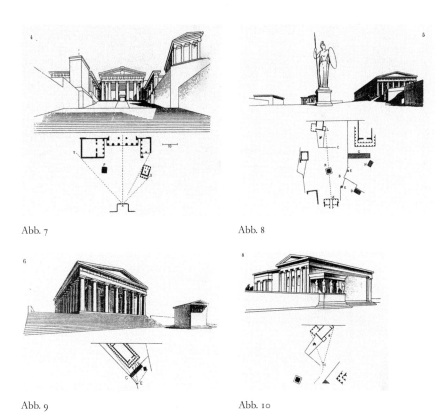

Abb. 7

Abb. 8

Abb. 9

Abb. 10

Abb. 7–10 : Die vier Standorte, die ein Betrachter laut Auguste Choisy auf der Akropolis einnehmen muss, um das Ensemble zu erfassen

Erechtheion. Auch der Parthenon erscheint aus dieser Perspektive zunächst zum großen Teil verdeckt und tritt erst beim näheren Herantreten vollständig in Erscheinung, wenn die Athena-Statue nicht mehr das Blickfeld dominiert. (Abb. 9) Der Tempel ist auf dem höchsten Punkt des Plateaus errichtet und wirkt durch seine Schrägstellung, die ihn in seiner vollständigen Plastizität zeigt, majestätischer und größer. Ist die Athena-Statue vollständig aus dem Sichtfeld verschwunden, befinden sich die Betrachter bereits neben dem Parthenon in einer Position, von der aus sie nicht mehr die nötige Distanz haben, um die Formen zu überblicken. Das Erechtheion wird nun zum Hauptmotiv – es erscheint ebenfalls in der Übereckansicht als pittoreske pyramidale Komposition, in der die Korenhalle praktisch die leere Wand „möbliert", die im Hintergrund wie für sie reserviert worden zu sein scheint.[26] (Abb. 10) Choisy stellte fest, dass auf dem Plateau jeder dieser drei Standpunkte von einem Monument dominiert wird, während andere verdeckt werden. Nötig war das laut Choisy, da zu viele Kontraste gegeben waren, die, nebeneinandergestellt, die Wirkung des Einzelnen stark beeinträchtigt hätten. Um beispielsweise den Kontrast zwischen den Karyatiden des Erechtheions und der Kolossalstatue zu vermeiden, ist die Korenhalle zunächst hinter dem Sockel der Athena verborgen. Sie gerät erst in den Fokus der Besucher, wenn dieser unüberwindbare Gegensatz nur noch in der Erinnerung existiert.[27]

Durch Auguste Choisy hatte Le Corbusier den szenografischen Aspekt der Akropolis erfahren, hatte sie als eine auf die Betrachter ausgerichtete, wohlponderierte Anlage erlebt, die sich erst in der Bewegung durch den Raum vollständig erfassen lässt. Diese Akropolis-Beschreibung, die Peter Smithson später als „Konzept der dynamischen Geometrie" bezeichnet,[28] fand tiefen Widerhall bei Le Corbusier und schlug sich unmittelbar in seiner Idee der *promenade architecturale* nieder, die zum zentralen Motiv bzw. Rückgrat seiner architektonischen Kompositionen werden sollte. Le Corbusier verdankte Choisy auch die Erkenntnis über die plastischen Eigenschaften der Akropolis-Architekturen, die weit über ihre eigentlichen Grenzen hinaus wirken und raumbildende Qualitäten haben. Choisy hatte nämlich erkannt, dass jedes der vier zentralen Motive auf der Akropolis für sich allein betrachtet symmetrisch ist, als Gruppe aber wie eine Landschaft behandelt wird, in der die einzelnen Massen auf natürliche Weise ausgewogen verteilt sind. Aus dieser scheinbaren Unordnung resultiert die geordnete Harmonie. Er vergleicht das Prinzip mit einem Pflanzenblatt, das symmetrisch aufgebaut ist, wohingegen der gesamte Baum seine Äste, Zweige und Blätter unregelmäßig, aber ausgewogen verteilt hat.[29] Und auch die Beziehung zwischen Architektur und umgebender Landschaft, die Le Corbusier zeit seines Lebens beschwören sollte, dürfte maßgeblich durch Choisy inspiriert worden sein. Dieser leitet sein Kapitel über „Das Pittoreske in der griechischen Architektur" mit der Beobachtung ein, die Le Corbusiers spätere Ausführungen vorwegnimmt: „Die Griechen entwarfen kein Gebäude unabhängig von der sie einrahmenden Landschaft und den sie umgebenden Gebäuden. Die Idee, die Umgebung einzuebnen ist ihnen absolut fremd: sie akzeptierten den Bauplatz, regulierten ihn kaum, sondern ließen ihn so wie die Natur ihn gemacht hat. Ihr Hauptinteresse war es, die Architektur mit der Landschaft in Einklang zu bringen; die griechischen Tempel sind so wertvoll durch die Wahl ihrer Lage und durch die Kunst, nach der sie konstruiert sind. [...] Wenn es sich um eine Gebäudegruppe handelt, dann verbietet der Respekt vor der natürlichen Beschaffenheit des Bodens die Symmetrie."[30] Le Corbusiers Untertitel, den er der Kombinationsgrafik von Choisy auf dem Titelblatt der dritten „Mahnung an die Herren Architekten" beifügt, nimmt sich wie ein Echo dieser Beschreibung aus: „Man darf nicht vergessen, dass der Boden der Akropolis sehr bewegt ist, mit enormen Niveauunterschieden, die verwendet worden sind, um gewaltige Sockel der Gebäude zu bilden. Die schiefen Winkel haben zu reichen Ansichten beigetragen und zu einem subtilen Effekt: Die asymmetrischen Massen der Gebäude schaffen einen intensiven Rhythmus. Das Spektakel ist massiv, elastisch, nervös, zermalmend vor Heftigkeit (Schärfe), Beherrscher."[31]

Aber der Einfluss Choisys auf „Vers une Architecture" beschränkt sich nicht auf die Akropolis-Rezeption, sondern ist noch weitreichender. Le Corbusiers mehrfach wiederholter Leitsatz, dass der Grundriss der Erzeuger sei, wird auch auf Choisys innovative Darstellungsmethode zurückzuführen sein. Dieser hatte eine Technik entwickelt, mittels abstrahierter Isometrien Grund- und Aufrisse miteinander zu kombinieren, die mal in Unteransicht, mal in Aufsicht präsentiert wurden. Seine Darstellungen zeigen, wie Richard Etlin es charakterisiert, dass Choisy wie ein Mediziner die architektonische Anatomie untersuchte und den architektonischen Organismus sezierte, um zu seiner Skelettstruktur vorzudringen. Gerade so, als handele es sich bei den Steinen, Ziegeln, Fliesen, Holz und Beton um Knochen, Bänder und Sehnen und bei der äußeren Oberfläche um das Fleisch.[32] Dass Choisys Darstellungsweise unmittelbaren Niederschlag in Le Corbusiers These vom Grundriss als Erzeuger gefunden hat, macht er in „Vers une Architecture" dadurch sogar explizit kenntlich, indem er das Kapitel einleitend mit sechs Grafiken Choisys illustriert.[33]

Aber der Einfluss Choisys erstreckt sich auch auf Le Corbusiers grundsätzliche Definition von Architektur als das „wissende und korrekte Spiel der Volumen unter dem Licht", wie sich in dem Kapitel „Baukunst III. Reine Schöpfung des Geistes" zeigt, das deutlich von Auguste Choisys Konzept der „Modénature" inspiriert ist.[34] Choisy widmet der „Modénature" in seiner „Histoire de l'Architecture" ein kurzes Kapitel[35] und definiert diese als die ingeniöse Fähigkeit der klassischen Griechen, mit Schatten und Lichtreflexen in architektonischen Ornamenten zu arbeiten, und bezeichnete sie als „jeu de la lumière", als Spiel des Lichtes in der Architektur.[36] Le Corbusier nimmt den damals bereits ungebräuchlichen Begriff der Modénature auf[37] und bezeichnet sie in „Vers une Architecture" als eine „reine Schöpfung des

Geistes", „den Prüfstein für den Architekten", an dem man erkenne, ob er ein bildender Künstler sei, da immer „die klügsten Abweichungen von der Grundform angewandt [wurden], die der [Modénature] eine makellose Anpassung an die optischen Gesetze gestatteten"[38]. Die Modénature sei es, die den Parthenon „als Träger eines gewissen Lebens"[39] erscheinen lasse, dessen Gestaltung so rein sei, dass man ihn als Naturerscheinung empfinde.[40]

Auch in literarischer Hinsicht wird Auguste Choisy eine bedeutende Inspirationsquelle für Le Corbusier gewesen sein. Reyner Banham charakterisiert Choisys Erörterungen als zu weitschweifig, sobald sie sich auf einen Gesamtkomplex beziehen. „Aber die kurzen Abschnitte, die sich mit Einzelfragen befassen, sind knapp und aphoristisch gehalten und bleiben im Gedächtnis haften, weil sie ausgewogen, prägnant und eminent vernünftig sind. […] Was seine Schriften so denkwürdig macht, […] war der Erfolg, mit dem Choisy seine eigenen Denkprozesse auf seine Leser übertrug."[41] Robin Middleton und David Watkin charakterisieren Choisy ähnlich: „Der Brücken- und Straßenbauingenieur Auguste Choisy (1841–1909) löste in passender Weise in seinen Studien der Baukunst in der Geschichte und vielleicht […] alle Probleme, über die Viollet-le-Duc nachgedacht und gerätselt hatte, mit erbarmungsloser Schlußfolgerung. Choisys brillante Illustrationen führten die Kompliziertheit jeder Architektur auf einige wenige einfache Linien zurück. […] er führte nicht nur Viollet-le-Ducs, sondern alle architektonischen Theorien auf den einfachsten Aphorismus und das einfachste Diagramm zurück."[42]

Le Corbusier orientiert sich in „Vers une Architecture" offenbar an Choisys Stil und entwickelt diese Art der Argumentationsweise, zusätzlich inspiriert durch die damals noch junge Werbekunst, weiter zu einem eigenen Stil. Dass auch Choisy, ähnlich wie Le Corbusier später, einen ausgesprochenen Sinn für Dramatik besaß, beschreibt Julius Posener: „[Choisy] für einen trockenen Techniker zu halten wäre ein großer Irrtum. Weder er, noch Viollet-le-Duc ist das gewesen. Man sollte auch nicht vergessen, daß in Frankreich Romantik niemals mit Logik unvereinbar gewesen ist. Choisy hatte einen ausgesprochenen Sinn für das Dramatische, für die großen geschichtlichen Zusammenhänge, in der seine Kapitel ihren Höhepunkt finden mit einem letzten quod erat demonstrandum von, man darf ruhig sagen, dynamischer Schönheit."[43]

Etlin beschreibt Choisy als einen Humanisten im weitesten und vollständigsten Sinne des Begriffs, der die außergewöhnlichen Fähigkeiten als einfallsreicher Ingenieur, versierter Architekturhistoriker, genialer Konstrukteur und Zeichner, gelernter Hellenist und kreativer Philologe in einer Person vereinte.⁴⁴ Sein Zugang war in jeder Hinsicht unakademisch, was Le Corbusier fasziniert haben wird. Wie stark die Faszination tatsächlich war, schlägt sich in zwei Würdigungen Choisys nieder, die Le Corbusier verfasste. 1925 publizierte Le Corbusier im „Almanach d'architecture moderne" in Anlehnung an Choisy ein kurzes Kapitel mit dem Titel „Modénature", in dem er Choisys Konzept erläutert. In dem Artikel bezeichnet er Choisy als Autor des bedeutendsten Architekturbuchs, das jemals geschrieben worden sei. Er attestiert ihm allerhöchstes Denkvermögen und einen in sich im höchsten Maße geschlossenen Stil. In Klammern fügt er hinzu, dass es sich möglicherweise um den schönsten Stil handele, er es aber nicht beurteilen könne, da er kein Schriftsteller sei, wobei ihm Paul Valéry in der vergangenen Woche gesagt habe, Choisys Stil sei bewundernswert, und gestern habe Valéry immerhin den Anatole France Lehrstuhl an der Akademie übernommen.⁴⁵ 1941 würdigt Le Corbusier Choisy als jemanden, der als Inspirationsquelle in den Herzen der Architekten bleibe, erneut in „Sur les quatre routes". Er habe wie kein anderer die Architekturgeschichtsschreibung geprägt. „Er hat verstanden, was das Leben der gebauten Organismen ausmacht. Von seinem Olymp ließ er seine Grundrisse, Schnitte und Axonometrien der menschlichen Werke, aus denen der große Diskurs der Architektur erschallt, vom Graveur herabschnitzen. […] Durch ihn ist alles groß: Die Architektur erhebt sich zum Spiel der Beziehungen, zu einer Symphonie der Rhythmen."⁴⁶

Diese unmittelbaren und direkten Würdigungen Auguste Choisys sind in Le Corbusiers Werk durchaus eine Besonderheit und Ausnahme. Normalerweise bediente sich Le Corbusier zeit seines Lebens sehr frei beim geistigen Eigentum anderer und wurde daher auch als „Raubtier"⁴⁷ charakterisiert, da er stets jeglichen Einfluss leugnete. Waren in den Zeitschriftenartikeln des „L'Esprit Nouveau" und in der ersten Ausgabe von „Vers une Architecture" noch Hinweise auf Choisy oder Frédéric Boissonnas, dessen Akropolis-Fotografien Le Corbusier verwendete, enthalten, so tilgte er sie in späteren Ausgaben.⁴⁸ Dabei ist zu beachten, dass die Ausgaben von „Vers une Architecture" vielen Veränderungen unterlagen. Bei jeder Neuauflage hat Le Corbusier wieder Modifikationen vorgenommen, hat Bilder unterschiedlich angeordnet, Untertitel verändert oder herausgenommen, Bildreferenzen getilgt – gerade so, als sei er darum bemüht gewesen, die Publikation immer in Bewegung zu halten und niemals in einen fertigen Endzustand zu überführen. So unterscheidet sich die deutschsprachige Ausgabe stark von der aktuellen franzö-

sischen, die sehr nah an der Erstausgabe bzw. den Artikeln im „L'Esprit Nouveau"
ausgerichtet ist.

Eugène Viollet-le-Duc und die pittoresk-poetischen Eigenschaften der Akropolis

Neben Auguste Choisy war noch ein anderer Architekturtheoretiker von zentraler
Bedeutung für Le Corbusier, der aber, anders als Choisy, niemals direkt Erwähnung
in Le Corbusiers Texten gefunden hat: Eugène Viollet-le-Duc, der Verfasser des
„Dictionnaire raisonné de l'architecture française du XIe au XVIe siècle" (1858) und
der „Entretiens sur l'Architecture", die sukzessive ab 1858 entstanden und 1863 und
1872 publiziert wurden. Viollet-le-Ducs „Entretiens" sind von einer ähnlichen Verachtung für die Akademien, die Planungsgepflogenheiten der École des Beaux-Arts
geprägt, wie Le Corbusiers spätere Publikationen.[49]

Beide Theoretiker, Choisy und Viollet-le-Duc, maßen der Konstruktion die
größte kulturelle Bedeutung zu und verwandten ihre Hauptanstrengungen darauf,
die Konstruktionssysteme historischer Architektur zu erklären. Beide waren, wie
Etlin darstellt, unter den größten Meistern dessen, was Viollet-le-Duc die Poesie
der Architektur nennt. Ironischerweise wurden beide von Historikern fälschlich als
strukturelle bzw. konstruktive Rationalisten klassifiziert, womit ihnen unterstellt
wird, dass sie alle Entscheidungen über Form und Dekoration als Ergebnisse von
Struktur und Konstruktion ableiten.[50] In der Tat offenbaren Viollet-le-Ducs
„Entretiens" und Choisys „Histoire", dass beide Theoretiker „are filled with disdain
for anything that is dry, lifeless, or pedantic in Architecture"[51].

Vieles von dem, was sechs Jahrzehnte später bei Le Corbusier wohlkalkuliert mit
ungeheurer Vehemenz und Intensität erscheinen und zu einer Art Visitenkarte des
jungen bis dato unbekannten Architekten werden sollte, hatte nicht nur Auguste
Choisy, sondern insbesondere auch Viollet-le-Duc vorweggenommen. Während der
Einfluss Choisys in „Vers une Architecture" schon durch die Verwendung der
typischen Isometrien und der berühmten Akropolis-Grafik offensichtlich ist, lässt
sich der Einfluss Viollet-le-Ducs auf Le Corbusier nicht so direkt nachweisen.
Dass Le Corbusier sich in jungen Jahren eingehend mit Viollet-le-Duc beschäftigt
haben muss, ist jedoch unstrittig. Sein Lehrer, Auguste Perret, bei dem er 1908/09
für ein Jahr als Zeichner arbeitete, hatte ihn mit den Publikationen Viollet-le-Ducs
in Berührung gebracht.[52] Le Corbusier war selbst im Besitz des zehnbändigen
„Dictionnaire", das er sich von seinem ersten Gehalt, das er im August 1908 im Büro

von Auguste Perret erhalten hatte, auf dessen Anraten gekauft hatte, wie die Inschrift in der Ausgabe in seiner Privatbibliothek belegt.[53] Das im Hinblick auf die Architektur der Griechen noch bedeutendere Werk, der erste Band der „Entretiens sur l'Architecture" von 1863, befindet sich heute nicht in Le Corbusiers Privatbibliothek in der Fondation Le Corbusier. Es ist jedoch davon auszugehen, dass Le Corbusier sehr wohl vertraut war mit der Publikation.

Wie auch Auguste Choisys „Histoire de l'architecture" sind Viollet-le-Ducs „Entretiens" als Universalgeschichte der Architektur angelegt, wobei jedoch beide mehr oder weniger den Griechen, Römern und der französischen Gotik gewidmet sind. Nur vergleichsweise kurze Passagen behandeln andere Traditionen. Dass sich auch Viollet-le-Duc, dessen Name sich gemeinhin mit der Gotik und dem Rationalismus verbindet, mit den pittoresken Gestaltungsprinzipien der Antike und respektive der Akropolis auseinandersetzte, ist weniger bekannt. Im Zentrum seiner Aufmerksamkeit steht stets die Gotik, die es seiner Auffassung nach als französisches Nationalerbe zu erhalten und erneuern gilt. Tatsächlich aber bezeichnet Viollet-le-Duc die griechische Architektur als die höchste Errungenschaft in der Weltarchitektur. Nach eigener Angabe erfüllt die griechische Architektur am perfektesten und absolutesten jene Prinzipien, auf die er selbst die Aufmerksamkeit seiner Leser lenken will.[54] Der Parthenon und die Akropolis dienten ihm nicht nur als Beispiel für die Krönung des klassischen Zeitalters, sondern als Krönung der Architekturgeschichte allgemein, als Architektur par excellence.[55] Etlin weist darauf hin, dass Viollet-le-Duc nicht immer so dachte. 1846 sei er noch der Meinung gewesen, dass die französische Gotik die einzige Architektur sei, die in Frankreich studiert werden solle. Die griechische Architektur stufte er zu diesem Zeitpunkt abfällig als Archäologie ein.[56] Etlin geht davon aus, dass es die Publikationen der französischen Hellenisten der École Française d'Athènes mit dem Hauptaugenmerk auf den pittoresken Eigenschaften der griechischen Architektur waren, die für Viollet-le-Ducs Gesinnungswandel sorgten.[57]

Viollet-le-Ducs Akropolis-Rezeption ist höchst modern und facettenreich. Es gibt weder in den „Entretiens" noch im „Dictionnaire" geschlossene Kapitel, in denen die griechische Architektur, die Klassik oder sogar die Akropolis abgehandelt werden, sondern Viollet-le-Duc rekurriert wie später Le Corbusier in unterschiedlichen Zusammenhängen auf das Athener Monument. Wie für Le Corbusier später auch war der Parthenon für Viollet-le-Duc eine kulturelle und ästhetische Ikone und architektonische Höchstleistung. Es gibt unzählige Parallelen in den

Beschreibungen Viollet-le-Ducs und Le Corbusiers, sodass davon ausgegangen werden kann, dass Viollet-le-Duc großen Einfluss auf die Konstituierung von Le Corbusiers Akropolis-Idee hatte. Und natürlich hatte Viollet-le-Duc auch zentrale Bedeutung für die Entwicklung von Auguste Choisys Akropolis-Theorie, sodass sowohl ein direkter als auch ein indirekter Einfluss ausgemacht werden kann. So war Viollet-le-Duc beispielsweise der Erste, der die pittoresken Eigenschaften in Bezug auf ihre Gesamtgestaltung und Platzierung in der Landschaft beschreibt: „Wir haben vergessen, dass Kunstwerke in Szene gesetzt werden müssen", heißt es bei ihm. „Die Antike hat dieses Prinzip niemals vernachlässigt […]. Wir errichten ein Monument, aber wir platzieren es falsch, wir umgeben es falsch, wir verstehen nicht, es der Öffentlichkeit zu präsentieren; […] das Malerische spielt eine wichtige Rolle. Wir haben es ersetzt durch Symmetrie, die aber gegenläufig ist zu unserem Geist. Sie langweilt und ermüdet uns […]. Weder auf der Akropolis von Athen noch im Forum Romanum oder dem von Pompeji, noch in den Beschreibungen von Pausanias sind uns symmetrische Anlagen eines Ensembles gegeben. Die Symmetrie bei den Griechen bezieht sich nur auf das Gebäude, […] niemals auf ein Ensemble von Gebäuden. […] Mit welcher Kunst verstanden es die Griechen, ihre Monumente zu platzieren! Welch richtige Anerkennung des Effektes, den wir heute das Pittoreske nennen! Objekt der Verachtung unserer heutigen Architekten … Und warum? Weil das auf dem Papier gezeichnete Monument generell weder den Ort, noch die Orientierung, den Effekt von Licht und Schatten, die Umgebung, oder die Niveauunterschiede berücksichtigt, die sich so günstig auf die architektonischen Formen auswirken."[8] Ähnlich wie später Le Corbusier in „Das Blendwerk der Grundrisse" kritisiert Viollet-le-Duc die akademischen Vorlieben für symmetrische und axiale Planungen als wenig vernünftig und langweilig. Große symmetrische Gebäude seien verloren in den Städten. Ihre Sockel befänden sich im Rinnstein, ihre Fassaden könnten nur getrennt wahrgenommen werden. Nur auf dem Papier habe der Betrachter das Vergnügen festzustellen, dass der rechte Flügel genauso lang ist wie der linke. Die Römer und besonders die Griechen haben seiner Erkenntnis nach nur dann Symmetrien verwendet, wenn das Gesetz auf den ersten Blick verstanden werden konnte und nicht erst ein Kilometer hätte zurückgelegt werden müssen, um zu dem Ergebnis zu gelangen, dass die Flügel gleich lang sind, heißt es bei Viollet-le-Duc.[9] Wie Choisy geht auch Viollet-le-Duc davon aus, dass der griechische Architekt den Felsen, der ihm als Basis für sein Gebäude diente, nicht nivellierte – er dekorierte ihn, er profitierte von seiner Unebenheit/Rauheit und entschied das mit Geschmack und mit tiefer Kenntnis des Effektes.[60] Es handelte sich dabei, wie Etlin beschreibt, um die erste alternative Interpretation allgemeiner griechischer Gestaltungsprinzipien, die in der Anlage von griechischen Gebäudekomplexen angenommen wurden. Sie richteten sich gegen die damals weit verbreitete Meinung Alexis Paccards, dass die Griechen der Gestaltung der Umgebung keinerlei Aufmerksamkeit widmeten und sie sogar absichtlich vernachlässigten.[61] Diese poetische Beobachtung Viollet-le-Ducs wurde zu einer wichtigen Grundlage für Le Corbusiers spätere Akropolis-Rezeption. Er beschreibt zeit seines Lebens die Wechselwirkungen der Akropolis-Architekturen mit den fernen Landschaftskontrasten.

Auch Viollet-le-Duc versteht die Akropolis als „reine Schöpfung des Geistes" und stellt dar, dass alles bei der Gestaltung der Akropolis auf Kalkül und Berechnung basierte. Die Gesamtanlage wurde seiner Auffassung nach bis ins Detail durchgestaltet; nichts wurde dem Zufall überlassen. Er beschreibt, dass griechische Architektur auf einer Idee, auf einer genauen Vorstellung basiert.[62] Viollet-le-Duc verwendet den Begriff der „Modénature" zwar nicht, aber er beschreibt das Phänomen, das Choisy unter dem Begriff subsumieren sollte: „Licht ist auf jeden Fall das Prinzip, der Erzeuger" der griechischen Architektur, heißt es bei Viollet-le-Duc.[63] Er beschreibt mehrfach, wie die Erbauer griechischer Tempel mit unvergleichlicher Geschicklichkeit die natürlichen Effekte von Licht und Schatten nutzten,[64] um das Auge zu befriedigen. Er beschreibt den Effekt der Kapitell-Profilierungen und ihrer daraus resultierenden Licht- und Schattenverteilung. Er weist darauf hin, dass es ohne die Kanneluren auf der Säulentrommel lediglich eine Licht- und eine Schattenzone gäbe, was zur Folge hätte, dass die Säule flach erscheinen würde. Durch die Kanneluren modelliert der Künstler die Säule mittels Licht und Schatten und verleiht ihr Plastizität. Es sei daher unsinnig, den Parthenon in Edinburgh errichten zu wollen, da es dort kein Licht gebe.[65]

Viollet-le-Ducs Charakterisierung der griechischen Architektur fanden sowohl bei Choisy als auch bei Le Corbusier starken Widerhall. Der Grieche habe nichts Neues erfunden, er entwickelte weiter, optimierte,[66] er sei Logiker, Beobachter und Liebhaber der Form gewesen.[67] Charakteristisch sei seine Vorliebe für einfache Formen und klare, lesbare Beziehungen zueinander[68] und die Art und Weise, wie die Kunst auf den Menschen bezogen sei.[69] Er beschreibt, mit welcher Sorgfalt die Griechen sich dem Pittoresken widmeten, welches Gefühl sie für die Linie hatten und wie sie durch die Studien der Gesetze der Natur und der Wahrnehmung harmonische Architekturen schufen. „Es ist der Effekt der Ecken eines Gebäudes, es ist seine Silhouette, seine Linie, seine äußere Form, die sich in die Erinnerung eingräbt."[70] Während diese Beobachtungen auch über den Umweg Choisys Eingang in „Vers une Architecture" fanden, schlugen sich die nachfolgenden, wie noch zu zeigen sein wird, nahezu wörtlich in „Après le cubisme" nieder, der ersten Gemeinschaftsproduktion von Le Corbusier und Amédée Ozenfant: Es sei eine Illusion anzunehmen, dass die Proportionen in der Architektur Resultat des Instinkts seien, heißt es bei Viollet-le-Duc. Es handele sich um absolute Regeln, geometrische Prinzipien, die im Einklang mit dem Gefühl der Augen stünden.[71] Das Erste, was die Griechen etablierten, seien Proportionsgesetze gewesen, die wir als Ordnung oder Komposition bezeichnen, wobei es sich um keine absolute, sondern eine relative Ordnung handele, die große Freiheit in der Anwendung der Regeln und unendliche Mannigfaltigkeit zuließe, vergleichbar mit den unendlichen Ausprägungsformen des menschlichen Körpers, den es in allen Variationen gebe.[72] Die Griechen orientieren sich an den Gesetzen der Natur, sie beobachten die Natur, gingen vor wie sie, wendeten ihre Gesetze an, die sie wie in der Natur bis ins Unendliche variierten. Dadurch erreichten sie eine Vielheit, die auf keinen Fall durch Uniformität ersetzt werden dürfe.[73] Dadurch, dass sie sich in allem, was sie machten, an der Natur und ihren universellen Gesetzen orientierten, haben die Griechen eine Architektur geschaffen, die in Einklang mit der Natur, der Umgebung, mit den menschlichen Sinnen steht.[74]

Wie später Auguste Choisy und Le Corbusier geht auch Viollet-le-Duc davon aus, dass es ein Irrtum sei, zu glauben, dass die Anwendungen dieser „Ordnungen" die Architekten beengt habe. Das Gesetz zerstört keinesfalls die individuelle Unabhängigkeit des Künstlers. Er strebe nach Effekten, er beobachte genau das Spiel von Licht und Schatten auf der Oberfläche, den malerischen Ausschnitt, der sich vor dem blauen Himmel abzeichne. „Der griechische Architekt hat zu delikate Sinne, um sich einem gebieterischen, schrecklichen Gesetz zu unterwerfen. Wenn er Symmetrie anwendet, dann ist das eher eine Ponderation denn eine geometrische Regel."[75] In seinem „Dictionnaire" definiert Viollet-le-Duc Symmetrie im Sinne von Ponderation als „das richtige Verhältnis zwischen Maß, Harmonie und Gleichgewicht, ein gemäßigtes Spiel der Kräfte, dessen Ergebnis den Geist und das Auge zu befriedigen imstande ist". Der Prototyp dieser Symmetrie ist für Viollet-le-Duc der menschliche Körper, „da in ihm alle Einzelteile in einem vollkommen harmonischen Verhältnis stehen […] und zu einem Ganzen verbunden sind, an dem niemand etwas zu ändern wüßte"[76]. Er schlägt vor, in Bezug auf die Architektur den Begriff Symmetrie durch Eurhythmie zu ersetzen, was so viel bedeute wie „guter Rhythmus"[77]. „Einem Bauwerk Rhythmus zu verleihen, bedeutet für die Griechen, eine Abfolge aus festen Gliedern und Zwischenräumen zu finden, die für das Auge das sein kann, was für das Ohr, beispielsweise, ein Wechseln zwischen zwei kurzen Tönen und einem langen ist. Einem Bauwerk Symmetrie zu geben, bedeutete, Zahlenverhältnisse aufzustellen zwischen dem Durchmesser einer Säule, ihrer Höhe, dem Säulenabstand, den Kapitellen und anderen Gliedern des Baus, die dem Auge schmeicheln. Diese Zahlenverhältnisse waren kein Zufall, sie wurden mit Hilfe einer Formel gefunden."[78] Wie später Auguste Choisy und Le Corbusier geht auch Viollet-le-Duc davon aus, dass in einem Grundriss alle Information für den späteren Aufriss enthalten sind, dass der Grundriss der Generateur ist, wie Le Corbusier es formuliert.[79]

Jahrzehnte vor ihm hatte sich Viollet-le-Duc in seinen Publikationen ähnlich vehement wie später Le Corbusier und die gesamte progressive Architekturtheorie gegen wörtliche Adaptionen und Zitate historischer Bauten sowie gegen eine eklektizistische Anwendung von Bauformen ausgesprochen und geht dabei von einem ähnlichen Stilbegriff aus wie später Le Corbusier. Es sei barbarisch, einen griechischen Tempel in Paris oder London reproduzieren zu wollen, da diese transplantierte Imitation die Ignoranz der ursprünglich konstituierenden Prinzipien anzeige, und Ignoranz sei barbarisch.[80] Wenige Jahre zuvor im „Dictionnaire" klingt Viollet-le-Ducs Position diesbezüglich noch etwas moderater. Wenn man den Parthenon mit seinen Proportionen, seinem Umriss, seiner stolzen Anmut, aber ohne die Akropolis, ohne den Himmel, ohne den Horizont und das attische Meer auf den Montmartre verpflanzen würde, wäre es wohl immer noch der Parthenon; aber es wäre der Löwe in einem zoologischen Garten. Entrisse man aber dem Parthenon seine dorische Säulenordnung, um sie wie ein abgezogenes Fell längs einer mit Fenstern durchbrochenen Hauswand aufzustellen, dann wäre das jedoch nichts als Barbarei. „Glaubt man denn wirklich, daß der Stil eines Bauwerks sich in seine Elemente zerlegen läßt? Daß jedes Teil auch ein Teil des Ganzen in sich birgt? Nein: wenn wir unsere Bauten von Bruchstücken von überallher, aus Griechenland, aus Italien oder sonstwoher zusammenfügen, wenn wir sie aus Künsten entlehnen, die durch Zeit und Zivilisation weit von der unseren entfernt sind, flicken wir nur Leichenteile zusammen, wir reißen die Glieder von dem Körper zu dem sie einst gehörten, der ihnen Leben gab und wir werden aus ihnen nichts Lebendiges mehr schaffen."[81] Von einem Kunstwerk könne erst dann gesprochen werden, wenn es sich – in Le Corbusiers Worten formuliert – um eine reine Schöpfung des Geistes handele: „Diese Künstler empfangen das Gefühl, das sich eignet, um in ein Kunstwerk übertragen zu werden, nicht direkt von einer Geschichte, einer Sache oder von der Natur. Ihre Kunstwerke gehen aus ihrem Kopf hervor. Ihre Denkfähigkeit ist es, die sie gebiert und sie anhand von Beobachtungen, ob in der Natur, in den Wissenschaften oder in den Werken vergangener Zeiten, weiterentwickelt." Auf diese Weise entstehe Stil, der für das Kunstwerk das sei, was das Blut für den menschlichen Körper ist: Stil verleihe dem Kunstwerk Kraft und Dauer.[82] Viollet-le-Duc lässt keinen Zweifel daran, dass Stil nicht in den Werken einer Epoche zu suchen ist, sondern eine persönliche Erfindung einzelner Individuen ist,[83] eine Auffassung, die sich auch später bei Le Corbusier findet. In „Baukunst III. Reine Schöpfung des Geistes" beschreibt er den Parthenon als eine persönliche Erfindung Phidias,[84] und noch deutlicher formulierte er es in dem vorangegangenen Teil der Trilogie „Baukunst I. Die Lehre Roms", in dem es heißt: „Michelangelo ist der Mensch unserer letzten tausend Jahre, wie Phidias der des vorvergangenen Jahrtausends war. Die Renaissance hat Michelangelo nicht hervorgebracht; sie hat einen Haufen Leute mit Talent hervorgebracht."[85]

In seinen „Entretiens" von 1863 definiert Viollet-le-Duc „Stil" ähnlich wie es Le Corbusier 65 Jahre später in „Augen, die nicht sehen …" tun sollte, in Hinblick auf die Ingenieurleistungen: „Die Schiffsingenieure und Maschinenkonstrukteure versuchen nicht, wenn sie eine Lokomotive oder ein Dampfschiff bauen, an Formen von Segelschiffen der Zeit Louis XIV. oder an Postkutschenanhänger zu erinnern. Sie gehorchen den neuen Prinzipien, die gegeben sind, sie produzieren Werke, die ihren reinen Charakter, die ihren Stil haben, in dem Sinne, dass für die Augen alle diese Produktionen eine Bestimmung anzeigen, die nichts Vages hat. […] die Lokomotive ist fast ein Lebewesen, und ihre äußere Form ist nichts als der Ausdruck ihrer Kraft. Eine Lokomotive hat einen Stil. […] Es gibt keinen Stil außer dem, der als Objekt rein ist. Ein Segelschiff hat Stil, aber ein Dampfboot, das seinen Motor versteckt, um den Anschein zu erwecken, es handele sich um ein Segelboot, nicht."[86] Seiner Meinung nach waren die Römer die Ersten, die die wahren Prinzipien des Stils vergessen haben, als sie ihre Architekturen mit griechischen Ordnungen dekoriert haben.[87] „Heute meidet der Stil die Künste und sucht Zuflucht in der Industrie; aber er könnte zurückkehren zu den Künsten, wenn man in ihre Studien und Wahrnehmung ein bisschen von dieser Raison legen könnte, die wir bei den Dingen des materiellen Lebens anzuwenden wissen.“[88] „Wir“, heißt es unmittelbar darauf, „die in der Fabrikation unserer Maschinen jedem Teil, aus dem sie zusammengesetzt ist, die Kraft und die Form, die ihr angemessen ist, geben; wir, die nichts hinzufügen, was nicht eine notwendige Form erkennen lässt, wir häufen in unserer Architektur ohne Verstand Formen, die von allen Seiten genommen werden, Resultate einander widersprechender Prinzipien, und wir nennen das Kunst!“[89] Er kritisiert Architekten, die ihre Fassaden mit griechischen Säulen oder gotischen Glockentürmchen schmücken, ohne ihre Entscheidung begründen zu können, und das für Stil halten.[90] Und schließlich sagt Viollet-le-Duc etwas, das Jahrzehnte später das Fazit von Le Corbusiers Trilogie „Augen, die nicht sehen…“ werden wird: „Man muss wagen vorzugehen wie die Griechen: sie haben nichts erfunden aber alles transformiert.“[91] Der Grieche habe sich nicht festgelegt – er suchte unaufhaltsam nach Besserem, er sei Sklave eines logischen Prinzips gewesen, das auf seinem Verstand gründete, auf seinen Beobachtungen und seinem Verlangen nach Harmonie.[92]

Viollet-le-Duc schließt seinen ersten Band der „Entretiens“ mit einem Aufruf, sich an der Vergangenheit zu orientieren, dabei den Blick aber auf das Wesentliche zu richten und nicht auf unwichtige Details. Diese dürften keinesfalls mehr Bedeutung erlangen, als sie in der Geschichte gehabt haben.[93] Im „Dictionnaire“ heißt es eben dazu: „Unsere Kunst wird sich mit Hilfe gerade jener historischen Studien wieder aufrichten […]. Bemühen wir uns darum, die Kunst vergangener Zeiten kennenzulernen; denn sie geduldig zu analysieren heißt, die Grundlagen für die Künste in unserem Jahrhundert zu schaffen. Wir werden erkennen, daß es neben den materiellen Voraussetzungen, die sich unablässig ändern, Prinzipien gibt, die unveränderlich sind, und daß die Geschichte […] Schätze von Wissen und Erfahrungen birgt, die der kluge Mensch nutzen sollte.“[94] Wenn Le Corbusier später verlautbaren lässt, dass es die Vergangenheit gewesen sei, die seine einzige Lehrmeisterin gewesen sei, dann klingt das, als habe er Viollet-le-Ducs Aufforderung beherzigt.

Die Akropolis in der Architekturtheorie des frühen 20. Jahrhunderts

Die Akropolis als architektonische Höchstleistung

So überraschend Le Corbusiers unzählige Akropolis-Referenzen in „Vers une Architecture" und in seinem späteren literarischen Werk aus heutiger Sicht auf den ersten Blick erscheinen mögen, so wenig ungewöhnlich waren sie tatsächlich zu Beginn des 20. Jahrhunderts. Mit dem Ende des sogenannten Greek Revival verlor die Akropolis zwar als Motiv und Gestaltungsvorlage an Bedeutung, blieb aber ein wichtiges Paradigma im Rahmen der Suche nach einer neuen Architektur. Wann immer es darum ging, theoretische Grundlagen zu formulieren, deren Ziel es war, neue Architekturformen in enger Verbindung mit den sozialen, politischen und kulturellen Konditionen, dem Klima, dem Material und den Konstruktionsmethoden eines jeweiligen Landes zu schaffen, nahmen die Akropolis und der Parthenon eine wichtige Rolle ein, heißt es bei Panayotis Tournikiotis.[95]

Wichtig wurde die Akropolis beispielsweise im Zusammenhang mit der Frage der Nation-Building. Wenn es darum ging, das Herz und Zentrum einer Nation sowie eine nationale Identität zu konstruieren, bot sich der Blick nach Athen an. Lukasz Galusek spricht in diesem Zusammenhang von einer regelrechten „acropolization"[96]. Dabei stand weniger die Anlage der Akropolis selbst im Fokus der Betrachtung als vielmehr die Hauptstadtgründung Athens nach den Befreiungskriegen unter bayerischer Regentschaft, der Wiederaufbau der vollkommen zerstörten Stadt und die Ausrichtung der neuen Nation auf die antiken Überreste, die die Identität des neuen Staates bilden sollten.[97]

Auch unter Vertretern der klassischen Moderne, die vordergründig den Bruch mit der Tradition herbeiführen wollten, erfreuten sich Parthenon und Akropolis höchster Beliebtheit. Sie passten, wie im Zusammenhang mit der Entwicklung der puristischen Ideen Le Corbusiers noch eingehender betrachtet werden soll, zum abstrakten Klassizismus der 1920er Jahre, der nicht nur in Frankreich, sondern an verschiedenen Stellen in Europa entwickelt wurde – ein Klassizismus, der sich nicht mehr zwangsläufig mit Athen oder Rom verband und auch keine Frage des Stils mehr war.[98] Und sie passten zum *retour* bzw. *rappel à l'ordre* der Zeit nach dem Ersten Weltkrieg, der sich ebenfalls überall in Europa durchsetzte.[99] So war Le Corbusier mit seinem Rekurs auf die Akropolis und den Parthenon zu Beginn des 20. Jahrhunderts keineswegs allein. Es ist fast einfacher, zu beantworten, wer sich von den

Zeitgenossen *nicht* auf die Akropolis beruft, als umgekehrt anzugeben, *wer* die Akropolis in seinen Texten aufruft. Das antike Ensemble gehörte zur Allgemeinbildung, bedurfte keinerlei Erklärungen und übergeordneter Beschreibungen, sondern war allgemein verständlich. Die Akropolis und der Parthenon standen für höchste Präzision, Perfektion, Harmonie, Zeitlosigkeit und Sublimität und als solche waren sie fest verankert in den Köpfen der Protagonisten der Moderne. In der Regel handelte es sich um meist kurze Verweise oder Vergleiche, die offenbaren, dass sich gewisse Stereotypen aus dem 19. Jahrhundert regelrecht festgesetzt hatten. Der Parthenon stand, wie Adolf Loos es 1898 formuliert, für „die kulturhöhe, die die menschheit im klassischen altertum erreicht hat", und die lasse sich „schlichtweg aus deren gedächtnis nicht mehr auslöschen. Das klassische altertum war und ist die mutter aller nachfolgenden kulturperioden".[100] Im selben Jahr schreibt Loos in seinem Artikel „Die alte und die neue Richtung in der Baukunst", dass sich ein Gefühl nicht mehr aus unserem Gedächtnis streichen lasse, nämlich die Erkenntnis von der geistigen Überlegenheit des klassischen Altertums. „Wir können daher behaupten: Der zukünftige große Architekt wird ein Klassiker sein. Einer, der nicht an die Werke seiner Vorgänger, sondern direct an das classische Alterthum anknüpft."[101]

Unter den Protagonisten der Moderne waren aber auch Vertreter wie Hendrik Petrus Berlage oder Henry van de Velde, die sich im größeren Umfang mit dem klassischen Erbe und auch der Akropolis beschäftigten.[102] Berlage rekurriert konsequent in seinen einschlägigen Texten wie „Gedanken über Stil in der Baukunst" von 1905 und „Grundlagen und Entwicklung der Architektur" von 1908 auf die Architektur der Griechen – Texte, die Le Corbusier durchaus gekannt haben könnte, wie die inhaltliche Nähe insbesondere zu dem 1918 in Kooperation mit Amédée Ozenfant verfassten Manifest „Après le cubisme" nahelegt. Auch van de Velde bezog sich regelmäßig auf die Akropolis und schreibt sogar in dem Artikel „Gedankenfolge für einen Vortrag (Notizen aus Griechenland)" von 1903 eine regelrechte Eloge auf die antike Ikone.[103] Van de Velde war 1903 von dem Hamburger Reeder Albert Ballin zu einer sechswöchigen Kreuzfahrt nach Griechenland eingeladen worden, mit der Absicht, ihm die Inneneinrichtung und Ausstattung eines neuen Ozeandampfers für die Hamburg-Amerika-Linie zu übertragen.[104] Die Reise führte ihn von Genua über Sizilien, Konstantinopel, Palästina, Syrien, Alexandria, Kairo, Neapel, Malta, Marseille, Damaskus, in den Libanon und schließlich nach Griechenland.[105] Höhepunkt war der Aufenthalt in Griechenland und sein

Besuch auf der Akropolis von Athen, wie die „Gedankenfolge für einen Vortrag (Notizen aus Griechenland)" von 1903 anschaulich dokumentiert.[106] Wie viele seiner Zeitgenossen erlebte van de Velde den Parthenon als reine Schöpfung des Geistes, wie die unterschiedlichsten Textquellen belegen. Über seine ersten Eindrücke, die sich ihm vom Schiff aus boten, berichtet er in seiner „Gedankenfolge": „Zur Rechten die Insel Ägina. Der Wind bläst und das Meer ist violett. An dem opalschimmernden Himmel hängt und schwebt dicht ein blauer Streifen. Von dem Steg aus, auf den ich geklettert bin, um als erster Athen zu sehen, sehe ich unter mir die Menge der Reisenden […]. Da drüben aber, funkelnd inmitten der Masse von Blau, ein weißer Punkt, in dem sich die Kultur der Griechen kristallisiert!

Parthenon!

Die Stufen der Propyläen steigt man hinauf, als führe der Weg zu der Menschheit Gehirn. Dort droben der Parthenontempel, wie der schönste Gedanke, der Form gewann. Naiv und einfach ein Gedanke, den Gehirn und Seele des Griechenvolkes zur Wirklichkeit gestaltet haben, wie die Pflanze die Blüte zum Licht treibt. Der griechische Tempel – wie kindhaft die Konzeption. Zwei und zwei ist vier, das ist ihr Wesen; aber zwischen den Zahlen und ihrer Summe liegt die ganze Unendlichkeit feinster Nuancen, die aus der abstrakten Summe einen lebendigen Organismus schuf. […] Der Griechentempel lebt von dem Ganzen der Teile, die restlos, selbstlos aufgehen darin."[107]

Ein anderer Zeitgenosse Le Corbusiers, Erich Mendelsohn, gehörte zu den Spätberufenen. Nach eigener Angabe weigerte er sich als Student etwas Historisches zu zeichnen: „Die Aufgabenblätter zu Griechenland und Mittelalter, die ich für laufende Examina benötigte, kaufte ich mitsamt des Professors und meiner Unterschrift von einem noch ärmeren Studenten als ich."[108] Sein Interesse an der Akropolis erwachte nach eigener Angabe erst 1931, nachdem er auf Einladung des Deutschen Archäologischen Instituts nach Athen gereist war. Von seiner tief empfundenen Faszination zeugen eine Artikelserie im Berliner Tageblatt im Frühjahr 1931, unzählige Verweise auf das Monument in Aufsätzen und Texten und auch seine Bestrebungen, in den frühen 1930er Jahren zusammen mit Amédée Ozenfant und Theodor Wijdeveld eine Mittelmeerakademie zu gründen, in der „das *ahistorische* Konzept der ‚Bauhaus-Moderne' in eine *zeitlose* Synthese aus Klassik und Moderne" überführt werden sollte.[109] Ebenfalls in den 1930er Jahren schrieb der Maler Fernand Léger über die Akropolis,[110] und auch Walter Gropius war weniger ahistorisch, als es zunächst möglicherweise den Anschein hat. Er rekurriert in verschiedenen Texten auf die Akropolis, und noch in einem 1967 entstandenen Artikel „Tradition und Kontinuität in der Architektur" bildet er die Akropolis ab und schreibt dazu: „Der Parthenon-Tempel auf der Akropolis von Athen. Der gewaltige Kultbau überragt seine Nachbarbauten und die gesamte Stadt. Er ‚beherrscht' durch seine Bedeutung, sein Maß und seine Proportion. Die benachbarten Bauten halten die richtige Distanz."[111] Und auch Bruno Taut rekurriert in seiner 1936/37 in der Emigration verfassten „Architekturlehre", die 1938 in türkischer Sprache erschienen war, mehrfach auf die Akropolis bzw. auf den Parthenon.[112] Er beschreibt den hellenischen Tempel, respektive den Parthenon als ein Kunstwerk der Vernunft.[113] Dass er sich mit der Akropolis eingehender beschäftigt haben muss, zeigt sich an den Passagen, in denen Taut die unregelmäßige Grundrissdisposition der Akropolis beschreibt: „Das alles ist ein großer Widerspruch zu den Plänen, die heute von Gruppierungen von Bauten gezeichnet werden. Heute wird eben zuerst gezeichnet und dann gebaut; damals aber dachte man von vorherein an die Wirkung, die der ausgeführte Bau haben wird […]. Nur auf diese Weise haben die Griechen es fertigbringen können, erstens den einzelnen Bau, der wie eine schöne Plastik in sich selbst durchgebildet war, nicht durch gewaltsame Bindungen zu schädigen […] und zweitens entstanden daraus die großartigen Beziehungen zu der Stadt, dem Meer, den Hügeln und Bergen […]."[114] Vieles an der Passage deutet darauf hin, dass Taut mit Auguste Choisys Akropolis-Rezeption vertraut gewesen sein könnte, sie geht jedoch darüber hinaus, was sich darin zeigt, dass ihm bewusst war, dass die Akropolis nicht nach einem Gesamtplan und nicht nach einem „Idealprojekt entstanden war, sondern dass es während des Baus der Propyläen zu einer Planänderung gekommen war.[115] Dazu heißt es bei Taut, dass die Anlage der Akropolis von Anfang an elastisch gedacht worden sei. „Wenn auch in späteren Zeiten sich der Stil änderte, der ionische zum dorischen hinzukam […], so konnte man es in die vorhandene Anlage so hineinkomponieren, daß sie nicht geschädigt, sondern bereichert wurde."[116]

Akropolis-Referenzen finden sich auch in Camillo Sittes 1889 erschienenen Publikation „Der Städtebau nach seinen künstlerischen Grundsätzen", mit der Jeanneret bestens vertraut war, da er zwischen 1910 und 1916 an seiner Städtebaustudie „La Construction des villes"[117] arbeitete, die in Anlehnung an Sitte entstehen sollte. Sitte beschreibt die großen Tempelbezirke wie die Akropolis, in denen sich Architektur, Plastik und Malerei zu einem Gesamtwerk der bildenden Künste vereinen, als „Symphonie" – eine Formulierung, die bei Le Corbusier Nachhall finden sollte.[118] „Das vollendetste Beispiel dieser Art bietet die Akropolis von Athen. Das in der Mitte freigehaltene Hochplateau, umschlossen von hohen Festungsmauern, bietet die herkömmliche Grundform dar. Das untere Eingangsthor, die mächtige Freitreppe, die wundervoll durchgeführten Propyleen, sind der erste Satz dieser in Marmor, Gold und Elfenbein, Bronce und Farbe ausgeführten Symphonie; die Tempel und Monumente des Innenraumes sind die zu Stein gewordene Mythe des hellenischen Volkes. […] Das ist nicht blos ein Theil einer Stadtanlage in gewöhnlichem Sinne, sondern ein zum reinen Kunstwerk herangereiftes Werk von Jahrhunderten.“[119] Sitte schließt diese Textpassage mit den Worten: „Auf diesem Gebiete sich ein noch höheres Ziel zu stecken, ist unmöglich. Auch nur Ähnliches zu erreichen, glückte selten. Niemals aber sollte uns die Erinnerung an solche Werke grössten Styles verlassen, die nur vielmehr stets, als Ideal wenigstens, vorschweben sollten bei ähnlichen Unternehmungen.“[120]

Und auch der russische Theoretiker Moisei Ginzburg beruft sich in seinem zeitgleich mit „Vers une Architecture“ publizierten Traktat „Style and Epoch“, deutlich inspiriert durch Le Corbusiers Artikel aus dem „L'Esprit Nouveau“, mehrfach auf die Akropolis und den Parthenon. In dem Kapitel „The Greco-Italic ‚Classical‘ System of Thought and It's Modern Legacy“ beschreibt Ginzburg als Hauptaspekt der griechischen Kunst ihre Abstraktion, ihre Losgelöstheit von jeder konkreten Situation, die Betrachtung der Umgebung als ein Ganzes und die Unterordnung aller Manifestationen von Schönheit unter Ordnung und Abstraktion.[121] Wie viele seiner Zeitgenossen – unter ihnen auch Le Corbusier – schätzte er am griechischen Tempel jegliches Fehlen von Zufälligkeiten und singulären Erscheinungen. „We are always confronted with a clear regulating principle, a kind of infinitely sensible organizing scheme to which all Parts are subordinated. […] The Greek artist was the first to understand that the world around him was not chaos, not an endless accumulation, but a harmonious and clearly organized system.“[122] Ginzburg beschreibt den griechischen Tempel als kulturelle Ikone, als zeitloses Konzept, das seine Unsterblichkeit durch seine Perfektion erlangt und auf universellen Aspekten, einem perfektionierten Schema und einem klar artikulierten Kanon basiere. Mehrfach Erwähnung findet die gute Integration des griechischen Tempels und speziell auch der Akropolis in die umgebende Landschaft.[123]

Die Akropolis begegnete Le Corbusier also nicht nur in den theoretischen Schriften des 19. Jahrhunderts, sondern auch in denen seiner Zeitgenossen. Dabei steht er keineswegs nur mit den klassischeren Teilen seiner Akropolis-Rezeption in „Vers une Architecture" in einer langen Tradition, sondern durchaus auch mit seiner aufsehenerregenden Gegenüberstellung von Tempeln und Autos. Was aus heutiger Sicht auf den ersten Blick als ureigene Erfindung Le Corbusiers erscheinen mag, war in Wirklichkeit die geschickte Vereinnahmung eines schon bestehenden Topos. Bereits seit der Mitte des 19. Jahrhunderts war es laut Richard Etlin populär, Analogien zwischen der ästhetischen Perfektion des dorischen Tempels und der zeitgenössischen Maschine herzustellen. Einer der Ersten, der ein Ingenieurwerk mit dem Parthenon vergleicht, ist der amerikanische Bildhauer Horatio Greenough in den 1850ern gewesen: „Observe a ship at sea! Mark the majestic form of her hull as she rushes through the water, observe the graceful bend of her body, the gentle transition. [...] Could we carry into our civil architecture the responsibilities that weigh upon our shipbuilding, we should ere long have edifices as superior to the Parthenon."[124] Beide, das Schiff und der Parthenon, seien von einer sorgfältig durchdachten Einfachheit. Nicht von einer Einfachheit durch Leere oder Armut, sondern einer Einfachheit durch Angemessenheit.[125] Ähnliche Vergleiche ziehen sich durch die Texte der Avantgarde. Die bekannteste Analogie zwischen einer Maschine bzw. einem Maschinenprodukt und einer antiken Ikone formuliert sicherlich Filippo Tommaso Marinetti, der in seinem ersten „Futuristischen Manifest" kundtut, dass sein Rennwagen schöner sei als die Nike von Samothrake.[126] Adolf Loos vergleicht die Schönheit der griechischen Vase in seinem Artikel „Glas und Ton" 1898 mit der einer Maschine oder eines Fahrrads[127] und lässt sich im selben Jahr in seinem Artikel „Kunstgewerbliche Rundschau" zu der Bemerkung hinreißen: „Siehe das bicycle! Weht nicht der geist des perikleischen athen durch dessen formen? Wenn die griechen ein bicycle zu bauen gehabt hätten, es hätte völlig dem unseren geglichen."[128] Bei Henry van de Velde heißt es in seinem 1907 entstandenen Text „Der Stil": „Man muß die aufrichtige, gebieterische Schönheit der einzelnen Teile der Maschinen tief empfunden haben, – diesen riesigen Maschinen, die mit feierlicher, weihevoller Gebärde die elektrischen Akkumulatoren laden, um die göttliche Harmonie und den vollkommenen Rhythmus des Parthenon zu empfinden. Unsere Sensibilität ist derjenigen der antiken Künste verwandt."[129] Und selbst

Hermann Muthesius, der mit griechischen Analogien betont vorsichtig und sparsam ist, da es seiner Auffassung nach die Griechen-Begeisterung war, die dazu geführt habe, dass Baukunst und Kunstgewerbe gestorben seien,[130] bemerkt, dass seine Zeit eine so hoch kreative Kraft habe, dass sie keine Angst vor Vergleichen mit den größten Zeiten der Architektur, den Griechen und dem Mittelalter haben müsse.[131]

Diese Analogien zeigen, dass beide, Parthenon und moderne Maschine, als ästhetische wie auch als kulturelle Ikonen empfunden wurden.[132] Die Produkte der zivilen und mechanischen Industrie wurden als Artefakte und Geburtsmarken der neuen Zeit betrachtet, da sie beide neue Materialien nutzten und zur Schau stellten. In ihnen offenbarte sich das neue „Stilwollen", wie van Doesburg es in einem Vortrag formulierte, den er im Frühjahr 1922 in seiner Zeitschrift De Stijl publizierte.[133] Die Werke der Ingenieure wurden als gesunde Realisationen der wahren Gestaltungsprinzipien betrachtet, weil sie durch Verstand und Logik gelenkt aus der inneren Notwendigkeit und unter ökonomischen Gesichtspunkten entstanden. Das Ergebnis war eine Lesbarkeit und Klarheit der Form, was die Ingenieurleistungen zu Modellen für die Architektur werden ließ.[134] Auch Le Corbusier beschreibt die Lesbarkeit von Maschine und Maschinenprodukt in „Vers une Architecture". In „Reine Schöpfung des Geistes" beispielsweise heißt es in einem Untertitel zu einem Fragment des Parthenongebälks: „All diese Mechanik in der [Modénature] ist in dem Marmor mit jener Strenge verwirklicht, die wir an der Maschine zu üben gelernt haben. Ein Eindruck nackten und polierten Stahls."[135] Seine Gegenüberstellung von Tempel und Auto in der dritten „Mahnung an die Herren Architekten" hat jedoch einen anderen Tenor. Nicht auf einer ähnlich empfunden Lesbarkeit gründet die Analogie zwischen Tempel und Auto, sondern Le Corbusier versinnbildlicht mit seiner Analogie den Prozess der Standardisierung und Typisierung und knüpft damit an Hermann Muthesius Position im Werkbund-Typenstreit von 1914 an, auf den noch zurückzukommen sein wird.[136] Dass ausgerechnet der Parthenon als ein Standard dargestellt wird, erweist sich bei genauerer Betrachtung als gewagt. Er markiert zwar den Höhepunkt des dorischen Tempelbaus, doch handelt es sich dabei um eine Vielzahl von Brüchen mit dem Kanon.[137] Stanislaus von Moos weist darauf hin, dass streng genommen auch keines der beiden abgebildeten Autos als Beispiel für industrielle Standardisierung bezeichnet werden könne, da sie beide in Einzelanfertigung hergestellt worden seien.[138] Aber für Le Corbusier bedeutet Standard zunächst mal nur das, was perfekt ist,[139] und in dieser Hinsicht markiert der

Parthenon natürlich den Höhepunkt der architektonischen Schöpfung schlechthin.

Und der Hinweis, dass die Erbauer des Parthenon nichts Neues erfunden haben, sondern nur einen bereits bestehenden Typus zur Perfektion brachten, war in der frühen Moderne tatsächlich weit verbreitet. Unter den Protagonisten der Moderne herrschte allgemeiner Konsens darüber, dass die Perfektion und Präzision des Parthenon daraus resultiert, dass die Griechen nichts Neues erfunden haben, sondern lediglich Bestehendes weiterentwickelten und perfektionierten. Dieser Gedanke findet sich in „Vers une Architecture"[140] genauso wie bei Choisy, Viollet-le-Duc und Charles Blanc oder bei Adolf Loos, Hendrik Petrus Berlage, Henry van de Velde oder Paul Valéry.[141] Daran knüpfte sich die weit verbreitete Meinung an, dass die bestehenden Gesetze die Künstler nicht einschränken, sondern dass geradezu das Gegenteil der Fall gewesen sei, wie man bei Berlage oder bei van de Velde lesen kann.[142] Und ebenfalls weit verbreitet war die Annahme, dass Phidias gern in dieser Zeit der Standardisierung gelebt hätte,[143] und die Einschätzung, dass der griechische Stil aufgrund seiner Einfachheit der Form und seiner zugrunde liegenden rationalen Konzeption als modern und vergleichbar mit den rationalen Konzeptionen des Maschinenzeitalters bezeichnet werden kann.[144]

Zu den eindrucksvollsten Analogien zwischen antiken und modernen kulturellen Ikonen, die im frühen 20. Jahrhundert entstanden, gehören die, die Henry van de Velde in seiner „Gedankenfolge für einen Vortrag" zieht. Sein bereits erwähnter Aufsatz „Gedankenfolge für einen Vortrag" war in seiner 1916 erschienenen Publikation als Schlusskapitel noch einmal in der Publikation „Formules de la beauté" auf Französisch publiziert worden.[145] Darin heißt es: „Toren mögen sagen, dass der Geist tot ist, daraus die griechische Kunst entsprang. Der Geist, der dieses Theater [die Rede ist von dem griechischen Theater von Syrakus, Anmerkung T. F.] erzeugt hat, dessen erstaunlich logische Konzeption heute, da alles Ornament fehlt, logischer noch erscheint als damals: es ist der gleiche, der jenen wunderbar vollkommenen Gegenstand, das Kabinenfenster auf dem Dampfer erfand, der mich hierher gebracht hat: der gleiche auch, der die elektrische Birne erfunden und die Glasglocke des Auerlichts; der gleiche, der das Buttermesser entstehen ließ […]. Gewisse Elemente des modernen Lebens sind mir nie so schön erschienen als hier, wo ich sie mit diesem Theater vergleiche, das Aeschylus und Pindar in Person gesehen hat. Nicht das kleinste Detail der Konzeption des Ganzen, das nicht genau einer inneren Notwendigkeit entspräche. In dieser Schöpfung waren genau die gleichen Gesetze wirksam, die unsere Ingenieure leiten bei dem Bau ihrer Maschinen, ihrer Gerüste, ihrer Ozeandampfer. Das moderne Leben hat seine Schönheit: bei meinem ersten Kontakt mit der Antike ist diese Wahrheit mir zur Gewißheit geworden."[146] Abraham Marie Hammacher beobachtet, dass das Wort „Schönheit", das normalerweise in keiner Schilderung Griechenlands fehlt, in van de Veldes lyrischem Lobpreis der Griechen nicht vorkomme, und wenn es vorkomme – zweimal sei das der Fall – dann gelte es dem modernen Leben.[147] Ähnlich geht auch Le Corbusier, wie bereits dargestellt wurde, in seiner Gegenüberstellung von Tempeln und Autos vor. Die Schlagworte Präzision, Perfektion oder Schönheit, mit denen normalerweise der Parthenon konnotiert ist, beziehen sich in der dritten „Mahnung an die Herren Architekten" ausschließlich auf das Automobil.[148] Eines ähnlichen Kunstgriffes bedient sich auch parallel zu Le Corbusier Moisei Ginzburg, als er die Eigenschaften der zeitgenössischen Maschinen, so wie sie sich seiner Generation darstellten, als unabhängigen, außerordentlich gut definierten und präzisen Organismus beschreibt: „Indeed, a more distinctly organized phenomenon can hardly be found in nature or in the products of human effort. There is no part or element of the machine that does not occupy a particular place, position, or role in the overall scheme and that is not the product of absolute necessity. There is not and cannot be anything in the machine that is superfluous accidental, or ,decorative' […]. Nothing can be either added to or taken from it without disrupting the whole. What we encounter in the machine […] is the clearest expression of the ideal of harmonious creation, which long ago was formulated by the first Italian theoretician, Alberti."[149] Diese Charakterisierung offenbart schon die Nähe zur der allgemeinen Akropolis-Rezeption, war es doch in der Architekturtheorie der vergangenen 150 Jahre stets der Parthenon, dessen Perfektion im Sinne Albertis als so vollendet beschrieben wurde, dass man nicht einen Millimeter verändern könne, ohne die Gesamtkomposition zu zerstören.[150]

Mit dieser Tradition der Maschinenfaszination, die aus unterschiedlichen Gründen erlaubte, Analogien zwischen modernen Ingenieurleistungen und der griechischen Hochklassik zu ziehen, kam Le Corbusier während seines 13-monatigen Deutschlandaufenthaltes 1910/11 und seinem Kontakt zum Deutschen Werkbund unmittelbar in Berührung. Auch wenn er in späteren Jahren alles unternommen hat, um diese deutschen Einflüsse zu verleugnen,[151] wie noch eingehend dargestellt wird, klingt doch in „Vers une Architecture" im Kontext der Akropolis unübersehbar eine Fülle von Werkbund-Ideen an. Die Objekte, mit denen Le Corbusier in „Vers une Architecture" freimütig den Parthenon in Verbindung bringt, die Fabriken,

Autos, Schiffe und Flugzeuge, gehörten bereits in der Vorkriegszeit als Lieblingsobjekte zum festen Bildprogramm des Deutschen Werkbundes. Nichts verdeutlicht das so gut, wie das Werkbund-Jahrbuch aus dem Jahr 1913, das sich auch in Le Corbusiers Privatbesitz befand. Die beiden Artikel „Moderne Industriebaukunst" von Walter Gropius und „Das Formproblem im Ingenieurbau" von Hermann Muthesius haben unmittelbar Niederschlag gefunden in Le Corbusier einleitendem Kapitel „Ingenieur-Ästhetik, Baukunst" und in der Trilogie „Drei Mahnungen an die Herren Architekten". Nicht nur, dass Le Corbusier die Abbildungen amerikanischer Silo- und Fabrikanlagen, die die ersten beiden „Mahnungen" illustrieren, ausnahmslos aus dem Gropius-Kapitel übernommen hat.[152] Die Richtlinien, die Gropius für den modernen Nutzbau fordert, kommen den „Drei Mahnungen an die Herren Architekten" auch inhaltlich sehr nahe. Er ruft dazu auf, dem Mummenschanz Einhalt zu gebieten, Architektur nicht länger mit den Stilen der Vergangenheit zu maskieren. „Statt der äußerlichen Formulierung ist ein inneres Erfassen des neuen baukünstlerischen Problems vonnöten: Geist an Stelle der Formel, ein künstlerisches Durchdenken der Grundform von vornherein, kein nachträgliches Schmücken. [...] Auf der geschickten Anordnung des Grundrisses, auf der Proportionierung der Baumassen beruht der Schwerpunkt der geistigen Arbeit, nicht (wie manche noch immer glauben) auf der Zugabe ornamentalen Beiwerks. [...] Die neue Zeit fordert den eigenen Sinn. Exakt geprägte Form, jeder Zufälligkeit bar, klare Kontraste, Ordnen der Glieder, Reihung gleicher Teile und Einheit von Form und Farbe werden entsprechend der Energie und Ökonomie unseres öffentlichen Lebens das ästhetische Rüstzeug des modernen Baukünstlers werden."[153] Und nicht erst Le Corbusier verbindet die amerikanischen Silo- und Industrieanlagen, die er Gropius Artikel aus dem Werkbund-Jahrbuch entnommen und stark retuschiert in „Vers une Architecture" abgebildet hatte, vor den Augen seiner Leser mit herausragenden Werken der Baugeschichte, dem Parthenon, der Hagia Sophia, dem Kolosseum, den Pyramiden oder der Villa Hadriana.[154] Gropius selbst merkt in seinem Artikel an, dass diese Industrieanlagen „in ihrer monumentalen Gewalt des Eindrucks fast einen Vergleich mit den Bauten des alten Ägypten"[155] aushalten.

Muthesius Text „Das Formproblem im Ingenieurbau" hatte nicht nur wichtigen Einfluss auf Le Corbusiers Einleitungskapitel „Ingenieur-Ästhetik, Baukunst", es sind dort auch Ideen angelegt, die für Le Corbusiers spätere Gegenüberstellung von Tempeln und Autos Relevanz haben sollten. Muthesius beschreibt beispielsweise den Formfindungsprozess von Maschinen, die anfangs dorische Säulchen, Schwungräder mit gotischem Strebewerk hatten und in der Zwischenzeit ihren reinen Ausdruck, ihre reine Form gefunden haben. Die ersten Eisenbahnwagen sahen wie Postkutschen aus, die ersten Dampfer imitierten Segelboote, und die ersten Glühbirnen sahen aus wie Kerzen. Es brauchte, laut Muthesius, eine Generation, um zur Form zu gelangen, die dem inneren Wesen des Dinges entspricht. Er beschreibt, dass alle überflüssigen Verzierungen weggelassen wurden und man auf die Zweckform zurückging. „Jedenfalls entwickelte sich von allen Werken des Ingenieurs am ehesten die M a s c h i n e zu einem reinen Stil, der am Beginn des laufenden Jahrhunderts so gut durchgebildet dastand, daß es üblich wurde, die sogenannte Schönheit der Maschine zu bewundern und in ihr gewissermaßen die ausgeprägteste Erscheinung einer modernen Stilbildung zu erblicken. In der modernen Kunstbetrachtung spielt seit etwa zehn Jahren diese Schönheit der Maschine […] eine wichtige Rolle."[156]

Le Corbusier, damals nannte er sich noch Charles-Edouard Jeanneret, hatte seit 1910 Kontakt zu mehreren Führungspersönlichkeiten des Deutschen Werkbundes. Nach einem 14-monatigen Aufenthalt in Paris 1908/09, in dessen Rahmen er gegen den ausdrücklichen Wunsch seines Lehrer und Mentors Charles L'Eplattenier im Büro Auguste Perrets tätig war, begab sich der damals 22-jährige Jeanneret ein halbes Jahr nach seiner Rückkehr in seine Heimatstadt La Chaux-de-Fonds, wie von seinem Lehrer gewünscht, auf Studienreise nach Deutschland. Er wollte Praxiserfahrungen in einem Architekturbüro sammeln und Recherchen betreiben für seine geplante Publikation „La Construction des villes". L'Eplattenier hatte jedoch andere Pläne mit seinem Schützling. Er wollte ihn dazu bringen, sich mit dem deutschen Kunstgewerbe auseinanderzusetzen, und organisierte ihm, wie Allen Brooks darstellt, im Mai 1910, bald nach seiner Ankunft in Deutschland, ein Stipendium der École d'Art in La Chaux-de-Fonds, um ihm auf die Sprünge zu helfen. Brooks weist darauf hin, dass L'Eplattenier offenbar jedes Wort der Ausschreibung auf Jeanneret zugeschnitten hat, zumal in der Abschlussbemerkung der Bewilligung ausdrücklich betont worden sei, dass der Bericht auch Notizen über die Verschönerung von Städten beinhalten könne. L'Eplattenier war daran interessiert, dass Jeanneret in Deutschland blieb, und sicherte damit nicht nur seinen Aufenthalt und seine Reisen finanziell ab, sondern provozierte auf die Art und Weise auch, dass Jeanneret aktiv wurde, reiste und die Protagonisten des Werkbundes kennenlernte. Bei seinen früheren Aufenthalten in Italien und Österreich hatte er offenbar wenig eigeninitiierte Reiseaktivität, gezeigt und seine ersten Wochen in Deutschland scheinen relativ planlos und unorganisiert verlaufen zu sein.[157]

Mithilfe zweier wichtiger Förderer in Deutschland, dem Städtebauer und Gründungspräsidenten des Deutschen Werkbundes Theodor Fischer und dem Intellektuellen William Ritter – beides Kontakte, die über L'Eplattenier hergestellt worden waren – gelang es Jeanneret, in relativ kurzer Zeit mit den wichtigsten Führungspersönlichkeiten des Deutschen Werkbunds zusammenzutreffen: mit Hermann Muthesius, Karl-Ernst Osthaus, Bruno Paul, Wolf Dohrn und schließlich Peter Behrens, in dessen Büro er von November 1910 bis März 1911 tätig war, wobei seine Kunstgewerbe-Studie nach Jeannerets eigener Einschätzung als wichtiger Türöffner diente, die ihm Einlass in die wichtigen Werkbund-Kreise verschaffte.[158]

Ob Jeanneret an mehreren Werkbund-Tagungen der Folgejahre teilgenommen hat oder lediglich von Fischer oder Osthaus mit Informationen und Jahrbüchern versorgt wurde, ist strittig. Er war jedenfalls im Besitz der beiden Jahrbücher 1913 und 1914, die die Kongresse der entsprechenden Vorjahre dokumentieren, wie aus einem Brief an Auguste Perret vom 30. Juni 1915 hervorgeht.[159] Definitiv aber hat er an der Kölner Werkbund-Tagung 1914 teilgenommen, sodass davon ausgegangen werden kann, dass er den sogenannten Werkbund-Streit, der sich zwischen den beiden Führungspersönlichkeiten Hermann Muthesius und Henry van de Velde entzündet hatte, direkt verfolgt hat. Muthesius plädiert in seinem Vortrag und in seinen zugehörigen „Leitsätzen" dafür, durch bewusste Arbeit den Prozess der Typisierung und damit eine Stilbildung zu fördern, während van de Velde Typen in seinen „Gegen-Leitsätzen" als Ergebnis der Arbeit von Generationen deklariert und sich vehement gegen die von Muthesius propagierte Einschränkung der künstlerischen Individualität wendet.[160] In einem Nebensatz berichtet Jeanneret seinem ehemaligen Lehrer Perret in einem am 1. Juli 1914 in Köln verfassten Brief von der Werkbund-Ausstellung, und am Ende des Briefes heißt es: „Morgen wird der Werkbund-Kongress eröffnet. Das kleine Büchlein [gemeint ist seine Studie „Étude sur le mouvement d'art décoratif en Allemagne", Anmerkung T. F.], das ich geschrieben habe, ist so gelungen, dass ich eingeladen bin als Ehrengast!!"[161]

Wie stark der Parthenon zu diesem Zeitpunkt bereits als zur Perfektion gebrachter Standard oder Typus konnotiert war, zeigt sich auch darin, dass im Kontext der Typenstreitdebatte in einer Wortmeldung des Architekturkritikers Walter Riezler der Parthenon als Beispiel herangezogen wird: „Ich glaube nun, […] daß es sich in keinem Moment der Entwicklung des griechischen Tempels um eine individualistische Leistung handelte, [...] es hat sich vielmehr hier darum gehandelt, daß in der unablässigen Arbeit der Jahrhunderte [...] sich schließlich jene Form entwickelt hat, die zur absoluten Vollendung führte [...]. Ich bestreite nicht, daß es individuelle Unterschiede gibt und daß die Größe des einzelnen künstlerischen Individuums innerhalb dieser unindividuellen Arbeit zu erkennen ist. Es ist ganz selbstverständlich [...] daß dasjenige, was zum Beispiel Iktinos beim Bau des Parthenon geleistet hat, daß das auf Grund eines unglaublichen individuellen künstlerischen Feingefühls geschehen ist. Ich muß aber auf das entschiedenste bestreiten, daß es irgendeinem Individuum möglich wäre, rein aus seiner individuellen Eigenart heraus etwas zu schaffen, was diesen Stempel der Vollendung trüge.“[162]

Zusammenfassend lässt sich festhalten, dass Le Corbusier mit seiner Akropolis und auch mit seiner provokanten Gegenüberstellung von Tempel und Auto, die zum Sinnbild für die Modernität seiner Akropolis-Rezeption werden sollte, zu Beginn der 1920er Jahre in einer regelrechten Tradition stand. Wirklich neu war bei Le Corbusier lediglich die visuelle Komponente, die provokante Montage von den beiden ungleichen Bildgattungen, die dem archäologischen Tafelwerk und einem Werbekatalog entnommen waren. Mit diesem Kunstgriff bemühte sich Le Corbusier, der Akropolis-Rezeption ein modernes Antlitz zu geben, um sie von dem angestaubten Sockel zu holen und um sich von den Akademien und ihrer klassizistischen Akropolis-Faszination und ihren Planungsgepflogenheiten abgrenzen zu können.

Die Fotografien von Frédéric Boissonnas: der gelenkte Blick

Zu den sichtbarsten Anleihen, die Le Corbusier in „Vers une Architecture“ in Bezug auf die Akropolis nimmt, gehören die Fotografien des Schweizer Fotografen Frédéric Boissonnas, die er verwendet. In der aktuellen französischen Ausgabe, die an die Erstausgabe angelehnt ist, befindet sich noch die Anmerkung, die in späteren Auflagen und auch der aktuellen deutschen Übersetzung gestrichen wurde: „Die Bilder, die dieses Kapitel illustrieren, stammen aus dem Werk *Le Parthénon,* von Collignon, [...] und aus der Publikation *L'Acropole,* die gerade aktuell in der gleichen Édition erschienen ist. Diese beiden großartigen Werke, wirklich präzise Dokumentationen von Parthenon und Akropolis, konnten dank des Talents des Fotografen Frédéric Boissonnas entstehen, dessen Ausdauer, Initiativen und Qualitäten eines Bildhauers uns die griechischen Hauptwerke der großen Epoche erschließen."[163] Das voluminöse 1912 erschienene Tafelwerk „Le Parthénon", das sich in Le Corbusiers Privatbesitz befand, gilt als das wichtigste Parthenon-Werk zu Beginn des 20. Jahrhunderts.[164] Christian Freigang stellt in seiner Perret-Monografie dar, dass der Parthenon sich in Frankreich eigentümlicherweise über lange Zeit fast vollständig einer wissenschaftlichen Beschreibung entzog.

Erst sehr spät, im Jahr 1895, erschien „als erste französische archäologische Behandlung des Monuments eine exakte Beschreibung des Forschungsstandes durch den Architekten Lucien Magne, der auch deutsche und englische Literatur verarbeitete"[165]. Mit Maxime Collignons Tafelwerk erschien nun erstmals eine französische Darstellung des Tempels von höchstem Anspruch.[166] Im Textteil wird zunächst ausführlich die Geschichte des Tempels wiedergegeben, bevor die Architektur und der Bildschmuck analysiert werden. Das Entscheidende an der Publikation sind jedoch die eindrucksvollen großformatigen Fotografien, die der Genfer Fotograf im Rahmen einer Fotokampagne 1907, nur wenige Jahre vor Le Corbusiers erstem Besuch in Athen, anfertigte. „Die Photographie sollte vor allem ein authentisches, detailgenaues und direktes – nicht in Zeichnungen abstrahiertes – ‚wahres' Bild des Bauwerks vermitteln"[167], wodurch die Aufnahmen, laut Freigangs Auffassung, allerdings nur bedingt als wissenschaftliche Dokumentation geeignet waren, da die Bilder nicht durch Maßangaben ergänzt wurden. Freigang stellt jedoch dar, dass Boissonnas mit seinen betont neutralen Ansichten, dem Lichteinfall von 60° mithilfe des Mediums der Kamera die akademische Tradition der zeichnerischen Bauaufnahmen fortführte.[168] Was Freigang nicht erwähnt, sind die der Publikation beigefügten aquarellierten Pläne und Aufriss-Zeichnungen mit detaillierten Maßangaben, die die Fotografien ergänzen und die Publikation dadurch sehr wohl wissenschaftlich nutzbar machen.

Boissonnas monumentalisierte nicht und verzichtete mit Ausnahme der ersten beiden Bildtafeln, die die Akropolis in der bekannten Ansicht vom Pnyx-Hügel wiedergeben, fast vollständig auf repräsentative Ansichten. Ihm ging es um eine systematische Erfassung der Bauwerke und der Gesamtanlage. Der Parthenon wird im einführenden Text als „Kristallisation rationaler Intelligenz, Harmonie und Schönheit" vorgestellt, und es wird der Anspruch formuliert, mit dem unbestechlichen detailgetreuen Blick der Fotografie diese Idealität auch in den kleinsten Fragmenten scheinbar neutral zu dokumentieren.[169] Die Fülle von unterschiedlichen Ansichten, die der Bildband offeriert, erlaubt es auch ortsfremden Betrachtern, sich ein Bild von der Anlage zu machen. Dass Le Corbusier auf die Abbildungen Frédéric Boissonnas zurückgriff, als er seine „L'Esprit Nouveau"-Artikel, die „Augen, die nicht

Abb. 11: Ansicht der Akropolis vom Areopag, Frédéric Boissonnas (1907)

sehen … III. Die Autos" und „Baukunst III. Reine Schöpfung des Geistes" illustrierte, ist kein Zufall. Er selbst hatte 1911 im Rahmen seiner Orientreise an die 300
Fotografien angefertigt, wie Giuliano Gresleri herausgefunden hat.[170] Davon ist jedoch nicht mehr als ein halbes Dutzend auf der Akropolis entstanden,[171] während
die überwältigende Mehrheit auf dem Balkan und in Istanbul aufgenommen wurde.
Le Corbusier besaß also gar nicht genügend Illustrationsmaterial, und noch dazu
ließ das wenige existierende qualitativ zu wünschen übrig, was Le Corbusier allerdings nicht davon abhielt, später doch immer mal wieder auf eigene Akropolis-Aufnahmen zurückzugreifen wie z. B. im „Almanach d'architecture moderne" oder in
„La Ville radieuse".[172] Boissonnas Fotografien werden zum einen, da sie nur wenige
Jahre vor seiner eigenen Orientreise entstanden sind, ziemlich genau den Zustand
der Akropolis wiedergegeben haben, den er bei seinem Besuch vorgefunden hatte.
Aber auch die Haltung des Schweizer Fotografen, seine Annäherung an den Parthenon und seine Interessen, die in der Bildprogrammatik sichtbar werden, passten
zu Le Corbusiers eigener Auffassung bzw. wurde diese möglicherweise sogar durch

Abb. 12: Zweite Gegen-
überstellung von Tempeln
und Autos aus der deutschen
Ausgabe „Ausblick auf eine
Architektur" (1963)

Boissonnas geschärft. In Collignons Tafelwerken nähern sich die Betrachter mit Boissonnas Fotografien Schritt für Schritt der Anlage entlang einer Art *promenade architecturale* dem Parthenon. Boissonnas beginnt in der Ferne, umkreist dann, auf dem Plateau angekommen, den Parthenon und erhebt sich im Außenraum langsam in die Höhe auf die Ebene der Gebälkzone und der Giebel. So schraubt er sich förmlich langsam bis ins Innerste des Tempels hinein. Als Nächstes betritt er die Peristasis, umkreist diese zunächst unten und wandert dann erneut hoch zur Gebälkzone, dokumentiert den Fries, setzt im Anschluss daran wieder unten an und dokumentiert schließlich einen Rundblick im Inneren der ehemaligen Cella. Ähnlich ging er auch in den beiden folgenden Akropolis-Dokumentationen vor. Boissonnas nähert sich im zweiten Band „L'Acropole: l'enceinte, l'entrée, le bastion d'Athéna Niké les Propylées" langsam der Akropolis von allen Seiten und umkreist sie zunächst aus der Ferne und dann in immer engeren Kreisen. Er dokumentiert die Befestigungsmauer und die Grotten am Fuß der Akropolis und nähert sich dann langsam den Propyläen, die schrittweise von der Westseite über die beiden Flügel und den Nike-Tempel bis zur Ostseite in allen Details dokumentiert werden. Wichtig war für Boissonnas, ähnlich wie später für Le Corbusier, der Aspekt des Wechselspiels zwischen Akropolis und umgebender Landschaft, aber auch das Wechselspiel der Akropolis-Tempel untereinander, was insbesondere im dritten Teil der Publikation, „L'Acropole: le plateau supérieur, l'Érechtheion, les annexes sud", noch einmal eine Steigerung erfährt. In der Einleitung zu dem Parthenon-Tafelwerk, aus dem Le Corbusier die Fotografien übernahm, heißt es in der von Gustave Fougères verfassten Einleitung: „Von Licht gebadet, seine Masse das

Abb. 13: Parthenon-Westfront, Frédéric Boissonnas (1907)

felsige Plateau dominierend, das ihm als Sockel dient, hebt er sich ab vom Himmel, dessen Helligkeit ihn umhüllt. Und es entsteht, zwischen Himmel und Erde, eine einmalige Vision der Größe von Ruinen."[173] Dieser Aspekt, die zwischen Himmel und Erde gesetzte Akropolis, die sich auf die fernen Landschaftskontraste bezieht, ist sowohl in seinen Texten als auch in seinen späteren Architekturen eines der zentralen Themen für Le Corbusier. Er ist bereits in dem 1914 verfassten Orientreisebericht fertig artikuliert und wird in „Vers une Architecture" sowohl in dem Kapitel „Baukunst II. Das Blendwerk der Grundrisse" als auch in „Baukunst III. Reine Schöpfung des Geistes" wiederholt aufgegriffen und spiegelt sich ebenfalls in der Bildauswahl wider, die Le Corbusier in „Vers une Architecture" verwendete. Mit Ausnahme der Detailaufnahmen, die Le Corbusier nutzt, sind die Bilder und Ausschnitte so gewählt, dass entweder kein Horizont sichtbar ist und das Akropolis-Plateau sozusagen vor dem Hintergrund des Himmels schwebt oder, wenn Horizonte abgebildet werden, dann stehen sie in einem unmittelbaren Dialog mit den horizontalen Architekturteilen der Tempel, was Le Corbusier immer wieder beschreibt. Auffällig ist, dass Le Corbusier darauf verzichtet, eine Gesamtansicht der Akropolis abzubilden. Erst im „Almanach d'architecture moderne" von 1925 verwendet er eine Ansicht Boissonnas, die vom Philoppaposhügel aufgenommen wurde.[174] In „Vers une Architecture" greift Le Corbusier an dieser Stelle zu einer stark abstrahierten eigenen Skizze, die die Akropolis aus nördlicher Richtung in menschenleerer Landschaft vor dem Meereshorizont zeigt.[175] Mit Ausnahme einer Frontalansicht des Parthenon, die er in „Vers une Architecture" gleich zweimal verwendet, bildet Le Corbusier ausschließlich Detailaufnahmen ab, die bestimmte Ausschnitte oder Aspekte darstellen. Zum Teil griff er dabei auf bereits existierende Detailaufnahmen Boissonnas zurück,[176] andere fertigte er aus Boissonnas Bildmaterial selbst an, indem er kleine Ausschnitte aus größeren oder sogar sehr großen Kontextaufnahmen auswählte. Bei der Frontalansicht des Parthenon in der Gegenüberstellung von Tempeln und Autos, die auch dem Kapitel „Baukunst III. Reine Schöpfung des Geistes" als Titelfrontispiz dienen sollte, wählte Le Corbusier einen kleinen Ausschnitt aus der Panorama-Ansicht, die den Auftakt des Bildprogramms in dem Werk Collignons bildet.[177] (Abb. 11 und vgl. Abb. 1 und Abb. 4) Der Ausschnitt ist so angelegt, dass der Parthenon sich auf seinem Felssockel schwebend vor dem Hintergrund des Himmels erhebt. Eine auffällige Bildmanipulation beinhaltet auch die Doppelseite 110/111 in der französischen Ausgabe von „Vers une Architecture", die in der deutschen Ausgabe „Ausblick auf eine Architektur" zu einer zweiten Gegenüberstellung von Tempeln und Autos montiert wurde.[178] (Abb. 12 und 13) Le Corbusier diente als Grundlage eine Aufnahme der Nord-West-Ecke des Parthenon mit Blick in die Landschaft, aus der er zwei Ausschnitte, die sich zum Teil überlappen, verwendete: Es handelt sich zum einen um den unteren Teil der Gebäudeecke, der knapp unter den Kapitellen abgeschnitten ist, und zum anderen auf der gegenüberliegenden Seite um den oberen Teil der Gebäudeecke, wobei hier gut die Hälfte der Säulenschäfte wiedergegeben ist. Der Ausschnitt mit der unteren Gebäudehälfte ist zudem so gewählt, dass der gesamte Bildvordergrund, das mit Architekturtrümmern übersäte Plateau und das Fundament des Tempels, abgeschnitten wurden. Auf diese Weise scheint der Tempel auf seiner Krepis regelrecht über der Landschaft zu schweben.

Dass Le Corbusier durch das Beschneiden und Retuschieren der Vorlagen die Bildwirkung zum Teil massiv verändert, zeigt sich auch an der Aufnahme des west-

DER PARTHENON. — Phidias verrichtete, als er den Parthenon baute, nicht die Arbeit eines Konstrukteurs oder Ingenieurs oder Grundrißzeichners. Diese Elemente waren alle gegeben. Er schuf ein Werk der Vollendung und von hoher Geistigkeit.
116

Abb. 14 : Parthenon, westliches Peristyl, Frédéric Boissonnas (1907)

Abb. 15 : Frédéric Boissonnas westliches Parthenon-Peristyl, in „Vers une Architecture"

lichen Peristyls, das in der französischen Ausgabe von „Vers une Architecture" zweimal abbildet wurde. (Abb. 14, 15) Le Corbusier schneidet das offene Gebälk und die Säule im Vordergrund ab, sodass der Säulengang kompakter und geschlossener erscheint als bei Boissonnas. Er nutzte die Vorlagen des Fotografen, dessen Haltung und Annäherung eng mit seiner eigenen verwandt war, sehr frei, um seine eigene Position darzustellen. Dabei verzichtete er darauf, die Akropolis entlang einer *promenade architecturale* darzustellen, wie es zu erwarten gewesen wäre, sondern zerlegte, wie Lorens Holm treffend charakterisiert, die Abbildungen Boissonnas in eine Reihe von sorgfältig herausgearbeiteten modernistischen Objekt-Typen: Säulenbasen, Gebälke, Plattformen, Zierleisten. „These will become the elements of his modern architecture. By this graphic means, he prepares the Parthenon for reincorporation into his work."[179]

III. Die Entdeckung der Akropolis 1908–1914

Jeannerets Aufenthalte in Paris und Deutschland – die Suche nach einem Ideal

Es dauerte mehr als vier Jahrzehnte nach dem Erscheinen von „Vers une Architecture", bis sich Le Corbusiers Zeitgenossen ein umfangreicheres Bild von der Genese seiner Akropolis-Idee machen konnten. Wenige Wochen vor seinem Tod im August 1965 hatte Le Corbusier seine aus den Jahren 1911–1914 stammenden Reiseaufzeichnungen redigiert und zur Veröffentlichung freigegeben. Sie erschienen posthum. Ebenfalls nach seinem Tod wurde in der Fondation Le Corbusier sein gesamter Nachlass – unveröffentlichte Manuskripte, Aufzeichnungen, Korrespondenzen, Zeichnungen und Fotografien sowie seine Privatbibliothek – der Forschung zugänglich gemacht. Erst damit wurden Einblicke in das Vorleben Le Corbusiers, in die Jugendjahre Charles-Edouard Jeannerets, in seine Aus- und Theoriebildung jenseits der eigenen Narration möglich.

Charles-Edouard Jeanneret, 1887 geboren, war in La Chaux-de-Fonds, einer Provinzstadt im Schweizer Jura, aufgewachsen, die durch ihre Uhrenproduktion international bekannt war. 1902 trat er in die École d'Art in La Chaux-de-Fonds ein, um zunächst eine Ausbildung als Uhrengraveur zu beginnen. 1905 wechselte er aufgrund seiner Sehschwäche in die Architekturklasse – ein Richtungswechsel, der allerdings nur minimale Auswirkungen auf den Lehrplan hatte. Jeanneret, der selbst am liebsten Maler geworden wäre und sich auf Anraten und Drängen seines Lehrers und Mentors Charles L'Eplattenier der Architektur zuwandte, ersetzte fortan das Fach Gravur durch Zeichnen und behielt auch den alten Lehrer. Da die École d'Art keinen Unterricht in architekturspezifischen Bereichen wie Konstruktion, Materialkunde und Ingenieurwesen vorsah, verschaffte L'Eplattenier seinen Schülern Bauaufträge, damit diese praktische Erfahrungen erlangten. Jeanneret entwarf, betreut von dem ortsansässigen Architekten René Chapellaz, 1905/06 das Haus Fallet und 1907/08 während eines viereinhalbmonatigen Aufenthaltes in Wien auf postalischem Weg die Häuser Jacquemet und Stotzer in La Chaux-de-Fonds.[1]

Die drei Projekte lassen zum Teil den Einfluss von Muthesius Werk „Das englische Haus" (1904), aber auch der Wiener Sezession erkennen. „Doch die wahre Bedeutung des Entwurfs [des Hauses Fallet] lag in der Übertragung von Emblemen der Jura-Region auf die Gesamtform, die Details und Ornamente des Hauses."[2] Die beiden in Wien entworfenen Projekte entstanden am Ende von Jeannerets „Tannenbaumfolklore"-Phase zu einem Zeitpunkt, an dem er bereits einige Lehren L'Eplatteniers anzuzweifeln begann. „Er suchte nach seinen eigenen philosophischen Quellen und schwankte zwischen Euphorie und Depression, Enthusiasmus und Verachtung, während er Ausschau nach wegweisenden Beispielen und Mentoren hielt."[3] Nur zwei Wochen nach der Rückkehr aus Wien ließ Jeanneret sich im März 1908 gegen den erbitterten Widerstand L'Eplatteniers, der seinen Schüler gerne in Deutschland gesehen hätte, in Paris nieder. Dort trat er Anfang Juli in das Architekturbüro Auguste Perrets ein, der innerhalb kürzester Zeit Mentor, Berater und Vaterfigur für Jeanneret werden sollte – eine Rolle, die lange Jahre allein Charles L'Eplattenier innehatte. Über seinen ersten und wohl einflussreichsten Lehrer, mit dem Jeanneret auch in den folgenden Jahren immer im Austausch stehen sollte, schreibt er 1929 in seinem „Œuvre Complète": „Ich habe bis zum Jahr 1907 an meinem Geburtsort einen Meister gehabt – L'Eplattenier – der ein mitreißender Lehrer war und der mir die Tore zur Kunst öffnete. Wir verschlangen die Meisterwerke aller Zeiten und Länder. Ich bewahre jener bescheidenen Bibliothek, die sich in einem kleinen Wandschrank unseres Zeichensaals befand und in die unser Meister alles, was er für unsere geistige Nahrung notwendig erachtete, vereinigt hatte, große Dankbarkeit."[4]

L'Eplattenier hatte in Budapest und Paris an der École des Beaux-Arts und der École des Arts Décoratifs studiert und war vertraut mit den aktuellen Entwicklungen und Tendenzen zur Abstraktion. Er bewunderte Victor Prouvés Kunstgewerbeschule in Nancy und war inspiriert durch William Morris' „Arts-and-Crafts"-Bewegung, Owen Jones' „Grammar of Ornament" und die Ideen Ruskins.[5] Das wichtigste, was L'Eplattenier seinem Schüler mit auf den Weg gegeben hat und was auch später für Le Corbusiers Akropolis-Idee und deren Übertragung in das eigene architektonische Werk von signifikanter Bedeutung werden sollte: Er lernte von L'Eplattenier hinter die Welt der äußerlichen Erscheinungen zu blicken und die sie konstituierenden Strukturen zu erkennen, zu abstrahieren und die daraus resultierenden Formen in „emblematische Muster" zu übertragen.[6] Während seiner Ausbildungszeit an der École d'Art in La Chaux-de-Fonds hatte Jeanneret offenbar wenige Berührungspunkte mit dem Klassizismus und der Klassik. Wie wenig ihn dieser Bereich interessierte, mögen auch die Quellen veranschaulichen, die die zweimonatige Studienreise durch Norditalien dokumentieren, die er im Herbst 1907 zusammen mit seinem Freund und Kommilitonen Léon Perrin unternahm.[7] Offenbar war er in diesem Punkt stark geprägt durch Ruskin, der aufgrund seiner Nähe zur Natur den gotischen Stil bevorzugte und im Gegensatz dazu die Klassik verachtete.[8] Erstmals ernsthaft mit dem Klassizismus und sicherlich auch der Akropolis ist Jeanneret vermutlich erst während seiner 14-monatigen Tätigkeit im Büro von Auguste Perret in Berührung gekommen, bei dem er eher zufällig und über Umwege gelandet war.[9]

Perret führte den damals 20-Jährigen in die sorgfältig ausgearbeitete Bauphilosophie des Büros ein, schlug ihm Bauten vor, die er besichtigen sollte, bestand darauf, dass er an der École des Beaux-Arts Mathematik und Konstruktion studierte, und machte ihn auf Viollet-le-Ducs Schriften aufmerksam, die seine eigene Bibel waren. Perrets Ziel war es, das konstruktive Potenzial des Betons mit der Logik zeitgenössischer Grundrisse und den Proportionen klassischer Bauten in Einklang zu bringen.[10] Das Appartementgebäude Rue Franklin 25 aus dem Jahr 1902, in dem sich auch das Architektur- und Konstruktionsbüro der Brüder Perret befand, war ein Experiment in dieser Richtung, das Le Corbusiers spätere Architekturphilosophie und seine „Fünf Punkte zu einer neuen Architektur" maßgeblich prägen sollte. Der Betonrahmen ermöglichte es, die Geschosse über freiem Grundriss zu konstruieren, und das Flachdach wurde als Dachterrasse benutzt.[11]

Jeanneret war laut Brooks ein Idealist auf der Suche nach einem Ideal.[12] Er suchte nach „wegweisenden Prinzipien", aber das, was er bei Perret hätte lernen können – einen tiefen Respekt vor den Prinzipien des Klassizismus –, hat zunächst offenbar nur einen flüchtigen Eindruck in seinem Bewusstsein hinterlassen. Ähnlich verhielt es sich nach Brooks mit dem Rationalismus. Durch ihn erhielt sein Denken in der Pariser Zeit sicherlich einen Auftrieb – er habe, so Curtis, Jeanneret z.B. zu einer neuen Perspektive gegenüber der Tradition verholfen[13] –, aber vollständig habe Jeanneret den rationalen Ansatz Perrets und Viollet-le-Ducs nie akzeptiert. Brooks geht davon aus, dass Jeanneret verschiedene Aspekte aus der Pariser Zeit herausgezogen habe, die erst in späteren Jahren zu einem Ideal, einer Idee heranreiften: Struktur, Technik, Material und Methoden, ein bisschen klassische Proportionen, Maßstab, Harmonie und Ordnung. Er beschränkte sich jedoch nie, wie Perret es tat, nur auf die zwei Bereiche des Klassizismus und Rationalismus.[14] Vorerst verbrachte er seine Freizeit – seine Arbeitszeiten im Büro betrugen täglich nur fünf Stunden; die restliche Zeit war für Kurse an der École des Beaux-Arts und für das Selbststudium vorgesehen – mit Mittelalterstudien in der Bibliothèque Sainte Geneviève. „Und obwohl er – auch wenn es ihm nicht bewusst war – ein Kind der klassischen Tradition war, verachtete er den Klassizismus, während er an seiner kurzsichtigen Verehrung am Mittelalter festhielt."[15]

Es ist durchaus möglich, dass Jeanneret bei Perret auch schon in den Genuss seiner ersten Lehrstunden über den Parthenon kam. Perret hatte eine starke Affinität zur Akropolis. Und er galt als Liebhaber des Parthenon, der Rom verabscheute. „Klassisch sind die", so definierte er, „die nicht versuchen, die Alten zu imitieren, sondern das machen, was sie gemacht hätten, wenn sie an unserer Stelle gewesen wären."[16] Roberto Gargiani stellt in seiner Perret-Monographie dar, dass dieser sich zeitlebens immer wieder auf den Parthenon berief – in vielen Vorträgen, Interviews, Aufsätzen vor allem aus den 1930er und 1940er Jahren ist der Parthenon eine wiederkehrende Referenz. Er definiert den Parthenon als „eine perfekte und beständige Masse, ein Werk von heute"[17] und übt harsche Kritik an der Praxis, Analogien zwischen moderner Ingenieurleistung und dem antiken Tempel aufzuzeigen – eine Kritik, die sich sicherlich insbesondere an Le Corbusiers Adresse richtet.[18]

Wie viele seiner Kollegen war Perret fasziniert von der Perfektion und Präzision des Parthenon, von den optischen Korrekturen, die in Form von Säulenneigung, unterschiedlichen Interkolumnien und Kurvaturen vorgenommen wurden und die harmonische Gesamterscheinung des Tempels bewirken. Er bezeichnet das als „le miracle grec"[19] und experimentiert, wie Gargiani darstellt, selbst mit optischen Korrekturen.[20] Er interessierte sich für die Zeitlosigkeit des Monumentes[21] und sicherlich auch für die Akropolis als Ruine – definiert er doch 1929 in dem berühmten Aphorismus: „Architektur ist das, was schöne Ruinen macht"[22].

Perret reiste offenbar erst 1910 nach Athen – und zwar genau wie Jeanneret über Istanbul –, dennoch ist davon auszugehen, dass die Faszination für die Akropolis und den Parthenon bereits zuvor bestanden hat. Es ist daher davon auszugehen, dass auch Jeanneret während seiner 14-monatigen Tätigkeit bei Perret im Jahr 1908/09 schon mit dem Parthenon konfrontiert wurde. Anlässlich des Todes von Auguste Perret im Jahr 1954 publizierte sein ehemaliger Schüler Ernö Goldfinger seine Erinnerungen an seine 30 Jahre zurückliegende Lehrzeit bei dem Meister. Jeden Dienstag- und Freitagnachmittag sei Perret, der kleine Mann mit dem weißen

Bart und den hohen Absätzen, zum Korrigieren und Diskutieren gekommen – Monat für Monat habe er über den Parthenon, die Moscheen von Konstantinopel, die Kathedralen und immer über „tektonische Wahrheit" gesprochen. Viele von ihnen seien damals in Architekturbüros tätig gewesen, aber jeden Dienstag und Freitag seien sie in Perrets Büro gepilgert, um seine Reden aufzusaugen.[23] Dass Perret mit Jeanneret auch über die Akropolis gesprochen hatte, geht aus einem Brief hervor, den Jeanneret ihm am 14. März 1912, etwa dreieinhalb Monate nach der Rückkehr von der Orientreise, geschrieben hat. Darin heißt es: „Monsieur Auguste hat mir früher mit einer großen Geste erzählt, dass die Sonne auf der Akropolis in der Achse des Parthenon, über dem Meer, hinter den Bergen des Peloponnes untergegangen ist. Drei Wochen lang habe ich mir das fast jeden Abend angesehen – die Sonne ist abgewichen und zog Richtung Eleusis: es war bereits Winter!"[24] Der Ratschlag, sich der Akropolis abends anzunähern, was Jeanneret laut Reisebericht auch tat, war also von Perret gekommen. In einem auf der Athen vorgelagerten St. Georgs-Insel verfassten Brief an William Ritter berichtet Jeanneret von seinen Plänen, die Akropolis nachts zu besuchen: „In der Einsamkeit der Nacht, werde ich meine Huldigungen (dem Parthenon) darbringen."[25]

Endgültig geweckt wurde Jeannerets Interesse für den Klassizismus jedoch erst während seines Aufenthaltes in Deutschland. Allen Brooks beschreibt, wie Jeanneret ein halbes Jahr nach seiner Rückkehr aus Paris im April 1910 noch als Mediävist in Deutschland ankam und im Mai 1911 Deutschland als Klassizist verließ. Großen Anteil an der Hinwendung zum Klassizismus schreibt Brooks den Erfahrungen zu, die Jeanneret während seiner Tätigkeit im Büro von Peter Behrens machte.[26] Von nun an gehörte der Klassizismus in seiner Wertung nicht mehr der Vergangenheit an, sondern wurde von ihm als angemessene Ausdrucksform der Gegenwart angesehen, eine Haltung, die ihn mit dem Mainstream der deutschen Architektur verband.[27] Jeanneret hatte bereits sieben Monate in Deutschland verbracht, als er am 1. November 1910, exakt ein Jahr, nachdem er das Büro Perrets verlassen hatte, seine neue Stelle im Büro von Peter Behrens in Neubabelsberg antrat. Er mochte Behrens nicht. Er beschreibt ihn als tyrannisch, autokratisch, als ein Scheusal, das seine Angestellten tyrannisiert. Um ihm einigermaßen Respekt entgegenbringen zu können, habe er, Jeanneret, beschlossen, Behrens für krank zu halten. Brooks weist darauf hin, dass Jeannerets pathologische Antipathie sicherlich mit verletztem Stolz zusammenhing, da der „König Behrens" Jeanneret lange hingehalten hat, bis er ihm schließlich einen Job anbot.[28] Zusätzlich sei der Unmut vermutlich dadurch zustande gekommen, dass Behrens ihm offenbar keine übermäßige Aufmerksamkeit und Zuneigung zukommen ließ, wie er es durch die Kontakte zu Charles L'Eplattenier, Auguste Perret, Theodor Fischer und William Ritter gewöhnt war. Sie alle waren innerhalb kürzester Zeit Mentoren und wichtige Bezugspersonen für Jeanneret geworden. Behrens verweigerte sich offenbar in dieser Hinsicht und behandelte ihn nicht anders als seine anderen Mitarbeiter auch – eine Tatsache, mit der Jeanneret offenbar schlecht umgehen konnte.[29] Auch fachlich kritisiert Jeanneret seinen Arbeitgeber, wie beispielsweise in einem Brief an L'Eplattenier vom 16. Januar, in dem er Behrens 1911 vorwirft, seine Inspirationen nur vom Dorischen und vom Empire-Stil zu nehmen, und in dem er behauptet, dass sie bei Behrens Profile von Schinkel, der Akropolis oder von fotografierten napoleonischen Empire-Möbeln durchpausten.[30] Dennoch hatte Jeanneret tief im Inneren großen Respekt vor dem berühmten Architekten, und während der fünf Monate in seinem Büro lernte Jeanneret nach eigener Angabe mehr über Architektur als jemals zuvor, wie aus demselben Brief an L'Eplattenier hervorgeht. „Der Schock bei Behrens war brutal. […] Als ich bei Behrens angekommen bin, wusste ich fast nicht, was ein Stil ist und habe die Kunst der Profile und ihrer Beziehungen zueinander ignoriert. Ich versichere Ihnen, dass das nicht leicht ist. Und aufgrund dieser Beziehungen entstehen harmonische Formen. […] Behrens besteht streng auf Rhythmus und subtilen Beziehungen und andere Sachen, die mir unbekannt waren."[31] Unmittelbar bevor er von diesen neuen Erfahrungen im Büro von Peter Behrens berichtete, verlegt Jeanneret in eben diesem Brief seine „Bekehrung zum Klassizismus" noch in ein anderes, in ein französisches Umfeld. Es sei Versailles gewesen, das er während seiner Pariser Zeit zusammen mit seinen Eltern besucht habe, das ihn zum Klassizisten habe werden lassen.[32] Er behauptet: „Ich werde mich immer an diesen Morgen voller Frühlingsblumen[…] erinnern, die vor meinen Augen das kolossale und unerwartete Spektakel von Versailles enthüllten. Das brachte meine verdunkelte Mythologie zum Einsturz und seitdem strahlt die klassische Klarheit. […] Und jetzt richtet sich mein ganzer Enthusiasmus auf Griechenland und Rom und ich habe nur noch ein eklektisches Interesse für diese Künste, die mir die Krise gebracht haben, die nordische Gotik, die russischen Barbareien und deutschen Plagen. Sie ist da, meine Offenbarung [élévation]."[33] Er habe die Interieurs von Versailles und Fontainebleau vor Augen und sei im Besitz eines glänzenden Buches über das Dorische, Ionische, Korinthische, über römische Kunst, die aus kolossalen Bogen und großen leeren Wänden bestehe. Seine Ideen seien mittlerweile gefestigt, und bis er die Sprache könne, kündigt er an, bei Behrens bleiben zu wollen und höchstens den Aufenthalt zu verkürzen, um in Dresden bei Tessenow das Institut Jaques-Dalcroze zu bauen, wie es ihm angeboten worden sei. Danach werde er seine Studienreise durch Deutschland machen und sich im Anschluss daran sammeln. Wo er sich sammeln werde? In Rom.[34]

Parallel zu den Erfahrungen im Büro von Peter Behrens lassen sich zwei Einflussquellen ausmachen, die gleichzeitig auf Jeanneret wirkten und ebenfalls zu seiner Metamorphose vom Gotizisten zum Klassizisten beigetragen haben werden. Es handelt sich zum einen um die Lektüre von Alexander von Cingria-Vaneyres Publikation „Suisse Romande", die in die gleiche Zeit fällt. Und es werden die Erfahrungen gewesen sein, die er in Hellerau, in dem soeben gegründeten Institut Jaques-Dalcroze machte, in dem sein Bruder Albert Jeanneret als Musiker tätig war. Cingria-Vaneyre versucht in seiner Publikation, eine künstlerische Identität für die „Suisse romande", den französischsprachigen Teil der Schweiz, zu dem auch La Chaux-de-Fonds gehört, zu formulieren. „Der Autor kritisierte die ‚kulturelle Vorherrschaft' Deutschlands, schreibt der Region einen ‚mediterranen' Geist zu und behauptete, eine Renaissance werde sich entwickeln, sobald dieses klassische Erbe freigelegt sei. Er verglich die Landschaft mit der Griechenlands und der Umgebung von Istanbul" – eine Parallele, die laut Curtis vielleicht noch auf die sonnigen Weinhänge am Genfer oder am Neuenburger See zutreffen könnte, keinesfalls aber auf die Region um La Chaux-de-Fonds, was Jeanneret aber offenbar wenig störte, zumal er „von den ‚mediterranen Ursprüngen' seiner Familie ohnehin überzeugt war"[35]. Cingria-Vaneyre hatte auch konkrete Vorstellungen davon, wie dieser Jura-Klassizismus aussehen sollte. Er sollte nicht mit Châlets und mit Fichten zu tun haben, sondern auf einer „‚griechisch lateinischen Formel' basieren: Bauten mit ruhigen, regelmäßigen Volumen, die sich von den Hängen abhoben, elfenbein-, oliv-, ocker-, oder cremefarben, mit anmutigen Kurven, die der Strenge der rechten Winkel entgegenwirkten"[36].

Cingrias-Vaneyres Werk begeisterte Jeanneret derart, dass er neben der Notiz „Fini de lire le 22. nov. 1910 à Neu-Babelsberg" auf der letzten Seite eine Art Glaubensbekenntnis formulierte. Die Ideen Cingria-Vaneyres seien genau richtig für den Haute Jura. „… dieses Buch kommt im richtigen Augenblick, um mir meinen Weg zu weisen. Es fordert zur Nachprüfung heraus, zu vernünftigen, einleuchtenden Folgerungen; es befreit mich von dem deutschen Druck. In einem Jahr, in Rom, werde ich es wiederlesen und durch Skizzen zu meiner Jura-Neuchâtelois-Disziplin finden."[37] Damit hatte Jeanneret sein lang ersehntes Ideal, seine Idee gefunden. Es folgte, wie Brooks beschreibt, eine mehrwöchige Phase der Depression, die sich deutlich in den Korrespondenzen des jungen Architekten niederschlug und daraus resultieren mag, dass diese Neuausrichtung das Über-Bord-Werfen aller bisherigen Ideen und Ideale zufolge hatte.[38]

Vieles deutet darauf hin, dass es zunächst nicht Athen, sondern Rom war, das seinen Plänen galt. Bereits in einem Brief an seine Eltern vom 2. Dezember 1910 schreibt er: „Und ich bin besessen von einer Vision: wundervoll gerade Linien, aber schlanke und klassische Bezüge; Klarheit bis in Unendlichkeit in den Harmonien, eine intensive Sonne und Sonnenuntergänge mit einer Reinheit, die einen vor Begeisterung sterben läßt, eine trockene und nackte Ebene, aber blauer Appenin. Und dann die Zypressen. ROM!"[39] Bereits in einem Brief vom 30. September 1910 habe Jeanneret, so Brooks, seinem späteren Reisegefährten August Klipstein berichtet, dass er nach Rom fahren wolle. Dieser Brief deutet darauf hin, dass sich Jeannerets Hinwendung zum Klassizismus nicht erst, wie Brooks annimmt, während seiner Tätigkeit für Peter Behrens vollzog, sondern einige Monate zuvor, wie auch Fancesco Passanti vermutet. Passanti nimmt als Ausgangspunkt für die Interessenverschiebung die Werkbund-Tagung im Juni 1910 in Berlin an, in deren Rahmen Jeanneret die AEG-Fabriken und die von Behrens kuratierte Ton-Kalk-Zement-Ausstellung besuchte. Erst diese Erfahrungen im Werkbund-Kontext seien es gewesen, die ihn dazu bewogen haben, sich bei Bruno Paul und Peter Behrens zu bewerben.[40]

Allen Brooks geht davon aus, dass auch noch im März 1911, als bereits der Plan stand, die Reise über Konstantinopel anzutreten, Rom das eigentliche Ziel gewesen sei. Vieles hingegen spricht dafür, dass zu dem Zeitpunkt als Reisehöhepunkt bereits der Besuch auf der Akropolis vorgesehen war. Ein in Neubabelsberg verfasster Brief an William Ritter vom 1. März 1911 veranschaulicht, wie fest geprägt die Erwartungen Jeannerets einige Wochen vor Reiseantritt bereits waren: „Meine Seele hat sich in diesen Monaten so sehr dem Verständnis des klassischen Genius geöffnet, daß mich meine Träume mit Beharrlichkeit dorthinunter geführt haben. Die ganze gegenwärtige Epoche – ist es nicht vielleicht so – blickt mehr als jemals auf diese glücklichen Länder, in denen weiße gradlinige Marmore, vertikale Säulen und Gebälk strahlen, das parallel zur Linie des Meeres ist. Nun bietet sich mir diese Gelegenheit, der Traum wird Wahrheit."[41] Hier zeigt sich, dass der Topos der horizontalen Architekturteile, die den Dialog mit den fernen Horizonten aufnehmen, der für Le Corbusier zu einem zentralen Thema in „Vers une Architecture" und anderen Texten werden sollte,[42] nicht von ihm selbst stammte, sondern bereits vor seiner Orientreise von außen an ihn herangetragen worden war. Inspirierend werden in dieser Hinsicht sicherlich die Bühnenbilder Adolphe Appias gewesen sein, in denen den Horizonten eine wichtige Rolle zukommt, wie noch zu zeigen sein wird. Als primäre Inspirationsquelle kann jedoch sicherlich Charles Blancs „Grammaire des Arts du Dessin" von 1867 angenommen werden, eine Publikation, die Jeanneret schon während seiner Zeit an der École d'Art in La Chaux-de-Fonds gelesen hatte. Blanc bezieht sich in seinem Text immer wieder auf den Horizont und die Horizontale in Natur und Architektur; sie stehen für Ruhe und Stabilität.[43] Laut Blanc haben „die Ägypter, die Griechen und die gesamte Hochantike Wirkungen durch große parallel zum Horizont geführte Linien erstrebt"[44]. Über die Wechselwirkungen zwischen den Akropolis-Architekturen und den Horizonten formuliert Blanc ein so eindrückliches Bild, das sicherlich stark genug war, um auch Jahre später noch eine starke Erwartungshaltung Jeannerets auszulösen, die sich in dem Brief manifestiert. Er beschreibt das „delikate Phänomen", dass im Zusammenhang mit den Kurvaturen des Parthenons eine Lüge zur Anwendung gekommen sei, um die Wahrheit auszudrücken. Blanc geht davon aus, dass die Griechen sich bei diesem Kunstgriff an der Natur orientierten: „Immer wieder stellen wir uns an die Ostseite des Parthenon und betrachten das Meer von den Ruinen aus. An einem ruhigen Tag waren wir erstaunt über die Ähnlichkeit, die zwischen den Kurvaturen der Ostseite und denen, die der Horizont des Meeres, von der Insel Ägina bis zum Cap Sunion zeichnet, existiert. Die beiden Bögen scheinen den gleichen Radius zu haben."[45] Jeanneret fährt mit seinem Brief an Ritter fort: „Um mein Studentenleben in Schönheit abzuschließen, bin ich dabei, eine große Reise für mich vorzubereiten. Dann könnte dies die vollkommene Verzückung bedeuten, wenn ich kein Dummkopf bin und wenn meine Seele zu denen gehört, die im Angesicht der unsterblichen Marmorsteine auf unaussprechliche Weise erschauern."[46] Wenige Zeilen später äußert er seine Befürchtungen: „Ich bin ein Esel. Ich bin dabei, geschichtsträchtige Länder zu durchreisen und die Steine werden für mich, der ich so unwissend bin, keine Enthüllungen, Gespräche und Beschwörungen bereithalten! Wird es denn präzisere Empfindungen festgehalten von irgendeinem aufrichtigen Dichter geben? […] Und dennoch möchte ich zuallererst Bücher, Bücher! Wo findet sich das ‚Gebet an die Akropolis', in welchem Buch von Renan?"[47] Als überwältigender Höhepunkt der Reise war demnach bereits Anfang März 1911 der

Aufenthalt in Athen vorgesehen. Von Rom ist in diesem Brief gar nicht mehr die Rede. Dagegen steht ein Brief, den Jeanneret am 7. Mai 1911 an seinen Lehrer L'Eplattenier schrieb, in dem er die Reise ankündigt und auch bekannt gibt, dass sich die Fertigstellung seiner Studie über das deutsche Kunstgewerbe noch herauszögern werde. „Skandalöse Neuigkeit, meine Abreise in den Orient, Konstantinopel und vielleicht Griechenland, mit meiner Rückreise über Rom. Diese Entscheidung habe ich bereits im Januar getroffen; ich werde sie in drei Wochen umsetzen." Er fährt fort, indem er L'Eplattenier einen Einwand in den Mund legt: „,Du bist zu jung für diese großen Werke.' Ja, sicher, ich werde wenig verstehen. Doch sehne ich mich danach und ich bin physisch vorbereitet, – das ist enorm. Vor drei Jahren habe ich die Griechen zu 500 Teufeln gejagt. Heute bin ich durch sie ernsthaft und tief ergriffen. Und wenn ich überhaupt nichts verstehe, was sicher der Fall sein wird, und was natürlich wäre, dann werde ich eines Tages zurückkehren."[48]

Wie es dazu kam, dass innerhalb kurzer Zeit Athen anstelle von Rom ins Zentrum seines Interesses rückte, darüber lässt sich nur spekulieren, zumal ab Mitte Januar die Korrespondenzen spärlich wurden. In einem Brief vom 12. Februar 1911 soll Klipstein Jeanneret vorgeschlagen haben, nach Istanbul zu reisen und über Rom zurückzukehren, eine Idee, die Jeanneret, durch die Cingria-Vaneyre-Lektüre inspiriert, begeistert aufgenommen haben wird.[49] Belegt ist beispielsweise, dass Jeanneret bei einem Besuch in Hagen mit Karl-Ernst Osthaus über die bevorstehende Orientreise sprach. Aus einem Brief vom 27. März 1912 an Karl-Ernst Osthaus geht hervor, dass dieser Jeanneret geraten habe, sich in Griechenland nicht von den Mysterien zu vieler schön klingender Namen ablenken zu lassen und sich stattdessen auf die großen Sachen zu konzentrieren – Istanbul, Athen, Ägypten.[50] Aber auch Perret könnte Jeanneret beeinflusst haben. Perret reiste um 1910 mehrfach nach Istanbul, da er mit der Ausführung des von George Paul Chedanne geplanten Gebäudes für die französische Legation betraut war, und nutzte laut Gargiani diese Gelegenheiten, um die Spuren der antiken mediterranen Zivilisationen zu besuchen. Er besuchte in Nordafrika die großen römischen Ruinen, habe sich in die Venus von Cherchell verliebt und studierte insbesondere zwei Pole der Architektur, den Parthenon und die Hagia Sophia.[51] Es handelte sich dabei genau um jene beiden Pole, zwischen denen sich Jeanneret in den folgenden Jahren bewegen sollte, bis er sich schließlich zu Beginn der 1920er Jahre in den „L'Esprit Nouveau"-Artikeln unübersehbar für den Parthenon und die Akropolis entschied.

Die Orientreise 1911 – ein Erweckungserlebnis?

Ende Mai brach Jeanneret, wie in seinem Brief an Charles L'Eplattenier drei Wochen zuvor angekündigt, zusammen mit seinem Freund, dem Bibliothekar und Kunsthistoriker August Klipstein, mit dem er sich während seines Aufenthaltes in München angefreundet hatte, zu seiner fünfmonatigen Reise in den Orient auf. Von Berlin reisten sie über Prag, Wien und den Balkan zunächst einmal nach Istanbul, wo sie sich sieben Wochen aufhielten. Von dort traten sie ihre Heimreise über Griechenland an, verbrachten aufgrund einer Krankheit fast vier Wochen auf dem Berg Athos und erreichten Anfang September Athen, wo sich nach dreiwöchigem Aufenthalt ihre Wege trennen sollten. Klipstein fuhr nach Hause, und Jeanneret reiste über Delphi, Rom, Pompeji, Florenz und Pisa nach La Chaux-de-Fonds zurück. Als Hauptreisestationen war von vornherein nicht Athen, sondern waren Bukarest und Istanbul vorgesehen, was auch verdeutlicht, dass Klipstein mehr war als ein einfacher Reisegefährte. Er wollte für seine Dissertation über El Greco in Bukarest recherchieren und interessierte sich für Istanbul, da er hoffte, dort „eine Kunst ‚ohne literarisches Motiv' zu finden […], d. h. eine *Tradition* der *abstrakten Kunst*". Er war also mindestens ein Reisepartner, wenn nicht sogar in vielerlei Hinsicht Motor und Initiator der Reise.[32]

Zeitlebens sollte Le Corbusier diese „umgekehrte Grand Tour", in deren Rahmen er sich sozusagen durch die „Hintertür" Griechenland und der Akropolis angenähert hatte, als das entscheidende Ereignis seiner Entwicklung als Künstler und Architekt bezeichnen. Von Anfang an war geplant gewesen, die Reiseaufzeichnungen in der Tradition der Reisenden des 19. Jahrhunderts zu publizieren. L'Eplattenier, der wieder einmal aus der Ferne die Geschicke seines Zöglings lenkte, hatte den Kontakt zu der Tageszeitung „Feuille d'Avis" in La Chaux-de-Fonds hergestellt, an die Jeanneret von unterwegs seine etwa 20 Reportagen sandte.[33] Nach seiner Abreise aus Istanbul brach Jeanneret jedoch nicht nur diese Sendungen, sondern auch die Tagebuchaufzeichnungen ab. Lediglich das kurze Schlusskapitel „En occident" stammt noch aus dem tatsächlichen Kontext der Reise – die beiden Kapitel über den Aufenthalt auf dem Berg Athos und in Athen wurden erst nachträglich im Jahr 1914 aus der Erinnerung verfasst, mit dem Ziel, eine geschlossene Veröffentlichung daraus zu machen. Zu diesem Zeitpunkt war die Reise für Jeanneret schon lange zu einem Mythos geworden, an den die „Gewissheit einer Veränderung und der Höherentwicklung gekoppelt" war.[34] Die geplante Publikation kam aufgrund des Ausbruchs des Ersten Weltkrieges nicht zustande, sodass der Reisebericht mit Ausnahme jener Auszüge aus dem „Almanach d'architecture moderne" noch mehr als ein halbes Jahrhundert unter Verschluss blieb und der Nachwelt erst posthum übergeben wurde.

Das nachträglich verfasste Athen-Kapitel gibt zwar keinen authentischen Einblick in seine unmittelbaren Reiseerfahrungen wieder, ist aber im Abgleich mit den wenigen in Athen entstandenen Dokumenten und Briefen aus dem Jahr 1911 dennoch ein wertvolles und frühes Zeugnis der Auseinandersetzung mit der Akropolis, in dem sich bereits ein Entwicklungsprozess ablesen lässt. Im Gegensatz zu dem späteren „Vers une Architecture", in dem die Akropolis als scheinbar objektive Referenz immer wieder betont nüchtern aufgerufen wird, ist das Athen-Kapitel im Reisebericht eine emotionale Tour de Force, in der die Leser, wie es scheint, unmittelbar an Jeannerets Enthusiasmus, seinen Befürchtungen und seinen Frustrationen angesichts seiner ersten Begegnung mit der Akropolis teilhaben. Er beschreibt mit Pathos, wie er sich der Akropolis langsam aus verschiedenen Perspektiven näherte und sie zunächst unfreiwillig und später freiwillig erst einmal aus der Ferne betrachtete. Einen ersten Eindruck „der unsterblichen Marmorreste"[55] erhielt er bei der Ankunft in der Morgendämmerung vom Schiff aus. Jeannerets Beschreibung der Annäherung erinnert an jene Henry van de Veldes acht Jahre zuvor: „In der Achse des Hafens, sehr weit entfernt, im Schoß der einen Bogen formenden Berge, tritt auf eigenartige Weise ein Felsen hervor, flach auf seinem Gipfel und an seiner Rechten flankiert von einem gelben Würfel. Der Parthenon und die Akropolis! … Aber … wir können es nicht glauben; […], wir verweilen dort nicht! […]; das Boot fährt nicht in den Hafen ein, es setzt seinen Kurs fort. Der symbolträchtige Felsen verschwindet, verborgen durch ein Vorgebirge."[56] Gegen ihren Willen mussten die beiden Reisenden die folgenden vier Tage auf der unmittelbar vor Athen gelegenen, ansonsten unbewohnten St. Georgs-Insel in Quarantäne verbringen, da in Athen die Orientalische Pest wütete.[57] In einem Brief von eben jener St. Georgs-Insel schreibt Jeanneret an William Ritter: „Ich bin voller Hoffnung bezüglich der Akropolis! Ich sehe von dieser Insel diese trockenen, aus verbrannter Erde geschaffenen Berge, das blaue Meer und vor allem dieses unbekannte Licht, welches […] die Berge mit dem Meer verbindet, und ich weiß, dass die Säulen und das Zusammenspiel der elfenbeinartigen Marmorsteine die Seele dieser unwiederholbaren Landschaft darstellen. […] Ich werde darauf warten, in Piräus anzukommen und, in der Einsamkeit der Nacht, werde ich meine Huldigungen (dem Parthenon) darbringen."[58] Und genauso geschah es dann auch laut später verfasstem Reisetagebuch: „Wir waren in Athen um elf Uhr morgens angekommen, aber ich erfand tausend Vorwände, um nicht sofort ‚dort hinauf' steigen zu müssen."[59] Er habe Klipstein gebeten, ihn allein zu lassen, habe den ganzen Tag Kaffee getrunken, seine Post gelesen und die Straßen durchstreift und darauf gewartet, „daß die Sonne tief stand, mit dem Wunsch, den Tag ‚dort oben' zu beenden und beim Abstieg nichts mehr zu wollen als schlafen zu gehen".[60] So überwand er schließlich nach eigener Aussage die Propyläen mit der „gewollten Skepsis desjenigen, der die bitterste Enttäuschung für unausweichlich hält".[61] Dass diese erste Begegnung mit der Akropolis in der Realität nicht ganz so ablief, wie er es sich vorgestellt hatte, zeigt eine Passage aus einem Brief an August Klipstein, den er auf seiner Rückreise in Florenz im November 1911 verfasste. Sehr viel nüchterner als im Reisebericht klingt hier die Erinnerung an die erste Begegnung mit dem Parthenon. „Oh, dieser schändliche Beck! Was haben wir getan, dass wir uns mit diesem dreckigen Individuum zusammengeschlossen haben. Das Schwein! Er war inmitten des Parthenon, als ich das erste Mal die Propyläen überschritten habe!"[62]

Die Begegnung mit der Akropolis und dem Parthenon scheint alle Erwartungen Jeannerets übertroffen zu haben. Ob bereits vor Ort oder erst rückwirkend aus der Erinnerung – in der Akropolis fand Jeanneret die Antwort auf die Suche nach dem Ideal, nach einer Generalidee. Er erlebte das Monument als die natürliche Antwort auf die fundamentalen Gesetze, als die Verkörperung universeller Gesetze.[63] „Die Akropolis zu sehen ist ein Traum, den man, selbst ohne daran zu denken, ihn zu realisieren, pflegt", heißt es in dem Reisebericht. „Ich weiß nicht, warum dieser Hügel die Essenz des künstlerischen Gedankens in sich enthält. Ich kann die Vollendung seiner Tempel ermessen und erkennen, daß sie an keinem Ort so außergewöhnlich sind; und ich habe seit langem akzeptiert, daß dies hier wie die Hinterlegung des geheiligten Maßes ist, der Grundlage jeglicher Körpermessung der Kunst. Warum diese Architektur und nicht eine andere? Ich wünschte, dass die Vernunft erklären würde, daß alles dort nach der unübertrefflichsten Formel gelöst ist; aber der Geschmack, das Herz vor allem, das die Menschen leitet und ihnen das Credo diktiert, warum, trotz des Wunsches, sich dem manchmal zu entziehen, warum wird es mitgerissen, warum bringen wir es hierher zur Akropolis, an den Fuß der Tempel? Es ist für mich ein unlösbares Problem. Wie sehr ist mein ganzes Sein schon von absoluter Begeisterung für Werke anderen Ursprungs, anderer Zeiten, anderer Breiten getragen worden! Aber warum muß ich, bei den vielen anderen Dingen, die es noch gibt, den Parthenon als den unanfechtbaren Meister bezeichnen, wenn es sich aus seinem steinernen Sitz erhebt und mich, wenn auch wütend vor seiner Überlegenheit verbeugen?"[64] Die Ehrerbietung, die Jeanneret hier der Akropolis entgegenbringt, ist deutlich inspiriert durch Ernest Renans kleines Traktat „Prière sur l'Acropole" aus dem Jahr 1876, das sich in seinem Reisegepäck befand und einen großen Einfluss auf die Rezeption der Akropolis im späten 19. und frühen 20. Jahrhundert in Frankreich hatte.[65] Renan bezeichnet die Impressionen, die Athen hinterlassen hatte, als die stärksten seines Lebens und präsentiert sein „Gebet" als das Resultat einer plötzlichen Erkenntnis: „Es gibt einen Ort, an dem die Perfektion existiert; es gibt keine zwei: es ist dieser da. Ich habe mir etwas Derartiges nicht vorstellen können. Was sich mir darbot war das Ideal, kristallisiert aus pentelischem Marmor. Bis dahin habe ich geglaubt, dass es Perfektion auf dieser Welt nicht gäbe."[66] Renan empfindet die Akropolis als „griechisches Wunder", als eine Art „ewige Schönheit" ohne jeden „lokalen oder nationalen Makel". „Ich wusste vor meiner Reise, dass Griechenland die Wissenschaft, die Kunst, die Philosophie, die Zivilisation hervorgebracht hat; aber der Maßstab fehlte mir. Als ich die Akropolis sah, hatte ich die Offenbarung des Göttlichen. […] Die umgebende Welt erscheint mir seitdem barbarisch."[67] Ähnliche Erfahrungen machte laut eigener Aussage auch Jeanneret. Auch ihm erschien nach dem Erlebnis Akropolis die restliche Welt barbarisch: „Ich bin vom Tod erfüllt", heißt es in einem im Oktober 1911 in Pisa verfassten Brief an William Ritter. „Alles in Italien ist zusammengefallen. Italien ist für mich ein Friedhof, in dem die Dogmen, die meine Religion waren, am Boden verwesen. […] Ich fühle mich roh. Italien hat mich blasphemisch werden lassen. Ich bin schwierig geworden und habe die Beine voll mit Fußtritten, die auszuteilen sind."[68]

Vieles von dem, was Le Corbusier später in „Vers une Architecture" im Zusammenhang mit der Akropolis äußern sollte, findet sich im Reisebericht des jungen Jeanneret bereits angelegt. Schon damals bewunderte Jeanneret die exakte Bautechnik, die Präzision und Perfektion der Ausführung und die Zeitlosigkeit des Parthenon, der innerhalb von 2 500 Jahren trotz Unwettern, Plünderungen und Zerstörungen nichts von seiner Wirkung eingebüßt hat. „Der Parthenon bleibt erhalten, beschädigt, aber nicht zerstört und daher: Sucht auf den geriffelten aus zwanzig Steinschichten gebildeten Säulen die Verbindung der Trommeln: man findet sie nicht: man sieht mit dem bloßen Auge nichts; der Fingernagel, der diese Stelle, die sich nur durch leicht unterschiedliche Patina, die jeder Marmor im Laufe der Zeit – je nach Bank, aus der er aus dem Pentelikon herausgeschlagen wurde – annimmt, unterscheiden lassen, berührt, bemerkt nichts. Um genau zu sein, eine Verbindung existiert nicht und die nervige Kante der Rillen läßt sich verfolgen wie eine in einen Monolithen gehauene! Legt euch vor einen Säulenschaft der Propyläen auf den Bauch und untersucht seinen Ursprung. Vor allem befindet ihr euch auf einem gepflasterten Boden, dessen Horizontalität so absolut ist wie eine Theorie.“[69]

Jeannerets Schilderungen der am Boden liegenden Säulen und Kapitele der Parthenon-Nordfront deuten darauf hin, dass er bereits 1914 ein ausgesprochenes Gespür für das hatte, was er in „Vers une Architecture“ als „Modénature“ bezeichnet.[70] Und schon damals erlebte er die Akropolis als der Natur zugehörig: „Die acht Säulen gehorchen einem einheitlichen Gesetz, sie wachsen aus dem Boden und scheinen keinesfalls von Menschenhand dorthingestellt, wie es geschah, Steinschicht auf Steinschicht, sondern machen glauben, dass sie aus dem Innersten kommen.“[71] Dieser Eindruck des aus dem Boden Wachsens der Säulen findet sich auch in den Aquarellen aus dem Jahre 1911 wieder, die Le Corbusier auf der Akropolis anfertigte – insbesondere jener Ausblick aus dem Portikus der Propyläen in die Landschaft –, in denen die kannelierten Säulenschäfte stark an Baumstämme erinnern. Und bereits im Reisebericht polemisiert Jeanneret gegen Vignola und die Akademien. Über den zum Zeitpunkt seines Besuches noch am Boden liegenden Nordportikus des Parthenon schreibt er: „Man kann sich nicht vorstellen, wie diese Säulen aussehen, man schreibt ihnen, hat man sie nicht gesehen, nicht die Größe zu, die Iktinos ihnen verliehen hat. Ihr Durchmesser übertrifft die Größe eines Mannes – ein kolossales, auf der Akropolis angewandtes Maß, in einer jenseits jedes menschlichen Maßes verlassenen Landschaft. Es ist nicht vorstellbar, dass dieser Durchmesser außerdem auch der einiger Krüppel in unserem Zentraleuropa, den Bastarden von Vignola, ist!“[72]

Ein Thema, das in dem Reisebericht noch nicht direkt präsent ist, ist das des Raumphänomens Akropolis, das später für Le Corbusiers Architektur-Philosophie einen so herausragenden Stellenwert erlangen sollte. Phänomene wie Ponderation, Asymmetrien oder der Ausgleich von optischen Irrtümern waren noch nicht in Jeannerets Fokus, sodass davon auszugehen ist, dass er 1911, aber auch 1914 Auguste Choisys Analyse der Grundrissdisposition des Athener Burgberges noch nicht kannte, gleichwohl das Werk zu dem Zeitpunkt bereits in seinem Besitz war. Das Exemplar aus Le Corbusiers Privatbibliothek trägt den Kaufvermerk Weihnachten

1913.[73] Schon im Reisebericht weisen Jeannerets Beschreibungen jedoch auch ohne die Kenntnis des Choisy-Textes ein ausgeprägtes Gespür für das Raumphänomen auf. Er erkannte die aktive plastische Kraft der Architekturen, die den Dialog mit den natürlichen Landschaftsformationen aufnehmen und durch unterschiedliche Größen, Kontraste und plastische Konzepte in Wechselbeziehungen zueinander treten und dadurch ein raumbildendes Spannungsverhältnis erzeugen. Während der geschlossene Block des Parthenon seinen homogen umlaufenden Portikus „wie einen Schild"[74] der Landschaft in alle Richtungen entgegenstellt, steht ihm im Erechtheion ein anderes plastisches Konzept kontrastierend gegenüber. Jeanneret bezeichnet den kleinen Tempel gleich zweimal im Reisebericht als den „heiteren Tempel mit den vier Gesichtern", der „jeder Himmelsrichtung einen anderen Beitrag" bietet.[75] Unterstützung findet die raumbildende Kraft der Tempel – das geht aus Jeannerets Beschreibungen hervor – durch das unregelmäßige, mit Überresten überdeckte Bodenrelief des Akropolis-Plateaus, das die weiten Freiräume modelliert. Ebenfalls aus dem Reisebericht geht aber hervor, dass Jeanneret sich darüber im Klaren war, dass das Plateau einst gepflastert war: „Ein Jubel treibt dich auf den kahlen Hügel ohne sein altes Pflaster und wirft dich von der Freude in die Bewunderung."[76]

Schon der Reisebericht zeugt davon, dass Jeanneret in Athen intensiv die Einheit von Architektur und Landschaft erlebte. Schon damals bezeichnet er die Akropolis als „raison de ce paysage". „Die Akropolis, – dieser Felsen – erhebt sich einsam aus dem Herzen eines geschlossenen Rahmens. Kaum, außer linkerhand, jenseits von Piräus, fühlt man, da vom Wasser Dampf aufsteigt, daß das offene Meer dort ist und daß die Schiffsflotten dort einlaufen. Der Hymettos und der Pentelikon, zwei sehr hohe Gebirgsketten, […] befinden sich in unserem Rücken und richten unseren Blick auf die Gegenseite, auf die steinerne Trichtermündung, den Sand von Piräus. Die Akropolis, deren flacher Gipfel die Tempel trägt, fesselt das Interesse, wie die Perle in ihrer Schale. Man hebt die Schale nur wegen der Perle auf. Die Tempel sind die Rechtfertigung dieser Landschaft."[77] Diese Beobachtung findet sich fast wörtlich in Gustave Fougères Beschreibung der Akropolis aus dem Jahr 1912 wieder. Fougères beschreibt, wie Christian Freigang bemerkt, die „umgebende Landschaft ausdrücklich als ein Gemälde […], das ganz auf ein Zentrum, den Parthenon, diese ‚Perle aus Marmor' bezogen sei."[78]

Doch Jeannerets Beschreibung beschränkt sich nicht auf eine Verherrlichung der Akropolis allein, sondern enthält auch Schattenseiten, wenn es beispielsweise heißt:

„Und hier bestätigt sich nun die Rechtfertigung der Tempel, die Wildheit ihrer Lage, ihre makellose Struktur. Der mächtige Geist triumphiert. Der zu grelle Herold bläst in das Metall und bringt ein gellendes Geschrei hervor. Die von einer grausamen Starrheit gekennzeichnete Gesteinsvorlagerung erdrückt und erfüllt einen mit Schrecken. Das Gefühl einer jenseits allen Menschlichen liegenden Fatalität überfällt dich. Der Parthenon, eine schreckliche Maschine, zermalmt und beherrscht alles; nach vier Stunden Fußmarsch und einer Stunde auf der Schaluppe, zwingt es einem, von so weit her, einsam seinen Würfel auf, mit Blick auf das Meer ...“[79] Die Akropolis wird hier, anders als später in „Vers une Architecture“, noch nicht als Symphonie, sondern als Kakophonie beschrieben. Aber bereits an dieser Stelle wird erstmals der Parthenon mit der Metapher der Maschine belegt. Über seinen ersten Besuch auf dem Akropolis-Plateau schreibt Jeanneret: „Mit der Kraft eines Kampfes verblüfft mich seine [gemeint ist der Parthenon, Anmerkung T. F.] gigantische Erscheinung. [...] Es gab nichts außer dem Tempel und dem Himmel und die Fläche der durch die jahrhundertelangen Plünderungen gequälten Pflasterung. Vom äußeren Leben tat sich hier nichts mehr kund; die einzigen vorhandenen waren der Pentelikon in der Ferne, der Gläubiger dieser Steine, der an seiner Flanke die Marmorwunde trägt und der in das opulenteste Purpur getauchte Hymettos. Nachdem ich die zu hohen, nicht anhand der menschlichen Skala gehauenen Stufen emporgeklettert war, betrat ich zwischen der vierten und fünften geriffelten Säule den Tempel durch seine Längsachse. Und mich abrupt umwendend, umarmte mein Blick von diesem sonst nur den Göttern und dem Priester vorbehaltenen Ort aus das ganze Meer und den Peloponnes.“[80]

Und wie bereits im Vorfeld der Reise angekündigt, beschreibt Jeanneret mehrfach in Anlehnung an Blanc die horizontalen Architekturteile, die den Dialog mit den Horizonten der Umgebung aufnehmen. „Aufrecht stehend auf dem zweiten nördlichen Absatz des Tempels, im Bereich wo die Säulen zu Ende gehen, folgte ich auf der Höhe der drei stufenförmigen Absätze, der Fortsetzung ihrer Horizontalität jenseits des Golfes von Ägina.“[81] An anderer Stelle heißt es über die Bucht von Eleusis: „Die Phantasie mitten in den antiken Spuren stellt den Dialog zwischen Marmorarchitraven und den Meereshorizonten dar.“[82] Dieses Thema, das, wie schon erwähnt, auch in „Vers une Architecture“ noch höchste Aktualität besitzt, ist auch in fast allen Reiseskizzen und Aquarellen Jeannerets präsent. Nicht nur in den Detailansichten der Propyläen und des Nike-Tempels, die auf dem Burgberg entstanden sind, kommunizieren entweder Stylobat oder Architrav mit den

Abb. 16: Skizze der Akropolis in der Landschaft, Charles-Edouard Jeanneret (1911)

Abb. 17: Skizze der Akropolis in der Landschaft, Charles-Edouard Jeanneret (1911)

fernen Horizonten. Besonders offensichtlich tritt diese Korrespondenz in den beiden Fernansichten in Erscheinung, die die Akropolis vom Norden aus betrachtet wiedergeben. Während in der ersten Skizze Horizont und oberer Gebäudeabschluss des Tempels noch parallel zueinander angelegt sind, fallen diese beiden Linien in der zweiten Skizze zusammen. (Abb. 16, 17) Und schließlich geben die Skizzen und Aquarelle ein Phänomen wieder, das auch im Reisebericht und später in „Vers une Architecture" deutlich zutage tritt: Die Stadt Athen wird im Zusammenhang mit der Akropolis fast systematisch ausgeblendet – gerade so, als sei das Monument inmitten unberührter Natur situiert.[83] Auch die später in „Vers une Architecture" verwendeten Aufnahmen Frédéric Boissonnas sind so ausgewählt, beschnitten oder auch retuschiert, dass von der Stadt, wenn eben möglich, nichts zu sehen ist. Lediglich zwei Detailaufnahmen des Giebelfeldes und des Tympanons geben den Blick im Hintergrund auf bebautes Areal frei.[84] Jeanneret erlebte und inszenierte die Akropolis als einen zwischen Himmel und Erde platzierten Raum, der keinerlei Bezug zu der zu seinen Füßen situierten Stadt hat: „Die Steinkrone, die das Plateau begrenzt, hat die gute Eigenschaft, jeden Verdacht auf Leben zu zerstreuen. Das Niveau der Akropolis ist isoliert und ohne eine zweite Ebene, ohne irgendeinen Zusammenhang mit dem, was sich zu Füßen der Strebepfeiler befindet."[85] Das mag unter anderem daraus resultieren, dass Athen 1911 noch sehr klein war und durch den erhöhten Standort der unmittelbare Nahbereich, in dem sich die Stadt damals noch befand, auf natürliche Weise ausgeblendet war, und der Blick über die Ansiedlung hinweg in die Landschaft, auf die nahen Gebirgszüge und den Horizont des Meeres gelenkt wurde. Das zwischen Himmel und Erde Schweben der Akropolis war jedoch zu diesem Zeitpunkt bereits ein beliebter Topos. Auguste Choisy beschreibt die Akropolis als einen in jeder Hinsicht isolierten Felsen, der dem Kult der Götter geweiht sei.[86] Maxime Collignon charakterisiert in seiner 1912 erschienenen Parthenon-Publikation, aus der Le Corbusier später die Abbildungen für „Vers une Architecture" entnehmen sollte, die Akropolis als zwischen Himmel und Erde gesetzt: „Von Licht gebadet, seine Masse das felsige Plateau dominierend, das ihm als Sockel dient, hebt er sich ab vom Himmel, dessen Helligkeit ihn umhüllt. Und es entsteht, zwischen Himmel und Erde, eine einmalige Vision der Größe von Ruinen."[87] Und auch bei Gustave Fougère finden sich Formulierungen, die nah an den Beobachtungen Jeannerets sind. „Auf der Akropolis hat die Natur die Aufgabe der Architekten vorbereitet, indem sie einen unvergleichlichen Sockel für die Monumente bildete. In unbearbeitetem Zustand türmt der Felsen, isoliert in einem Amphitheater aus Hügeln, die lebendige Schönheit seiner Formen und Linien auf.“[88]

Beflügelt wurde dieses Bild der zwischen Himmel und Erde gesetzten Akropolis, die sich scheinbar isoliert in unberührter Natur erhebt, auch dadurch, dass die Stadt Athen für eigentlich alle Reisenden des 19. und frühen 20. Jahrhunderts eine herbe Enttäuschung war. Dass die Diskrepanz zwischen erlebtem und erwartetem Griechenland auch für Jeanneret frappierend gewesen sein wird, vermutet auch Sokratis Georgiadis. Er wird in Athen auf der Suche nach einem mit den Tönen eines milden Klassizismus angereicherten „Mediterranismus“ gewesen sein, ein Bild, das sich mit der griechischen Realität nicht gedeckt haben wird.[89] Verstärkt worden sein dürfte die Diskrepanz zwischen Akropolis und der Stadt Athen noch dadurch, dass zum Zeitpunkt von Jeannerets Besuch die Orientalische Pest wütete, was auch den ohnehin eindrucksvollen Aufstieg zur Akropolis um ein Vielfaches intensiviert haben wird, dadurch, dass nur wenige Besucher auf dem Plateau waren. Er bewegte sich drei Wochen lang täglich buchstäblich aus dem „irdischen Elend“ in die „göttliche Sphäre“ empor, oder wie Bruno Maurer den scheinbar von höherer Hand inszenierten Aufstieg beschreibt: „Aus den sterblichen Niederungen […] in die Unsterblichkeit der Kunst.“[90]

Anders als in „Vers une Architecture“ offenbart der Reisebericht, dass Jeannerets Rezeption eine fundierte Auseinandersetzung mit der Akropolis zugrunde liegt. Er verfügte über archäologisches Fachwissen – er wusste um die ursprünglich polychrome Gestaltung der Tempel, beschreibt den Zahnschnitt am Erechtheion als den ersten in Attika, konnte das verbreitete mittlere Interkolumnium der Propyläen auf den Kult der Panathenäen zurückführen und war auch mit der jüngeren Geschichte des Athener Burgberges vertraut. Er erwähnt die Sprengung des Parthenon, der als Pulverlager gedient hatte, im Jahre 1687, wusste um das türkische Dorf und die fränkische Festung, die abgerissen worden waren. Ihm war klar, dass das Plateau ursprünglich gepflastert war und dass die Propyläen soeben restauriert worden waren bzw. dass dort Säulen wieder aufgestellt worden waren.[91]

Insgesamt drei Wochen lang verbrachte Jeanneret auf der Akropolis, und sein Reisebericht enthält ein weites Spektrum an Emotionen. Zunächst ist es die reine Euphorie: „Der physische Eindruck ist, als ob ein tiefer Atemzug deine Brust dehnen würde. Ein Jubel treibt dich auf den kahlen Hügel ohne sein altes Pflaster und wirft dich von der Freude in die Bewunderung, vom Tempel der Minerva zum Erechtheion und von dort zu den Propyläen.“[92] Gegen Ende seines Berichtes klingt

Jeanneret anders: „Auch dort oben ist es zu jeder Stunde lebloser. Der große Eindruck war es am Anfang. Bewunderung, Anbetung, dann Vernichtung. Es entflieht, entgleitet mir: ich […] möchte nicht mehr dort hingehen. Wenn ich es von Weitem sehe, ist es wie ein Leichnam. Die Gefühlsaufwallung ist vorbei. Es ist eine verhängnisvolle Kunst, der man nicht entkommt. Eisig wie eine unermeßliche und unabänderliche Wahrheit."[93] Diese Aussage, die leicht für eine späte pathetische Zugabe gehalten werden könnte, ist die einzige Aussage über die Akropolis, die nachweislich vor Ort in Athen entstand. Wortwörtlich findet sie sich, eingeleitet durch den Satz, dass der Parthenon ein Monster sei, das ihm Angst mache, zwischen den Skizzen in Jeannerets Notizbuch.[94]

Tatsächlich ist der Athen-Aufenthalt, dem Jeanneret schon wenige Jahre später so eine herausragende Bedeutung zuschreiben sollte, auffallend schlecht dokumentiert – zu den einzigen vor Ort entstandenen Zeugnissen gehören gerade mal elf Skizzen und eine anderthalbseitige Notiz in seinem Reisetagebuch, wobei sich nur dieser bereits zitierte Satz auf den Burgberg bezieht, ein halbes Dutzend Fotografien und eine dreiteilige Aquarellserie mit dem Titel „Langage des pierres", die

Detailansichten der Portiken von Parthenon und Propyläen wiedergeben. In Anbetracht der Tatsache, dass Jeanneret während der Reise sechs Notizbücher mit über
300 Skizzen anfüllte und um die 300 Fotografien anfertigte, ist die Bilanz für den
immerhin dreiwöchigen Athen-Aufenthalt mehr als spärlich. Lediglich drei Fotografien zeigen ihn bzw. August Klipstein auf der Akropolis. Einmal ist Jeanneret
in der Cella des Parthenon zu sehen. (Abb. 18) Eine andere Aufnahme, die er später auch im „Almanach d'architecture moderne" abbildete, zeigt ihn vor den manns-
hohen, am Boden liegenden Säulentrommeln. Eine dritte Fotografie zeigt August
Klipstein, von Jeanneret fotografiert, lässig an ein am Boden liegendes dorisches
Kapitell gelehnt in die ferne Landschaft schauen. (Abb. 19) Zusammen mit zwei
weiteren Fotografien vom Erechtheoin und dem Parthenon, die Le Corbusier später auch im „Almanach" und in „La Ville radieuse" publizierte, sind keine Fotografien von der Akropolis überliefert.[95] Auch ein in Athen verfasster Brief an seinen
Bruder Albert Jeanneret und eine Postkarte an William Ritter betreffen nicht die
Akropolis, sondern andere Dinge.[96] Lediglich Briefe aus dem unmittelbaren Umfeld der Orientreise vermögen etwas über Jeannerets Erwartungen im Vorfeld und
über die Wirkung des Monuments im Nachhinein zu offenbaren. Die wenigen Ori-
ginalquellen aus dem Kontext der Reise lassen vermuten, dass sich Jeanneret 1911
sehr viel weniger für die Akropolis interessierte, als er seine Leser später glauben
machen wollte. Die Quellenlage spricht dafür, dass der Ratschlag Ritters, es einzu-
richten, dass man sich erinnere, dass er auf der Akropolis gewesen sei, sicherlich
erst nach der Reise gekommen war. Während der Reise selbst galt die eigentliche

Faszination hingegen vielmehr Istanbul als Athen. Die wenigen überlieferten Zeugnisse aus Athen deuten fast auf ein Desinteresse hin. Erstaunlicherweise hält sich jedoch der Mythos des jungen Architekten Jeanneret, der alle Ressourcen nutzte – die Zeichnung, das Aquarell, die Fotografie und das Wort –, um die Schönheit der Lage und der Gebäude zeichnend, malend, fotografierend von allen Seiten festzuhalten, sogar in der jüngsten Forschungsgeschichte.[97] Jeanneret hat sich keineswegs, wie Jean-Louis Cohen beschreibt, von allen Seiten mit einem cinematografischen Blick dem Burgberg angenähert, wie es rückblickend und in Kenntnis seiner späteren Entwürfe und dem Konzept der *promenade architecturale* zu erwarten wäre.[98] Zumindest ist das, sollte sich Jeanneret in dieser Weise der Akropolis angenähert haben, nicht in seinen Skizzen dokumentiert. Im Gegenteil sind drei der vier Skizzen, die die Akropolis in der Fernansicht wiedergeben, von einem einzigen, etwas erhöht liegenden Standpunkt im Norden der Stadt aus angefertigt worden. Dafür, dass es sich bei dem Topos Akropolis in der Landschaft um ein zentrales Thema in dem Reisebericht handelt, ist das nicht viel und noch dazu wenig variantenreich. Neben den drei genannten Skizzen existierte lediglich eine Fernansicht mit einem viel kleineren Landschaftsausschnitt, die die Westseite der Akropolis von der Pnyx aus als leuchtend weißes Monument vor dunklem Himmel wiedergibt. (Abb. 20) Klassische Ansichten wie die vom Theseion, dem Lykabettos oder dem Philappapos-Denkmal aus fehlen. Vieles spricht dafür, dass sich Jeannerets Interesse bezüglich des Zusammenspiels von Natur und Architektur bei seinem Besuch 1911 hauptsächlich auf die Korrespondenzen der horizontalen Architekturglieder mit den Linien des Horizontes beschränkte. Jeanneret Skizzen, zu denen auch drei weitere gehören, die auf dem Plateau entstanden sind (Abb. 21), korrespondieren mit der einzigen Original-Textpassage aus dem Skizzenbuch, in der Jeanneret verlautbaren

lässt, dass es „dort oben immer lebloser" werde. Die Skizzen geben, wie Sokratis
Georgiadis beschreibt, ein eher deprimierendes Bild der Akropolis wieder, indem
die Ruinen der Akropolis in einer verlassenen und feindlichen Landschaft als son-
derbar schattenhafte Wesen dargestellt werden.[99] Zu dieser Stimmung passt auch
ein kurz nach seiner Rückkehr im November 1911 in Rom verfasster Brief an
Charles L'Eplattenier, in dem es heißt: „Ich habe Eleusis und Delphi gesehen. Das
war gut, aber ich habe die Akropolis drei Wochen lang gesehen. Donnerschlag, ich
war angeekelt am Ende, weil sie einen zermürbt und zermalmt."[100] Demgegenüber
steht ein kurz darauf im November 1911 in Florenz verfasster Brief an August Klipstein, der zu dem Zeitpunkt bereits wieder in München war, in dem Jeanneret
schreibt: „Ich scheiße auf Italien und sage ihm Adieu. Ich werde künftig in Länder
gehen, wo die Einheit regiert. Mein nächstes Ziel ist Ägypten mit Rückreise über
Athen. Der Parthenon, mein Gott! Ich hätte es nicht für möglich gehalten. Ich habe
ihn vor Augen, ich bewundere ihn. Wir haben dort die Schönheit gesehen."[101] Und
ähnlich konträr wie die beiden Briefpassagen stehen letztendlich auch die drei
Aquarelle, die Le Corbusier auf der Akropolis anfertigte, den düsteren, rohen Gra-
phitskizzen aus dem Notizbuch gegenüber. Die drei Aquarelle von der Akropolis
aus dem Zyklus „Langage des Pierres" zeigen, wie Françoise Very treffend
beschreibt, eine Lichtdispersion, die das gesamte Farbspektrum aufweist, um das
Licht darzustellen.[102] Dabei weist jede Komposition – je nach Tageszeit und Lichteinfall – ein eigenes Farbspektrum auf. Die Aquarelle passen, darauf weist Jaques
Gubler hin, so gar nicht zu den nachträglich verfassten Schilderungen Jeannerets,
in denen er die Monochromie Athens beschwört.[103] Gleich im ersten Satz des Par-
thenon-Kapitels schreibt Jeanneret: „Ich würde gerne über diesen ganzen Bericht
die Farbe roten Ockers breiten; denn die Landschaft ist ohne Grün und scheint aus

gebranntem Ton zu sein. Und die schwarzen und grauen Steinhaufen wogen monströs über den immensen Weiten."[104] Und am Ende schließt er mit den Ausrufen: „Oh! Licht! Marmor! Monochromie!"[105]

Die beiden Briefpassagen mit den so konträren Bewertungen der Erlebnisse auf der Akropolis und die düster-schweren Skizzen im Kontrast zu den farbenfrohen Aquarellen können als Beleg dafür aufgefasst werden, dass die Zerrissenheit, die Jeanneret im Angesicht der Akropolis schildert, zwar mit Pathos inszeniert wurde, aber sicherlich ernst zu nehmen ist. Er schließt das Akropolis-Kapitel mit Selbstzweifeln angesichts der Aufgaben, die vor ihm standen: „Arbeitsreiche Stunden unter dem ausgebreiteten Licht der Akropolis. Gefährliche Stunden, Hervorrufer eines betrüblichen Zweifels in die Kraft unserer Kraft, in die Kunst unserer Kunst. […] Jene, die die Kunst der Architektur praktizieren, finden sich zu einer Stunde ihres Werdegangs wieder, das Gehirn leer, das Herz vom Zweifel zernagt, vor dieser Aufgabe stehend, einem toten Material eine lebendige Form geben zu müssen, und werden die Melancholie der Selbstgespräche mitten unter den Trümmern – meiner erstarrten Gespräche mit den stummen Steinen – erkennen. Die Schultern unter einer schweren Vorahnung gebeugt, so habe ich oftmals die Akropolis verlassen und wagte nicht, der Tatsache ins Gesicht zu sehen, dass auch ich eines Tages etwas schaffen werden müßte […] Die Freude des Wiedererinnerns ergreift mich zur Gänze und das Gefühl, diese Dinge in mir mitzunehmen, die ein neuer Teil meines Seins sind, von jetzt ab untrennbar mit mir verbunden, wirkt bestärkend."[106]

Volumen im Licht – der Einfluss Henri Provensals und des Instituts Jaques-Dalcroze in Hellerau

Die visionärste und im Hinblick auf seine späteren eigenen Entwürfe prophetischste Textpassage aus dem Kontext der Orientreise befindet sich nicht im Reisetagebuch, sondern in einem Brief, den Jeanneret im November 1911 in Pisa an William Ritter schrieb. Inspiriert durch die Piazza dei Miracoli beschreibt er die Anlage mit ihren vergilbten, tadellos erhaltenen Marmorsteinen, die sich über einer grünen Rasenfläche erheben: „Ich finde, dies alles hier ist eine Manifestation des Genius und eine beredte Masse. Das ganze Zusammenspiel ist blockhaft und bemerkt, daß ich es bin, der dies sagt, ich, der ich Athen gesehen habe!"[107] Daran schließt sich die Passage an, aus der bereits zitiert wurde, in der es heißt, dass Italien ihn habe

blasphemisch werden lassen und dass er die Beine voller Fußtritte habe, die auszuteilen seien. Und schließlich schreibt er: „Ich gehorchte jedenfalls meinem
Schicksal, als ich alles zurück ließ, um um jeden Preis dort hinunter zu gehen.
Aller Plunder, der eine Freude dargestellt hatte, entsetzt mich jetzt. [...] Ich bin verrückt
nach der weißen Farbe, nach dem Würfel, dem Kreis, dem Zylinder und der Pyramide und der Scheibe und den großen leeren Räumen. Die Prismen erheben sich,
gleichen sich aus, rhythmisieren sich, fangen an zu gehen, während ein großer
schwarzer Drache am Horizont erscheint, um sie an der Basis zusammenzuschlie-
ßen. Über sich haben sie nur den weißen Himmel, sie stützen sich auf ein Pflaster
aus poliertem Marmor und haben ein monolythisches Aussehen, das von keiner
Farbe unterbrochen wird." Es folgt eine Beschreibung über das Licht- und Schattenspiel, das sich im Laufe der Tageszeiten wandele, und schließlich heißt es: „Es
wäre so schön, daß unser Gang rhythmisiert würde, unsere Gesten plastisch würden und alles zu Farbe würde. Man würde alles machen, weil die Proportionen
schön und weitläufig sind. Soweit, daß man die Maurer allmählich in Maler und
Bildhauer verwandeln sollte. Hört ihr nicht die Musik in alledem? Seht Ihr nicht,
wie sie die Architektur in ein Schauspiel verwandelt?" Es folgt eine Passage, die wie
ein Vorgriff auf seine spätere Stadtutopie, die „Ville Contemporaine" für zwei Millionen Einwohner, klingt: „Die geraden Straßen mit den Schachbrettfenstern in
den Fassaden. Eine einzige Farbe, ein einziges Material in der gesamten Stadt. Die
Autos flitzen (vorbei), die Flugzeuge fliegen drüber, ohne daß sich die Leute dessen
noch bewußt sind. Es gibt Straßen auf den Dächern, mitten unter Blumen und Bäumen. Man erreicht sie über große Treppen und erhöhte Durchgänge. Eine schöne
Treppe hinabzusteigen kann einen herrschaftlichen Eindruck verleihen und das
Weite erfüllt unser Herz. Da und dort wird es einen Tempel geben, einen Zylinder,
eine Halbkugel, ein Würfel oder ein Polyeder. Inmitten von leeren Räumen, um atmen zu können. Auf den Dächern werden wir wie ein wenig verrückte Leute
sein."[108] Neben der „Ville Contemporaine" klingen in dem Brief zwei weitere Topoi
an, die später insbesondere im Kontext seiner eigenen Entwürfe mit den Erfahrungen auf der Akropolis zusammengebracht werden. Es handelt sich zum einen
um die reinen Primärformen im Licht, denen Le Corbusier in „Vers une Architecture" die Trilogie „Drei Mahnungen an die Herren Architekten" mit den Schwer-
punkten Volumen, Oberfläche und Grundriss widmet, und zum anderen um das
Thema Bewegung im Raum, das zunächst als Stichwort Zirkulation und ab 1929
unter dem Schlagwort *promenade architecturale* firmieren und zum zentralen Thema

seiner Architekturen und Stadtentwürfe werden sollte. Beide Themen sind im Orientreisebericht latent enthalten, werden jedoch nicht auf die Akropolis bezogen, wie es später der Fall sein sollte. „Unsere Augen sind geschaffen, die Formen unter dem Licht zu sehen: Lichter und Schatten enthüllen die Formen; die Würfel, Kegel, Kugeln, Zylinder oder Pyramiden sind die großen primären Formen, die das Licht klar offenbart; ihr Bild erscheint uns rein und greifbar, eindeutig. Deshalb sind sie *schöne Formen, die allerschönsten*"[109], heißt es in „Vers une Architecture" unter Bezugnahme auf eine Reihe historischer Bauten, unter anderem den Parthenon. Im Reisebericht schwärmt er, ganz in der Tradition der Athen-Reisenden des 19. Jahrhunderts stehend, vom attischen Licht und charakterisiert den Parthenon als Würfel oder Block[110] und den Berg Athos als Pyramide.[111] Hauptsächlich findet sich die Vision der reinen Formen unter dem Licht aber in den vor Ort 1911 entstandenen Kapiteln über die Moscheen in Istanbul, wenn es z. B. heißt: „Das weiße Heiligtum bläht seine Kuppeln über seinen großen Würfeln aus Mauerwerk auf, innerhalb seiner eigenen ‚Stadt' aus Stein. Eine elementare Geometrie reguliert die Massen: das Quadrat, der Würfel, die Kegel."[112] Wenn Jeanneret nun in dem Brief an Ritter die reinen Primärformen aufruft, ist es durchaus möglich, dass auch eine Erinnerung an die Moscheen von Istanbul mitschwingt, wie Gresleri vermutet,[113] die Hauptinspirationsquelle wird in diesem Fall jedoch die Piazza dei Miracoli in Pisa gewesen sein, die Jeanneret genau wie Camillo Sitte, den er sehr verehrte, als eine Art Akropolis charakterisiert.[114] Seine 1911 entstandenen Skizzen zeigen ein Interesse für die Beziehungen der Gebäude untereinander, deren volumetrischen Qualitäten hervorgehoben sind.[115] Ein Brief an L'Eplattenier vom 16. Januar 1911, aus dem bereits mehrfach zitiert wurde, belegt jedoch, dass diese Vision der reinen Volumen im Licht bereits vor Reiseantritt bestand. In dem Brief, in dem er von seiner Konversion zum Klassizismus und den Erfahrungen berichtet, die er im Büro von Peter Behrens machte, äußert er erstmals den Wunsch – wenn auch nicht bezogen auf die Architektur, sondern auf die Plastik –, „dahin zu kommen, Volumen, die unter dem Licht spielen, zu kreieren, deren Rhythmus auf der Geometrie basiert"[116]. Das zunehmende Interesse für das Thema der Volumen im Licht, das sich jedoch anfangs ausschließlich auf die Skulptur bezog, beobachtet auch Francesco Passanti. Als Inspirationsquelle nimmt er zum einen Charles Blancs „Grammaire des arts du dessin" (1867) an, das er aus einer Ausbildungzeit in La Chaux-de-Fonds kannte, und Albert E. Brinkmanns Publikation „Platz und Monument" von 1908, das Jeanneret laut Passanti im Juli 1910 während seines Aufenthaltes in Deutschland gelesen haben soll.[117] Dass es noch Jahre dauern sollte, bis Jeanneret das Konzept auf die Architektur übertrug, begründet Passanti mit Jeannerets Ausbildung: „Having been educated first by L'Eplattenier in terms of Ruskinian categories (nature and the process of making), and then by Perret in terms of structural frame and cladding, it was not an easy step to conceptualize architecture in terms of volume."[118] Ob er zu dem Zeitpunkt bereits mit der Idee der platonischen reinen Formen vertraut war, ist ungewiss. Möglicherweise erhielt er den Text erst 1918 von Amédée Ozenfant, der die entsprechenden Auszüge aus Platons „Philebos" in der letzten Ausgabe seiner Zeitschrift „L'Elan" im Januar 1916 abgedruckt hatte.[119] Das Interesse für die unter dem Licht spielenden Baukörper ist zunächst wahrscheinlich auf zwei andere Inspirationsquellen zurückzuführen, die Le Corbusiers Architekturphilosophie und seine Akropolis-Rezeption fundamental beeinflusst haben. Zum einen handelt es sich um die 1904 erschienene kunstphilosophische Publikation „L'art de demain" von Henry Provensal, die Charles L'Eplattenier seinem Zögling zum Abschluss seiner Ausbildungszeit an der École d'Art in La Chaux-de-Fonds schenkte. Zum anderen lassen sich als wichtige Inspirationsquelle die vielfältigen Erfahrungen ausmachen, die Jeanneret am Bildungsinstitut Jaques-Dalcroze in Hellerau machte, an dem sein Bruder als Musiker arbeitete und das er in dem halben Jahr vor Antritt der Orientreise mindestens dreimal besuchte[120] – unter anderem auch, um mit Tessenow über eine Beteiligung an der Ausführung des Festspielhauses zu verhandeln.

Paul Venable Turner stellt dar, wie zentral Henry Provensals „L'art de demain" für die Entwicklung von Jeannerets Architekturphilosophie war.[121] Provensal wirft der Kunst und insbesondere der Architektur vor, sich in den letzten hundert Jahren dadurch selbst diskreditiert zu haben, dass sie nur noch die Vergangenheit kopiert habe. Die wahre Verantwortung des Architekten sei aber wesentlich edler. Provensal ruft dazu auf, die Wahrheit von gestern in Einklang zu bringen mit der von morgen und den Menschen mit den ewige Prinzipien des Absoluten zu verbinden.[122] Provensal, der seinem Werk den Untertitel „Vers l'harmonie intégrale" gab, hatte die Absicht, „eine Harmonie zwischen geistiger und materieller Wirklichkeit, zwischen Kunst und Wissenschaft zu formulieren und den Menschen wieder mit den ‚ewigen Prinzipien des Kosmos' zu vereinigen"[123]. Er geht davon aus, dass Schönheit die in der Natur zugrunde liegenden Prinzipien offenbare und dass das wirklich Schöne ewig und allgemein sei.[124] Er fordert für die Zukunft allgemeinere und universelle Formen bzw. sieht diese voraus, wobei er davon ausgeht, dass die Architektur als abstrakteste Kunst, die die Natur nicht kopiere, eine Leitfunktion habe. Kunst müsse den Menschen bis zur Idee emporheben. Nach Provensal zeigt sich das Absolute mittels göttlicher Gesetze, dem der Einheit, der Zahl und der Harmonie.[125] Viele dieser Grundideen, die Provensal formuliert, greifen Amédée Ozenfant und Jeanneret 1918 in der ersten gemeinsam verfassten Schrift „Après le cubisme" auf. Die Idee der reinen, kubischen Volumen im Licht ist jedoch bereits im Kontext der Orientreise bzw. sogar im Vorfeld der Reise ein Thema für Jeanneret. Drei Jahre bevor Picasso und Braque ihre ersten kubistischen Bilder malten, spricht Provensal bereits von „kubischer Architektur", wie Turner konstatiert.[126] Provensal definiert Architektur ähnlich wie später Le Corbusier als einen „harmonischen kubischen Ausdruck des Denkens" und beschreibt auch, wie diese kubische Architektur aussehen sollte: „Die Gegensätze Schatten und Licht, Masse und Leere, die kubischen Zusammenschlüsse mit ihren drei Dimensionen konstruieren eines der schönsten plastischen Dramen der Welt."[127] Seiner Auffassung nach ist das Spiel der Volumen unter dem Licht definiert durch bestimmte Beziehungen der Linien und Körper. Es gehe darum, auf diese Weise einer Masse eine „Idee" einzuhauchen.[128] Auch Provensal rekurriert in „L'art de demain" an verschiedenen Stellen, aber auch in einem kleinen separaten Kapitel auf Griechenland und widmet sogar ein Teilkapitel der Akropolis. Es finden sich jedoch in dieser Hinsicht keine konkreten Parallelen zu Le Corbusiers späteren Referenzen.[129]

Die Erfahrungen, die Jeanneret in Hellerau am Institut Jaques-Dalcroze machte, werden ihm wie eine Antwort auf die von Provensal beschriebenen Ideale erschienen sein. In Hellerau wurde er mit einer für den Mikrokosmos Bühne entworfenen Architektur konfrontiert, die der von Provensal skizzierten Vision der reinen, kubischen Formen, die unter dem Licht spielen, sehr nahe gekommen sein wird. Hellerau war eine Sozialutopie und ein Gesamtkunstwerk, das untrennbar mit der Persönlichkeit Wolf Dohrns verbunden war. Dohrn, seit 1907 Generalsekretär in Karl Schmidts „Deutschen Werkstätten für Handwerkskunst", war Gründungsmitglied des Deutschen Werkbundes und von 1908–1910 dessen Erster Sekretär. Er war nicht nur leidenschaftlicher Verfechter der Werkbund-, sondern auch der Gartenstadt-Idee. Zusammen mit dem Industriellen Karl Schmidt gründete er außerhalb Dresdens eine kleine Fabrik, die „Deutschen Werkstätten für Handwerkskunst", und verschrieb sie den Werkbund-Ideen. Ziel war es, „die Enthumanisierung der industriellen Fertigung aufzuhalten und dem Arbeiter Schaffensfreude und Arbeitsstolz zurückzugeben. Er sollte nicht nur im Zuge der ästhetischen Reform Schönes herstellen, sondern selbst am kulturellen Sozialisierungsprozeß teilhaben."[130] Um die „Werkstätten" herum gründeten sie auf einem idyllischen Hügel nach englischem Vorbild eine Gartenstadt-Siedlung auf einer Fläche von 140 ha. Dohrn, Schmidt und ihre Unterstützer hofften, dass inmitten der harmonischen Umgebung eine neue utopische Gemeinschaft etabliert werden könne, basierend auf den Prinzipien der sozialen Gleichheit, liberaler und universeller Erziehung und dem Revival unentfremdeter Kunst und Arbeit.[131] Architekten aus dem Werkbund-Kreis wie Richard Riemerschmid, der auch den Masterplan entwickelte, Hermann Muthesius, Theodor Fischer, Paul Bonatz, Wilhelm Kreis und Heinrich Tessenow,[132] um nur die Bekanntesten zu nennen, entwarfen ganze Straßenzüge und bauten Hellerau in größter Geschwindigkeit aus. Im Juni 1910 lebten bereits 60 Familien in Hellerau, im Sommer 1911 existierten bereits 164 Kleinhäuser, 19 Landhäuser und eine Anzahl Geschäftshäuser am Markt. Bis zum Jahresende sollten weitere 150 Kleinhäuser, 25 Landhäuser, ein Gasthaus und ein Ledigenheim fertiggestellt sein und sollte die Einwohnerzahl auf 2 000 steigen, wobei die Stadt jedoch höchstens auf 12 000 Einwohner anwachsen sollte.[133]

Ursprünglich hatte Dohrn vorgesehen, ein Landerziehungsheim im Stile anderer freier Schulgemeinden zum geistigen Zentrum der Gartenstadt zu machen. Diesen Plan gab er jedoch unversehens auf, nachdem er im Oktober 1909, ein halbes Jahr, nachdem mit dem Bau der „Werkstätten" und der ersten 24 Wohneinheiten begonnen worden war, eine Kooperation von Jaques-Dalcroze und Adolphe Appia in Berlin besuchte. „Vom Gebotenen überwältigt, beschloss er, sein Leben und seinen Reichtum der neuen Bewegung zu widmen."[134] Er lud Dalcroze nach Hellerau ein und bot ihm an, dort ein Lehrinstitut zu gründen, „wobei er zunächst nur den Musikunterricht der Hellerauer Kinder im Auge hatte. Doch nach intensivem Studium der Dalcroze'schen Methode weiteten sich die Dimensionen, bis er in Hellerau einen zukünftigen Hort der geistigen und leiblichen Regeneration sah, von dem aus eine umfassende soziale Erneuerung ihren Weg nehmen würde."[135]

Der Komponist und Musikpädagoge Émile Jaques-Dalcroze hatte 1902 eine musikpädagogische Methode entwickelt, mit der er lehrte, die musikalische Komposition direkt durch das Medium des Körpers, den er als „bewegte Plastik" verstand,[136] in den Raum zu übertragen. 1906 besuchte der Theatertheoretiker und Bühnenbildner Adolphe Appia eine Aufführung in Genf und sah die Chance, den Anwendungsbereich dieses Systems auf die Bühne auszuweiten und auf diese Weise künstlerisch aufzuwerten.[137] Appia hatte sich zur Aufgabe gemacht, dem „visuellen Chaos", den „dekorativen Überladungen" und der illusionistischen Malerei der

Theaterkultur den Kampf zu erklären. Er strebte nach immer strengerer Stilisierung, Abstraktion und Einfachheit und kreierte „geistige Räume" anstelle von räumlichen Beschreibungen. Schon seine ersten Entwürfe für Wagner-Inszenierungen 1892 und 1896 waren in ihrer Stilisierung revolutionär.[138] Er erkannte, dass die Belebung des Bühnenraums durch die rhythmische Gymnastik eine entsprechende neue Architektur bedingte, und schlug Dalcroze vor, die flachen Ebenen durch Treppen und Plattformen zu variieren. Auf diese Weise wollte er das Bewusstsein für den Raum und das eigene dreidimensionale Erleben der Studenten steigern und sie zu dynamischen, dreidimensionalen Übungen animieren.[139] „Die Bewegung des menschlichen Körpers bedarf der Hindernisse, um sich auszudrücken; alle Künstler wissen, dass die Schönheit der Körperbewegungen von der Mannigfaltigkeit der Anhaltspunkte abhängt, die ihnen von Boden und Gegenständen geboten werden. Die Beweglichkeit des Darstellers kann also nur durch eine gute Gestaltung des Bodens und der Gegenstände künstlerisch zur Gestaltung gebracht werden."[140] Im Frühjahr 1909 kreierte er 20 Bühnenbildszenarien für Dalcroze, die „espaces rhytmiques", von denen der Musikpädagoge begeistert war. (Abb. 22, 23) Es handelte sich um konsequent stilisierte Räume, die frei waren von illusionistischen Elementen. „Mauern, Pfeiler, Treppen, geneigte Bahnen aus mäch-

tigen Quadern erinnern an Bildausschnitte antiker Paläste, in denen mediterranes Licht mit tiefen Schatten kontrastiert."[141] Appia hatte begriffen, dass die Möglichkeit, diese Schauplätze zum Leben zu erwecken, darin bestand, sie mit dem menschlichen Körper zu kontrastieren. Er belebte ihre Rigidität, die scharfen Linien und Winkel und ihre Unbeweglichkeit durch die Konfrontation mit der Weichheit, Feinheit und Bewegung des Körpers.[142] Die Dreidimensionalität rückte als materielles Verbindungselement zwischen Darsteller und Raum in den Mittelpunkt seiner Entwürfe. Die Verteilung von statischen und dynamischen Akzenten verlieh den Räumen architektonischen Rhythmus.[143] In den Entwürfen, die der Bühnentheoretiker ab 1911 für das Institut Jaques-Dalcroze in Hellerau anfertigte, setzte er den begonnenen Abstraktionsprozess fort – aus den „vereinfachten Formen" wurden „genormte Formen". Appia schuf Würfel, Blöcke, Stufen, Wandschirme, die sich je nach Anforderung frei kombinieren ließen.[144]

Zu Appias zentralen Forderungen gehörte, dass das Licht ästhetisches Medium werden solle.[145] „Ein Gegenstand", schrieb er bereits 1904, „wird für unsere Augen nur durch das Licht plastisch, das ihn trifft – und seine Plastizität kann nur durch die künstlerische Verwendung des Lichts künstlerisch zur Geltung gebracht werden."[146] Erst die Qualität der Schatten sei seiner Meinung nach in der Lage, die

Qualität des Lichts auszudrücken. Deshalb fordert er für die Bühne zweierlei Arten von Licht. Erstens das Tageslicht ohne Sonne, d. h., eine diffus verteilte, gleichmäßige Helligkeit, und zweitens „gestaltendes Licht, dessen Schattenwurf Richtung und Qualität bestimmt und plastische Kraft beinhalte". Das verteilte Licht sollte den Darsteller wie auch den ganzen Raum von allen Seiten erhellen. Und in diesem diffus ausgeleuchteten Raum sollte das aktive Licht, das „gestaltende Licht" der beweglichen Scheinwerfer in Aktion treten.[147] „Das Licht", schreibt Appia 1918 in „Acteur, espace, lumière, peinture", „besitzt eine ans Wunderbare grenzende Anpassungsfähigkeit. Es verfügt über alle Stufen der Helligkeit, alle Möglichkeiten der Farbe wie eine Palette, alle Beweglichkeiten; es vermag Schatten zu schaffen und die Harmonie seiner Schwingungen im Raum auszubreiten, genau, wie das bei der Musik der Fall wäre. Wir besitzen mit ihr die ganze Ausdruckskraft im Raum, sofern der Raum in den Dienst des Darstellers gestellt wird."[148] Appia war auf der Suche nach einem „tönenden" Licht – ein Licht, das den Raum modelliert, das dem Raum je nach Art seines Einfalls, seiner Stärke, seiner Farbigkeit einen anderen Ausdruck verleiht. Auf diese Weise seien keine Kulissen mehr vonnöten – alles lasse sich mit den einfachsten Requisiten, mit Treppen, Ebenen usw. ausdrücken. Je nichtssagender die Requisiten seien, umso vielsagender würden sie durch das Licht.[149]

Am 17. Oktober 1910 wurde mit dem Unterricht im Dresdener Alten Landhaus begonnen, das bis zur Fertigstellung des Festspielhauses vorübergehend als provisorischer Sitz des Instituts Jaques-Dalcroze diente. Im April waren alle Genehmigungen vorhanden, und der Architekt Heinrich Tessenow wurde mit der Bauausführung betraut. Im April 1911 wurde der Grundstein gelegt, und bereits im drauffolgenden Herbst konnte der Unterricht in Hellerau stattfinden, wobei sich die Fertigstellung des Gebäudes noch bis zum Frühjahr 1912 hinziehen sollte.

Obwohl Appia nicht mit nach Hellerau ging, sondern in Genf blieb, war er zweifellos der „père spirituel" und wurde „allmählich und unbeabsichtigt in die Rolle einer grauen Eminenz gedrängt, die von der Ferne aus das Geschehen in Hellerau stärkstens beeinflusste".[150] Sein machtvoller Einfluss sei, so Giertz, überall zu spüren gewesen. Dalcroze habe nach kurzer Zeit in Hellerau kaum mehr etwas unternommen, ohne zuvor den künstlerischen Rat Appias eingeholt zu haben. Von Anfang an war er in die Planungen des Festspielhauses involviert. Festsaal und Bühnenraum wurden exakt nach seinen Vorstellungen umgesetzt.[151] Zur Ausführung seiner Licht-Raum-Modelle wurde der russische Maler Alexander von Salzmann engagiert, in dem Appia einen einfallsreichen Vollstrecker seiner Ideen hatte, der alle Punkte seines Konzepts verstand und ein ingeniöser Interpret in praktischer Hinsicht war. Für den Festsaal installierte er mehr als 7 000 Lichtquellen hinter transparentem Leinen, das Wände und Decke des Raumes bedeckte. Auf diese Weise entstand nicht ein beleuchteter, sondern ein Licht produzierender Raum. Um das bildende bzw. plastische Licht zu erzeugen, wurde ein System aus beweglichen Spots installiert, die an der Decke hinter verschiebbaren Paneelen platziert waren.[152]

Die Möglichkeit, aktiv und praktisch in Hellerau mitzuwirken, das Festspielhaus als Testbühne zu begreifen und die Wirkungen seiner theoretischen ästhetischen Programme in der Realität zu überprüfen, nutze Appia nicht, wie Gernot Giertz bemerkt. Er war menschenscheu, und die „inszenatorische Realisierung seiner Ideen stellte ihn vor Probleme künstlerischer Art, die er trotz (oder wegen) seiner starken theoretischen Begabung nicht zu lösen vermochte. Appia benötigte die Hilfe des Praktikers Dalcroze, so wie dieser die Mitarbeit des Theoretikers bei der Ausarbeitung einer Konzeption benötigte."[153] Abgesehen von einem kurzen Aufenthalt im Sommer 1912, den er noch dazu wegen künstlerischer Differenzen überstürzt abbrach,[154] kam Appia nicht nach Hellerau. So ist es fast erstaunlich, dass Jeanneret ihn dort während seines dreitägigen Aufenthaltes im Oktober 1910, wenige Tage nachdem mit dem Unterricht im Dresdener Alten Landhaus begonnen worden war, antraf. In einem Brief an seine Eltern vom 28. Oktober 1910 – die offizielle Eröffnungszeremonie hatte am 17. Oktober stattgefunden – schreibt Jeanneret seinen Eltern, dass er, während er in Berlin auf die Gesprächsbereitschaft Peter Behrens wartete, einen Abstecher zu seinem Bruder Albert nach Dresden gemacht habe: „Ich habe drei ganze Tage in Dresden verbracht, bei Albert und Émile [Jaques-Dalcroze, Anmerkung T. F.]. Ich habe den Eindruck mitgenommen, daß sich Albert in einer glücklichen Atmosphäre junger Burschen und fröhlicher Mädchen, voller Leben und bemerkenswert begierig auf neue Forschungen befindet. […] Ich habe Appia wiedergetroffen, ein energischer Junge, Träumer und Dichter, den ich in Paris kennengelernt hatte. Der Arme hat 88 Mark im Monat und muß den Gürtel enger schnallen, wie übrigens auch fast alle anderen."[155]

Wie stark die Faszination gewesen sein muss, welchen immensen Einfluss Dalcroze und Appia auf Le Corbusiers spätere Architekturphilosophie hatten, lässt sich nicht nur in seiner Theorie erfassen, sondern auch in seinen eigenen Architekturen und Entwürfen. Peter Bienz weist darauf hin, dass Le Corbusier „jahrelang die rhythmischen Kurse an der Schule seines Bruders in Paris" besuchte und sich bereits im Sommer des Jahres 1910 Gedanken darüber machte, „wie man die Dalcrozsche Gymnastik in den Unterricht an der Kunstschule von La Chaux-de-Fonds integrieren könnte".[156] Er machte im „L'Esprit Nouveau" und auch später im „Almanach d'architecture moderne" Werbung für Albert Jeannerets „École de Rythmique" in Paris.[157] Zudem publizierte sein Bruder in der zweiten und dritten Ausgabe des „L'Esprit Nouveau" zwei Artikel mit dem Titel „La Rythmique" und stellte im zweiten Teil ausführlich das Projekt Hellerau und die Arbeit Dohrns, Dalcrozes und Appias vor.[158]

Als Jeanneret im November 1911 mit den frischen Eindrücken der Akropolis von Athen im Kopf im Angesicht der Piazza dei Miracoli in Pisa William Ritter von den reinen Primärformen im Licht schreibt und schließlich verlautbaren lässt: „Es wäre so schön, daß [wenn] unser Gang rhythmisiert würde, unsere Gesten plastisch würden … […] Hört ihr nicht die Musik in alledem? Seht Ihr nicht, wie sie die Architektur in ein Schauspiel verwandelt?", handelte es sich sicherlich um Erinnerungen aus Hellerau bzw. Dresden, die sich mit in das Bild mischen. Und sicherlich schwangen auch die Bühnenbilder Appias und Dalcrozes Konzept der Bewegung im dreidimensionalen Raum mit, wenn Jeanneret in Pisa von Straßen auf den Dächern träumte, die über „große Treppen und erhöhte Durchgänge" erreichbar seien, und er darauf hinweist, dass es „einen herrschaftlichen Eindruck verleihen" und „das Herz mit Weite füllen könne", eine schöne Treppe hinabzusteigen.[159]

Jeanneret wurde in Hellerau mit einer Architekturvision konfrontiert, die der von Henry Provensal skizzierten, auf weißen reinen Primärformen basierenden Volumen unter dem Licht in seiner Vorstellung vermutlich sehr nahe gekommen sein wird. Er erlebte dort eine auf den Menschen bezogene Architektur, für die der Schauspieler mit seinen plastischen Bewegungen den Maßstab lieferte. Appia soll seiner Schülerin Jessica Davis Van Wyck den Ratschlag erteilt haben, den Le Corbusier später wörtlich seinen Schülern hätte mit auf den Weg geben können: „Zeichnen Sie mit Ihren Beinen, nicht mit Ihren Augen."[160] Diese Erfahrungen wurden zu dem entscheidenden Fundament von Le Corbusiers Architekturphilosophie und zum Grundstein seines Konzeptes der *promenade architecturale*. 1948 schreibt Le Corbusier in „Unité" beispielsweise: „Ich bin heute 60 Jahre. Und ich kann sagen, dass meine plastische Aktivität diese Linie nicht verlassen hat ‚Das wissende, korrekte großartige Spiel der unter dem Licht versammelten Volumen', das ist das Ideal, zu dem meine Anstrengung tendiert."[161] Es ist davon auszugehen, dass es sich bei den Erfahrungen in Hellerau um die zentrale Inspirationsquelle handelte, die maßgeblichen Einfluss auf Le Corbusier, seine Theoriebildung und seine eigenen Entwürfe hatte, die Le Corbusier später an den Fuß der Akropolis verlegte und verschleierte. Es bedurfte Auguste Choisys Interpretation der Akropolis und seines Konzeptes der Modénature, um diese grundlegenden Erfahrungen, die Jeanneret in Hellerau machte, unter dem Schlagwort Akropolis subsumieren und inszenieren zu können.

Es ist außerdem denkbar, dass es genau diese Erfahrungen waren, die Jeanneret bei seinen Besuchen in Hellerau machte, die auch konkreten Anteil an seiner Hinwendung zum Klassizismus hatten. Seine ersten beiden Besuche bei seinem Bruder in Dresden in der letzten Oktoberwoche sowie Weihnachten 1910 fielen genau in den Zeitraum, in dem die entscheidenden Wandlungen auszumachen sind. Wenige Tage nach seinem ersten Besuch nahm Jeanneret seine Tätigkeit im Büro von Peter Behrens auf, und parallel las er Cingria-Vaneyres Visionen vom Jura-Klassizismus. Tatsächlich war das Bildungsinstitut in Hellerau auf seine Weise dem griechischen Ideal verpflichtet, was nicht nur in der äußeren Gestalt des Festspielhauses von Heinrich Tessenow zum Ausdruck kam.[162] Jaques-Dalcroze und Wolf Dohrn suchten zwar keine Rückkehr zum Griechentum, aber sie strebten ein Wieder-Aufblühen antiken Geistes an.[163] William Curtis bezeichnet Adolphe Appia in der „Encyclopédie Le Corbusier" als „personalité ‚classique'"[164] und Dalcroze erklärtes Ziel war es, „das Schauspiel der Alten wieder aufleben [zu]lassen, wo ein großer Teil des Volkes dem anderen einmal im Jahr ein geistiges und künstlerisches Fest gab"[165]. Er glaubt zudem, dass seine rhythmische Methode dem entsprach, was die Griechen in der Musiké zusammengefasst hatten: musische Erziehung durch rhythmische Methode. Er geht davon aus, dass dadurch die Wiederbelebung der griechischen Orchestik möglich sei, jener engen Einheit von Wort, Musik, Rhythmus und Tanz, die aus dem vorklassischen Griechenland überliefert ist.[166] Die Gartenstadt schien ihm die beste Voraussetzung zu sein, für die Wiedergeburt kollektiv begangener Feste, wie sie seinen Vorstellungen über die kultischen Feiern der Griechen entsprachen.[167] Wolf Dohrn und andere Interpreten der Dalcroze'schen Methode erhöhten diese zu utopischen Bildern und gesellschaftlichen Zukunftsvisionen in griechisch-antikem Geiste.[168] Appias Ziel hingegen war nicht wie für Dalcroze und Dohrn eine Kunst im griechischen Sinne[169] – doch erinnerten, wie schon erwähnt, seine für Dalcroze entworfenen Bühnenszenarien mit ihren Mauern, Pfeilern, Treppen und geneigten Bahnen aus mächtigen Quadern an Bildausschnitte antiker Paläste, in denen mediterranes Licht mit tiefen Schatten kontrastiert.[170]

Wie unmittelbar sich der Einfluss von Appias Bühnenbildern und seinen „espaces rhytmiques" von 1909 in Jeannerets eigenem Werk niederschlug, lässt sich bereits an den im Rahmen der Orientreise entstandenen Skizzen der Ruinenlandschaften von Athen, Delphi, Pompeji und Tivoli ablesen. Zentrales Element der stark stilisierten und auf wenige Richtungskontraste reduzierten Zeichnungen – sowohl bei Jeanneret als auch bei Appia, aber auch bei den später von Le Corbusier publizierten Fotografien Frédéric Boissonnas – ist der Dialog der Baukörper mit den fernen Horizonten. „Wenn wir Appias Projekte betrachten," so schreibt Serge Wolkonsky 1912, „ist das, was uns zuerst beeindruckt und was das Wichtigste ist, der Horizont. Von allem, was es auf Erden gibt, ist das ‚fernste' die Horizontlinie des Meeres, der Ort, wo Himmel und Wasser einander begegnen."[171] Es ist daher anzunehmen, dass es auch Appia war, der Jeanneret im Vorfeld der Reise für dieses Schauspiel sensibilisierte und ihm möglicherweise auch wieder die einschlägige Beobachtung Charles Blancs in Erinnerung rief. Denn ein Brief, den Jeanneret am 1. März 1911, also wenige Wochen vor Reiseantritt, an William Ritter schrieb, zeigt, wie bereits dargestellt wurde, dass Jeanneret die Reise mit vorgefassten Erwartungen antrat.[172] In Le Corbusiers späterem eigenen Werk sind es in erster Linie die Dachgärten, die frappierende Anleihen an die Bühnenentwürfe Appias zeigen. Auf die Spitze getrieben wurde die Anleihe an Appias Bühnenbilder jedoch auf den Dachgärten des Appartements, das Le Corbusier für Charles de Beistegui, einem Sammler surrealistischer Kunst, sozusagen als „Bühne" über den Champs-Élysées errichtete. Das System von Terrassen und Dachgärten auf drei unterschiedlichen Ebenen, die über Treppen miteinander verbunden und ineinander verschachtelt sind, das System künstlich eingezogener Horizonte und die großen Bodenplatten erwecken den Eindruck, als handele es sich um einen von Appias Bühnenentwürfen. Aber als „Bühne" im wahrsten Sinne des Wortes war dieses Appartement über den Dächern Paris natürlich auch konzipiert, wie noch zu zeigen sein wird.

IV. Aus Jeanneret wird Le Corbusier 1918–1923

Die Neuausrichtung – Paris, Ozenfant und die „Wiederentdeckung" der Akropolis

Nach der Orientreise und dem Verfassen des Reiseberichtes im Jahr 1914 wurde es zunächst einige Jahre ruhig um das Phänomen Akropolis in Jeannerets Texten. Erst 1918 erscheint das Thema mit neuer Intensität in dem gemeinsam mit seinem Freund Amédée Ozenfant verfassten puristischen Traktat „Après le cubisme". Erstmals wird die Akropolis nun unter neuen Vorzeichen in der Rolle der kulturellen Ikone, die exemplarisch den Vergleich mit den modernen Ikonen des Maschinenzeitalters standhält, aufgerufen. Bis 1918 war die Akropolis für Jeanneret nur eine historische Inspirationsquelle von vielen gewesen. In seinen Korrespondenzen und frühen Texten, der im Februar 1912 publizierten „Étude sur le mouvement d'art décoratif en Allemagne" und in seiner 1915 fertiggestellten, aber unveröffentlichten Studie „La Construction des villes" finden sich sporadische, kurze Bezugnahmen auf das Athener Monument, die zwar ein gewisses, aber sicherlich kein herausragendes Interesse für das Monument belegen. In einem Brief an William Ritter vom 24. März 1914 lamentiert Jeanneret nicht ohne Pathos in einer Passage, in der er von seiner Teilnahme und seinem frühen Ausscheiden am Wettbewerbsprojekt für die Kantonalbank in Neuchâtel berichtet, dass ihn krankhafter Zweifel und eine Lähmung überfalle, wenn es darum gehe, Aufträge zu realisieren. „Denn in jedem Volumen, Detail und Ensemble besteht die Möglichkeit, einen Parthenon oder wenigstens eine perfekt schöne Sache zu machen."[1] Und bereits 1914 vergleicht er, wie Françoise Ducros darstellt, in seinem Artikel „Le renouveau dans l'architecture" Nutzbauten der Industrie mit römischen und griechischen Werken.[2] Seine ab 1912 entworfenen Wohnhäuser, das Haus für seine Eltern in La Chaux-de-Fonds (1912), die Villa Favre-Jacot im Nachbarort Le Locle (1912) sowie die Villa Schwob in La Chaux-de-Fonds (1916) belegen, dass es Jeanneret mit der Idee des Jura-Klassizismus ernst war. In den Bauwerken lässt sich neben unterschiedlichsten Inspirationsquellen – es sei, wie Brooks bemerkt, sinnlos, sich auf einzelne herausragende Quellen zu konzentrieren[3] – auch die Akropolis ausmachen. Curtis weist beispielsweise darauf hin, dass die Annäherung an das auf relativ einfachen, kubischen, pyramidalen und gekurvten Volumen basierende Haus, das Jeanneret für seine Eltern entwarf, an den Aufstieg zum Parthenon in Athen erinnert: „Vom Gartentor geht man über einen gekurvten Weg hinauf zur Plattform und dann zur Rückseite: eine bürgerliche Version der Prozession um den Parthenon."[4] Bei der Villa Favre-Jacot erinnert die unregelmäßige, additive Grundrissdisposition stark an die des Erechtheions, wie auch Francesco Passanti bemerkt: „The most obvious model is the Erechtheion, the ‚happy' temple on the Acropolis, where Le Corbusier affectionately sought respite from the crushing power of the Parthenon. Like the villa, the Erechtheion is placed on a cliff overlooking the landscape and shows different faces in each direction. And like the villa it comprises a main and relatively closed rectangular block with formal façade at one end, and two attached pavilions on the side, pointing in different directions."[5] Und auch die Artikulierung des Herrenzimmers an der Südseite der Villa lässt in ihrer Anlage Assoziationen an die Korenhalle des Erechtheions zu. Wie eklektizistisch Jeannerets früher Entwurfsprozess war, stellt Brooks am Beispiel des Projektes dar, das er 1914 für Felix Klipstein, den Bruder seines ehemaligen Reisegefährten August Klipstein, zu planen begann. Laut Brooks sandte Jeanneret Klipstein einen Brief, dem er 14 Aquarelle, acht größere Blätter, 175 Zeichnungen und vier Skizzenbücher seiner Orientreise beifügte. Wie aus einem Katalog sollte sich Klipstein, der Künstler war, aus diesem Portfolio Ideen zusammensuchen und zeichnen. Nicht viel anders war Jeannerets Vorgehen auch bei seinen drei realisierten Haus-Projekten aus der Zeit. Er assimilierte historische und zeitgenössische Einflüsse zu etwas Neuem.[6] Zu den historischen Einflüssen, die sich ausmachen lassen, gehören unter anderem auch Inspirationen, die er seinem Aufenthalt in Athen verdankte. Es fehlte aber noch die Konzentration auf das Athener Monument. Bis 1918 schien Jeanneret, wie auch Passanti beschreibt, zwischen den Erlebnissen Istanbul und Akropolis hin- und hergerissen gewesen zu sein. „Athen evozierte in ihm ein Gefühl der Ehrfurcht, Istanbul weckte seine Zärtlichkeit. Die Kapitel über Istanbul in ‚Le Voyage d'Orient' lesen sich wie eine Liebeserklärung: Was er liebte war die Intensität des Lebens und Erinnerns, Friedhöfe und verfallene Gebäude, die Menschen mit ihrer fatalistischen Lebenshaltung und die während hunderten von Jahren gewachsene Einheit von Form und Kultur. Im Gegensatzpaar Istanbul/Parthenon kristallisiert sich ein emotionales Dilemma: Liebe und Wille, und ein ästhetisches: Pracht und Klarheit. Dieses ungelöste

Dilemma wurde Le Corbusier zum ewig wiederkehrenden Thema (und Hindernis) bis zum Krieg.[7] Sehr treffend charakterisiert Yannis Tsiomis das Gegensatzpaar: „Wenn die Türkei ein Land ist, ist Griechenland eine Idee."[8] Christine Boyer geht davon aus, dass bereits 1914 die eindeutige Entscheidung zugunsten Athens gefallen war.[9] Dagegen spricht jedoch die weiterhin starke Präsenz Istanbuls in seinen Briefen und Notizen. Bis 1918 erscheint die Ausrichtung auf die Akropolis vielmehr pragmatisch und rationell motiviert, während die eigentliche Verehrung Istanbul gehörte. Deutlich sichtbar wird jedoch anhand des 1914 nachgetragenen Akropolis-Kapitels für den Reisebericht, dass Jeanneret entschlossen war, der Akropolis einen sehr viel höheren Stellenwert einzuräumen. Ob es sich dabei um eine marketingwirksame Geste handelte oder um einen Akt von autofiktionalem Revisionismus, wie Christine Boyer vermutet,[10] darüber lässt sich nur spekulieren. Fest steht, dass es in den drei Jahren einen Rezeptionswandel gegeben hat und die Akropolis in dieser Zeit an Bedeutung gewann. Möglicherweise – darauf weist Allen Brooks hin – wird es Jeanneret damals bereits sinnvoll erschienen sein, seine „Révelation", wie er seine Metamorphose vom Gotizisten zum Klassizisten selbst bezeichnet, an den Fuß der Akropolis zu verlegen und damit von den wirklich wichtigen Einflüssen, mit denen er während seines Aufenthaltes in Deutschland konfrontiert war, abzulenken. Die Lehren des Parthenon und der Akropolis werden seinem Bedürfnis nach Originalität stärker entgegengekommen sein als die Einflüsse aus Deutschland.[11] Zudem befand sich Europa zu dem Zeitpunkt, als Jeanneret den Reisebericht vervollständigte, am Vorabend des Ersten Weltkrieges, und Jeanneret fühlte sich eindeutig dem französischen Lager zugehörig.[12] Für Brooks These spricht auch Le Corbusiers spätere Umdatierung der Orientreise ins Jahr 1910. Angesichts der Bedeutung, die Le Corbusier dieser Reise und dem Aufenthalt in Athen zeit seines Lebens beigemessen hat, ist der fortlaufende Datierungsfehler, der schon mit der Publikation der Auszüge aus dem Reisebericht im „Almanach d'architecture moderne" 1925 einsetzte, durchaus überraschend. Dass es sich dabei, wie von Panayotis Tournikiotis angenommen, um einen nicht weiter bedeutenden „Lapsus", einen „Erinnerungsfehler" handeln könnte,[13] erscheint angesichts der Tatsache, dass Le Corbusier nicht nur einmal, sondern bis zum Ende seines Lebens die Reise konsequent fehlerhaft datierte, als unwahrscheinlich.[14] Vielmehr deutet alles darauf hin, dass es sich um eine systematische Umdatierung handelte. Sogar noch in dem kurz vor seinem Tod redigierten Manuskript des Reiseberichtes wird als Reisejahr 1910 angegeben, wie Tournikiotis darstellt,[15] und auch Skizzen datierte Le Corbusier nachträglich um, wie am Beispiel des 1939 publizierten Artikels „En Grèce à l'échelle humaine" in der Zeitschrift „Voyage en Grèce" deutlich wird, den er mit einer Landschaftsansicht illustrierte, die im Rahmen der Orientreise im September 1911 in Patras entstanden war.[16] (Abb. 24) Zu diesem Zeitpunkt hatte sich Jeanneret definitiv nicht in Griechenland, sondern in Deutschland aufgehalten. Dass Le Corbusier die Skizze nachträglich und noch dazu fehlerhaft datierte, ist vor dem Hintergrund erstaunlich, dass er dafür bekannt war, mit ausgesprochener Sorgfalt archiviert, dokumentiert und datiert zu haben. Er verwendete, wie Jane Drew beschreibt, in Gemälden sogar Doppelsignaturen, um deutlich zu machen, wann die Grundskizze und die Ausführung eines Gemäldes erfolgten[17] – gerade so, als habe er den Historikern, die sein Werk später aufarbeiten würden, zugearbeitet. Die konsequente Falschdatierung ins Jahr 1910 wird daher keineswegs ein Lapsus gewesen sein, sondern vielmehr ist davon auszugehen, dass es sich um ein bewusstes Umschreiben seiner Biografie handelte. In dem Moment, als die Kunstfigur Le Corbusier ihr Alter Ego Charles-Edouard Jeanneret schluckte, war es ihm möglich, nach Belieben über sein Vorleben Regie zu führen und selbst zu bestimmen, wie viel er über seinen Werdegang preisgeben wollte und wann er es tun wollte. Er konnte durch Überhöhung bestimmte Aspekte in ein besonderes Licht setzen oder aber auch Auslassungen vornehmen. Und wenn Auslassungen nicht ausreichend erschienen, war es auch möglich, Überschreibungen vorzunehmen. Der Verdacht, dass es sich bei der Vordatierung der fünfmonatigen Orientreise ins Jahr 1910 um

Abb. 24: Skizze aus dem Orientreise-Zyklus, die anlässlich der Veröffentlichung im Artikel „En Grèce, à l'échelle humaine" (1939) ins Jahr 1910 datiert wurde.

einen bewussten Akt der Geschichtsklitterung handelte, erhärtet sich auch in Le Corbusier Selbstdarstellung, die er 1929 dem ersten Band seines „Œuvre Complète" voranstellt. Der Aufenthalt in Deutschland wird in dem Text, anders als der in Paris im Büro von Auguste Perret, mit keiner Silbe und keiner Skizze erwähnt. Tessenow, Behrens, Muthesius und Van de Velde finden zwar neben Frank Lloyd Wright und Berlage Erwähnung in dem Text, nichts deutet allerdings darauf hin, dass er mit den führenden Werkbund-Persönlichkeiten persönliche Berührung und sogar fünf Monate im Büro von Peter Behrens gearbeitet hatte.[18]

Es ist davon auszugehen, dass erst die Lektüre von Auguste Choisys Akropolis-Kapitel die endgültige Ausrichtung auf Athen provozierte, da sie katalysatorische Wirkung hatte – sie ermöglichte Jeanneret, verschiedene Erfahrungen, die durchaus in den Kontext seiner Reisen der Jahre 1910/11 gehörten, unter den Erfahrungen Akropolis zu subsumieren. Vermutlich erst 1918 wird Jeanneret Choisys „Histoire de L'Architecture", das ja zu dem Zeitpunkt bereits ein paar Jahre in seinem Besitz war, für sich entdeckt haben.[19] In dem Anfang 1918 erschienenen ersten Gemeinschaftstext von ihm und Amédée Ozenfant spielt Istanbul erstmals keine Rolle mehr – es hat eine eindeutige Ausrichtung auf die Akropolis stattgefunden, die sich auch in seinen beiden Gemälden aus der Zeit widerspiegelt, wie noch zu sehen sein wird.

Zu den sicherlich folgenreichsten Schlüsselereignissen im Werden von Le Corbusier gehört die Begegnung mit dem Maler Amédée Ozenfant. Sie eröffnete Jeanneret neue berufliche Perspektiven, wie Jean-Louis Cohen es formuliert, in deren Verlauf er zugleich Maler, Publizist und Architekt wurde.[20] Vermutlich Ende Januar oder Anfang Februar 1917 war Jeanneret endgültig nach Paris gekommen, nachdem es Schwierigkeiten mit der Villa Schwob gegeben hatte und er mehr oder weniger gezwungen war, La Chaux-de-Fonds zu verlassen.[21] Dort lernte er entweder Ende 1917 oder Anfang 1918 den nur ein Jahr älteren Ozenfant kennen, der ihm von Auguste Perret vorgestellt wurde.[22] Innerhalb kurzer Zeit entwickelte sich eine enge Freundschaft zwischen den beiden Künstlern. Jeannerets Bewunderung für Ozenfant ist Thema in verschiedenen Briefen aus dem Jahr 1918. Mit Begeisterung beschreibt er Ritter beispielsweise die moderne Einrichtung des Atelier des Freundes und fügt hinzu: „und er führt während der Öffnungszeiten das Modehaus JOVE, wo die großen Hetären vorbeikommen. Er malt, er schreibt, er liest […]."[23] Jeanneret muss von den unzähligen künstlerischen Aktivitäten und Erfahrungen Ozenfants fasziniert gewesen sein: Ozenfant war ein echtes Kind des frühen

Maschinenzeitalters. Als Sohn eines Konstrukteurs öffentlicher Bauten, der mit François Hennebique, dem Erfinder des Eisenbetons, zusammenarbeitete, hatte Amédée Ozenfant, bevor er Maler geworden war, kurze Zeit in einem Architektur-büro gearbeitet.[24] Er interessierte sich für die Ikonen des Industriezeitalters, die frühen Flugzeuge und Maschinen, und kannte sich mit Autos aus – er hatte selbst im Jahr 1913 zusammen mit seinem Bruder die Karosserie eines Hispano-Suiza entworfen.[25] Was aber noch viel wichtiger war: Er verfügte über weitreichende Kontakte und vor allem über Einfluss in der spätkubistischen Kunstszene von Paris. Als während des Ersten Weltkrieges das Kunstgeschehen in Paris praktisch zum Erliegen gekommen war – alle Kunstzeitschriften waren eingestellt, Galerien und Konzerthäuser und Sammlungen geschlossen, die Künstler waren bis auf eine Reihe Ausländer wie Pablo Picasso, Juan Gris oder Gino Severini an der Front, trat Amédée Ozenfant, der ausgemustert worden war, 1915 als Herausgeber der Zeitschrift „L'Elan" in dieses Vakuum. „L'Elan" war eine pro-kubistische Kunstzeitschrift, die sich gegen alles Deutsche wendete und als Bindeglied zu den an der Front mobilisierten Künstlern fungieren sollte.[26] Ziel des „L'Elan", von dem insgesamt nur zehn Ausgaben bis Januar 1916 erschienen, war französische Propaganda, die Unabhängigkeit Frankreichs, kurz: französischer Geist.[27] Ozenfants eigene Absicht war es jedoch in erster Linie, mit den kubistischen Künstlern und Poeten in Kontakt zu kommen. So kam es, dass die ursprünglich sehr nationalistisch geprägte Intention der Zeitschrift, deren Beiträge zunächst aus dem eher konservativeren Lager kamen, infolge der Begegnung und Zusammenarbeit mit der Modeschöpferin Germaine Bongard aufgegeben wurde und die letzten drei Ausgaben die Form eines modernen Avantgarde-Magazins annahmen.[28]

Germaine Bongard, Schwägerin des Modeschöpfers und Designers Paul Poiret, war eine der Schlüsselfiguren der Pariser Avantgarde-Welt während des Krieges. Ihren Modesalon stellte sie als Galerie kleinen Ausstellungen zur Verfügung und gab Soireen, in denen Autoren, Poeten und Musiker auftraten. Drei der wichtigsten Ausstellungen organisierte Ozenfant für sie, was ihn in Kontakt brachte mit den Protagonisten der Pariser Avantgarde, zu deren wichtigsten Persönlichkeiten neben vielen anderen Auguste Perret, Gino Severini, Juan Gris und der Dichter Apollinaire gehörten. Entsprechend lasen sich die letzten drei Ausgaben des „L'Elan" wie ein „Who is Who" in der modernen Kunst.[29] Ozenfants Aktivitäten im Rahmen der Zeitschrift „L'Elan" und seine Involvierung in die Ausstellungen in Bongards Modesalon sicherten ihm einen festen Platz im Herzen der Pariser Avantgarde der

Nachkriegszeit. Nicht länger zufrieden im Zuschauerrang machte er sich daran, ein eigenes Zeichen als Künstler und Kritiker zu setzen, indem er einen eigenen Ismus kreierte, den Purismus.[30] Ein erster Schritt in diese Richtung war der Artikel „Notes sur le cubisme", der ihn nicht nur in die Kubismus-Debatte einsteigen ließ, sondern an die vorderste Front brachte.

Er polemisiert dort, wie viele andere in der Zeit, erstmals gegen die dekorativen Aspekte des Kubismus und fordert eine Rückkehr zur Ordnung und bezeichnet den „Kubismus als eine Bewegung des Purismus"[31].

Bereits in der neunten Ausgabe vom Dezember 1915 hatte er auf Rat des Galeristen Léonce Rosenberg Platons Hommage an die reinen geometrischen Formen aus „Philebos" publiziert und reagierte damit darauf, dass „Ordnung, Stabilität und Konstanz reiner geometrischer Form für viele Künstler in den chaotischen und bewegten Jahren am Ende des Krieges wieder attraktiv waren"[32]. „‚Klassizismus‘ wurde zur öffentlichen Attitüde, zur Mentalität."[33] Es handelte sich jedoch um einen Klassizismus, der sich nicht mehr zwangsläufig auf die klassische Antike, auf Griechenland und Rom bezog. Die Modernen waren bemüht, die Tradition abzuschütteln und sie auf ihre Weise neu zu entdecken. Der Klassizismus wurde ausgedehnt auf Pompeji, Knossos, den Orient, auf Volkskunst und auch außereuropäische Stammeskunst, wodurch der Klassizismus ein außerordentlich heterogenes Erscheinungsbild hatte. Klassizismus war keine Frage des Stils mehr.[34]

Ungefähr ein Jahr nach der vermutlich ersten Begegnung zwischen Ozenfant und Jeanneret, am 15. November 1918, wurde in Paris in der Galerie Thomas, die in Wirklichkeit nichts anderes war als der eigens zu dem Zweck umbenannte Modesalon IOVE von Germaine Bongard, ihre erste gemeinsame Ausstellung eröffnet. Begleitend dazu erschien ihr erstes 60-seitiges puristisches Manifest, „Après le cubisme", das die analytische Basis ihrer Malerei lieferte.

Es hatte sich innerhalb kürzester Zeit eine intensive Freundschaft zwischen den beiden Künstlern entwickelt, wobei ihnen nicht viel Zeit zum Kennenlernen geblieben war. Schon Ende März, also wenige Wochen nach ihrer ersten Begegnung, die irgendwann zwischen November 1917 und Januar 1918 stattgefunden haben muss, verließ Ozenfant zusammen mit Germaine Bongard und ihrem Personal Paris, um in Bordeaux einen Laden zu eröffnen und während der Sommermonate die Kollektionen in den Strandbädern auszustellen. Bis Jeanneret Anfang September Ozenfants Einladung nach Andernos in der Bucht vom Arcachon folgte, um von ihm die Technik der Ölmalerei zu erlernen, hatten sie nur Briefkontakt und sahen sich während zweier kurzer Paris-Aufenthalte Ozenfants.

Susan Ball weist auf die Gemeinsamkeiten der beiden Künstler hin. Beide kamen aus provinziellen Künstlerfamilien. Ozenfants Vater war Beton- und Jeannerets Vater Emaille-Handwerker. Beide Mütter waren Musikerinnen. Beide gingen schon früh zur Kunstschule, hatten eine Leidenschaft für Bibliotheken, waren beide zu einem ähnlichen Zeitpunkt weit gereist und liebten den mediterranen Raum.[35] Jeanneret wollte ursprünglich Maler werden, wurde aber von seinem Lehrer L'Eplattenier in die Architektur gedrängt, während Ozenfant die exakt gegensätzlichen Erfahrungen gemacht hatte.[36] Beide Künstler waren zum Zeitpunkt ihrer Begegnung nicht mehr sehr jung und formbar und hatten bereits unabhängig voneinander ihre Ideale und Visionen entwickelt.[37] Sie hatten sich beide unabhängig voneinander der Theorie des Purismus auf ihre Weise genähert und, wie Susan Ball richtig beschreibt, es waren weniger ideologische Unterschiede als vielmehr semantische, die sich ausmachen lassen. Während Ozenfant nach Konstanten, Invariablen und dem Universellen suchte, sprach Jeanneret von Standards und Typen, für die er sich seit seiner Berührung mit den Werkbund-Ideen im Rahmen seines Aufenthaltes in Deutschland interessierte.[38] Er arbeitete damals an der Patentierung seines gemeinsam mit dem Ingenieur Max Dubois entwickelten Dom-ino-Systems, eines prototypischen, geradezu emblematisch wirkenden Stahlbeton-Skelettsystems, das auf ein System von Stützen und Tragflächen reduziert war und die Grundlage für freie Grundrissgestaltungen lieferte. In dem System synthetisierte er zum ersten Mal das, was er über die Verwendung von Eisenbeton bei Perret gelernt hatte, mit den Ideen der Standardisierung, die eine industrielle Fabrikation von Architektur notwendig macht. Sie brachten also ähnliche Ansätze in die Diskussion, wobei laut Ball Ozenfant theoretischer und Jeanneret praktischer veranlagt war. Der eine wurzelte eher in der Philosophie, Letzterer eher in der Konstruktion und in Städtebaustudien, sodass sie einander gegenseitig ergänzten.[39] Darauf, dass das Verhältnis von Ozenfant und Jeanneret nicht nur einseitig, sondern durchaus wechselseitig anregend gewesen sein muss, weist schon Turner hin. Er geht davon aus, dass Jeannerets Interesse für Eisenbeton und seine Dom-ino-Studien ein Äquivalent zu Ozenfants Studien im Bereich der Malerei gewesen sein dürften und dass umgekehrt Jeanneret Ozenfant zu einer Klarheit des eigenen Denkens geführt haben wird.[40] Ozenfant wird nicht nur von der starken Persönlichkeit Jeannerets fasziniert gewesen sein, sondern auch von seinen Interessengebieten, die viel breiter angelegt waren als seine eigenen. Laut Ozenfant teilten er und Jeanneret dieselbe Faszination für Werke der modernen Industrie. Völlig blind aber sei der Freund hinsichtlich des

Kubismus, gegenüber der modernen Kunst im Allgemeinen und insbesondere der Malerei gewesen. Er, Ozenfant, habe ihn in diese Themenbereiche eingeführt und seine Haltung geändert.[41] Turner bezweifelt, dass Jeanneret in dieser Hinsicht ein völlig unbeschriebenes Blatt gewesen sei, und hält dagegen, dass er Maurice Denis „Théories: 1890–1910. Du Symbolisme et de Gauguin vers un nouvel ordre classique" von 1912 und vermutlich die Cézanne-Publikation von Julius Meier-Graefe aus dem Jahr 1910 kannte und bereits im Mai 1917 in Paris das „Ballet Russe" besucht habe. Er geht aber auch davon aus, dass Ozenfants Aussage im Grundsatz zutreffend gewesen sein wird.[42] Ozenfant, der bei ihrer Begegnung bereits eine etablierte Persönlichkeit in der Pariser Avantgarde war, machte Jeanneret mit den Ideen und Formen, aber auch den Persönlichkeiten der nachkubistischen Kunstszene bekannt. Zur Einarbeitung in den Kubismus und in seine eigenen Theorien der Malerei scheint Ozenfant Jeanneret einen kompletten Satz der zehn Ausgaben des „L'Elan" gegeben zu haben. Und sicherlich nicht zufällig befindet sich die persönliche Widmung Ozenfants im Umschlag der letzten Ausgabe vom Januar 1916, mit dem Aufsatz „Notes sur le cubisme", seinem ersten eigenen kunsttheoretischen Manifest.[43]

Ozenfant war es schließlich auch, der Le Corbusier dazu brachte, das Malen wieder aufzunehmen. In einem Brief an William Ritter Ende 1918 berichtet Jeanneret von der Ermunterung des Freundes und seinen Selbstzweifeln. Wenige Wochen später kann er berichten, dass das erste Gemälde fertig sei.[44] Fortan wurde die Malerei ein fester, unverrückbarer Bestandteil seines Lebens; am Ende seines Lebens bezeichnet er sie als Schlüssel zu seinen künstlerischen Kreationen. Er habe seit 1918 unaufhörlich und hartnäckig gemalt und die Malerei sei ihm seitdem etwas „Heiliges" geworden.[45] Nach eigener Angabe malte er in der Phase der intensiven Zusammenarbeit mit Ozenfant täglich jeden Abend bis Mitternacht, den halben Samstag und den ganzen Sonntag.[46] In der Vorbereitung der zweiten gemeinsamen Ausstellung im Januar 1921 lebte er vollkommen in der Malerei und war in der restlichen Zeit damit beschäftigt, als Unternehmer um das Überleben seiner kleinen schlecht laufenden Ziegelfabrik in Alfortville, die regelmäßig von der Seine überschwemmt wurde, zu kämpfen. Im Dezember 1919, als es etwas besser lief mit der Fabrik, schreib er an William Ritter, der verstimmt war und in Opposition zu Ozenfant und den Theorien des Purismus stand und die Entwicklungen seines Schützlings offenbar mit Unmut und Sorge betrachtete:[47] „Ich bin zu einem Feuerwehrmann geworden – ich kann es nicht glauben – aber zu einem, der versteht, was der Parthenon repräsentiert."[48]

Abb. 25: Charles-Edouard Jeanneret: „La Cheminée" (1918) Öl auf Leinwand (60 x 73 cm), Fondation Le Corbusier

„Après le cubisme" – die Akropolis als Modell für den Purismus

Dass die Akropolis und der Parthenon 1918 wirklich wieder ein Thema ernsthafter Auseinandersetzung waren, zeigt sich nicht nur in dem ersten gemeinsam von Ozenfant und Jeanneret verfassten puristischen Manifest „Après le cubisme", sondern auch in Le Corbusiers vorgeblich erstem Gemälde „La Cheminée", das er vermutlich im September 1918 malte.[49] (Abb. 25) Dargestellt sind zwei Bücher und ein „rätselhaft leuchtender Kubus" am Rand einer polierten, reflektierenden Kamin-Platte aus Marmor. Mehr als drei Jahrzehnte später, im Jahr 1951, notiert er in einem Notizbuch: „1. Gemälde 1918. *Raum, Licht,* Intensität der Komposition. Um ehrlich zu sein, dahinter verbirgt sich die Anlage der Akropolis." An anderer Stelle heißt es über die Vorbereitungszeichnung für das Gemälde: „Dieses erste Gemälde ist der Schlüssel zum Verständnis seiner [der Parthenon, Anmerkung T. F.] Plastizität: Volumen im Raum. Raum."[50] Zwei Jahre zuvor hatte Le Corbusier bei der ersten Begegnung mit dem Fotografen Lucien Hervé, der sein Spätwerk dokumentierte, „La Cheminée" hervorgeholt, wie dieser sich erinnerte, und ihm offenbart: „Es sind wenig Details, aber es ist monumental." Dann habe er hinzugefügt, dass das Gemälde sieben Jahre nach seinem ersten Besuch des Parthenons entstanden sei und dass ihn dieser Ort der Reinheit und des Lichtes immer noch beschäftige, den er kontinuierlich in sich trage.[51]

Zusammen mit einem anderen Gemälde Jeannerets wurde „La Cheminée" im Dezember 1918 in der ersten Purismus-Ausstellung von Ozenfant und Jeanneret in der Galerie Thomas gezeigt. Bedeutender als die Bilder war jedoch das gemeinsam verfasste Manifest „Après le cubisme", das laut Signatur bereits am 15. Oktober 1918, nur wenige Wochen, nachdem Ozenfant den Vorschlag zur Zusammenarbeit an Jeanneret herangetragen hatte, fertiggestellt wurde. So wie der übergroße Anteil der gezeigten Gemälde von Ozenfant kam, stammte auch der Großteil des immerhin 60-seitigen Manifests aus dessen Feder. Als Ozenfant im September 1918 in Andernos Jeanneret seine Notizen vorlegte, war das Manifest schon mehr oder weniger fertig konzipiert.[52] Übereinstimmend sagten später beide Künstler aus, dass sie auf Basis dieser Notizen, bereichert durch die Ideen Jeannerets, gemeinsam nach ihrer Rückkehr in Paris „Après le cubisme" „redigierten", wie Ozenfant es in seinen „Mémoires" formuliert. Dabei sei Ozenfant für die Malerei und Jeanneret für die Architektur zuständig gewesen, während die Passagen über die Aspekte der industriellen Technik gemeinsam verfasst worden seien.[53] Jeanneret habe sich einverstanden erklärt, entgegen der alphabetischen Ordnung nach Ozenfant als Autor genannt zu werden, da dieser zum einen den Hauptteil getragen hatte und zum anderen im Gegensatz zu Jeanneret bereits einen Namen in der Pariser Kunstszene hatte.[54]

Dank der Tatsache, dass die Vorbildung der beiden Künstler gut bekannt ist, lässt sich zuverlässig nachvollziehen, welche Passagen von „Après le cubisme" aus welcher Feder stammen. Der gesamte erste Teil „Ou en est la Peinture" wird schon fertig gewesen sein, bevor die beiden Künstler beschlossen zusammenzuarbeiten. Er enthält in etwas moderaterer Form die Kubismuskritik aus Ozenfants erstem theoretischen Text „Notes sur le cubisme" aus der Zeitschrift „L'Elan" vom Dezember 1916. Der erste Teil des daran anschließenden Kapitels „Ou en est la vie moderne" dagegen trägt Le Corbusiers alleinige Handschrift. Dieser nur dreiseitige Text „L'Esprit Moderne" ist der einzige, der die Architektur mit einbezieht und auch vor der Begegnung mit Ozenfant hätte entstehen können. Turner weist darauf hin, dass Le Corbusier hier erstmals Ideen unterschiedlichster Herkunft, mit denen er seit seiner Jugend vertraut war, zu einer eigenständigen Synthese zusammenführte. Neben dem Einfluss Henry Provensals spiegelt sich hier seine Maschinenbegeisterung und Industrieverehrung wider, die auf seine frühen Kontakte zu den Protagonisten des Deutschen Werkbundes zurückzuführen sind.[55] Die übrigen Kapitel von „Après le cubisme" scheinen hingegen in Kooperation entstanden zu sein – sie tragen die Handschrift beider Autoren, wobei davon auszugehen ist, dass die Texte in der Tat auf Basis von Ozenfants Notizen entstanden sind, die mit Ideen Jeannerets angereichert wurden.

„Après le cubisme" liest sich, wie Reyner Banham konstatiert, wie eine Fortsetzung des Kubo-Futurismus von Gino Serverini und Albert Gleize[56] und ist ein Aufruf zum „rappel à ordre" – ein Aufruf, den Jean Cocteau 1926 mit seiner gleichnamigen Aufsatzsammlung prägte –, und wie er allgemein in der Zeit nach dem Ersten Weltkrieg formuliert wurde. Das Traktat weist Parallelen zu den Zielen auf, die die niederländische Gruppe „De Stijl" seit 1917 in ihrer gleichnamigen Zeitschrift und in dem gleichzeitig mit „Après le cubisme" erschienenen ersten „De Stijl-Manifest" proklamiert.[57] In erste Linie wurde „Après le cubisme" jedoch durch die Arbeit des Mathematikphilosophen Henri Poincaré inspiriert, wie Christine Boyer darstellt, und sicherlich auch durch den Philosophen und Schriftsteller Paul Valery, der seinerseits durch Poincaré beeinflusst wurde. Ozenfant war nicht nur mit den Texten Poincarés vertraut, sondern hatte auch Vorlesungen von ihm an der Sorbonne gehört.[58]

„Après le cubisme" richtet sich gegen die dekorativen Aspekte des Kubismus, den sie als ein zwar reizvolles, aber im Grunde esoterisches Spiel ornamentaler Formen bezeichnen, „zugunsten von Logik, Klarheit, Einfachheit und ruhiger Ordnung".[59] Ozenfant und Jeanneret, die sich selbst in die klassische französische Tradition von Ingres, Courbet, Cézanne, Seurat, Signac und Matisse stellen,[60] kritisieren am Kubismus, dass er zu traditionell sei und ähnlich wie der Impressionismus und andere moderne Kunstströmungen allein die oberflächlichen Sinne anspreche und nicht geeignet sei, die gegenwärtige Epoche zu repräsentieren. Seine Zeit habe der Kubismus perfekt repräsentiert – eine aufgewühlte Kunst in einer aufgewühlten, bewegten Zeit. Die gegenwärtige Epoche jedoch fordere eine Kunst, die den Intellekt und weniger die oberflächlichen Sinne anspreche,[61] eine Kunst, die das Charakteristische der Epoche auszudrücken vermöge: den industriellen, mechanischen und wissenschaftlichen Geist. Keineswegs dürfe aber diese Kunst zu einer von der Maschine gemachten Kunst oder zur bloßen Abbildung der Maschine führen, heißt es mit Seitenhieb auf die Futuristen und Dadaisten.[62] Die Kunst müsse sich an der Wissenschaft und Industrie orientieren, an ihrer Perfektion und Präzision und der Art und Weise, wie sie im Einklang mit den Naturgesetzen stehen. Sie müsse wie die Wissenschaft den Zufall verachten und von der „Zahl" bedingt werden,[63] die der Schlüssel zur Harmonie sei.[64] Ziel der Kunst sei es, eine universelle Harmonie zu kreieren, heißt es in Anlehnung an Poincaré,[65] während die Kunstströmungen der vergangenen 100 Jahre, die Romantiker, Impressionisten, Kubisten, kurz die Individualisten, von nichts anderem angezogen worden zu sein scheinen als von den Variationen der Natur oder von individuellen Sensibilitäten. Studiere man aber die Naturgesetze, so wirke die Natur keineswegs wie eine Märchenwelt ohne Plan, sondern wie eine Maschine.[66] Wie beispielsweise zehn Jahre zuvor Hendrik Petrus Berlage rufen auch Jeanneret und Ozenfant dazu auf, die Gesetze, die „Invariablen" – einen Terminus, den nicht nur Poincaré, sondern auch Viollet-le-Duc bereits in ähnlichem Zusammenhang verwendet hatte[67] – auszumachen, die der Ordnung der Natur und des Universums zugrunde liegen, und auf deren Basis Kunst zu schaffen und dem Vollkommenen so etwas näher zu kommen.[68] Ein puristisches Werk, so legen die beiden Autoren im letzten Kapitel dar, habe den Zufall auszuschalten und die Emotionen zu kanalisieren. Als Darstellungsobjekte kommen einfache Gegenstände infrage, die von allen dekorativen und künstlerischen Zutaten befreit sein sollen. Dies könne eine Flasche mit gängiger Form sein, da sie in sich eine hohe Generalität besitze. Es könne sich bei dem darzustellenden Objekt aber auch um einen Baum handeln, sofern er nicht ein Ausnahmeindividuum sei, und im Falle einer Landschaftsdarstellung solle diese aufgrund der Schönheit ihrer Volumen oder Proportionen, nicht aber aufgrund malerischer Aspekte oder zufälliger Farbigkeiten ausgewählt werden.[69] In der Hierarchie rangiere die dekorative Kunst ganz unten, während die Darstellung der menschlichen Figur den Gipfel markiere,[70] eine Tatsache, die vor dem Hintergrund, dass es sich bei den in der Galerie Thomas ausgestellten ersten puristischen Werken Jeannerets und Ozenfants fast ausschließlich um Stillleben handelte, erstaunlich erscheint.[71] Entscheidend sei die Unveränderbarkeit des Standpunktes, die Zufälligkeiten ausschließe – puristische Kunst solle das Unveränderbare, Konstante wahrnehmen, festhalten und ausdrücken.[72] Sie fordern, dass die Idee der Form gegenüber der Farbe Vorrang bekommen möge, dass sich sämtliche Bildproportionen und Beziehungen in Zahlen ausdrücken lassen und dass sich das Bild als Gleichung begreifen lassen möge[73] – eine Forderung, in der sich sicherlich der Einfluss Poincarés widerspiegelt.

Nicht erst im „L'Esprit Nouveau", sondern schon in „Après le cubisme" lässt sich der Purismus als ein Klassizismus begreifen, „der Anleihen bei antiken Ideen nimmt, sie aber im übrigen im Geist der Moderne weiterentwickelt", wie Gottfried Boehm es charakterisiert.[74]

Bereits in „Après le cubisme" finden sich verschiedene Bezugnahmen auf die Akropolis, den Parthenon und das perikleische Griechenland im Allgemeinen. Und sicherlich ist es kein Zufall, dass sich der erste Rekurs auf das perikleische Griechenland und die Akropolis in jenem von Le Corbusier allein verfassten kurzen Kapitel „L'Esprit Moderne" findet. Auch Ozenfant hatte sich in seiner Jugend zwar mit den kulturellen Überresten der Römer in Südfrankreich auseinandergesetzt, und in seinen Memoiren findet sich eine Passage, in der er behauptet, in seiner Jugend davon geträumt zu haben, einen Roman über Phidias zu schreiben.[75] Seine eigentliche Auseinandersetzung mit dem Monument fällt jedoch erst in die frühen 1930er Jahre, also in eine Zeit Jahre nach der Zusammenarbeit mit Le Corbusier, sodass davon ausgegangen werden kann, dass die Akropolis-Referenzen allein Jeanneret zuzuordnen sind. Der Rekurs auf die Antike erscheint in „Après le cubisme" erstmals unter neuen Vorzeichen. Die Akropolis wird in radikal moderner Manier als kulturelle und ästhetische Ikone eingeführt, die ihre Zeit repräsentiert und durch die rigorose Anwendung der „Gesetze" ein Werk höchster Präzision und Harmonie verkörpert. Ähnlich wie drei Jahre später in „Ingenieur-Ästhetik, Baukunst" werden die Architekten dazu aufgerufen, sich im Rahmen der Entwicklung einer neuen Kunst bzw. Architektur, die ihr Zeitalter entsprechend repräsentiert, an der modernen Industriekultur, deren Bauten, Maschinen und Produkten zu orientieren.[76] In den Ingenieurbauten, aber auch in den Maschinen und Maschinenprodukten seiner Zeit sieht Jeanneret die rigorose Realisierung des Kalküls verkörpert, in der die Zahl als Basis aller Schönheit von nun an ihren Ausdruck finden könne. Niemand bleibe unberührt „von der Intelligenz, die bestimmte Maschinen regiere, vor der Proportion ihrer Organe, vor der Präzision der Ausführung ihrer Elemente, der Schönheit ihrer Materialien, der Sicherheit ihrer Bewegung – sie sind wie eine Projektion der Naturgesetze […]": die Ordnung regiere, weil nichts der Fantasie überlassen sei.[77] Keine 50 Jahre, so Jeanneret, seien nach der Geburt der Industrie vergangen und schon seien hervorragende Werke realisiert worden – sie brächten die Wahrnehmung einer klaren, luftigen, allgemeinen Schönheit mit sich. „Niemals seit Perikles ist das Denken so leuchtend gewesen." Dieser Satz ist mit einer Fußnote versehen, in der angekündigt wird, dass diese Frage in einem folgenden Band der „Commentaires" erörtert werde.[78] Daraus lässt sich schließen, dass „Vers une Architecture" mit dem Akropolis-Schwerpunkt damals bereits in Planung war. Er beendet das Kapitel etwas später mit der Behauptung: „All das ist auf dem Wege realisiert zu werden, wovon die Griechen, die so vertraut waren mit diesem

Geist, geträumt haben, ohne die Möglichkeit gehabt zu haben, es jemals zu realisieren aus Mangel an Methoden und Mitteln vergleichbar mit denen der modernen Industrie. Wir haben heute Konstrukteure. Wenn wir heute unseren Pont du Gard haben, werden wir auch unseren Parthenon haben, und unsere Epoche ist besser mit Werkzeugen ausgerüstet, um das Ideal der Perfektion zu realisieren."[79] Der Parthenon und die Maschine bzw. das Maschinenprodukt werden als kulturelle Ikonen ihrer jeweiligen Zeit eingeführt. Beide zeichnet die gleiche Harmonie, Schönheit und Präzision aus. Grundlage dafür ist, dass sie den natürlichen Gesetzen folgen und die Regeln der Zahl, der Mathematik befolgen. Auf diese Weise bringen sie eine geistige Schönheit hervor, die nicht auf oberflächlicher Sensation beruhe.

Anders als in „Vers une Architecture" ist die Analogie hier nicht als Provokation angelegt, sondern steht, wie bereits dargestellt wurde, in einer deutlichen Tradition, die sich seit Mitte des 19. Jahrhunderts einer gewissen Beliebtheit in der Architekturtheorie erfreute.[80] Im Folgenden rekurrieren Jeanneret und Ozenfant immer wieder in kurzen Verweisen auf die Akropolis als kulturelle Ikone, die den Geist und die technischen und materiellen Möglichkeiten des perikleischen Zeitalters dezidiert repräsentiert, um parallel aufzuzeigen, wie wenig die zeitgenössische Kunst, respektive der Kubismus für ihre Zeit stehen: „Die Kunst ist dem modernen Geist fast völlig fremd. Platzieren wir […] die modernste Kunst, die einzige, die Aufmerksamkeit verdient, den Kubismus, in diese Atmosphäre von Wissenschaft und Industrie: Der Missklang ist frappierend. Es ist, als würde die Ebene wechseln. Und die modernste Bedeutungsebene ist nicht besetzt von der Kunst. Wechselte man die Ebene, wenn man von der Stadt zur Akropolis ging? Nein, weil Phidias und Iktions Künstler ihrer Zeit sind. Der Kubist ist nicht der Künstler, der die unsere repräsentiert."[81] Einige Seiten später fordern sie erneut, dass Kunst die Aussage ihrer jeweiligen Zeit sein möge und dass sich die Kunst an der Wissenschaft zu orientieren habe – eine Forderung, die bereits zehn Jahre zuvor Hendrik Petrus Berlage formuliert.[82] Das Wort Wissenschaft sei nichts anderes als die Kurzformel, heißt es in „Après le cubisme", die eine der reinsten Intentionen des modernen Geistes zu beschreiben erlaube. Die Autoren klagen die künstlerische Welt ihrer Epoche an, bis hierhin sowohl die Wissenschaft als auch diesen Geist mit Hochmut ignoriert zu haben. „Man wird uns vorwerfen, dass Kunst ewig ist, die Wissenschaft oder Industrie aber vergänglich; die aktuellen Maschinen werden durch bessere ersetzt werden, wissenschaftliche Prinzipien werden durch unerwartete Entdeckungen modifiziert werden, während aber nichts Phidias ersetzen werde. Einverstanden;

Abb. 26: Charles-Edouard Jeanneret: „Stillleben mit offenem Buch, Pfeife, Glas und Streichholz-
schachtel" (1918), Graphit und Wasserfarbe (37,3 x 57 cm)

man darf in der Wissenschaft nichts als ein Element des modernen Geistes sehen;
Phidias zeigt präzise, was der Geist des perikleischen Zeitalters war."[83] Aber nicht
nur zur Kubismus-Kritik bzw. zur Kritik an der modernen Kunst werden die Akropolis und das perikleische Zeitalter herangezogen, sondern auch ganz unverhohlen
zur Legitimierung des Purismus. Im dritten Teil von „Après le cubisme" geben die
Autoren konkrete Anweisungen, wie ein puristisches Gemälde auszusehen habe,
und stellen den Purismus in die unmittelbare Tradition mit den Werken der alten
Griechen: „Ein wahrhaft kubistisches Werk muss den Zufall besiegen und die
Emotionen kanalisieren; es muss das rigorose Bild einer rigorosen Konzeption sein:
durch eine klare Konzeption, rein realisiert, muss es die Tatsachen der Vorstel-
lungskraft anbieten. Der moderne Geist erfordert das; diese Neuerung für unsere
Epoche wird das Band mit der Epoche der Griechen wieder herstellen."[84] Dabei
verzichteten die Puristen darauf, „den Vergangenheitsbezug mit arkadischen Motiven oder Mythologien zu verbinden. Die Antike, die sie meinten, war eine im

weitesten Sinne platonische, bzw. pythagoräische Antike."[85] Es handelte sich, wie Gottfried Boehm charakterisiert, um einen Platonismus, der eine ideelle, mathematisch fassbare Ordnungs- und Harmonievorstellung repräsentierte.[86]

Wie ernst Le Corbusier dieser Gedanke war, das Band mit der Epoche der Griechen wiederherzustellen, zeigt nicht nur sein bekanntestes Gemälde aus der Zeit, „La Cheminée", sondern auch sein zweites Gemälde, das er im Rahmen der ersten Purismus-Ausstellung in der Galerie Thomas neben den vielen Ozenfants ausstellte. Morgens Krustrup vermutet, dass in „La Cheminée" ein Band von Choisys „Histoire de L'architecture" mit abgebildet sei,[87] was durchaus vorstellbar ist angesichts der Bedeutung, die Choisy für Le Corbusiers späteres Werk bekommen sollte. In seinem zweiten Gemälde handelt es sich nachweislich um Choisys Publikation, die abgebildet ist. Dargestellt ist auf dem Gemälde „Nature Morte avec livre ouvert, pipe, verre et boite d'allumettes" die aufgeschlagene Doppelseite 358/359 mit einer Darstellung ionischer Kapitele.[88] (Abb. 26, 27) Es handelt sich dabei, wie Françoise Ducros beschreibt, „um ein direktes Zitat von erlernter Kultur, in dem nicht nur die Rolle des Buches, sondern auch die der architektonischen Referenzen und klassischen Modelle in der Formulierung des Klassizismus mit angegeben werden"[89]. Dass es sich um eine Seite mit ionischen Säulen handelt, mag auf den ersten Blick überraschen – es sollten jedoch keineswegs die einzigen ionischen Säulen in Jeannerets Gemälden bleiben.

Der Purismus und die Gründung des Zeitgeistmagazins „L'Esprit Nouveau"

Ende des Jahres 1918 war die professionelle und intellektuelle Freundschaft so eng geworden, dass sie für beide Persönlichkeiten sichtbare Folgen hatte: So scheint Ozenfant in diesem Zeitraum von einem Bedürfnis neuer Klarheit im Leben getragen gewesen zu sein – er benötigte eine Katharsis. Er trennte sich von seiner Frau und reinigte seine neu bezogene überdekorierte Wohnung – er selbst sprach von dieser Zeit als „Periode des Staubsaugens"[90]. Jeanneret war so fokussiert auf die Zusammenarbeit, dass er in der Zeit – mit Ausnahme des Ateliers für Ozenfant, das er 1922 entwarf – nicht mehr baute, sondern sich vollständig der Malerei widmete. Erst nach dem Erfolg von „Vers une Architecture" wandte er sich wieder der Architektur zu und deklarierte die Malerei zur Privatsache.[91] Ozenfant bezeichnet später die ersten Gemälde, die sie im Kontext von „Après le cubisme" in der Galerie Thomas ausgestellt hatten, als „proto-puristisch". Zu dem Zeitpunkt, im November 1918, sei der Purismus lediglich im Kopf klar, auf der Leinwand jedoch noch nicht realisierbar gewesen.[92] Sie formulierten also zunächst die Theorie, und die praktische Umsetzung erfolgte erst später – ein ungewöhnlicher Schritt, der sich in Le Corbusiers Werdegang gleich zweimal vollzog.

Zwischen 1918 und 1920 arbeiteten sie laut Le Corbusier in überzeugter Freundschaft, dachten, schrieben und malten gemeinsam in demselben Atelier.[93] Sie konsolidierten in dieser Zeit ihre Ideen zu einer kohärenten Theorie, die anwendbar war auf einen bestimmten Gemäldetyp, und publizierten rechtzeitig zu Beginn ihrer zweiten gemeinsamen Ausstellung in der Galerie Druet ihr zweites Manifest mit Namen „Purisme" in der vierten Ausgabe ihres mittlerweile gegründeten Avant-garde-Magazins „L'Esprit Nouveau". Darin geben sie konkrete Anweisungen für

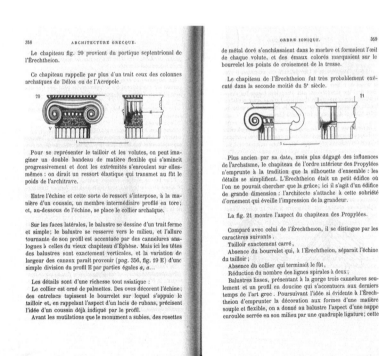

Abb. 27: Doppelseite aus Auguste Choisys „Histoire de l'Architecture" (1899)

die Entwicklung einer universellen, übertragbaren plastischen Sprache, die im Betrachter die Empfindung einer mathematischen und lyrischen Ordnung zu evozieren vermag.[94] Zur wesentlichen Neuerung gehörte, dass in „Purisme" nicht mehr von Wissenschaft die Rede ist, an der sich die Künstler orientieren sollen. Stattdessen wird in „Purisme" die sozialdarwinistische Selektionstheorie eingeführt, die ja auch der späteren Gegenüberstellung von Tempel und Auto zugrunde liegt, um die Auswahl der Bildthemen zu erklären und zu rechtfertigen. Außerdem lösten sie die Widersprüche auf, die sich durch die in „Après le cubisme" dargelegte Hierarchie der Bildthemen in Anbetracht der ausgestellten Bilder ergaben. Ozenfant und Jeanneret plädieren dafür, möglichst universelle Objekte auszuwählen, die auf reinen Formen basierten, eine natürliche oder mechanische Selektion durchlaufen hätten und zu Verlängerungen des menschlichen Körpers gehörten.[95] Zu den Objekten, „die echte Verlängerungen des menschlichen Körpers sind", zählen Ozenfant und Jeanneret in dem Manifest Vasen, Gläser, Flaschen, Teller – Dinge, die seit jeher ausgehend von Grundbedürfnissen anhand ökonomischer Kriterien (maximale Größe, maximale Widerstandskraft, maximale Ökonomie der Materialien, maximale Belastbarkeit) hergestellt wurden. Sie sind im menschlichen Maßstab gestaltet und harmonieren daher sowohl untereinander als auch mit dem Menschen. Durch die Maschine habe sich das Problem der Selektion stärker denn je gestellt, da sie die Gesetze der Ökonomie am striktesten anwende. Durch die mechanische Selektion seien Formen etabliert worden, die man beinahe als permanent bezeichnen könne, da sie alle an den menschlichen Maßstab gebunden und im höchsten Maße ökonomisch seien.[96] Durch dieses Konstrukt der Objekte, die Verlängerungen des menschlichen Körpers darstellen, blieb der Mensch offiziell im Zentrum der Theorie, die ganz auf das Stillleben zugeschnitten wurde, wie Susan Ball konstatiert.[97]

Die in der zweiten Ausstellung im Januar 1921 in der Galerie Druet präsentierten Gemälde erscheinen dann auch wenig abwechslungsreich und stark reglementiert. Bildformat und Farbgebung waren ebenso exakt definiert wie die Objekt-Themen selbst, die abgebildet wurden.[98] Wichtig war Ozenfant und Jeanneret der räumliche Aspekt der Malerei. So wurde z. B. die Farbpalette auf die sogenannten „konstruktiven Farben" beschränkt, die gelben, roten und braunen Ockertöne, sowie Weiß, Schwarz und Ultramarinblau, die sie als kräftige, stabile und Einheit verleihende Farben bezeichnen, die geeignet seien, Volumen wiederzugeben.[99] Sie definieren, dass Malerei kein Fragment, sondern ein Ganzes sein müsse: „Um zu strukturieren, braucht es Raum. Wir behandeln das Gemälde nicht wie eine Oberfläche, sondern wie einen Raum."[100] An kubistische Kompositionen erinnert nur noch die sogenannte vierte Dimension, die gleichzeitige Darstellung von Grundriss und Profil.

Die Kompositionen – „es sind lediglich reine Formen in präzise Beziehungen miteinander gebracht"[101] – sind jedoch so steril, dass sie eher eine Nähe zu den kühnen Isometrien Auguste Choisys aufweisen als zu den Gemälden der Kubisten, wie auch Françoise Ducros bemerkt.[102]

Der Charakter dieser zweiten Purismus-Ausstellung in der Galerie Druet wird wenig aufregend gewesen sein, denn das Kunstwerk durfte ausdrücklich „nicht zufällig, außergewöhnlich, impressionistisch, unorganisch, widersprüchlich oder malerisch sein". Es sollte im Gegenteil verallgemeinernd und statisch und Ausdruck des Unveränderlichen sein.[103] Zu dem ohnehin schon sehr einheitlichen Charakter der Bilder und der abgebildeten Objekte kam noch hinzu, dass es einzelne Motive in mehrfacher Ausführung gab. Le Corbusier benutzte beispielsweise regelmäßig Pauspapier zur Durchzeichnung, was ihm die unterschiedliche Bearbeitung ein und desselben Bildmotivs ermöglichte. Hinzu kommt, dass es einige Motive in doppelter Ausführung gab – von Le Corbusier und Ozenfant.[104] Einzig die Auswahl und Komposition der Gegenstände unterlagen einer gewissen Variationsmöglichkeit. Zu den durch den Selektionsprozess typisierten Gegenständen, die in den puristischen Gemälden ihrerseits typisiert wiedergegeben wurden,[105] gehören vorzugsweise Alltagsgegenstände wie Flaschen, Teller, Karaffen und Vasen. Und obwohl ihre Rhetorik darauf ausgerichtet schien, Gegenstände, die nicht maschinell produziert wurden, auszuschließen, malten sie oft Gitarren oder Violinen. Sie passten insofern gut in die puristische Ikonographie, als es sich dabei um jahrhundertealte, standardisierte Formen handelt, die aus standardisierten Teilen angefertigt werden. Sie sind genauso modern, wie sie ewig bzw. konstant sind, und stehen für Freizeit, Vergnügen, Kultur.[106] Ein anderes stetig wiederkehrendes Motiv in den puristischen Bildern ist ein Objekt, das an ionische Säulentrommeln erinnert, die an den Stegen zwischen den Kanneluren zu erkennen sind, aber meistens eine gewisse Doppeldeutigkeit aufweist. Oft ist die Form in Flaschen-, Karaffen- oder Glasformen eingeschrieben und evoziert unterschiedliche Assoziationen. Carol Eliel fühlt sich durch die kannelierten Objekte an Schiffsaufbauten erinnert,[107] während Ducros darauf hinweist, dass die kannelierten Flaschen ebenso an ein Säulenelement wie an ein Zahnrad erinnern.[108] Die Säulentrommel ist seit 1919 in fast jedem Gemälde beider Maler präsent und wurde später auch von Fernand Léger mit ins Bildprogramm übernommen. So wird die klassische griechische Säule – als solche muss die Form wohl gelesen werden, denn die ionischen Kanneluren befinden sich auch in Ozenfants Gemälde „Dorische Vasen"[109] – schon lange bevor Le Corbusier Tempel und Autos im Juli 1921 zur Veranschaulichung des Standardisierungsprozesses einander gegenüberstellt, als Standard und typisiertes, beliebig reproduzierbares Massenprodukt eingeführt, das einen jahrhundertelangen Selektionsprozess durchlaufen hat.

Anders als in „Après le cubisme" finden sich 1921 in dem zweiten Manifest keine direkten Verweise auf die Akropolis oder das perikleische Griechenland, dafür aber im unmittelbaren Kontext des „L'Esprit Nouveau". Das zweite Manifest des Purismus wurde in derselben Ausgabe publiziert, in der sich der letzte Teil der Trilogie „Drei Mahnungen an die Herren Architekten. III. Der Grundriss" befindet, in der Choisys kombinierte Grund- und Aufrissrekonstruktion der Akropolis als Titelfrontispiz verwendet wurde.[110] Dabei ist zu beachten, dass es für die Zeitgenossen jedoch nicht ersichtlich war, dass es sich um dieselben Autoren handelte, war doch der Artikel „Purisme" mit Jeanneret und Ozenfant und die „Drei Mahnungen an die Herren Architekten" mit Le Corbusier-Saugnier unterzeichnet. Genauso wenig konnten die Zeitgenossen natürlich auch das vorangegangene Manifest „Après le cubisme" mit den Artikeln Le Corbusier-Saugniers in direkte Verbindung bringen. Es bestand bestenfalls dadurch, dass beide im „L'Esprit Nouveau" erschienen, ein indirekter Zusammenhang zwischen der Theorie und Praxis des Purismus und dem in „Vers une Architecture" formulierten Programm für die Architektur. Hinzu kommt, dass die Zeitschrift in den ersten Jahren anonym herausgegeben wurde und weder Le Corbusier-Saugnier noch Jeanneret und Ozenfant zuzuordnen war.

Ozenfant und Jeanneret hatten die Künstlernamen Le Corbusier und Saugnier im Oktober 1920 im Zuge der Herausgabe ihrer Zeitschrift angenommen, um damit alle Architektur-Beiträge zu unterzeichnen.[111] Sie publizierten außerdem unter verschiedenen weiteren Pseudonymen, um den Eindruck einer breiter gestreuten Autorenschaft zu erwecken. Ozenfant schrieb, wie Turner darstellt, beispielsweise auch unter Julien Caron oder Dr. St. Quentin und Jeanneret verwendete neben Le Corbusier auch die Pseudonyme Paul Boulard und Vauvrecy, wobei diejenigen Artikel, die mit Vauvrecy oder Fayet unterzeichnet waren, entweder von einem der beiden stammten oder von beiden zusammen.[112] Jeanneret und Ozenfant unterzeichneten die Architektur-Artikel zwar gemeinsam, es gilt inzwischen aber als gesichert, dass sie aus der alleinigen Feder von Le Corbusier stammen und nach der Vereinbarung, die sie zu Beginn ihrer Zusammenarbeit im Zuge von „Après le cubisme" gefasst hatten, gemeinsam unterzeichnet wurden. Von Anfang an war der Purismus mehr als nur eine neue Richtung der Malerei.

„Der universalistische Anspruch, mit dem die Autoren von ‚Après le cubisme' auftraten, schien von Anfang an nach einem adäquaten Werkzeug zu verlangen: einer Zeitschrift, in der die verschiedensten Disziplinen der modernen Kultur zu Wort kommen sollten."[113] Der „L'Esprit Nouveau", den Jeanneret und Ozenfant ab Oktober 1920 anfangs unter der Beteiligung des Dichteres Paul Dermée herausgaben, war die erste Zeitschrift, die von bildenden Künstlern gegründet wurde. Das Projekt war von dem Drang bestimmt, sich in die Ewigkeit zu projizieren und ihrer Zeit von vornherein eine historische Dimension zu verleihen. Die Herausgeber boten ihre eigene Definition des Zeitalters an, in dem sie lebten, und zielten darauf ab, den Genius, Geist und den Willen dieser Epoche der Maschinenästhetik zu proklamieren.[114] Es handelte sich weniger um eine reine Kunstzeitschrift als vielmehr um eine Art umfassenden Kulturleitfaden, wobei die Mehrzahl der Artikel der Kunst gewidmet war. „Der Esprit Nouveau ist die erste Revue der Welt, die wirklich der lebendigen Ästhetik gewidmet ist", lautet die Überschrift der Einleitung zu ersten Ausgabe.[115] Sie fordern nicht nur eine neue Kunst, sondern einen neuen Lebensstil. Aus der Einleitung zur ersten Ausgabe geht hervor, dass die Herausgeber es als ihre Aufgabe sehen, objektiv die Intentionen der führenden Intellektuellen, ihre Theorien, Gründe und Ziele ihrer Forschungen, die sogar dem kultivierten Publikum nicht immer ganz klar seien, zu beleuchten und die Leser über alles zu informieren, was sich auf der Erde entwickelt.[116] Nicht nur die Sparten der modernen bildenden Kunst, der Architektur oder des Designs waren vertreten, sondern ebenso Bereiche wie Theater, Film, Musik, Literatur, Politik und Wirtschaft, Philosophie und Wahrnehmungspsychologie. Als zeitliche Eingrenzung legt die Redaktion ihren Beschäftigungsrahmen für die Malerei alles nach Cézanne, für die Literatur alles nach Mallarmé und Rimbaud und im Bereich der Musik alles nach Wagner Entstandene fest. Schon in der Einleitung, in der sie einen knappen Überblick über Programm, Methoden und Adressatengruppen liefern,[117] kündigen sie an, in ihrer Revue freimütig die traditionellen Rahmen zu umgehen und alle Bereiche einzuverleiben, in denen sich Tendenzen mit beträchtlicher Bedeutung für das moderne Leben enthüllen.[118] Dem wurde Nachdruck verliehen in dem mit „L'Esthétique mécanique" übertitelten Absatz in ihrem Programm, in dem es heißt: „Niemand streitet heute die Ästhetik ab, die sich in modernen Industriekonstruktionen entwickelt. Mehr und mehr etablieren sich Industriekonstruktionen und Maschinen mit ihren Proportionen, dem Spiel ihrer Volumen und Materialien, sodass viele unter ihnen wahrhafte Kunstwerke sind, weil sie die Zahl, das heißt Ordnung in sich tragen.

Aber die Individuen der Elite, die die industrielle Welt und ihre Gegenstände kreieren, und daher in dieser männlichen Atmosphäre leben, in der die unleugbar schönen Werke entstehen, bilden sich ein, weit entfernt von allen ästhetischen Aktivitäten zu sein; sie haben Unrecht, denn sie gehören zu den aktivsten Schöpfern der zeitgenössischen Ästhetik. Weder die Künstler noch die Industriellen legen sich darüber genügend Rechenschaft ab; es ist die allgemeine Produktion, in der sich der Stil einer Epoche findet und nicht wie man oft glaubt, in seinen ornamentalen Produktionen."[119]

Wie schon in „Après le cubisme" wird auch in der Zeitschrift „L'Esprit Nouveau" ihre Zeit als eine Periode begriffen, in der bestimmte Ziele, die die Griechen ihrer Auffassung nach hatten, realisiert werden könnten. Sie stellen sich, so Geoffrey Baker, eine Art perikleische Ordnung vor, die durch die Anwendung universalistischer Prinzipien erreicht werden sollte, und im Streben nach Harmonie und Balance betonen sie die Notwenigkeit für eine Annäherung, die die Kräfte berücksichtigt, die in beiden, in Mensch und Natur, zu finden sind.[120] So kommt es, dass die Akropolis und die griechische Antike eine auffällige Präsenz in den einzelnen Ausgaben des „L'Esprit Nouveau" finden. In erster Linie natürlich in den unter Le Corbusier-Saugnier publizierten Aufsätzen, die 1923 in „Vers une Architecture" zusammengefasst wurden, mit ihren drei unterschiedlichen Höhepunkten. Aber auch in anderen Artikeln finden der Parthenon, Phidias, Iktinos oder das perikleische Griechenland regelmäßig zumindest Erwähnung. Es genügen Stichproben in Artikeln, die Ozenfant und Jeanneret unter ihren verschiedenen Pseudonymen veröffentlicht haben, um immer wieder in Texten mit einschlägigen Titeln, wie beispielsweise „L'ordre"[121], „L'angle droit"[122], „Nature et creation"[123] oder „Le respect des œuvres d'art"[124], in irgendeiner Weise auf die Akropolis oder das perikleische Zeitalter zu rekurrieren. In der Ausgabe Nr. 16 des „Esprit Nouveau" vom Mai 1922, in der der programmatische Aufsatz „Pure creation de l'esprit" von Le Corbusier-Saugnier publiziert wurde, befindet sich beispielsweise auch ein Artikel über „Les vases grècs" von Ozenfant, der unter dem Pseudonym de Fayet veröffentlich wurde.[125] In der Ausgabe 11/12 vom November 1921 wurde neben dem Le Corbusier-Saugnier-Aufsatz „Ingenieur-Ästhetik, Baukunst", der später in „Vers une Architecture" als Einleitung fungieren sollte und in dem der Parthenon mit dem

Telefon verglichen wird, der Artikel „Peinture ancienne et peinture moderne" von Fayet, alias Ozenfant, publiziert, und im Editorial dieser Ausgabe fassen Jeanneret und Ozenfant unter dem Titel „Les Idées d'Esprit Nouveau dans les livres et la presse" auf vier eng bedruckten Textseiten die Kernpassagen aus dem zweiten und dritten Kapitel von „Après le cubisme" von 1918 noch mal zusammen, in denen fast alle Hinweise auf das perikleische Zeitalter enthalten sind.[126] Dadurch, dass die beiden Künstler unter verschiedenen Pseudonymen arbeiteten, ließ sich der Eindruck erwecken, dass es sich um eine allgemeine Tendenz handelte. In Wirklichkeit waren Jeanneret und Ozenfant mit Ausnahme des Wahrnehmungspsychologen Charles Henry[127], der seinerseits mehrfach in seinen vier Artikeln auf die Akropolis rekurriert, die einzigen, die regelmäßig in irgendeiner Form die Aufmerksamkeit auf das klassische Griechenland lenken.

Dass es Le Corbusier mit der Akropolis und der Lehre des Parthenon durchaus ernst gewesen sein dürfte, zeigt sich in einem Brief, den er am 19. Juni 1920, wenige Monate vor dem Erscheinen des „L'Esprit Nouveau" an William Ritter schrieb. Er berichtet darin, dass sein Leben ein Programm habe: Denken, Ausführen, Schreiben, Malen und sieben Stunden Schlaf am Tag. Die Vorbereitungen für die Ausstellung in der Galerie Druet belegten die Abende und Sonntage. Mehr als ein Jahr habe er keinen halben Tag mehr zum Spazierengehen oder zum Erholen gehabt. „Ich wage nicht, einen Detailbericht von unserem Plan abzugeben, denn wir haben ihn noch nicht beendet. Ich hoffe, dass ich Ihnen nicht zu viel Schande machen werde."[128] Mehr offenbart er Ritter über das Projekt des „L'Esprit Nouveau" nicht. Er berichtet über die Villa Schwob und äußert sich erstaunt darüber, dass sie in der Fachwelt nicht mehr Beachtung gefunden habe, da er selbst sehr zufrieden sei. „Ich hätte durchaus das Recht hochmütig zu sein", fährt er fort. „Ich bin sehr hochmütig aufgrund der Menschen, die ich geschafft habe kennen zu lernen, aber meine Aufmerksamkeit ist fixiert auf den Parthenon und auf Michelangelo; ich bin daher bescheiden und ein fleißiger Büffler. Ein gemaltes Werk ist ebenso total wie eine Architektur. Es ist weil ich diese Wahrheit gefunden und lebhaft empfunden habe […]. Eine Kunst ohne Schwäche. Und das Temperament unterdrückt: Vorlage wieder einmal: Der Parthenon, dieses Drama."[129]

Insgesamt erschienen 28 Ausgaben des „L'Esprit Nouveau" zwischen Oktober 1920 und Januar 1925, wobei es eine 16-monatige Unterbrechung von Juni 1922 bis November 1923 gab, während der auch „Vers une Architecture" erschien. Die 29. Ausgabe, die vollständig der Architektur gewidmet gewesen wäre, wurde nicht mehr in der Reihe publiziert, sondern erschien wenig später als Buch unter dem Namen „L'Almanach d'architecture moderne". In dieser Publikation, die Christine Boyer hauptsächlich als Katalog für den auf der „Exposition des Arts Décoratifs" ausgestellten „Pavillon de L'Esprit Nouveau" charakterisiert,[130] veröffentlichte Le Corbusier, wie bereits dargestellt wurde, die ersten und für die nächsten 40 Jahre auch einzigen Auszüge aus seinem Orientreisebericht und gibt damit einen Einblick in die frühe Auseinandersetzung mit der Akropolis. Mit der Verdichtung der Akropolis-Referenzen und Verweise in „Vers une Architecture" war Le Corbusiers Affinität zur Akropolis nicht mehr zu übersehen.

Mit dem Erscheinen von „Vers une Architecture" veränderte sich, wie Susan Ball beschreibt, nicht nur das Verhältnis von Le Corbusier und Jeanneret zueinander, sondern auch der „L'Esprit Nouveau". Ozenfant und Jeanneret traten nun erstmals offiziell als Herausgeber des „L'Esprit Nouveau" in Erscheinung, und das Magazin wurde stärker auf Architektur und Industriedesign ausgerichtet,[131] was auch daran lag, dass Le Corbusier, wie Ducros beschreibt, mehr Anteilspapiere an der Firma besaß und dadurch letztlich auch stärkeren Einfluss auf die strategische Ausrichtung des Magazins hatte als Ozenfant.[132] Zudem begannen sie sich in der zweiten Phase, wie Ducros darstellt, von ihrer Kubismus-Kritik zu distanzieren. Bereits 1924 schrieben sie ihren Purismus stolz in die Nachfolge des Kubismus und nicht mehr umgekehrt.[133] Das Erscheinen von „Vers une Architecture" leitete auch das Ende der Zusammenarbeit zwischen Ozenfant und Le Corbusier ein – die Künstler begannen fortan auseinanderzudriften. Susan Ball stellt dar, dass die Zusammenarbeit in der Anfangszeit für Jeanneret sehr sinnvoll gewesen sein wird angesichts des Namens, den Ozenfant in der Pariser Kunstszene bereits hatte. Sie zeigt anschaulich, dass die enge Zusammenarbeit in den ersten beiden Jahren des „L'Esprit Nouveau" offenbar noch sehr gut funktionierte. Damals ging es darum, die Ziele, die in „Après le cubisme" und den ersten Editorials des „L'Esprit Nouveau" formuliert sind, zu realisieren. Nach und nach wurden sie immer stärker in ihre eigenen Fragestellungen involviert, sodass eine enge Zusammenarbeit nicht mehr realisierbar war. In der Anfangszeit wird die Freude und Aufregung darüber, jemanden mit ähnlichem Glauben und Enthusiasmus gefunden zu haben, zu der selbstlosen gemeinsamen Arbeit, in der sie sogar als ein Autor auftraten, geführt haben. Dann aber traten ihre individuellen Persönlichkeiten wieder stärker hervor. Nach dem Erscheinen von „Vers une Architecture" wurde die Zusammenarbeit von Le Corbusier-Saugnier aufgelöst, die von Ozenfant und Jeanneret zunächst aber noch weitergeführt. Wie schwierig das Verhältnis zwischen den beiden Künstlern jedoch geworden war, zeigt ein von Françoise Ducros wiedergegebener Briefwechsel im August 1924, ein halbes Jahr, bevor die Zeitschrift eingestellt wurde. Jeanneret wirft darin Ozenfant vor, nicht mehr kooperieren zu wollen, woraufhin Ozenfant entgegnet, dass er realisiere, dass das gemeinsame Schreiben schwierig geworden sei. Es sei keineswegs so, dass die Ideen kollidierten, aber die gemeinsamen Ideen fänden Ausdruck in unterschiedlichen Haltungen und Sprachen. Jeanneret sei direkter, während er selbst eher geneigt sei zu philosophieren. Er stimme zu, dass es von nun an besser sei für sie beide, wieder allein zu schreiben.[134]

Durch das Erscheinen von „Vers une Architecture" hatten sich die Umstände zu stark verändert. Nicht nur Ozenfant, sondern auch Jeanneret stand fortan im Schatten von Le Corbusier, für den es sinnvoll war, zur Eigenständigkeit zurückzukehren und wieder eigene Wege, vor allem als Architekt zu gehen.[135] Bereits in einem Brief vom 30. Juli 1921 schreibt er an Ritter, dass der „junge Le Corbusier Früchte trage". Man habe ihn für Häuser angefragt und er sei im Konflikt, weil er sich ein Jahr Pause wünsche.[136] Bis zur Herausgabe von „Vers une Architecture" führte er ein regelrechtes Doppelleben – morgens war er Jeanneret, nachmittags Le Corbusier.[137] Nach dem Erscheinen der Aufsatzsammlung existierte Jeanneret noch ein paar Monate in den gemeinsam mit Ozenfant verfassten Artikeln, und bis 1928 signierte er nach eigener Angabe noch seine Bilder mit „Jeanneret". Danach wurde er gänzlich zu Le Corbusier.[138]

In der erste Ausgabe von „Vers une Architecture" war Amédée Ozenfant als Autor unter dem Pseudonym Le Corbusier-Saugnier noch existent. Mit der kurz darauf erschienenen zweiten Auflage änderte sich das, und Le Corbusier trat fortan als alleiniger Autor auf. Welchen Anteil Ozenfant wirklich an der Publikation hatte, lässt sich abschließend nicht vollständig klären. Es wird allgemein angenommen, dass die Texte tatsächlich aus Le Corbusier alleiniger Feder stammen. Möglicherweise war es jedoch Ozenfant, der das Layout machte, was bedeuten würde, dass er doch entscheidenden Anteil am Erfolg von „Vers une Architecture" gehabt hätte. Ozenfant war in der Organisation der Zeitschrift als Kreativdirektor für das Layout, die Typografie, die Papierwahl und die Drucküberwachung zuständig, während in Jeannerets Aufgabenbereich die Finanzierung und Anzeigenakquise fielen.[139] Die Tilgung des Namens Saugnier 1924 wird es auch gewesen sein, die zum endgültigen Bruch zwischen den beiden Künstlern führte. Das Drama zwischen den beiden Künstlern lässt sich in Cohens Beschreibung der Ereignisse erahnen.

Laut Le Corbusiers Darstellung entfernte er für die zweite Ausgabe den Namen Saugnier als Autor und widmete Ozenfant die Ausgabe: „Dieses Buch ist Dir gewidmet zur Bezeugung unserer Freundschaft und der Kraft unserer gemeinsamen Arbeit."[140] Diese Widmung sei aber im Druck verloren gegangen, so Le Corbusier. Ozenfant dagegen behauptet, er habe die Proofs gesehen, in denen die Widmung ausgestrichen worden sei.[141] In Le Corbusiers erstem Band seines „Œuvre Complète" von 1929 findet Ozenfant nur noch zusammen mit Dermée als Mitherausgeber des „L'Esprit Nouveau" in einem Nebensatz Erwähnung. Seine wichtigste Entwicklungsphase, in der er zusammen mit Ozenfant den Purismus kreierte, zur Malerei zurückfand und aus Jeanneret Le Corbusier wurde, eine Phase, die ohne Ozenfant in dieser Form undenkbar gewesen wäre, schildert Le Corbusier, ohne den ehemaligen Freund zu erwähnen. Ähnlich, wie er später die Orientreise ins Jahr 1910 datierte und damit den für seine Entwicklung so bedeutsamen Aufenthalt in Deutschland überschrieb, überlagerte er die Freundschaft mit Ozenfant, um deren Bedeutung zu relativieren, mit einer anderen. So heißt es in der Einleitung zum ersten Band des „Œuvre Complète" überraschenderweise: „Im Jahre 1922 habe ich mich mit meinem Vetter *Pierre Jeanneret* zusammengetan. Mit Loyalität, Optimismus, Initiative und Ausdauer, mit gutem Humor … und im Bunde mit den Widerständen der Zeit haben wir uns an die Arbeit gemacht. Zwei Männer, die sich verstehen, sind so viel wert wie fünf andere, die allein sind."[142] Die Zusammenarbeit mit Pierre Jeanneret war sicherlich nicht unwichtig, aber es wäre vielmehr die Freundschaft zu Ozenfant gewesen, die in diesem Kontext gebührend Erwähnung hätte finden müssen. Mithilfe des Pseudonyms Le Corbusier war es ein Leichtes, den eigenen Werdegang so zu inszenieren, wie er ihn gesehen haben wollte. Er hatte die Möglichkeit, zu verschweigen, was nicht ins Bild passte, und gänzlich in der Kunstfigur aufzugehen. Nicht nur Ozenfant wurde in der Biografie Le Corbusiers getilgt, sondern auch weite Teile seines Vorlebens inklusive seines architektonischen Œuvres. Von seinen frühen Bauten fand lediglich die Villa Schwob später Eingang in „Vers une Architecture" und erhielt sogar einen langen, von Julien Caron, alias Ozenfant, verfassten Artikel im „L'Esprit Nouveau" Nr. 6 unter dem Titel „Une Villa de Le Corbusier 1916". Caron stellt die Villa vor, verbindet sie mit den Prinzipien des Purismus und stellt auch eine Verbindung zu Iktinos, dem Erbauer des Parthenon her, indem er die Präzision der ausgeführten Stuckaturen beschreibt und behauptet, dass ein Fehler des Stuckateurs von wenigen Millimetern die gesamte Harmonie zerstört hätte. „Das ist keine Übertreibung. Das ist eine

Tatsache, die echte Bildhauer verstehen werden, aber viele Architekten erstaunen wird, die nicht wahrhaben wollen, dass sich architektonische Proportionen aus Millimetern ergeben. Wir glauben, dass Iktinos auch dieser Meinung war."[143] Diese Äußerung wird noch amüsanter vor dem Hintergrund, dass in dem Artikel stark manipulierte und retuschierte Fotografien der Villa Verwendung finden, die sich laut Beatrice Colomina schon dem „Tatbestand der Fälschung" nähern.[144]

Die Akropolis blieb auch für Ozenfant eine lebenslange Inspiration, wobei seine eigentliche Auseinandersetzung mit dem Monument erst einige Jahre nach der Zusammenarbeit mit Le Corbusier einsetzte. Ozenfant besuchte Athen 1930 zum ersten Mal im Rahmen einer Kreuzfahrt in den Nahen Osten und zum zweiten Mal im Jahr 1934. Von seinem zweiten Besuch sind eine Reihe von Fotografien erhalten, die 1938 in „Tour de Grèce" publiziert werden sollten und laut Ducros relativ traditionell und untrennbar von den Variationen der Schwärmereien für das antike Griechenland der 1930er Jahre waren.[145] In seinen 1968 erschienenen „Mémoires" widmet er der Akropolis mehrere Seiten, die seine tief empfundene Faszination zum Ausdruck bringen und zeigen, dass es eine deutliche Verwandtschaft zu Le Corbusiers Äußerungen über die Akropolis gibt.[146] Möglicherweise ging es Ozenfant auch darum, auf diese Weise nachträglich noch einmal seine von Le Corbusier geleugnete Mitautorenschaft an „Vers une Architekturen" zu untermauern. Wie nah er auch in der Folgezeit an den Grundideen Le Corbusiers blieb, zeigt sich auch in seinen Bestrebungen, ab 1931 zusammen mit Erich Mendelsohn und Theodor Wijdeveld eine Mittelmeerakademie zu gründen, deren Ziel es sein sollte, eine zeitlose Synthese aus Klassik und Moderne zu entwickeln[147], was durch den Ausbruch des Zweiten Weltkrieges vereitelt wurde.

V. Die Akropolis-Idee in Le Corbusiers architektonischen und städtebaulichen Entwürfen

Das gebaute Manifest: die Villa Savoye

Le Corbusiers Faszination für die Akropolis spiegelt sich nicht nur in seinem geschriebenen Œuvre wider, sondern fand auch Eingang in seine architektonischen und städtebaulichen Projekte. Dabei ist es müßig, in seinem Werk nach wörtlichen Zitaten oder formalen Elementen zu suchen, die auf die Akropolis, den Parthenon oder die Architektur der Griechen hinweisen. Es handelt sich vielmehr um eine abstrakte Idee, die sich oftmals weniger visuell als vielmehr mithilfe seiner Texte und Beschreibungen ausmachen lässt, in denen es direkte Anspielungen oder sogar wörtliche Bezugnahmen auf seine Akropolis-Beschreibungen gibt. Ist einmal deutlich geworden, was für Le Corbusier im Kontext der Akropolis wichtig war, wird die Akropolis-Idee in seinen Werken gut ablesbar, und es zeigt sich, dass die Gestaltungsprinzipien seinem Gesamtwerk als eine Art Generalidee unterliegen. Insbesondere in seinem Spätwerk wurden sie regelrecht zu einem abstrakten, aber lesbaren Motiv, was dazu geführt hat, dass einige Werke Le Corbusiers, wie z. B. das Dach der Unité d'Habitation in Marseille, das Kapitol von Chandigarh oder die Wallfahrtskapelle in Ronchamp, inzwischen in der Literatur ganz selbstverständlich mit der Akropolis assoziiert werden.

Eines der frühsten und überzeugendsten Werke Le Corbusiers, in dem sich die Akropolis-Idee, insbesondere aber auch der Parthenon sehr deutlich niederschlägt und bestimmend für die architektonische Gestalt wurde, ist die 1929 erbaute Villa Savoye in Poissy bei Paris. Die als Wochenendhaus geplante Villa erhebt sich auf dem höchsten Punkt eines sanft ansteigenden Hügels, der auf drei Seiten von Bäumen gesäumt wird und auf der vierten Seite einen weiten Ausblick in die Umgebung gewährt. Das Gebäude erscheint aus der Ferne betrachtet als strenger weißer Kubus, der über dünnen Pilotis buchstäblich zwischen Himmel und Erde schwebt, da die dunkelgrün gestrichene Erdgeschosszone an drei Seiten so weit hinter die eigentliche Fassade zurückspringt, dass der dadurch gewonnene Bereich von einem

Auto befahren werden kann. Nur an der Ostseite, die sich den ankommenden Betrachtern als Erstes zeigt, verläuft das u-förmig gestaltete, nach dem minimalen Wendekreis des Autos dimensionierte Erdgeschoss in einer Ebene mit dem Piano Nobile. Das mittels Pilotis aufgestelzte Wohngeschoss der Villa Savoye, das eine große, offene Terrasse umschließt, ist als flacher, weißer Kubus über annähernd quadratischem Grundriss ausgebildet. In alle vier Himmelsrichtungen öffnet es sich mit einheitlichen Bandfenstern, was dem Gebäude regelmäßig den Vergleich mit Andrea Palladios Villa Rotonda eingebracht hat.[1] Da die Bandfenster an den Gebäudeecken durch schmale Wandstreifen gerahmt werden, wird dem scheinbar schwebenden Kubus eine scharfkantige Kontur verliehen, mit dem er sich markant von der Umgebung abhebt. Bekrönt ist das Gebäude mit plastisch geschwungenen Wandschirmen, die an das Deck eines Ozeandampfers erinnern, aber in ihrer Formensprache, Grundrissdisposition und farblichen Fassung auch Assoziationen an die puristischen Gemälde Le Corbusiers und Ozenfants evozieren. Ursprünglich waren die Wandschirme des Dachgartens farblich von dem Piano Nobile abgesetzt; von Curtis werden sie als Rosé- und Hellblautöne charakterisiert und von Etlin als Ocker- und Blautöne, womit die Farbwahl sogar noch näher an den puristischen Gemälden wäre.[2]

Im Innenraum ist die *promenade architecturale* mit ihrem fast zeremoniellen Charakter das beherrschende Thema der Villa Savoye.[3] Sie hat Ausdruck in der Rampe gefunden, der in der Villa Savoye nicht nur im übertragenen, sondern auch im wörtlichen Sinne eine zentrale Bedeutung als „Rückgrat" der Architektur zukommt. Sie besetzt die zentrale Mittelachse, um die herum das Haus entworfen wurde, und ist eine aktive skulpturale Komponente. Sie organisiert das „räumliche Ballet" von aufeinanderfolgenden und asymmetrischen Bildern, wie Etlin es formuliert, und leitet die Besucher durch eine komplexe, ineinander gewebte Komposition von Innen- und Außenräumen, von Volumen unterschiedlicher Größe und Höhe und macht somit das lesbar, was die kennzeichnende räumliche Charakteristik der Gesamtkomposition wurde.[4] Entlang der *promenade architecturale,* die bereits mit der Autofahrt beginnt, durchlaufen die Besucher unterschiedliche Stufen von Innen- und Außenräumen. Sie beginnen mit der Autofahrt im Außenraum, befahren dann im Erdgeschoss eine Zwischenzone, die ähnlich wie ein Tempelportikus die Übergangszone zwischen innen und außen darstellt, um dann schließlich in den Innenraum einzutreten. Im Piano Nobile führt die *promenade architecturale* erneut über eine halboffene Zone der allseitig umschlossenen Terrasse, die als Äquivalent zur Cella des Parthenon gelesen werden könnte, bis zum Dachgarten, wo sie vor einem glaslosen Fensterausschnitt, der einen gerahmten Ausblick in die Landschaft freigibt, endet.

Die Villa Savoye gilt als die klassischste seiner frühen Villen und als vollkommenste Zusammenführung all jener Themen, die Le Corbusier in den Jahren zuvor beschäftigt hatten.[5] Erstmals bot sich ihm aufgrund der idealen Lage des Grundstücks und der „offenen und vorurteilsfreien Auftraggeber"[6] die Gelegenheit, seine Architekturvision, die er zu Beginn der 1920er Jahre in „Vers une Architecture" skizziert, architektonisch zu realisieren. Wie kein anderes Werk verkörpert die Villa Savoye das Ergebnis seiner jahrelangen Suche nach einer standardisierten, allgemeingültigen, „universellen" Formensprache. In ihr lassen sich Analogien zu seinen puristischen Gemälden ebenso finden wie zu seinen städtebaulichen Experimenten der 1920er Jahre. Und wie kein anderes Werk verkörpert die Villa seine in „Vers une Architecture" dargelegte Architekturphilosophie mit all ihren scheinbaren Widersprüchen und Gegensätzen. Es handelt sich sozusagen um ein gebautes Manifest.[7] Während in „Vers une Architecture" das Oszillieren zwischen der Faszination für massengefertigte Industrieprodukte und der Begeisterung für die Akropolis von Athen irritierend erschienen sein wird, werden die beiden Pole in der Villa Savoye zu einer eindrucksvollen Synthese geführt. So lassen sich in dem Gebäude direkte und indirekte Anspielungen auf die drei wichtigsten Ikonen des Industriezeitalters, den Ozeandampfer, das Flugzeug und das Auto, die in „Vers une Architecture" jeweils mit einem eigenen Kapitel bedacht werden, ausmachen, wie Richard Etlin und William Curtis darstellen. Die geschwungenen Wandscheiben auf dem Dach der Villa Savoye erinnern an das Sonnendeck der Aquitania und auch die Fensterbänder, die gleichzeitig Assoziationen an den Ausblick aus dem Fenster eines fahrenden Autos evozieren, könnten durch den Ozeandampfer inspiriert worden sein. Die Bewegung des Fußgängers auf der Rampe lässt sich als Äquivalent zu der eines abhebenden Flugzeuges interpretieren und nimmt außerdem im Innenraum die fließende Bewegung der Autofahrt auf und setzt sie fort.[8] Das Auto wird als konstituierendes Element sogar in den Entwurfsprozess und in die Architektur selbst einbezogen und prägt das formale Erscheinungsbild, indem die befahrbare Erdgeschosszone durch seinen minimalen Wendekreis dimensioniert wurde. Aber Le Corbusier begnügte sich nicht damit, lediglich Assoziationen an die Ikonen des Industriezeitalters aufzurufen, vielmehr sollte die Villa Savoye selbst eine Ikone des Industriezeitalters werden, die die technischen und konstruktiven Möglichkeiten ihrer Epoche repräsentiert – ganz so wie er es mehr als eine Dekade zuvor in „Après le cubisme" und später im „Vers une Architecture" meistens in Hinblick auf den Parthenon fordert. Seine architektonischen „Forschungen" der 1920er Jahre waren von der Suche nach einer standardisierten, „universellen Formensprache" geprägt, die sich aus den neuen konstruktiven und technischen Möglichkeiten ableiten lässt. Curtis erinnert daran, dass Le Corbusier von der Existenz universeller architektonischer Werte ausging und davon überzeugt war, dass die größten Architekturen aus bestimmten, nicht zufälligen geometrischen, zeitlosen formalen Qualitäten bestehen, die zu allen Zeiten die gleichen waren. Ob es nun die Architekten des Parthenon waren, die mit dem Problem konfrontiert waren, einem Gebäude eine Form geben zu müssen, oder er selbst – immer, so glaubte Le Corbusier, ginge es darum, ein gewisses Substrat von ewigen Werten zu berücksichtigen.[9] In diesem Kontext lassen sich Le Corbusiers architektonische „Forschungen" der 1920er Jahre verstehen, die von Tim Benton folgendermaßen charakterisiert werden: „All die kleinen Elemente des Hauses – das Fenster, der Kamin, Details der Betonprofile – wurden immer wieder überarbeitet, als ob die Lösung dieser kleinen Probleme Teil einer globalen Lösung wäre: für den Siegeszug der modernen Architektur. Jedes einzelne dieser Merkmale – ganz gleich, ob es sich um die Grundpfeiler, um die Dachterrasse oder irgendetwas anderes handelte – sollte eine Berechtigung zugleich für die besondere Bauaufgabe wie in städtebaulicher Hinsicht haben."[10] 1927, im Rahmen der Werkbund-Ausstellung am Stuttgarter Weißenhof, publizierte Le Corbusier erstmals seine „Fünf Punkte zu einer neuen Architektur",[11] das einzige in sich geschlossene Regelwerk innerhalb seines schriftlichen Schaffens, das laut Werner Oechslin „in seiner Ausrichtung auf praktische Fragen des architektonischen Entwurfs wie auch in bewusster Absicht theoretischer Grundlegung und Kodifizierung die klassischen Funktionen der Architekturtheorie erfüllt"[12]. Le Corbusier fordert darin ein auf Pfeilern (Pilotis) basierendes Konstruktionssystem, den Dachgarten, die freie Grundrissgestaltung, Bandfenster und eine freie Fassadengestaltung und betont einleitend, dass es sich bei seinen Forderungen keineswegs um „ästhetische Phantasien" oder ein „Trachten nach modischen Effekten" handele, „sondern um architektonische Tatsachen", die „sich auf langjährige praktische Erfahrungen auf dem Bauplatze" gründeten.[13] Tatsächlich waren seine Forderungen mehr als eine reine Rezeptur – es handelt sich um ein Regelwerk, in dem die einzelnen Punkte in einem argumentativen Zusammenhang, einer inneren Kohärenz stehen und in dem die neuen architektonischen Möglichkeiten als „logische Folge veränderter konstruktiver Voraussetzungen" ausgewiesen werden, wie Werner Oechslin beschreibt.[14] In der Villa Savoye führte Le Corbusier sein auf den „Fünf Punkten" basierendes neues Architektursystem zur Perfektion und machte auch in dieser Hinsicht das Haus zu einem gebauten Manifest. Alle fünf Punkte – die Pilotis, der freie Grundriss, die Bandfenster, die freie Fassadengestaltung und der Dachgarten – treten in der Villa Savoye schon im Außenbau programmatisch in Erscheinung. Alle drei Ebenen der Villa, die Erdgeschosszone, das Piano Nobile und der Dachgarten sind qua Form- und Farbgebung als eigenständige Zonen artikuliert und einander kontrastierend entgegengesetzt. Le Corbusier demonstriert, welche Möglichkeiten sich durch das neue Konstruktionssystem ergeben: dadurch, dass die Zwischen- und Außenwände durch das Pilotis-System ihrer statischen Funktion enthoben wurden, können die Wände, die nunmehr lediglich „Membranen beliebiger Stärke" sind, frei angeordnet werden, „wobei keine Etage irgendwie an die andere gebunden ist".[15] Das u-förmige Erdgeschoss steht im klaren Kontrast zu dem weit ausladenden weißen Kubus des Piano Nobile. Die Dachaufbauten des Solariums nehmen die runden Formen des Erdgeschossbereiches wieder auf und sind eine weitere „sichtbare Manifestation des freien Grundrisses"[16]. Durch die homogene Gestaltung des strengen weißen Wohnkubus mit seinen gleichmäßig umlaufenden Bandfenstern wird das gesamte architektonische Geschehen zusammenfasst und die Gegensätze werden zu einem Ganzen verbunden. Sowohl das gleichmäßig umlaufende Piano Nobile, das in seiner Homogenität auch als eine Referenz an eine Peristasis gelesen werden könnte, als auch die „ausgehöhlten" skulpturalen Zonen des Erdgeschosses und des Dachgartens tragen zur Plastizität des Gebäudes bei. Die Villa Savoye „ist plastisch geformt und ausgehöhlt, so daß die Umgebung eindringen kann, und ihre formalen Energien strahlen bis an die Grenzen des Grundstücks aus"[17].

Le Corbusier führt in der Villa Savoye seine „Fünf Punkte zu einer neuen Architektur" als Antwort auf seine Suche nach einer den technischen und konstruktiven Möglichkeiten seiner Zeit angemessenen Form zu einer Perfektion, die bis heute nicht an Strahlkraft verloren hat. Die Villa ist eine Hommage an den standardisierten Bauprozess, die gleichzeitig aber auch den Anspruch erhebt, in einer großen klassischen Tradition der Architektur zu stehen.[18] Es handelt sich jedoch um einen Klassizismus allgemeinerer Art, um „ausgewogene Proportionen, Harmonie der Einzelteile und des Ganzen, ein Gefühl für Ruhe und Hierarchie. Le Corbusier definiert die Ordnungen neu, indem er die einfachsten Formen der Stützen, der

Geschossfläche, der Wand und der Öffnung verwendete"[19], die er, anders als in der klassisch vitruvianischen Architektur üblich, ohne die die Vermittlung von Kapitellen, Gesimsbändern, Tür- und Fensterprofilen kontrastierend gegeneinandersetzt. Während in der klassischen Architektur, wie Martin Riehl beobachtet, die Übergangszonen dafür sorgen, dass der Eindruck harmonischer Leichtigkeit entsteht und die entgegenwirkenden Kräfte von tragenden und lastenden Teilen nicht mehr wahrnehmbar sind, weist Le Corbusier die Pilotis eindeutig als tragendes Element aus, während das Lasten des Mittelkubus ablesbar wird. Übergangslos brechen die Bandfenster die weiße Fassadenscheibe auf, und scharfkantig und abrupt zeichnet sich die Kontur des Blocks, bekrönt von den Dachplastiken, gegen den Himmel ab.[20] Für die Wahrnehmung der Architektur hat das zur Folge, dass das Auge der Betrachter in Bewegung bleiben und von Einzelform zu Einzelform springen muss, um die dazwischen befindliche Leere zu überwinden, wie Riehl beschreibt.[21] Die klassisch anmutende Ruhe und Ausgeglichenheit der Architektur kommt vielmehr durch eine ausgewogene Komposition, im Sinne von Ponderation, zustande.

Der Erste, der 1975 ausführlich auf die Rolle des Parthenon bzw. des griechischen Tempels in Zusammenhang mit Le Corbusiers Suche nach einer modernen Formensprache hinweist, ist William Curtis. In seiner Publikation „Le Corbusier. The evolution of his architectural language and the crystallization in the Villa Savoye in Poissy" von 1975 fordert er seine Leser dazu auf, das Kapitel „Reine Schöpfung des Geistes", das Le Corbusier in „Vers une Architecture" dem Parthenon widmet, behutsam inklusive der Untertitel unter den Fotografien zu lesen, die Texte aber auf die Abbildungen der Villa Savoye zu beziehen. Die rigorose Geometrie, die strengen Formen im Licht, die mathematische Präzision, die reinen Formen, die starke plastische Emotion ausdrücken, die in das Gesamtkonzept eingebundenen Details, die rigorosen Konturen – das alles seien Dinge, die Le Corbusier hochpreise und die auf beide Gebäude, den Parthenon wie die Villa Savoye, zuträfen.[22] Curtis fordert dazu auf, jenen Untertitel aus dem Kapitel „Reine Schöpfung des Geistes" als Beispiel zu nehmen, in dem es heißt: „Was ruft die innere Anteilnahme hervor? Eine ganz bestimmte Beziehung zwischen den einzelnen Kategorien von Elementen: Zylinder, glatter Boden, glatte Mauern. Im Einklang mit den Einzelheiten der landschaftlichen Lage. Ein Gestaltungssystem, das seine Wirkung auf jeden Teil der Gesamtkomposition erstreckt. Eine Einheit der Konzeption, die von der Einheitlichkeit im Material bis zur Einheitlichkeit in der

[Modénature] geht.“[23] Beide Gebäude, der Parthenon wie die Villa Savoye, sind laut
Curtis Organismen, die aus einem gut angewandten Set von architektonischen Elementen bestehen, in dem jedes sich in Form und Bedeutung von dem nächsten
unterscheide. Beide seien Konstruktionen, aber Konstruktionen, die zu einer skulpturalen Kunst emporgehoben seien.[24] Durch Detailstudien der einzelnen Elemente
wie Pilotis, Fensterbänder, die er zu zeitlosen Lösungen vergleichbar den Säulen
oder Triglyphen eines griechischen Tempels erhebt,[25] habe sich Le Corbusier von
seiner prototypischen Box, dem Maison Citrohan, zu seinem eigenen „Tempel des
Maschinenzeitalters", der Villa Savoye, entwickelt. In ihnen, so Curtis, versuchte er,
sublime Konstruktionen von Spannung, mathematische Beziehungen zu kreieren –
so wie er es viele Jahre zuvor auf der Akropolis beobachtet hatte.[26] An anderer Stelle
weist der Autor darauf hin, dass Le Corbusier auch mit Abweichungen von der
Grundform arbeitete, die erst bei genauer Betrachtung ins Auge fallen, wie z. B.
dem einzigen eckigen Pilotis des Gebäudes im Foyer oder den feinen Abweichungen in der Gestaltung der Bandfenster, bei denen die Stütze in einem Fall
ebenfalls rechteckig ist und bündig mit der Wand verläuft, während die runden
Pilotis leicht hinter die Fassade zurück versetzt wurden. (Abb. 28) „Wie beim

Parthenon verleihen optische Verzerrungen der Gesamtform Kraft"[27], heißt es dazu bei Curtis. Er unterstellt Le Corbusier ein „obsessives Interesse am Parthenon",[28] das sich jedoch nicht nur in der „idealen Mathematik", der „dorische Ethik" und der „scharf geschnittenen Profile" widerspiegele, sondern auch wörtliche Komponenten besitze. Curtis weist darauf hin, dass wie beim Parthenon der Haupteingang der Villa Savoye auf der den ankommenden Besuchern abgewandten Rückseite des Gebäudes positioniert ist, und dass die *promenade architecturale* in Poissy mit dem Auto quasi als „ritualisierte Zeremonie des Maschinenzeitalters" um das Gebäude herumgeführt werden muss, ähnlich wie es beim Parthenon in Athen der Fall ist.[29] Auch Etlin bezieht die *promenade architecturale* mit dem Auto auf die panathenäische Prozession, die im antiken Athen einst am Stadttor ihren Ausgangspunkt hatte und am Haupteingang des Parthenon endete. „As a modern equivalent to the Parthenon the Villa Savoye presents strip windows that capture the moving form of the automobile-window in an equivalent to the frieze, though to depict the Panathenic procession, which wraps around the cella of the Parthenon."[30]

Es ist davon auszugehen, dass Le Corbusier seine Bezugnahme auf den Parthenon in der Villa Savoye lesbar machen wollte und, wie schon William Curtis vermutet, seinen Ausspruch aus „Vers une Architecture", „Wir haben eben keinen Parthenontempel", im Jahr 1929 vermutlich nicht mehr wiederholt hätte.[31] In der Villa Savoye kristallisiert sich die Lehre des Parthenons auf eindrucksvollste Weise heraus, und es ist durchaus denkbar, dass es Le Corbusier in diesem Präzedenzfall tatsächlich darum ging, das Bild eines Tempels in abstrahierter Form aufzurufen, wie Curtis vermutet. In seiner 1975 verfassten Publikation schlägt er vor, die Pilotis als Äquivalent zum Tempelportikus, die Bandfenster als eine Art Gebälk und die eingezogene Erdgeschosszone als moderne Cella zu lesen.[32] Die Analogien sind durchaus überzeugend, und es wäre weder das erste noch das letzte Mal, dass das Tempelmotiv in der modernen Architektur eine Neuinterpretation erfahren hätte.[33] Dennoch ist zu bezweifeln, dass es Le Corbusier darum ging, die Analogien so wörtlich umzusetzen und lesbar zu machen. Was dabei übersehen wird, ist, dass keineswegs nur der Parthenon eine wichtige Inspirationsquelle bei der Gestaltung der Villa Savoye darstellte, sondern auch die Akropolis als Ganzes. Le Corbusier hatte die Akropolis, wie bereits dargestellt, als Einheit von Architektur und Natur erlebt, als Ort, der die Landschaft zum einen dominiert und formt und zum anderen in die Komposition einbezieht. Über einer weiten, unregelmäßigen Freifläche erheben sich die Architekturen als plastische Volumen, die sowohl miteinander als auch mit den umgebenden Landschaftskontrasten in Beziehung treten und Raum formulieren, der bis weit über die Grenzen der eigentlichen Architektur hinausgeht. Dank Auguste Choisy hatte Le Corbusier das antike Ensemble als dynamische Architektur erfahren, die auf die Wahrnehmungsfähigkeit der Betrachter zugeschnitten ist und deren Bewegung voraussetzt, um die Anlage in ihrer Gesamtheit erfassen zu können. Eben diese Erfahrungen, die Le Corbusier im Alter von 24 Jahren auf der Akropolis machte und die später durch Auguste Choisy katalysiert wurden, haben sich in der Villa Savoye niedergeschlagen. Die Villa Savoye ist eine Manifestation des freien Grundrisses, der *promenade architecturale* und darüber hinaus eine virtuose Verschränkung von Innen- und Außenraum. Bereits von außen tritt der freie Grundriss, der dritte seiner „Fünf Punkte zu einer neuen Architektur", deutlich in Erscheinung – im Innenraum der Villa Savoye erhält das Thema eine zusätzliche Qualität. Dadurch, dass nicht mehr die Wände, sondern die Pilotis die statischen Funktionen übernehmen, können alle „Organe" des Gebäudes, wie z. B. Treppen, Schornsteine oder Trennwände, freie Glieder in der Komposition werden, die in einem lockeren Bezug zueinander stehen, wie Le Corbusier es im Zusammenhang mit dem Entwurf für die Villa Meyer aus dem Jahr 1925 im „Œuvre Complète" formuliert.[34] In der Villa Savoye handelt es sich bei den sogenannten „Organen" um die plastische Wendeltreppe, die Rampe, die Pilotis, das freistehende Waschbecken, das zu einer Art rituellen Waschung vor dem Aufstieg einzuladen scheint. Sie stehen in losen Beziehungen zueinander und formulieren auf diese Weise Raum. Damit handelt es sich um eine Kompositionsweise, die auch an die Bühnenbilder Adolph Appias im Institut Jaques-Dalcroze in Hellerau erinnert.

Alan Colquhoun stellt dar, dass in der Art und Weise, wie Le Corbusier in seinen Architekturen die Elemente arrangiert, eine direkte Analogie zu seinen puristischen Stillleben der frühen 1920er Jahre zu erkennen sei. In beiden Fällen definiere ein regelmäßiger „platonischer Rahmen" ein Feld, in dem eine Anzahl von Objekten – Flaschen, Gläser, Pfeifen; Treppenhäuser, Badezimmer, Passagen, Toiletten – arrangiert werden, die miteinander, aber auch mit der Freifläche interagieren. Parallelen seien auch darin zu erkennen, dass die Elemente eines Stilllebens in einem hohen Maße abstrahierbar seien, ohne ihre Erkennbarkeit zu verlieren, und auch in hohem Maße mit häuslichen Inhalten assoziiert werden. Die Objekte in Le Corbusiers Häusern korrespondieren mit denen in seinen Gemälden, sowohl in der Flexibilität des Arrangements als auch in ihrer Funktion und Konnotation. Colquhoun weist darauf hin, dass diese einfachen und vertrauten Elemente des Hauses, die Le Corbusier regelrecht ausstellt, in einem herkömmlichen Haus nicht in den Haupträumen, sondern in den dazwischen befindlichen Nebenräumen platziert werden. In Le Corbusiers Häusern, in denen sie nicht länger häusliche Geheimnisse seien, werden sie zu Hauptelementen für die plastische Organisation des Gebäudes.[35] Bewegung wird in einer solchen Raumkomposition zur zentralen Forderung. Wie schon am Beispiel der Fassade dargestellt, kann das Auge nirgends verweilen, sondern muss von Einzelform zu Einzelform springen, um die dazwischen befindliche „Leere" zu überwinden. Wie auf der Akropolis sind die Betrachter gezwungen, verschiedene Standpunkte einzunehmen, um das Gesamtensemble erfassen zu können, das als eine Serie von aufeinanderfolgenden Einzelbildern komponiert wurde und entlang einer *promenade architecturale* als Ganzes erlebbar wird. Es handelt sich um eine szenografische Kompositionsweise, in der die Architektur aus dicht aufeinanderfolgenden Einzelbildern wie ein Film vor den Augen der Betrachter abläuft. Dabei erschließt die *promenade architecturale* nicht nur die räumliche Struktur des Gebäudes, sondern organisiert auch ein komplexes System von Aussichten, die sich beim Durchschreiten des Gebäudes vor den Besuchern entrollen. Für Le Corbusier „ist die Landschaft nicht etwas, das von allen Seiten hineinflutet und im Haus überall gegenwärtig ist wie etwa in den Glas- und Stahlbauten Mies van der Rohes. Die Landschaft ist klug bemessen, ein Faktor der Überraschung; plötzliche Ausblicke holen die Landschaft herein wie ein Bild, das auf die Staffelei gestellt wird"[36], beschreibt Stanislaus von Moos das Phänomen sehr richtig, wobei es weniger statische Bilder sind, die Le Corbusier in die Architektur einbezieht, als vielmehr filmische Sequenzen. „Um der Landschaft Gewicht zu verleihen muß man sie einschränken, ihr ein Maß geben: den Ausblick durch Mauern versperren, die nur an bestimmten strategischen Punkten durchbrochen sind und die Sicht freigeben"[37], schreibt Le Corbusier 1954 retrospektiv über das kleine Haus, das er 1923 für seine Mutter am Genfer See erbaut hatte. Schränke man den Blick nicht ein und lasse die Landschaft ungehindert von allen Seiten eindringen, so wirke sie auf die Dauer ermüdend und habe den Effekt, dass man unter diesen Bedingungen nichts sehe, fährt er fort.[38] Le Corbusier hatte beobachtet, dass die Weite des Außenraumes erst zum sinnlichen Erlebnis wird, „wenn die Nähe greifbar ist, wenn dem Auge Hindernisse in den Weg gelegt werden, die es überwinden muß, um in die Ferne zu schweifen"[39].

Eine zentrale Bedeutung kommt in Hinblick auf die Verschränkung von Innen- und Außenraum den Bandfenstern zu, dem vierten seiner „Fünf Punkte für eine neue Architektur". Sie produzieren ebenfalls gerahmte Ausblicke in die Landschaft und nehmen dabei in ihrer horizontalen Ausrichtung das Bewegungsmotiv der *promenade architecturale* auf. Auguste Perret, mit dem Le Corbusier ab 1923 über Jahre eine öffentliche Kontroverse über das Thema Bandfenster führte,[40] kritisiert, dass das Bandfenster keinen kompletten Raumeindruck vermittele, sondern genau das wegschneide, was der Betrachter gern sehen würde: „den Himmel und den Vordergrund – also jene Elemente, die die Illusion perspektivischer Tiefe gewährleisten. Zwar ist die Landschaft vorhanden, aber so, als wäre sie nichts weiter als ein ans Fenster gehefteter Riss."[41] Die Innenaufnahmen der Villa Savoye im „Œuvre Complète" bestätigen Perrets Beobachtung und zeigen, dass Le Corbusier, der ja grundsätzlich nie das Interesse hatte, vollständige Raumeindrücke auf einen Blick wiederzugeben, genau mit diesem Eindruck spielt. Die Abbildungen im „Œuvre Complète" zeigen, dass der Blick aus dem Piano Nobile in den Bildmittelgrund, in die umgebenden Baumkronen gelenkt wird. Bildvordergrund und Hintergrund werden aus dieser Perspektive ausgeblendet. „Das Bandfenster", so beschreibt Christian Freigang in Anlehnung an einen Aufsatz Bruno Reichlins, „hebt die Grenzen zwischen Innen- und Außenraum dadurch auf, dass das Panorama der Landschaft dynamisch, nicht als statisches ‚Bild an der Wand' erfaßt werden muss, dabei aber im Abschneiden des Vordergrundes die Wahrnehmung der Distanz von innen und außen unmeßbar wird."[42] Deutlicher noch zeigt sich dieses Phänomen in Le Corbusiers Dachgartengestaltungen und den Umfassungsmauern, die den Vordergrund ausblenden und den Blick gezielt in die ferne Landschaft lenken, wie er es auf der Akropolis gelernt hatte. Durch den erhöhten Standpunkt auf dem Plateau sind der unmittelbare Nahbereich zu Füßen des Burgberges und damit auch die Stadt Athen ausgeblendet, und der Blick wird in die entfernte Landschaft gelenkt, auf den Hymettos, den Pentelikon, den Meereshorizont, so wie es Le Corbusier sowohl in seinem Reisebericht als auch in „Vers une Architecture" immer wieder beschreibt und in seinen Skizzen darstellt. Und auch die Erkenntnis, dass die Bewegung in der Landschaft überhaupt erst wahrgenommen werden kann, wenn dem Blick etwas entgegengestellt wird, hat mit Sicherheit ihre Wurzeln in den Erfahrungen, die Le Corbusier in jungen Jahren in den Säulenhallen der Akropolis-Tempel machte. Die weitgestellten, schlanken Säulen der tiefen Erechtheion-Südhalle und die ausgesprochen schmale Peristasis des Parthenon mit ihren engstehenden, verhältnismäßig schlanken Säulen lieferten ganz unterschiedliche gerahmte Ausblicke in die Landschaft. Jeanneret erlebte hier, dass die Bewegung im Raum erst durch das Hindernis Säule im Vordergrund sichtbar wird, da sich die gerahmten Ausblicke verschieben, während ein ungegliederter Ausblick den Eindruck von Bewegungslosigkeit vermittelt. Dieses filmische Motiv hat in der Villa Savoye noch eine Steigerung dadurch erhalten, dass sie nicht nur eine Inszenierung in horizontaler Richtung mittels der Bandfenster erhalten hat, sondern zusätzlich auch noch eine in vertikaler Richtung. Das Ziel der *promenade architecturale,* die auf dem Dachgarten endet, ist ein Fenster in der Umfassungsmauer, auf das die Rampe unmittelbar zuläuft. Im Hinaufsteigen erleben die Betrachter, wie parallel zu der Aufwärtsbewegung ihr Blick eine entgegengesetzte Inszenierung erfährt, was die Dynamik des Hinaufsteigens noch unterstreicht. In einer fließenden, filmischen Bewegung wird der gerahmte Blick zunächst in den Himmel und im weiteren Voranschreiten sukzessive in die nahe Umgebung und schließlich bis auf den Erdboden geführt, wodurch die Dynamik des Aufsteigens auf visueller Ebene noch eine Steigerung erfährt und auch der Dachgarten eine zusätzliche Betonung erhält.

Die Dachgärten bilden in Le Corbusiers Entwürfen in der Regel den Höhepunkt der Architektur. Sie markieren die Schnittstelle zwischen Himmel und Erde und sind natürlicherweise der Ort, an dem sich innen und außen am konsequentesten durchdringen. Welche zentrale Bedeutung dem Dachgarten in der Villa Savoye zukommt, zeigt sich darin, dass er der Zielpunkt der *promenade architecturale* ist. In seinen späteren Entwürfen machte sich Le Corbusier die ideale Position und die Tatsache zunutze, dass er bei der Gestaltung der Dachgärten kaum gestalterischen Zwängen unterlag, um sie zum Träger der Akropolis-Idee zu machen, wie am Beispiel des Daches der Unité d'Habitation in Marseille dargestellt werden soll.

In der Villa Savoye ist es Le Corbusier gelungen, nicht nur alle Themen, mit denen er sich seit seiner Jugend beschäftigt hatte, zu einer Synthese zu führen, sondern auch seinen Forderungen und Beobachtungen aus „Vers une Architecture" exemplarisch architektonische Gestalt zu verleihen. In der Villa Savoye zeigt sich, dass der Akropolis und dem Parthenon in seiner Architektur eine zentrale Rolle zukommen und dass sie in „Vers une Architecture" nicht allein aus strategischen Gründen als Referenz angeführt werden. Die Villa Savoye ist ein gebautes Manifest, das Beatrice Colominas Beobachtung bestätigt, dass Le Corbusier nicht über Architektur geschrieben, sondern Architektur geschrieben habe.[43]

Mit der Aufnahme der Villa Savoye in den zweiten Band seines „Œuvre Complète" schließt sich der Kreis wieder – die Architektur, die als gebautes Manifest eine Antwort auf „Vers une Architecture" ist, wird wieder zurück ins Buch übertragen und formuliert ein Konzentrat dessen, worauf es Le Corbusier ankam. Im Zentrum der Darstellung stehen im „Œuvre Complète" die *promenade architecturale* und das Wechselspiel zwischen Architektur und Natur. Da die Villa Savoye, wie alle Innenräume Le Corbusiers, als eine Serie aufeinanderfolgender Einzelbilder komponiert wurde, lässt sich die *promenade architecturale* in Fotografien sehr gut abbilden und erlebbar machen. Zu einer wahren Meisterschaft brachte es der Fotograf, der die Villa Savoye für das „Œuvre Complète" ablichtete. Seine Aufnahmen sind als sorgsam arrangierte Stillleben behandelt, in denen der Bewohner soeben seine Spuren der Benutzung hinterlassen hat, indem er auf dem Tisch im Foyer Schal und Handschuhe abgelegt oder in der Küche einen Laib Brot angeschnitten hat, bevor er den Raum durch die offen stehende Tür verlassen hat, wie Thomas Schumacher beschreibt.[44] Den Fotografien ist auf diese Weise eine Form der Bewegung eingeschrieben, da die Betrachter, wie Beatrice Colomina es beschreibt, den Spuren einer Existenz folgen.[45] Interessanterweise sind die Fotografien im „Œuvre Complète", die die *promenade architecturale* nachvollziehbar machen, nicht in linearer Reihenfolge im Außenraum beginnend und auf dem Dach endend wiedergegeben, wie Schumacher beobachtet.[46] (Abb. 29) Vielmehr erschließt sich die *promenade architecturale* auf der Doppelseite 26/27 in einer Gleichzeitigkeit der Blickpunkte, die an die multiplen Blickpunkte in Le Corbusiers und Ozenfants puristischen Bildkompositionen erinnern. Auch hier muss das Auge wieder von Bild zu Bild springen, um die Informationen zu verarbeiten und um ein Gefühl für die Raumdisposition zu bekommen.

Abb. 29: Le Corbusier präsentiert die Villa Savoye in seinem „Œuvre Complète" nicht entlang einer *promenade architecturale*

In seinem Werk nimmt die Villa Savoye eine Sonderrolle ein – es scheint, als sei Le Corbusier bewusst gewesen, dass es die Gelegenheit war, eine ideale Architektur zu schaffen, und als habe er bewusst die „puristische" Schaffensphase, die ja in der Malerei zu dem Zeitpunkt bereits abgeschlossen war, mit der Villa Savoye zu einem Endpunkt gebracht. Nach der Villa Savoye ändert sich seine Architektursprache. Er verwendete in den Folgeprojekten nun vermehrt Naturstein und Ziegel und leitete eine eher vernakuläre Phase ein. Diesen Bruch inszeniert er in dem zweiten Band seines „Œuvre Complète" geradezu demonstrativ. Da die Villa Savoye zum Zeitpunkt der Herausgabe des ersten Bandes noch in der Planungsphase war, ist die Villa dort nur kursorisch publiziert. Im zweiten Teil des „Œuvre Complète" wird die Villa Savoye dafür direkt nach der Einleitung wie ein Leuchtturm der Publikation vorangestellt, „fern von den anderen klassischen Villen der zwanziger Jahre und vor den größeren Gemeinschaftsbauten der dreißiger Jahre"[47], so als habe Le Corbusier dem Thema nichts mehr hinzuzufügen, wandte er sich fortan neuen Bauaufgaben zu. Die Phase der weißen Moderne war mit der Villa Savoye abgeschlossen und wurde nur noch ein einziges Mal als surrealistische Persiflage auf die weiße Moderne im Appartement für Charles de Beistegui von 1930/31 aufgerufen. Die Villa in Poissy markiert den Höhepunkt, aber auch gleichzeitig den Endpunkt in Le Corbusiers Phase der klassischen Moderne, und angesichts der Tatsache, dass Le Corbusier seine Inszenierung keineswegs dem Zufall überließ und im Zusammenhang mit der Akropolis zu großen dramatischen Gesten neigte, ist es durchaus denkbar, dass es ihm mit der Villa Savoye, seinem Parthenon für das Maschinenzeitalter, darum ging, einen Höhe- und Endpunkt zu markieren, so wie der Parthenon in Athen 2 500 Jahre zuvor den Höhe- und Endpunkt in der Entwicklung des dorischen Tempelbaus markiert hatte. So gesehen erscheint es fast folgerichtig, dass Le Corbusier sich fortan einer neuen Formensprache zuwandte.

Die Akropolis-Idee in Le Corbusiers Architekturen

Zentrales Thema aller Entwürfe Le Corbusiers ist die *promenade architecturale,* die Bewegung durch den architektonischen Raum. Sie wurzelt in unterschiedlichen Erfahrungen, die Le Corbusier in seiner Jugend machte, in seiner Auseinandersetzung mit Camillo Sitte, den Besuchen am Institut Jaques-Dalcroze in Hellerau und vermittelt durch Auguste Choisy auch auf der Akropolis von Athen. Er verwendet den Begriff *promenade architecturale* erstmals im zweiten Band seines „Œuvre Complète" im Zusammenhang mit der Beschreibung der Villa Savoye und verlegt die Erfahrung einer Architektur, die sich im Laufen erschließt, in dem Zusammenhang aber nach Istanbul.[48] In seinen älteren Texten und Entwürfen ist das Thema bereits vollständig artikuliert, firmiert aber noch unter dem Stichwort Zirkulation. Die *promenade architecturale* ist in Le Corbusiers Häusern der weißen Moderne ebenso angelegt wie in seinen Großbauten und Stadtentwürfen, was insofern nicht verwundert, als Le Corbusier alle Entwürfe als Prototypen versteht und im Sinne Albertis fordert, dass das Haus eine Mikrostadt sein müsse und die Stadt umgekehrt organisiert sein müsse wie ein Haus.[49] Die *promenade architecturale* ist bei Le Corbusier das Rückgrat der Komposition, die Hierarchisierung der architektonischen Ereignisse, die Leseanweisung – der „innere Kreislauf" der Architektur. Mithilfe der *promenade architecturale* kreierte er virtuose Verschränkungen von Innen- und Außenraum; fließende Räume, die sich im Voranschreiten, wie am Beispiel der Villa Savoye dargestellt, erschließen. Die Bewegung im Raum wurde zum konstituierenden Element in seinem Werk. Le Corbusier beurteilt den Wert eines Gebäudes danach, wie stark es die Gesetze der Bewegung, der *promenade architecturale* befolgt oder eben nicht. In seinem Aufsatz „An die Studenten" schreibt Le Corbusier 1942: „Architektur wird durchwandert, durchschritten. […] Ausgestattet mit seinen zwei Augen, vor sich blickend, geht unser Mensch, bewegt er sich vorwärts, handelt, geht einer Beschäftigung nach und registriert auf seinem Weg zugleich alle nacheinander auftauchenden architektonischen Manifestationen und ihre Einzelheiten. Er empfindet innere Bewegung, das Ergebnis einander folgender Erschütterungen. Das geht so weit, daß die Architekturen sich in tote und lebendige einteilen lassen, je nachdem ob das Gesetz des Durchwanderns nicht beachtet oder ob es im Gegenteil glänzend befolgt wurde."[50] In seinem Lieblingshaus, dem Haus E 1027 von Eileen Gray, von dem er regelrecht besessen war und das er 1938 in einer bizarren Aktion während ihrer Abwesenheit mit acht Wandgemälden regelrecht zerstörte,[51] integriert er die Aufforderung „Entrez lentement!" – Treten Sie langsam ein! – sogar gut sichtbar in Augenhöhe in einem Wandgemälde im Eingangsbereich. (Abb. 30) Lebendige Architektur besitzt laut Le Corbusier einen inneren Kreislauf wie ein lebendiges Wesen. Dieser diene nicht allein funktionellen Erfordernissen, sondern basiere auch auf emotionalen Beweggründen. In „An die Studenten" heißt es weiter: „Innerer Kreislauf deshalb, weil die verschiedenen Wirkungen des Bauwerks – die Sinfonie, die hier erklingt – nur in dem Maße greifbar werden, wie

Abb. 30: Wandgemälde im Eingangsbereich von Eileen Greys Haus E1027 in Roquebrune-
Cap-Martin mit der Aufforderung in Augenhöhe „Entrez lentement" – „Treten Sie langsam ein"

uns unsere Schritte hindurchtragen, wie sie uns hinstellen, uns weiterführen und unseren Blicken die Weite der Mauern und Perspektiven darbieten, das Erwartete oder das Unerwartete hinter den Türen, die das Geheimnis neuer Räume preisgeben, das Spiel der Schatten, der Halbschatten oder des Lichts, das die Sonne durch Fenster und Türen wirft. Jeder einzelne Schritt bietet dem Auge ein neues Klangelement der architektonischen Komposition, sei es den Ausblick auf die bebauten oder grünen Fernen oder die Ansicht der anmutig geordneten nahen Umgebung. [...] Gute Architektur wird durchwandert, durchschritten, innen wie außen."[52] Bereits in „Vers une Architecture" weist Le Corbusier darauf hin, dass man beim Zeichnen eines Grundrisses nie vergessen dürfe, dass es das menschliche Auge sei, welches die Wirkung aufnehme,[53] und das sei ständig in Bewegung.[54] Als Referenz für eine lebendige Architektur, die der Wahrnehmungsfähigkeit des Menschen Rechnung trägt, diente ihm damals die Akropolis von Athen: „Das Auge sieht weit und als unbestechliches Objektiv sieht es alles, selbst das, was über das Gewollte und Beabsichtigte hinaus geht. Die Achse der Akropolis geht vom Piräus zum Pentelikon, vom Meer zum Gebirge. Von den Propyläen, die rechtwinklig zur Achse stehen, bis zum fernen Horizont des Meeres. Eine Waagerechte im rechten Winkel zu der Richtung, die einem die Architektur, in der man sich befindet, aufzwingt: ein Eindruck von rechtwinklig verlaufenden Kraftlinien, der wichtig ist. Es ist große Architektur. Die Akropolis sendet ihre Wirkung bis weit zum Horizont aus."[55] 1942 in „An die Studenten" ruft Le Corbusier dazu auf, sich an diesen Prinzipien zu orientieren: „Architekten, in eurer Hand liegt es, [...] das Reich dieser engen, viereckigen Zimmer auszudehnen bis zu den Grenzen der Horizonte, soweit ihr nur vordringen könnt. Der Mensch, dem ihr durch eure Pläne und Entwürfe dient, besitzt Augen, und hinter ihrem Spiegel eine Gefühlswelt, eine Seele, ein Herz. Außen wird euer architektonisches Werk der Landschaft etwas zufügen. Aber innen nimmt es diese auf."[56]

Notre-Dame-du-Haut in Ronchamp (1950–1955) – die akustische Plastik

Wann immer sich die Möglichkeit bot, setzte Le Corbusier seine Architekturen und Stadtentwürfe mit der Umgebung in Beziehung. Je unberührter und dramatischer die Natur, in die er seine Architektur setzen konnte, umso direkter sind die Analogien, die er in seinen begleitenden Texten zur Akropolis herstellt. Der einzige Entwurf, den er jemals direkt mit ihr in Verbindung bringt, ist, wie noch gezeigt wird, der Entwurf für die Cité Mondiale bei Genf. Aber auch die Wallfahrtskirche Notre-Dame-du-Haut in Ronchamp brachte ähnlich ideale Voraussetzungen mit, was in Le Corbusiers Schriften zwar nicht unmittelbar ausgesprochen, aber durch seine Beschreibungen indirekt und unmissverständlich befördert wird. So kommt es, dass die Kapelle in der Sekundärliteratur mit großer Selbstverständlichkeit mit der Akropolis in Verbindung gebracht und von Cohen und Hurtt sogar als persönlichste und berührendste Reformulierung der Akropolis gewertet wird.[57] Dabei sind es in erster Linie die plastischen Qualitäten der Kapelle und ihre Situierung in der Landschaft, die, ähnlich wie bei der Villa Savoye, den Vergleich mit dem Parthenon nahelegen. Während in der Villa Savoye die Umgebung mittels *promenade architecturale* und einem ausgefeilten System von Ausblicken in die architektonische Komposition einbezogen wird, sind es in Ronchamp wechselseitige Beziehungen zwischen Architektur und Landschaft, die im Vordergrund stehen. Die Landschaft wird in die Komposition einbezogen, und umgekehrt wird der Landschaft ein Bezugspunkt zugefügt, so wie Le Corbusier es in jungen Jahren auf der Akropolis von Athen erlebt und 1946 unter dem Stichwort *l'espace indicible* neu formuliert hatte.[58] Die Pilgerkapelle, die sich in ihrer Lage an einem im Krieg zerstörten mittelalterlichen Vorgängerbau orientiert, war mehr als alle anderen Gebäude inspiriert durch die Landschaft. Sie „wird ein Ort der Sammlung und des Gebets sein", schreibt Le Corbusier in „Modulor 2". „Sie beherrscht im Westen die Ebene der Saône, im Osten die Vogesenkette und im Süden und Norden zwei kleine Täler. Die Landschaften dieser vier Himmelsrichtungen sind eine Gegenwart, sind die Gäste. An diese vier Himmelsrichtungen wendet sich die Kapelle durch die Macht ‚eines in das Reich der Formen eingeführten akustischen Wunders'. Intimität soll hier jeder Einzelheit eingeprägt und fähig sein, den unsagbaren Raum [l'espace indicible] zum Strahlen zu bringen."[59] Im „Œuvre Complète" kommt er auf den Aspekt der „akustischen Plastik", den er in dem Artikel „l'espace indicible" 1946 aufruft, zurück und beschreibt die Kapelle in Ronchamp als akustische Architektur, einen Resonanzkörper, der auf die umgebende Landschaft reagiert: „Die ‚Akustik' der Landschaft wird bestimmt von ihren vier Horizonten […]." Diesen Horizonten müsse die architektonische Konzeption entsprechen,[60] heißt es im fünften Band seines „Œuvre Complète" über die Kapelle, die sich noch im Bau befand, als das Buch erschien. Beschreibungen wie diese erinnern unwillkürlich an diejenigen, die sich in Bezug auf die Landschaft in „Vers une Architecture" oder dem Reisetagebuch von 1914 befinden, in denen er die Akropolis als „raison de ce paysage" bezeichnet.[61]

Die frühen Skizzen von Ronchamp, die Le Corbusier im Mai 1950 anfertigte und welche die Lage in der Landschaft wiedergeben, erinnern an seine Akropolis-Skizzen aus dem Jahr 1911, wie eine Gegenüberstellung von Stuart Cohen und Steven Hurrt zeigt.[62] Es handelt sich bei der Kapelle um eine skulpturale Architektur, die zu allen vier Seiten einen anderen Charakter aufweist. In Richtung der offenen Landschaft, nach Süden und Osten, öffnen sich die weißen, konvex geschwungenen Wände. Sie scheinen das Licht, die Landschaft und den Horizont förmlich einfangen zu wollen. Die Südostecke, die sich den ankommenden Besuchern als Erstes präsentiert, ist als eine Art plastischer Schiffsbug formuliert, der in die Landschaft vorzudringen scheint.[63] An diesen konvex geformten Seiten der Kapelle wird das weit hervortretende plastisch geformte, voluminöse Dach zum Hauptmotiv. Ganz anders ist der Charakter auf der West- und Südseite, die sich der Landschaft nicht öffnen, sondern der baumumstandenen Hügelkuppe zugewandt sind. Die Wände erscheinen hier konkav geschwungen, die Komposition in sich geschlossen und das mächtige Dach gerät hier vollkommen aus dem Blickfeld. Die Nordwand ist mit scheinbar unregelmäßig verteilten, verschieden großen Fensteröffnungen perforiert – die Westseite ist vollkommen fensterlos und besitzt als einziges Gestaltungselement einen massiven Wasserspeier aus Rohbeton, zu dessen Füßen sich ein ovales, vollplastisches, ebenfalls aus Rohbeton gestaltetes Auffangbecken erhebt, aus dem ein angeschrägter Zylinder und zwei schiefe Pyramiden emporragen.

Drei Türme, ein Hauptturm an der Südwest-Ecke und zwei niedrigere an der Nordseite, die den Eingang flankieren, dominieren die Komposition. Sie erscheinen im Grundriss halbrund, sind flach überwölbt und umschließen im Innenraum kleine Kapellen. Im Außenraum sind sie durch Fugen von der Wand getrennt. Der Innenraum der Wallfahrtskapelle ist dunkel, höhlenartig und von archaischem Charakter. Das Licht fällt durch tiefe Fenstereinschnitte in den geschwungenen, schrägstehenden Wänden, die ein weit durchhängendes Dach tragen. Dieses korrespondiert mit dem unebenen, nach Osten abfallenden Bodenprofil.

Es sind nicht allein die skulpturalen Aspekte und die Lage in der Landschaft, die Assoziationen mit der Akropolis evozieren, sondern es lassen sich verschiedene andere Analogien ausmachen, die den Vergleich naheliegend erscheinen lassen: Wie in der Villa Savoye ist auch in Ronchamp das Thema der skulpturalen, selbstständigen Organe, die miteinander in Wechselbeziehungen treten und Raum formulieren, auch in Ronchamp angelegt. Nur sind hier die einzelnen Organe nicht innerhalb einer „Box" im Raum platziert wie in der Villa Savoye, sondern sie sind zu einer geschlossenen Skulptur zusammengefügt, wobei jedes konstituierende Element als solches lesbar und unabhängig bleibt. Die einzelnen Bestandteile der Architektur, die konvexen und konkaven Wände, die Türme und das Dach, sind so „gegeneinandergesetzt, verbunden oder getrennt", dass sie eine Architektur formulieren, dabei aber ihre Unabhängigkeit wahren und nicht in einer Gesamtform aufgehen.[64] In der Grundrissgrafik, die die erweiterte Umgebung der Kapelle zeigt, ist deutlich ablesbar, dass die einzelnen Wände als separate Elemente artikuliert und gegeneinandergestellt werden. (Abb. 31) Die Türme werden durch eine Fuge von der Wand getrennt – ein Motiv, das sich im Innenraum wiederholt. Das Dach, das im Außenraum so massiv und schwer erscheint, wird innen als ausdrücklich nicht lastend formuliert, indem es durch ein schmales Fensterband von der Wand abgelöst wird und auf diese Weise zu schweben scheint.

Wie in eigentlich allen Entwürfen Le Corbusiers ist die *promenade architecturale* auch in der Gestaltung der Wallfahrtskapelle ein zentrales Thema. „Ronchamp ist eine Skulptur, die man von allen Seiten betrachten muss. Die Bewegung der Besucher innen und außen sind in die Dynamik der Komposition einbezogen und wichtiger Bestandteil des Gesamtkonzepts."[65] Genau wie der Parthenon der Zielpunkt der Panathenäen war, so ist die Wallfahrtskapelle Notre-Dame-du-Haute das Ziel von Prozessionen. Das Thema Bewegung ist also auch noch auf einer übergeordneten Ebene in die Komposition mit eingeschrieben. Hinzu kommt, dass auf der Hügelkuppe neben der Kapelle noch zwei untergeordnete Volumen im Raum

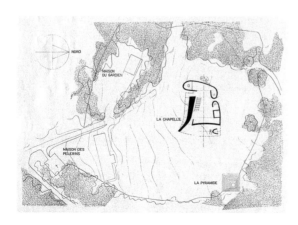

Abb. 31: Lageplan der Kapelle
mit zugehörigen Bauten

platziert sind, wie auf dem Lageplan zu erkennen ist. Sie treten mit der Kapelle in Beziehung und formulieren im Sinne von Le Corbusiers Lehre der Akropolis Raum: ein Kriegsdenkmal für die auf dem Berg Gefallenen in Gestalt einer kleinen Stufenpyramide und ein flaches langgestrecktes Pilgerhaus, das sich den Ankommenden auf dem Plateau entgegenstellt und die Aufgabe der Propyläen übernimmt.[66] Parallelen zum Parthenon ließen sich auch darin sehen, dass im Rahmen von großen Prozessionen der Gottesdienst außen abgehalten werden kann, wie es auch in der Antike üblich war.[67] Das Marien-Kultbild ist in einem Glaskasten in die Ostwand eingelassen, sodass es von innen und außen sichtbar ist und die Durchdringung von Innen- und Außenraum noch eine zusätzliche Dimension erhält.

Wirkliche Analogien zum Parthenon oder zur Akropolis lassen sich jedoch nur mithilfe von Le Corbusiers eigenen Beschreibungen herstellen. Le Corbusier, daran besteht kein Zweifel, wollte die Kapelle als eine Art Parthenon verstanden wissen. Dass in der Sekundärliteratur diese Verknüpfung in der Regel vollzogen wird, zeigt wie erfolgreich Le Corbusier mit seiner Strategie war.

Das Appartement für Charles de Beistegui (1929–1931) – die Stadtlandschaft als Kulisse

Nicht nur seine Entwürfe, die in landschaftlich mehr oder weniger idealen Bedingungen situiert waren, wie die Villa Savoye, Ronchamp, der Völkerbundpalast, das Kloster La Tourette oder das Mundaneum in der Cité Mondiale, sind darauf ausgerichtet, die Umgebung mit in die architektonische Komposition einzubeziehen. Le Corbusier schaffte es auch, wenn sich keine idealen landschaftlichen Voraussetzungen boten und er es mit einem dichten urbanen Kontext zu tun hatte, mit dem er umgehen musste, die Umgebung systematisch in die Komposition einzubeziehen. Zu wahrer Meisterschaft brachte er es mit der Gestaltung des Daches der Unité d'Habitation in Marseille. Aber auch in seinen frühen Villen der weißen Moderne ist das Thema bereits angelegt. Eines der interessantesten Projekte ist in dieser Hinsicht das Penthaus, das Le Corbusier 1929–1931 als surrealistische Persiflage auf die weiße Moderne für den exzentrischen Multimillionär, Entertainer und Sammler surrealistischer Kunst Charles de Beistegui auf dem Dach eines Pariser Wohnhauses der Haussmann-Ära auf den Champs-Elysées baute. Anstelle der Landschaft sind es hier die Sehenswürdigkeiten von Paris, die in die Architektur einbezogen

Abb. 32: Penthaus für Charles de Beistegui, Paris (1929–31). Die zweite Terrassenebene ist mit elektrisch verschiebbaren Hecken eingefasst.

und regelrecht ausgestellt werden, wobei sie so inszeniert werden, dass der Kontext der Stadt nahezu ausgeblendet wird. Das Appartement ist weniger eine Wohnung als vielmehr die Bühne eines exzentrischen Multimillionärs, der in nobelster Adresse über den Dächern Paris einen extravaganten Ort für Empfänge und Gesellschaften wünschte. Le Corbusier entwarf für das Appartement, in dem laut Manfredo Tafuri kein elektrisches Licht vorgesehen war, sondern die Beleuchtung ausschließlich über Kerzen erfolgen sollte,[68] eine Reihe von technischen Spielereien wie elektrisch verschiebbare Trennwände und Hecken, ein eingebautes Kino, dessen Leinwand sich auf Knopfdruck automatisch entfaltet, einen elektrisch verschiebbaren Kronleuchter oder eine Wendeltreppe, die sich um eine schraubenförmige Glassäule windet.[69] Eine *promenade architecturale* bindet drei Ebenen von Dachterrassen zusammen und mündet an höchster Stelle der Anlage in dem sogenannten Solarium. Dieses „chambre à ciel ouverte"[70](Abb. 32–34), das zum

Himmel geöffnete Zimmer, besitzt einen Teppich aus Gras und ist von hohen weißen Umfassungsmauern umgeben, in die ein falscher Kamin aus Marmor eingelassen ist, auf dessen Sims der L'Arc de Triomphe wie ein *objet trouvé* ausgestellt ist, während der restliche urbane Kontext durch die Mauer, die wie eine künstlich eingezogene Horizontlinie wirkt, ausgeblendet wird. „Wenn man steht, sieht man absolut nichts außer Rasen, den vier Mauern und dem Himmel mit dem Spiel der Wolken", heißt es dazu im „Œuvre Complète".[71] Die Steintür zum Solarium, die sich elektrisch verschließen ließ, hatte keinerlei Beschläge und nichts, was die Kontinuität der Wand gestört hätte. Elemente des Innenraums, wie die Abgeschlossenheit und der Verweis auf den Kamin, vermischen sich konsequent mit Elementen des Außenraums, dem Rasen, dem Himmel, dem Triumphbogen und dem künstlichen Horizont, was wiederum an Le Corbusiers Unterkapitel: „Das Außen ist stets auch ein Innen" in „Vers une Architecture" denken lässt, in dem er forderte, die Umgebung in die Komposition einzubeziehen, so wie es auf der Akropolis von Athen geschehen sei, wo die Tempel „sich einander zuneigen, um eine Art Schoß zu bilden, den der Blick als Ganzes sofort erfaßt" und „das Meer durch die Architrave mit ins Bild genommen" wird.[72] Durch den erhöhten Betrachterstandpunkt auf dem Plateau war die Stadt Athen auf natürliche Weise ausgeblendet, was Le Corbusier, der sich damals noch Jeanneret nannte, dazu brachte, 1914 bei der Fertigstellung des Reiseberichtes zu notieren: „Das Niveau der Akropolis ist isoliert und ohne eine zweite Ebene, ohne irgendeinen Zusammenhang mit dem, was sich zu Füßen der Strebepfeiler befindet."[73] Ähnlich ging Le Corbusier in der Gestaltung des

Abb. 33: Das „chambre à ciel ouvert" und der Ausguck sind als komplementäre Elemente auf der Terrasse einander gegenübergestellt.

Abb. 34: Über dem falschen Kaminsims erscheint der Triumphbogen ausgestellt wie ein Objet trouvé

Penthauses vor: „Gerade da, wo man erwartet, dass man ganz Paris wahrnimmt, ist es total ausgeschaltet," heißt es bei Bruno Reichlin.[74] Im „Œuvre Complète" schrieb Le Corbusier dazu: „Paris ist versteckt durch Efeu- oder Taxushecken. Man sieht nichts außer einiger Sehenswürdigkeiten von Paris: Den Triumphbogen, den Eiffelturm, den Blick auf die Tuillerien und Notre-Dame und Sacré-Cœur."[75] Je nach Bedarf war jedoch mittels der verschiebbaren Hecken ein kontrollierter Voyeursblick auf Paris möglich. „Indem man einen elektrischen Knopf drückt, verschiebt sich die Palisade aus Grün und Paris erscheint. Man speist abends, man tanzt unter dem Himmel von Paris, während am Fuß des Gebäudes die Autos strömen. Der Eiffelturm wird beleuchtet. Der Triumphbogen erscheint; sie werden Teil der Komposition."[76] Hier spiegelt sich wieder Le Corbusiers Auffassung wider, dass der Ausblick sorgsam dosiert sein müsse und nicht alles gezeigt werden dürfe, sondern dem Auge, um die Umgebung aufnehmen zu können, Hindernisse in den Weg gestellt werden müssen. Dieser Blick auf die Stadt erfährt eine zusätzliche Steigerung und Entfremdung durch ein drehbares Periskop, das Le Corbusier auf der zweiten Terrasse installierte und mit dem er den uneingeschränkten 360°-Blick auf die Stadt in Nahaufnahme ermöglichte. Wenn die Gäste Beisteguis den Blick auf Paris haben wollten, der ihnen vom Dachgarten überraschenderweise verwehrt blieb, mussten sie sich in einen kleinen dunklen Raum einsperren und durch das Periskop sehen, wie Bruno Reichlin konstatiert,[77] und metaphorisch durch das Häusermeer schwimmen.[78]

Die Art und Weise, wie die Pariser Sehenswürdigkeiten isoliert ohne jeden urbanen Kontext im Raum inszeniert werden, hat verschiedene Autoren Analogien zum „Plan Voisin" von 1925 erkennen lassen.[79] Im „Plan Voisin" hatte Le Corbusier vorgesehen, ein riesiges Altstadtareal nördlich der Île de la Cité schleifen zu lassen, um an der Stelle Platz zu gewinnen, um das Herz seiner 1922 gezeichneten Stadtutopie, die „Ville Contemporaine" für drei Millionen Einwohner zu implantieren. Die 18 Wolkenkratzer sollten sich in einer weitläufigen Parklandschaft erheben, in der Le Corbusier nur die Pariser Sehenswürdigkeiten und Kirchen erhalten wollte, die wie *objets trouvé* in den Stadtraum einbezogen werden sollten. Skizzen aus „Feststellungen und Städtebau" oder aus dem ebenfalls 1929 publizierten ersten Band seines „Œuvre Complète" zeigen, wie sich die isolierten Sehenswürdigkeiten in der Stadtlandschaft erhoben hätten,[80] ein Eindruck, der ähnlich dem ist, der sich auf den Dachterrassen des Apartments von Charles de Beistegui offenbart. Und vieles spricht dafür, dass Le Corbusier sein Bauprogramm für de Beistegui in einem größeren Kontext betrachtete. In einem Brief an Pietro Maria Bardi, aus dem Tim Benton zitiert, bezeichnet Le Corbusier das Apartment Beisteguis zusammen mit dem Pavillon Suisse als paradigmatisches Beispiel seiner urbanistischen Prinzipien.[81] Und in einem Brief an Charles de Beistegui vom 5. Juli 1929, aus dem Benton ebenfalls zitiert, lässt Le Corbusier verlautbaren, dass ihn der Auftrag unter anderem deswegen reize, weil er eine Lösung für die Pariser Dachlandschaft vorschlage, von der er seit 15 Jahren spreche.[82] Tatsächlich fordert Le Corbusier schon in seinen frühen Stadtutopien, der „Ville Contemporaine" und dem „Plan Voisin", und auch in den Texten mit städtebaulichem Inhalt aus „L'Esprit Nouveau", die 1925 in der Publikation „Städtebau" zusammengefasst wurden, stets einen geraden Dachabschluss und die Einrichtung von Dachgärten, die der Natur die überbaute Fläche zurückgeben.[83]

Dass diese Vision tatsächlich älter gewesen sein muss und nicht erst zu Beginn der 1920er Jahre entstand, lässt jener Brief erahnen, den Jeanneret am Ende seiner Orientreise im November 1911 in Pisa an William Ritter schrieb. Er skizziert darin eine Vision von reinen Formen, die im Licht spielen und sich über weiten Freiflächen erheben: „Da und dort wird es einen Tempel geben, einen Zylinder, eine Halbkugel, ein Würfel oder ein Polyeder. Inmitten von leeren Räumen, um atmen zu können. Auf den Dächern werden wir wie ein wenig verrückte Leute sein."[84] Eine Vision, die, wie bereits dargestellt wurde, unter anderem auf den Einfluss Adolphe Appias zurückzuführen sein könnte. Auffällig ist, dass das Pariser Apartment, das einem extravaganten Multimillionär und Kunstsammler als Bühne und Kulisse für seine Empfänge und Gesellschaften dienen sollte, wie kaum ein anderes Werk Le Corbusiers Parallelen zu den „espaces rythmiques", den Bühnenbildern, die Adolphe Appia 1909 für Jaques-Dalcroze gestaltet hat, aufweist. Die eindrucksvollen Abbildungen aus Le Corbusiers „Œuvre Complète" ließen sich ohne Weiteres in Appias Entwürfe eingliedern, bei denen es sich um stilisierte Räume mit Mauern, Pfeilern, Treppen, Rampen handelt, die in Beziehung zum Horizont gesetzt werden, der bei Appia zentrales Element ist. Die scharfkantigen, klaren Stufen und Sockel und Wegführungen erscheinen in ihrer Schlichtheit und Reduktion fast wie abstrahierte Zeichnungen. Wie in Appias Entwürfen verwendet Le Corbusier große Steinplatten und kreiert vor einem künstlich eingezogenen Horizont ein Licht- und Schattenspiel, das den Bühnenentwürfen sehr nahekommt.

Das Dach der Unité d'Habitation in Marseille (1946–1952) – das Spiel der Volumen unter dem Licht

Dachgärten übten von Beginn an eine große Faszination auf Le Corbusier aus. Sie waren schon aus dem Grunde ideale Orte für ihn, da sie die Schnittstelle zwischen innen und außen, zwischen Himmel und Erde und nach Le Corbusiers Logik auch zwischen Mensch und Kosmos besetzen. Mithilfe dieser erhöht liegenden, quasi aus der Luft gegriffenen Orte ließ sich für Le Corbusier eine Verbindung zu den Horizonten herstellen und der unmittelbare Nahbereich ausblenden, so wie er es auf dem Plateau der Akropolis von Athen erfahren hatte. Zudem brachten sie ideale Voraussetzungen mit, da sie Le Corbusier größte gestalterische Spielräume bescherten. Er unterlag an dieser Stelle kaum gestalterischen Zwängen und hatte es für gewöhnlich lediglich mit den lästigen Enden technischer Vorkehrungen zu tun, wie Aufzugsschächten oder Treppentürmen, die es in die Komposition einzubeziehen galt. So überrascht es kaum, dass es ein Dachgarten war, an dem Le Corbusier seiner Akropolis-Idee so überzeugend Ausdruck verleiht, dass es legitim erscheint, von einem abstrakten „Akropolis-Motiv" zu sprechen: dem Dach der Unité d'Habitation in Marseille.

Le Corbusier war 1946 vom Ministerium für Wiederaufbau beauftragt worden, einen Prototyp für eine Großwohnanlage für ca. 1 600 Bewohner zu kreieren und erhielt so erstmals die Gelegenheit, seine Ideen für gemeinschaftliches Wohnen, die ihn seit 25 Jahren beschäftigten, in einer vertikalen Stadt umzusetzen.[85] Die Unité d'Habitation in Marseille entstand als Prototyp, der in stark abgewandelter und reduzierter Form später auch in Nantes, Briey-la-Fôret, Berlin und Firminy Vert gebaut wurde und ursprünglich noch in sehr viel größerem Umfang reproduziert werden sollte. Den 337 Wohnungen in der schmalen Hochhausscheibe in Marseille liegen 23 unterschiedliche Grundrisstypen zugrunde, die den diversen Lebensformen vom Einpersonenhaushalt bis hin zur zehnköpfigen Familie gerecht werden. Sie verfügen alle über einen zweigeschossigen Wohnbereich und erstrecken sich durchgehend von der Ost- bis zur Westseite, was dadurch möglich wurde, dass nur auf jeder dritten Etage ein innen liegender Korridor, der Idee der vertikalen Stadt folgend als „Straße" bezeichnet, liegt. Die größte Herausforderung für Le Corbusier bestand darin, „diesen riesigen Block so zum Leben zu erwecken, daß die Hierarchie der öffentlichen und privaten Bereiche sich schon von der Ferne ablesen ließ"[86]. In der Mitte des auf massiven Pilotis ruhenden 17-Geschossers richtete

Le Corbusier in der 7. und 8. Etage, am Außenbau gut ablesbar, eine Ladenpassage ein. Herz bzw. Kopf der Anlage ist aber die „Dachakropolis" mit ihren skulpturalen, frei gruppierten Formen, ihren Gemeinschaftseinrichtungen, ihrer Ruhe und dem eindrucksvollen Landschaftsbezug.

Eine Fotografie aus dem Jahr 1952 zeigt, dass sich die Unité ursprünglich als massiver Block in einer nur dünn besiedelten Landschaft erhob.[87] Die ungewöhnlich raue Struktur, die durch die vorgelagerten *brise-soleil* erzeugt wurde, evoziert aus der Ferne Assoziationen an einen zerklüfteten Felsblock. Unterstrichen wird dieser Effekt durch den *béton brut,* der hier zum ersten Mal in Le Corbusiers Werk zur Anwendung kam. Indem die zufälligen Abdrücke der Schalungsbretter sowie „Defekte mangelhafter Ausführung" belassen wurden, „erhält das gestaltlose Material von rohem Beton – *béton brut* – die Kraft eines natürlichen Felsens"[88]. Niemals wurde der Effekt, so Sigfried Giedion, so „eindringlich benutzt, um dem Eisenbeton die Eigenschaft eines natürlichen Materials zu geben, das im gleichen Rang mit Stein, Holz oder Terrakotta steht. Es scheint wirklich möglich zu sein, Beton als einen neugeformten Stein aufzufassen, der in seinem natürlichen Zustand gezeigt werden darf."[89] Das Gebäude, das am grünen Außenrand von Marseille errichtet wurde und damals noch von einem 3,5 ha großen Park umgeben war, dominierte die Umgebung ursprünglich stark und ragte wie ein Ozeandampfer aus ihr heraus.[90] Heute ist von dieser Wirkung wenig erhalten. Die Stadt ist um die Unité herumgewachsen – sie ist nur noch ein Großbau unter vielen. Auf dem Dach jedoch ist der ursprüngliche Eindruck geblieben: Der Dachgarten ist als ein Ort des Vergnügens und der Erholung für die Gemeinschaft der Hausbewohner geplant worden und erinnert in vielerlei Hinsicht an das Deck eines Ozeandampfers mit seinen Schornsteinen, Masten und technisch bedingten Formen, die neben Einrichtungen zum Vergnügen der Gesellschaft – dem Swimmingpool, der Bar – situiert sind. Speziell für Kinder wurde auf dem Dach in Marseille ein Freiraum geschaffen. Zu den dominierenden plastischen Aufbauten, die sich über freiem Grundriss erheben und unter dem Licht der Sonne spielen, gehören ein Aufzugsturm und zwei Ventilationsschächte, beides „gewöhnlich lästige Enden technischer Vorkehrungen", die durch ihre plastische Behandlung und die belebte Oberflächenstruktur des *béton brut* in „aufregende plastische Elemente" verwandelt werden.[91] (Abb. 35) Außerdem ist eine Reihe von Einrichtungen zur gemeinschaftlichen Nutzung auf dem Dach situiert, wie z. B. ein kurvig gewölbter Gymnastikraum, zu dem eine breite Rampe hinaufführt, und ein auf Pilotis errichteter Kinderhort, ein Kubus mit

farbig gestalteten Außenwänden und einem kleinen Planschbecken an seiner Südseite. Zwei unterschiedlich hohe Wandscheiben im Norden der Anlage dienen
einerseits als Schutz vor dem Mistral, können andererseits aber auch als Hintergrund für Theateraufführungen genutzt werden. (Abb. 36) Dass sich an keinem anderen Ort des Dachgartens die Assoziation an Adolphe Appias „espaces rhytmiques" so sehr aufdrängt wie an dieser Stelle, erscheint kaum zufällig.[92] (vgl.:
Abb. 22) Außerdem birgt das Dach eine 300 m lange Laufpiste,[93] Tische und eine
Bar. „Völlig verschieden gestaltete Bauteile treten miteinander in lockere Beziehung.
Es ist eine Collage mit den Mitteln der Architektur im Maßstab einer Platzgestaltung."[94] Durch die unterschiedliche Größe und Formgebung der skulpturalen
Dachaufbauten werden Spannung und Raumwirkung erzielt, die weit über die
Grenzen des Terrains bis zu den Horizonten wirken. Nur durch Bewegung kann
die Komposition vollständig erfasst werden. Wie die Architekturen der Akropolis
in Athen kommunizieren Le Corbusiers Dachplastiken mit der Landschaft und beziehen den Außenraum in die Komposition ein. Im Südteil der Anlage wird das besonders deutlich: Künstliche Betonhügel, die das Areal des Kindergartens von dem
der Laufbahn abtrennen, treten in direkten Dialog mit dem bewegten Profil der
Berge im Hintergrund, während das Wasserbassin die Beziehung zum Meer herstellt. (Abb. 37) Alexandre Kujawski, ein langjähriger Mitarbeiter Le Corbusiers,

bestätigt in einem Interview 1999 die Vermutung, dass Le Corbusier diese künstlichen Hügel vor Ort auf dem Rohbau entwarf. Sie waren ursprünglich nicht vorgesehen, sondern entstanden in unmittelbarem Dialog mit den Bergen im Hintergrund.[95] Bereits 1929 in „Feststellungen zu Architektur und Städtebau" schreibt Le Corbusier: „Das Werk ist nicht etwas aus sich allein entstandenes: es gibt ein Außen. Und dieses Außen schließt mich in seine Gesamtheit ein wie ein Zimmer. Die Harmonie entspringt der Ferne – überall aus allem. […] Können Sie sich vorstellen, wie die Landschaft mit mir dichtet?"[96] Zentrales Element seines „chambre à ciel ouverte"[97] ist die in Augenhöhe verlaufende Brüstungsmauer, die gerade hoch genug ist, „um die städtische Umgebung auszuschließen, und gerade niedrig genug, um Ausschnitte des Meeres und der felsigen Inselkette am Hafen und der Hügel im Hintergrund zu zeigen"[98]. Sie erinnert an eine Temenosmauer, die ein Heiligtum abgrenzt, und erscheint wie eine künstlich eingezogene Horizontlinie, die ungebunden in die Landschaft strebt und wie die horizontalen Architekturteile des Parthenon den Dialog mit den fernen Horizonten aufnimmt. Die Mauer fasst den

Abb. 36: Wandscheiben, die als Schutz gegen den Mistral und als Bühne für Theateraufführungen dienen können

Abb. 37: Das Planschbecken korrespondiert mit dem Meereshorizont, der künstliche Hügel mit den Bergen im Hintergrund.

Außenraum zu einem homogenen Ganzen zusammen, bezieht den Himmel sowie den fernen Horizont in die Komposition ein und macht beide Elemente erlebbar. Der umgebende Nahbereich wird systematisch von Le Corbusier ausgeblendet, ähnlich wie es im Apartment für Charles de Beistegui geschehen ist, und der Blick wird in die ferne Landschaft gelenkt, so wie er es 1911 auf der Akropolis erfahren hatte. Den Städtern wird auf dem Dachgarten ein für Le Corbusier typisches Naturerlebnis beschert, in dem sie nicht Teil der Natur sind, sondern von einem separierten Standpunkt aus Betrachter bleiben.

Mit einer ähnlichen Methode arbeitete Le Corbusier einige Jahre später auf dem Dach des Dominikanerklosters La Tourette, das zwischen 1953 und 1958 entstand. Ursprünglich hatte er vorgesehen, den Kreuzgang auf das Dach zu verlegen. Um die Mönche jedoch durch diesen Panoramablick nicht zu zerstreuen, verlegte er ihn auf ihren Wunsch in den Hof, in dem er über kreuzförmigem Grundriss angelegt wurde. Zu dem Dach führt daher in dem realisierten Bau nur eine schmale Stiege, deren Aufgabe es war, abschreckend auf den Mönch zu wirken, der das Gefühl hat, dieser Weite, diesem Ausblick nicht standhalten zu können, ohne davon abgelenkt

Abb. 38: Künstlich eingezogene Horizontlinie auf dem
Dach des Klosters La Tourette
(1953–58)

zu werden.[99] Auf dem Dach umgibt eine 1,83 m hohe Umfassungsmauer den Dachgarten, die wie in Marseille wie eine künstlich eingezogene Horizontlinie wirkt.
(Abb. 38) Auch sie blendet den umgebenden Nahbereich aus und lenkt den Blick
auf den Horizont und die fernen Berge. Wie auf dem Dach der Unité erzeugt die
Umfassungsmauer, die wieder Assoziationen an Temenosmauern antiker Heiligtümer evoziert, ein „chambre à ciel ouverte". Auf dem Klosterdach werden der
künstlichen Horizontlinie und den fernen Bergen einige wenige skulpturale
Formen entgegengesetzt: die abgeschrägte Pyramide der Kapelle, die abstrakte
Skulptur des Glockenturms, der Treppenhausaufgang mit dem geometrisch angeordneten Lichtschlitz.[100] In seiner schlichten Abstraktion erinnert das Klosterdach
fast noch stärker an Appias Bühnenbilder als das Dach der Unité, obwohl es mit
Gras bewachsen ist, während das Dach in Marseille die vertrauten Bodenplatten
aufweist, die zu den Charakteristika von Appias Zeichnungen gehören. Deutlicher
noch als auf dem Klosterdach steht in Marseille der skulpturale Aspekt im Vordergrund, „das Spiel der Volumen unter dem Licht" und die „plastische Symphonie",
wie es in den Bildunterschriften in seinem „Œuvre Complète" heißt.[101] Bewegung
im Raum, die zur Voraussetzung wird, um das Ensemble, diesen *l'espace indicible,* zu
erfassen.

Die Analogien zwischen der Gestaltung der Dachterrasse und Le Corbusiers
Äußerungen über die Akropolis in „Vers une Architecture" sind so evident, dass
es in diesem Fall auch legitim erscheint, von einem abstrakten Akropolis-Motiv
zu sprechen, das hier zur Umsetzung kommt. 1954 schreibt Le Corbusier, wie
Panayotis Tournikiotis darstellt, in einem unveröffentlichten Beitrag für die Zeitschrift „Parisiana, revue franco-hellénique culturelle et artistique" über die Unité

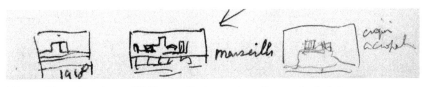

Abb. 39: Skizze mit geplanten Abbildungen für eine erweiterte Fassung des Artikels
„L'espace indicible" (1954)

d'Habitation in Marseille: „Als ich in Marseille ein Haus für 1 600 Einwohner baute,
war es dieses menschliche Maß, das ich 40 Jahre zuvor in Griechenland erlebt hatte,
das meine Zeichnungen belebte. Das riesige Bauwerk ist von griechischem Geist;
sein Dach, wo die Kinder des Kindergartens sind, ist eine Akropolis. – Aufgrund
ihrer Maße."[102] Roberto Gargiani und Anna Rosellini weisen darauf hin, dass
Le Corbusier auch in einem anderen unveröffentlichten Text und in einem Brief an
seine Mutter aus den Jahren 1951 und 1952 das Dach der Unité als Akropolis
bezeichnet.[103] Mit Ausnahme der Cité Mondiale, die Le Corbusier als einziges Werk
jemals direkt mit der Akropolis in Verbindung gebracht hatte, sind das Dach der
Unité d'Habitation in Marseille und sein erstes Gemälde „La Cheminée" die einzigen Werke, die er rückwirkend auf die Akropolis bezieht. Als er 1954 seinen Text
„L'espace indicible", den er 1946 erstmals publiziert hatte, überarbeitete und erweiterte, fügte er eine Skizze an, die Aufschluss über die geplanten Abbildungen gibt:
In einer Reihe wollte er, „La Cheminée", das Dach der Akropolis und eine Skizze
der Akropolis auf ihrem Felsen in der Landschaft publizieren.[104] (Abb. 39)

Die Akropolis-Idee in Le Corbusiers städtebaulichen Projekten

Das Mundaneum der Cité Mondiale (1929) – ein Heiligtum der Völkerverständigung

Den einzigen Entwurf, den Le Corbusier jemals von vornherein systematisch mit
der Akropolis in Verbindung bringt, ist das Mundaneum der Cité Mondiale. Nachdem der Wettbewerb für den Völkerbundpalast in Genf 1927 auf unglückliche
Weise seinen Ausgang gefunden hatte, und der Skandal für internationale Aufregung sorgte,[105] war Paul Otlet, Sekretär der „Union des Associations Internationales", mit dem Vorschlag, ein Zentrum der Weltkultur für Genf zu entwerfen,
an Le Corbusier herangetreten. „Otlet wollte Frieden und Fortschritt durch

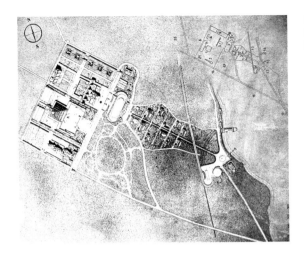

interdisziplinären Austausch in allen Wissensgebieten fördern, also eine Art geistigen Völkerbund schaffen, der neben die politische Institution treten sollte."[106] Le Corbusier war von dieser Idee fasziniert und wählte als Standort ein Terrain am Genfer See aus, dessen ideale Voraussetzungen ihn an die Lage der Akropolis von Athen erinnerte, wie aus einer Beschreibung in „Feststellungen zu Architektur und Städtebau", dem „Œuvre Complète" und aus „La Ville radieuse" hervorgeht. „Es handelt sich um eine Art Akropolis, die den Umkreis beherrscht. Auf drei Seiten bilden die verschiedenen Gebirgszüge die Grenzen des Horizonts, auf der letzten sieht man in der Ferne die verschwimmende Fläche des Sees."[107] (Abb. 40) Er war begeistert von der „bezaubernden Lage", der „sprechenden Topographie", und den „noch freien Horizonten" und bezeichnet den Ort als geeignet für eine „Akropolis des Maschinenzeitalters".[108] Was seinen Entwurf für die Cité Mondiale neben der Lage und dem Bezug zu den umgebenden Horizonten zu einer „Art Akropolis" macht, geht ebenfalls aus seinen Beschreibungen hervor. In „Feststellungen zu Architektur und Städtebau" heißt es: „Für den Augenblick will ich Gras und Viehherden, hundertjährige Bäume und diese ganz allerliebsten Überbleibsel der Landschaft beibehalten, und in der Luft, in einer bestimmten Höhe, errichte ich auf einem horizontalen Betonboden, der auf den emporragenden Pfählen ruht, die durchsichtigen und klaren Prismen von Nutzbauten; ein großes Vorhaben bewegt mich; ich berechne die Prismen und den Raum, der sie umgibt; ich komponiere atmosphärisch. Alles hat Teil: die Herden, die Rasenflächen, [...], der See, die Alpen, der Himmel – und die göttlichen Proportionen. Und dank dem Pfahlwerk ist auf dieser Akropolis, die der Meditation und der geistigen Arbeit geweiht ist, der natürliche Erdboden unversehrt und die Poesie bleibt erhalten."[109] Und in „La Ville radieuse" heißt es zu dem Entwurf: „All diese Gebäude [...] formen mit den Bergen und dem See eine pathetische Symphonie: Natur und Architektur. ‚Gebaute Architektur' ist ein Bestandteil der Natur. Sie erklärt den Ort. Sie versetzt uns in den Geist des Ortes…"[110] So wie er es 1914 in seinem Orientreisebericht im Zusammenhang mit der Akropolis formuliert, wird die Architektur in Le Corbusiers Beschreibung zur „raison de ce paysage"[111], wobei der Entwurf jedoch einen ganz anderen Charakter hat als das Vorbild in Athen. Das Mundaneum, der Teil der Cité Mondiale, der als „obere Stadt", also wörtlich als Akropolis, angelegt ist, und mit dem Musée Mondial, der Internationalen Bibliothek und der Universität das geistige und kulturelle Zentrum der Anlage bilden sollte, ist als eine Art moderner Tempelbezirk konzipiert worden. Er wird „über einen heiligen Weg vom See her über eine Folge von Plattformen, Höfen und Rampen, die im ‚Schrein' des Museums kulminieren"[112], erreicht. An die Stelle der pittoresken Komposition, die die Akropolis von Athen auszeichnet, tritt im Mundaneum eine strenge, rigide Anlage, die nach den Regeln des goldenen Schnitts organisiert ist und mit ihrer axialen Hierarchie jedem Beaux-Art-Architekten Ehre gemacht hätte, wie William Curtis den Entwurf kritisiert.[113] Le Corbusier wollte offensichtlich mit dem Entwurf des

Abb. 41: Modell für das National Museum of Western Art in Tokyo (1957)

Mundaneums, das von einer zikkuratartigen Stufenpyramide, dem Musée Mondial, dominiert wird, „zu den Anfängen der monumentalen Architektur zurückkehren, nach Babylon, Ninive, oder sogar Sakkara, wo die Prototypen der westlichen Architekturtradition – Säulen, Mauern, Tempel, Höfe, Hypostylon, Stufenpyramide – zum ersten Mal in einem großen Ensemble vereinigt waren"[114], was ihm erhebliche Kritik des tschechischen Architekturkritikers Karel Teige und den Vorwurf der „archäologischen Inspiration" einbrachte.[115]

Unabhängig davon, ob der Entwurf als gelungen betrachtet werden kann oder nicht, zeigt er, wie sich die Akropolis als abstrakte Idee in dem Projekt niederschlägt und wie Le Corbusiers Entwürfe bezüglich der Akropolis-Idee zu lesen sind. Kerngedanke der Akropolis-Idee ist auch hier eine auf die Bewegung der Betrachter ausgerichtete dynamische Raumkonfiguration, in der die einzelnen architektonischen Volumen frei im Raum platziert werden und miteinander in Beziehungen treten. Durch diese Wechselwirkungen wird Raum formuliert, der bis weit über die Grenzen der eigentlichen Architektur bis zu den Horizonten wirkt und die Landschaft und den Horizont mit in die Komposition einbezieht. Bewegung in Form einer *promenade architecturale* wurde zum zentralen Element des Projektes. Le Corbusier sah vor, sie als „heiligen Weg", der vom See über verschiedene Plattformen, Höfe und Rampen in den Mundaneums-Bezirk führt, zu inszenieren und als „Weg der Erkenntnis" im Inneren des Musée Mondial über die spiralförmige Rampe weiterzuführen.[116]

Es war möglicherweise Teiges Kritik, die dazu führte, dass der Entwurf für das Mundaneum das einzige Projekt blieb, das Le Corbusier jemals direkt mit der Akropolis in Verbindung brachte. Bereits in der zeitgleich entstandenen Villa Savoye, die ohne Zweifel gezielt als „Parthenon des Maschinenzeitalters" projektiert worden war, verzichtet er auf den direkten Hinweis und nimmt nur noch indirekt Bezug auf den Parthenon und die Akropolis. Und auch in den deutlich souveräneren Formulierungen seiner Akropolis-Idee in seinem Spätwerk bleiben alle Bezüge, so wörtlich sie zum Teil erscheinen mögen, offiziell unausgesprochen. Die Grundparameter, die im Spätwerk zu einem lesbaren, abstrakten Akropolis-Motiv wurden, waren jedoch im Mundaneum bereits angelegt, erschienen aber noch vergleichsweise starr und dogmatisch. In seinem Entwurf für das National Museum of Western Art in Tokyo von 1957, das aus der Gebäudetrias Museum, Ausstellungspavillon und Theater besteht, platziert er die Architekturen als freistehende Volumen in einen bestehenden Park. (Abb. 41) Wie in der Anlage des Mundaneums ist jedem der drei Gebäude ein Hof zugeordnet, der in Tokyo jedoch nicht geometrisch angelegt und fest umrissen ist, sondern durch frei im Raum platzierte Mauern formuliert wird. Diese Mauern organisieren die *promenade architecturale*. Sie lenken die Besucher, versperren den Blick, sorgen dafür, dass die architektonischen Ereignisse nach einer festgelegten Choreographie in das Blickfeld der Betrachter treten und die Anlage erst in der Bewegung als Ganzes erschlossen werden kann.

Das Bürgerzentrum von St. Dié (1945) – eine Akropolis der Gemeinschaft

In dem Entwurf für den Wiederaufbau der im Zweiten Weltkrieg fast vollständig zerstörten kleinen Vogesenstadt St. Dié, mit dem Le Corbusier 1945 kurz vor dem Bau der Unité d'Habitation in Marseilles betraut worden war, entwirft er im Herzen der Stadt, auf dem Areal der ehemaligen Altstadt, das Bürgerzentrum als „eine Art Akropolis mit öffentlichen Bauten, einem Museum und Büroflächen"[117]. (Abb. 42) Eingefasst werden sollte dieses Bürgerzentrum im Süden durch die Meurthe und die parallel dazu verlaufende fast 1,2 km lange lineare Industriestadt, die „Usine Verte". Im Norden sollte der Klosterhügel mit der alten Kathedrale das Bürgerzentrum begrenzen. Fünf Unités d'Habitations mit einem Fassungsvermögen von jeweils 1 600 Personen sollten das Zentrum flankieren; die restlichen der 10 500 Einwohner plante Le Corbusier in Einfamilienhäusern entlang der Ausfallstraßen anzusiedeln.[118] Das Bürgerzentrum besteht aus einem Nebeneinander touristischer, kultureller und öffentlicher Gebäude und ist für den Autoverkehr gesperrt. Verwaltungshochhaus, Gemeindehaus, Museum, Geschäftsgebäude, eine Hotelanlage, Cafés und Restaurants erheben sich als freistehende Solitäre im Raum. Wie auch in seinen früheren städtebaulichen Entwürfen plante Le Corbusier für St. Dié sämtliche Gebäude auf Pilotis zu errichten, um den natürlichen Erdboden zu erhalten. „Jedes der verschiedenen Gebäude ist so geformt und gelegen, daß eine eigene räumliche Ausstrahlung von ihm ausgeht, und daß es dem Ganzen des Zentrums untergeordnet ist. Die Anlage wird durch Volumina von sehr verschiedener Gestalt perforiert. Sie füllen oder höhlen den Raum aus, so wie das in der heutigen Plastik geschieht", heißt es bei Sigfried Giedion.[119] Le Corbusier formuliert Raum, indem er mittels Kontrasten Wechselwirkungen und Spannungen zwischen den einzelnen Gebäuden erzeugt – so wie er es auf der Akropolis erlebt hatte und wie er es wenige Jahre später auf dem Dach der Unité d'Habitation in Marseille erstmals realisieren sollte. Es handelt sich um eine dynamische Architektur, die sich den Betrachtern in ihrer Wirkungsweise erst im Vorangehen vollständig erschließt, so wie Le Corbusier es dank Auguste Choisy auf der Akropolis erlebt hatte. Dementsprechend plante er vom Gemeinschaftszentrum aus Blicke in die Landschaft, „auf die fernstehende alte Kathedrale, auf die scheibenförmigen Wohnhäuser direkt außerhalb des Platzes sowie auch auf die ,Fabrik im Grünen', die am jenseitigen Ufer des Flusses sich ausbreitet"[120], freizugeben und diese so in die Komposition des Zentrums mit einzubeziehen. Es ging wieder darum, eine „strahlende Architektur" zu schaffen, eine akustische Plastik, die im Sinne des *l'espace indicible* über ihre Grenzen hinaus wirkt und ihre Grenzen bis zu den Horizonten ausdehnt.[121]

Deutlicher noch als in Le Corbusiers Einzelbauten oder Dachgärten offenbart sich den Stadtentwürfen, dass Le Corbusier in seinen Bemühungen, die Akropolis-Idee in zeitgenössische Entwürfe zu transformieren, das Raster niemals verließ und immer im rechten Winkel blieb. Er hatte zwar durch Auguste Choisy die Erfahrung gemacht, dass der scheinbaren Unordnung der Akropolis, die keinerlei Achsialität kennt, eine Ordnung zugrunde liegt, die durch Ponderation entsteht und sich erst vor Ort erschließt. Für seine eigene Arbeit hatte diese Erkenntnis jedoch kaum Relevanz. Le Corbusier verzichtet darauf, die Architekturen unregelmäßig im Raum auszurichten, und beschränkt sich darauf, das Pittoreske durch die *promenade architecturale* in seinen Kompositionen zu erzeugen. Diese legte er so an, dass sich den Betrachtern die einzelnen Gebäude, die frei im Raum positioniert sind, aus verschiedenen Ansichten, mal frontal, mal übereck, in der vollen Plastizität zeigen, und er holt durch kontrollierte Aus- und Durchblicke immer die Umgebung mit ins Bild.

Waren die Entwürfe für die „Ville Contemporaine" von 1922 und den „Plan Voisin" von 1925 noch sehr schematisch, ist im Mundaneum schon das Thema Ponderierung der Volumen im Raum deutlich erlebbar, das Le Corbusier in seinen späteren Entwürfen, dem Dach der Unité d'Habitation in Marseille oder dem Bürgerzentrum von St. Dié, weiterentwickelte. Ein Experimentierfeld der besonderen Art wurde diesbezüglich das Kapitol von Chandigarh, in dessen Rahmen wie auch in St. Dié die Idee des Dachgartens der Unité d'Habitation auf den Erdboden projiziert wurde.

Das Kapitol von Chandigarh (1950–1965) – eine ehrwürdige Ruinenlandschaft

1951 bekam Le Corbusier die Gelegenheit, auf die er sein Leben lang gewartet hatte. Er wurde von Jawaharlal Nehru mit der Stadtplanung Chandigarhs und der Ausführung des Kapitols betraut und hatte dort die Möglichkeit, eine der Demokratie, dem Geist und der Kunst gewidmete Akropolis zu kreieren. Mit der Unabhängigkeit Indiens im Jahr 1947 ging die Abspaltung der Gebiete des heutigen Pakistans und Bangladeschs einher, was dazu führte, dass die ehemalige Bundeshauptstadt des Punjab, Lahore, Pakistan zugeordnet wurde. Die Planung der neuen Bundeshauptstadt wurde von Nehru ab 1948 in die Wege geleitet; entstehen sollte eine moderne, leistungsfähige Stadt mit Symbolwirkung, ein „Tempel des Neuen Indien".[122] Als Le Corbusier 1950 zum beratenden Architekten der Regierung des Punjab und zum ausführenden Architekten des Kapitols ernannt wurde, war bereits die Wahl auf ein landschaftlich reizvolles Gelände gefallen, das sich strategisch und verkehrstechnisch günstig gelegen zu Füßen des Himalaja Vorgebirges befindet, und auch die Planung stand bereits in Grundzügen.[123] Im Rahmen eines vierwöchigen ersten Arbeitstreffens im Februar 1951 legte Le Corbusier innerhalb von nur vier Tagen die grundlegenden Prinzipien des Masterplans fest, wobei er die Grundzüge des bestehenden, von Albert Mayer und Matthew Nowicki entworfenen Plans beibehielt, da dieser bereits eng an sein 1935 publiziertes Idealstadtmodell der „Ville Radieuse" angelehnt war. Le Corbusier vergrößerte die im Vorgängerplan angelegten Nachbarschaften auf 800 x 1 200 m und nannte sie Sektoren, führte anstelle der von Mayer und Nowicki vorgesehenen gekurvten Straßenführungen ein orthogonales Straßenraster und das sogenannte System der „7 V", die Trennung der sieben verschiedenen Verkehrswege, ein. Die Ausführung übertrug er seinen Partnern Maxwell Fry, Jane Drew und seinem Vetter und langjährigem Partner Pierre Jeanneret, während er sich auf den Entwurf des Kapitols konzentrierte. Mayer hatte das Kapitol als Kopf der Stadtanlage im Norden geplant und isolierte es von dieser, indem er es zwischen die beiden Flussarme setzte. Le Corbusier behielt die grundsätzliche Positionierung des Kapitols als Kopf der Stadtanlage bei, verschob es aber Richtung Nordosten auf ein erhöht liegendes, leicht aus der Mittelachse der Stadt gerücktes Areal und legte über dem ursprünglich projektierten Gelände einen künstlichen See an. Ein breiter Boulevard und künstliche Hügel separieren das Areal von der Stadt, sodass es keinerlei Sichtbeziehung gibt. Ein früher Entwurf des Kapitols vom 21. Juni 1951, in dem das Sekretariat noch als Hochhaus konzipiert war, zeigt, dass das Kapitol ursprünglich die Stadt durchaus dominieren sollte. Und auch die Entwürfe bis Dezember 1951 sahen laut Vikramaditya Prakash noch eine optisch ungehinderte Beziehung zwischen Stadt und Kapitol vor.[124] In der endgültigen Skizze des Kapitolkomplexes vom 21. März 1952 ist schließlich das Verhältnis Stadt – Kapitol neu definiert worden. Sollte im Dezember 1951 das Sekretariat noch als langer Riegel zwischen die Stadt und den fernen Gebirgskamm gesetzt werden, ist in den endgültigen Plänen die Position des Kapitols um 90° gedreht, und künstlich aufgeschüttete Hügel versperren die Sicht zwischen Stadt und Kapitol.[125] Wie wichtig Le Corbusier diese nicht nur physische, sondern auch optische Separierung der beiden Bezirke war, beschreibt Lawrence J. Vale. Er zitiert aus Le Corbusiers Skizzenbuch einen Eintrag von November 1952, in dem es heißt: „Achtung! [Zur] Stadtseite muss das Kapitol von einem umlaufenden Glacis [bestehend] aus einem horizontalen Erddamm umschlossen werden. (Alle Konstruktionen der Stadt verstecken).[126]" 1954 geht Le Corbusier sogar so weit, die Stadt als „Feind", als „l'ennemi" zu bezeichnen, und wiederholt die Forderung, dass die künstlichen Hügel den Süden, nicht aber den Norden ausschließen sollen.[127] Im Norden sollte der Blick ungehindert in die Landschaft auf das Himalaja-Vorgebirge fließen können, das es galt in die Komposition einzubeziehen. Le Corbusier wollte das Kapitol von Chandigarh auch symbolisch zum letzten Außenposten der Zivilisation vor dem Himalaja machen. Diese Strategien, die Stadt bei gleichzeitiger Einbeziehung der Landschaft aus dem Kapitol auszugrenzen,[128] lässt nicht nur an Le Corbusiers Erlebnisse auf der Akropolis von Athen denken, sondern auch an die Strategien, mit denen er auf dem Dach der Unité d'Habitation in Marseille die umgebende Stadt ausblendet und die entfernte Landschaft in die Komposition einbezieht. Laut Gargiani und Rosellini schreibt er 1955 in einem

Brief an Prameshwari Lal Varma, dass das Kapitol ein geschlossenes Bassin sein müsse, offen nur zum Himalaja.[129]

Die Grundrissdisposition des Kapitols verrät, dass Le Corbusier auch auf eine Raumwirkung abzielte, wie er sie auf der Akropolis erlebt hatte. Die vier Großbauten, das Sekretariat, das Parlament, das Oberste Gericht und der nicht zur Ausführung gekommene Gouverneurspalast erheben sich als freistehende Solitäre über weiter Freifläche im Raum. Die rechte Platzseite wird vom Justizpalast dominiert, einer langgestreckten Schachtel, in die mächtige Stützelemente in unregelmäßigen Abständen eingefügt sind, deren oberer Abschluss in ein nicht tragendes Arkaden-Schalengewölbe übergeht. Tief eingeschoben in diese Struktur, und somit vor der Witterung geschützt, sind die neun Gerichtsräume – acht kleine rechts und ein großer links neben dem monumentalen Eingangsportikus. Die zurückgesetzte verglaste Fassade wird durch farbig akzentuierte *brise-soleil,* die sich nach unten hin verjüngen, zusätzlich geschützt.

Die gegenüberliegende Platzseite wird durch das Parlament und das versetzt dahinter positionierte Sekretariat dominiert. Das Parlament, der markanteste Blickpunkt des Kapitols, ist ein monumentaler Kubus über quadratischem Grundriss, der sich dem Ankommenden zunächst auf einer langen Wegstrecke in Übereckansicht in seiner vollen Plastizität präsentiert. Er ist auf drei Seiten mit einem regelmäßigen Raster von *brise-soleil* überzogen, hinter denen sich Büros verbergen. Der Hauptfassade, die dem Justizpalast gegenüberliegt, ist ein tiefer Portikus mit acht Scheibenstützen vorgelagert, der bekrönt wird von einer überdimensionierten skulpturalen, trogartig wirkenden Regenrinne. Die über alle Etagen reichende Drehtür mit Emaillegemälden Le Corbusiers an Innen- und Außenseite ist aus der Mittelachse gerückt und bildet einen farbigen Kontrapunkt zu der rauen Betonoberfläche der massiven, dreidimensionalen Fassade. Bekrönt wird der Justizpalast durch zwei monumentale Dachplastiken, die den Kubus aufbrechen und eine starke Fernwirkung haben. Der Sitzungssaal des Oberhauses wird durch ein mächtiges hyperboloides Gebilde mit abgeschrägter Oberkante markiert, das aus der flachen Dachkonstruktion heraustritt. Dieses moderne Pendant zur Kuppel, zu dem er nach eigener Angabe durch die Kühltürme eines Kraftwerkes in Ahmedabad, die er im Landeanflug vom Flugzeug aus sah, inspiriert wurde,[130] tritt mit der schiefen Pyramide, die den Sitzungssaal des Unterhauses markiert, und einem schlanken Aufzugsturm in den Dialog. Die Dachaufbauten haben nicht nur eine höchst plastische Wirkung, sondern auch emblematisches Potenzial.

Das dritte und größte Gebäude des Kapitols, das Sekretariat, hatte Le Corbusier ursprünglich als frei im Raum stehendes Scheibenhochhaus vorgesehen, was jedoch auf Ablehnung der Regierung stieß. Es bekam daraufhin eine andere Funktion und bildet mit seinen acht Geschossen und einer Länge von 280 m eine Art Wand, die den Blick abriegelt, und Hintergrundfolie für das Parlament. Um den Eindruck der schieren Masse zu vermindern, untergliederte Le Corbusier die Fassade in sechs gleichgroße Segmente und belebte sie durch *brise-soleil,* die gleichzeitig als Balkone dienen. Lediglich die skulpturalen Sonnenblenden des Mittelblocks, hinter dem sich die Büros der Minister verbergen, brechen aus der Monotonie aus und verweisen auf die doppelgeschossigen Räume dahinter. Das Gouverneursbüro ist durch eine aus der Fassade heraustretende Balkonkonstruktion gekennzeichnet. Zusätzlich wird die Fassade durch die vom Platz aus sichtbaren Dachbekrönungen und die skulpturalen äußeren Rampentürme belebt, die jeweils an Vorder- und Rückseite angebracht sind und wie Arme aus der Komposition ausbrechen.

Abb. 43: Skizze des Gouverneurpalastes mit projektiertem Bodenrelief, 1952

Das kleinste Gebäude des Kapitols, der Gouverneurspalast, hätte die Nordseite der Anlage dominieren sollen und musste, wie aus Le Corbusiers Zeichnungen hervorgeht, in erster Linie in die Höhe entwickelt werden, um sich von der Bergkette im Hintergrund genügend abheben zu können. (Abb. 43) Es hätte eine monumentale Dachplastik erhalten, die in ihrer Formensprache, ähnlich wie die sichelartige Form, die den hyperboloiden Zylinder auf dem Dach des Parlaments schmückt, an die der Jantar Mantars in Neu Dehli und Jaipur aus dem frühen 18. Jahrhundert anknüpfen, die Le Corbusier bekannt waren.[131] Der Gouverneurspalast sollte den Kapitolkomplex als Höhepunkt visuell dominieren und hätte eine vermittelnde Funktion erhalten, die die Beziehung zwischen Justizpalast und Parlament einerseits, zwischen architektonischer Komposition und Natur andererseits herstellen sollte. Der kleinste und aus der Gesamtkomposition am weitesten zurückversetzte Bau hätte sich durch seine nur leicht aus der Eingangsachse verschobene Positionierung und die daraus resultierende Frontalität gegenüber den anderen drei Bauten des Kapitols abgehoben. Trotz seiner frontalen Ausrichtung wäre der Palast jedoch nicht nur als Silhouette, sondern durchaus, wie Norma Evenson beschreibt, als skulpturales Objekt vor dem Hintergrund der Berge erschienen.[132] Nehru entschied sich 1954, als die Planung bereits weit fortgeschritten war, aufgrund der herausgehobenen Stellung, der übermäßigen Monumentalität und der Unvereinbarkeit einer Gouverneursresidenz in einem Kapitolbezirk überraschend gegen die Ausführung des Gebäudes zugunsten einer gleichmäßigeren Gewichtung der drei demokratischen Organe.[133] Le Corbusier legte Entwürfe für ein Museum des Wissens vor, das die Stelle des Gouverneurspalastes hätte einnehmen sollen – jedoch ohne Erfolg. An der Stelle blieb eine Leere zurück, die die Komposition bis heute empfindlich stört, und die auch durch das 1985 errichtete „Monument der offenen Hand" nicht kompensiert werden kann. Es ist jedoch fraglich, ob der Palast oder ein entsprechender Ersatz die Komposition hätte auffangen können. Von Anfang an war die Anlage des Kapitols umstritten, da sie, wie Kritiker monieren, nicht im menschlichen Maßstab gestaltet ist. Der Betrachter sei in einen verfremdeten, unpassablen Raum gestellt, der auf ein Minimum reduziert ist und sich aus Abwesenheit verstehe, heißt es beispielsweise bei Manfredo Tafuri.[134] Diese Wirkung hat jedoch nur bedingt mit der Leerstelle, die der fehlende Gouverneurspalast in der Komposition hinterlässt, zu tun. Die Grundproblematik liegt in den enormen Distanzen zwischen den einzelnen Bauten begründet. So beträgt die Länge der Esplanade, die die beiden einander gegenüber angeordneten Bauten des Parlaments und des Obersten Gerichtshofs miteinander verbindet, 450 m. Zwischen dem Obersten Gericht und dem Sekretariat, das schräg versetzt hinter dem Parlament angeordnet ist, müssen die Besucher knapp 700 m Wegstrecke zurücklegen.[135] Dieser Gefahren war sich Le Corbusier von Anfang an bewusst, wie aus einem Text im „Œuvre Compléte" 1946–1952 deutlich wird. „Im Gegensatz zu allen anderen zeitgenössischen Architekturaufgaben", heißt es dort, „konnte hier völlig frei gestaltet werden, ja die Freiheit war so groß, dass sie direkt gefährlich war. Der dem Kapitol zugesprochene Raum ist so weit, und die Gebäude bedecken nur einen kleinen Teil davon. Wie sollte einem so zerstreuten Ganzen optisch ein Zusammenhang gegeben werden?"[136] Mit einem hohen Maß an Plastizität und Monumentalität versuchte Le Corbusier, die Bauvolumen in Beziehung zueinander treten zu lassen und zu gewährleisten, dass sie sich gegenüber der weiten Freifläche behaupten. Dabei kam den skulpturalen Dachaufbauten des Parlaments und des Gouverneurspalastes eine wichtige Rolle zu, aber auch den *brise-soleil,* die plastische Fassaden mit einer starken Fernwirkung erzeugten. Um die Wechselwirkung der Gebäude untereinander zu unterstützen oder zu untermalen, modellierte Le Corbusier die weiten Freiflächen des Kapitols. Er fügte wie auf dem Dach der Unité d'Habitation in Marseille künstliche Hügel ein, die zum einen das Terrain abriegeln und zum anderen den Bezug zu der fernen Landschaft herstellen. Außerdem nahm er Baumbepflanzungen und Niveauunterschiede vor und legte um die Architekturen herum Wasserbecken an, um sie durch die Spiegelung größer erscheinen zu lassen. Zusätzlich entwarf er verschiedene Monumente und Symbole, wie das „Monument der offenen Hand", das Märtyrerdenkmal und den „Turm der Schatten", die zwischen Architektur, Natur und Betrachtern vermitteln helfen. Mit dieser künstlichen Landschaft versuchte er, der Leere entgegenzuwirken und Vordergrund und Hintergrund ineinander zu verweben. Dabei orientierte er sich nicht nur an der Akropolis, sondern auch an einheimisch traditionellen Vorbildern, wie z.B. an indischen Mogul-Gärten aus dem 16. und 17. Jahrhundert mit ihren Niveauunterschieden, Wasserbecken und freistehenden Gebäuden, wie unter anderem William Curtis und Caroline Constant darlegen.[137] (Abb. 44) Doch trotz dieser zusätzlichen Modellierung, die wieder deutliche Parallelen zu den Bühnenbildern Adolphe Appias ausweist, wird Le Corbusier oftmals vorgeworfen, die Komposition nicht in den Griff bekommen zu haben. Durch die enormen Distanzen ginge die Einheit der Komposition verloren, da sich die Wechselbeziehungen zwischen den Gebäuden im Raum verlören, anstatt Raum zu formulieren. Die Einzelgebäude blieben somit

isoliert, heißt es z. B. bei Kenneth Frampton: „Die Bauten der ‚drei Gewalten'
waren nicht, wie auf der Akropolis, durch die Struktur der Geländes miteinander
verbunden, sondern durch abstrakte Sichtlinien, die sich in der Ferne verlieren –
eine perspektivische Verkürzung, die nur die Berge am Horizont begrenzen."[138]
Ähnlicher Auffassung ist auch Manfredo Tafuri: Seiner Meinung nach vermag
nichts die drei großen Gebäude miteinander zu verbinden. Weder Straßen noch
perspektivische Allusionen oder formale Triangulationen seien in der Lage, dem
Auge des Betrachters behilflich zu sein.[139]

In der Tat erschließt sich die Anlage erst durch die Bewegung. Die Besucher müssen zuerst eine lange *promenade architecturale* zurücklegen, bis sich ihnen erstmals überhaupt der Eindruck einer Platzsituation erschließt. Das eigentliche Kapitol beginnt
keinesfalls, wie Stadtpläne und Fotografien aus einer frühen Bebauungsphase möglicherweise suggerieren mögen, am Utter Marg, der Querstraße, die das Kapitol von
der Stadt trennt. Die Besucher bewegen sich nach dem Betreten des Areals eine
ganze Weile auf einen fast unsichtbaren Komplex zu, den sie nur erahnen können.
Hin und wieder erscheint ein Stück Fassade, ein Dachaufbau ausschnitthaft zwi-

schen oder über den künstlichen Hügeln. Laut Gargiani und Rosellini bezeichnet Le Corbusier dieses Areal in seinen frühen Entwürfen auch als „Antichambre".[140] Auch das parallel zur Ankunftsstraße gelagerte Sekretariat ist nie als Ganzes, sondern nur in Fragmenten sichtbar, die sich mit den Schrittfolgen der Betrachter verschieben. Im Voranschreiten präsentieren sich irgendwann über den künstlichen Hügeln die Dachaufbauten des Parlaments, um dann im nächsten Moment wieder zu verschwinden. Erst wenn etwa die Mittelachse des Sekretariats erreicht ist, wird der Blick freigeben auf die vollplastische Dreiviertelansicht des Parlaments, die kurz darauf von einer monumentalen Rampe, dem sogenannten „Geometrischen Hügel", im Vordergrund verborgen wird. Parallel dazu gerät, während das Parlament nur noch in der Erinnerung existiert, im Vorangehen erstmals das „Monument der offenen Hand" in den Fokus der Betrachter und kurz darauf auf der rechten Seite auch das parallel zur Ankunftsachse ausgerichtete Oberste Gericht. Zuvor wäre vermutlich noch der Blick auf den Gouverneurspalast freigegeben worden, der zusammen mit dem „Geometrischen Hügel" die Mittelachse hätte besetzen sollen. Da die Besucher das Kapitol nicht mittig betreten, sondern der Zugang nach rechts versetzt wurde, bleibt die Mittelachse leer und der Blick wird in das Himalaja-Vorgebirge geleitet. Erst nachdem die Besucher bereits ca. 500 m auf dem Kapitolkomplex zurückgelegt haben, wird ihnen erstmals mit dem Betreten der gepflasterten sogenannten Esplanade, die die Verbindung zwischen Parlament und Obersten Gerichtshof herstellt, der Eindruck einer Platzsituation vermittelt. Die beiden Großbauten rechts und links erscheinen nun in der Frontalansicht, der Gouverneurspalast wäre leicht aus der Achse verschoben erschienen. Der langgestreckte Riegel des Sekretariats ist aus dieser Perspektive wiederum in Ausschnitten wahrnehmbar, die sich mit jeder Schrittfolge verändern, da er teils durch das Parlament, in erster Linie aber durch den „Geometrischen Hügel" verborgen wird.

Auch auf dem Platz sind die Besucher förmlich gezwungen, sich zu bewegen, immer wieder die Richtung zu ändern und die Architektur im Voranschreiten als ein dreidimensionales Phänomen zu erleben. Auf seiner nicht einmal eine Seite umfassenden Abhandlung über Chandigarh beschreibt Jürgen Joedicke sehr treffend diese *promenade architecturale,* die den Besuchern abverlangt wird, als zentrales Charakteristikum: „Alle Straßen und Wege verlaufen parallel oder rechtwinklig zueinander. Aber es gibt keine durchgehende Achse. So liegen Parlament und Justizgebäude zwar gegenüber; der Fußgänger aber kann diese direkte Verbindung nicht beschreiten, sondern wird veranlaßt, die Diagonale zu nehmen. Kleine Plätze durchbrechen die geraden Linien, so daß beim Begehen der Wege ständig Richtungswechsel vorgenommen werden müssen. Auf diese Weise hat der Betrachter beim Durchschreiten des Kapitols eine Fülle räumlicher Erlebnisse."[141] Genau wie Appia belebte Le Corbusier die Rigidität der Anlage, die scharfen Linien und Winkel und ihre Unbeweglichkeit durch die Konfrontation mit der Weichheit, Feinheit und Bewegung des menschlichen Körpers.[142]

Dass die weiten Freiflächen, über denen sich die Bauten des Kapitols zu behaupten haben, zum Programm gehören und keineswegs versehentlich entstanden sind, offenbart sich am deutlichsten in einer Passage aus dem „Modulor 2", in der Le Corbusier den Planungsprozess beschreibt: „Die Frage der Optik wurde entscheidend, als man Entschlüsse über den Standort der Großbauten fassen mußte. Es wurden acht Meter hohe, abwechselnd schwarz und weiß gestrichene Masten aufgepflanzt. Man stellte fest, dass die Gebäudeabstände übermäßig groß waren. Ängstlich, ja unter Qualen, hieß es, auf diesem grenzenlosen Gelände Entscheidungen zu treffen! Ganz allein musste ich urteilen und einen Entschluß fassen. Es handelt sich nicht mehr um ein Problem des Verstandes, sondern um eines des Gefühls. [...] Man mußte die Ebene in Beschlag nehmen. Das geometrische Ereignis war in Wirklichkeit ein Bildwerk, das man sich vorstellen musste. Ich hatte keinen Ton zur Hand, um plastische Versuche zu machen, konnte kein Modell fertigen, das meine Entschlüsse auch niemals hätte zuverlässig stützen können. Es ging um eine Spannung mathematischer Natur, die ihre Früchte erst nach der Fertigstellung der Bauten tragen würde. Es ging um den richtigen Punkt, um die richtige Entfernung. Um Schätzung! Abtastend rückte man die Masten einander näher. Es war ein Kampf um Zwischenräume, der im Kopf ausgefochten werden musste. Arithmetik, Struktur, Geometrie: alles wird vorhanden sein, wenn alles fertig sein wird! Im Augenblick stapften noch die Bauern mit ihren Ochsen, Kühen, Ziegen durch die sonnenverbrannten Felde."[143] Le Corbusier ging es offensichtlich keineswegs darum, einen lebendigen Stadtplatz zu schaffen, sondern darum, die Grenzen des visuell erfassbaren Raumes, deren Überschreitung die Komposition ins Kippen gebracht hätte, auszuloten und auf ihnen die Architekturen zu errichten. Bei der Inbesitznahme des Geländes scheint seine Fragestellung gelautet zu haben: Wie viel Erdboden, wie viel Landschaft und vor allem wie viel Himmel passt in eine architektonische Komposition, in der noch Beziehungen zwischen den einzelnen Bauten gewährleistet werden? Es ging ihm darum, vermutlich in Anlehnung an die Akropolis, eine, wie Caroline Constant es charakterisiert, „heilige Landschaft" zu erschaffen,[144] einen *espace indicible,* die der Kunst, der Kontemplation und der Versöhnung von Mensch, Natur und Kosmos gewidmet ist. Die wenigen Besucher, die weidenden Kühe, die physische wie visuelle Trennung vom urbanen Leben, die auch dadurch erzeugt wird, dass die Zufahrtsstraßen eingegraben und hinter Wällen verborgen wurden, sodass die Mitarbeiter des Kapitols quasi unsichtbar zu ihren Arbeitsplätzen geleitet werden,[145] tragen dazu bei, dass der Komplex wie eine riesige „ehrwürdige Ruine" wirkt.[146] Entsprechend häufig wird das Kapitol in der Literatur mit der Akropolis von Athen in Verbindung gebracht.[147] Dass es Le Corbusier tatsächlich darum ging, eine moderne Akropolis zu schaffen, offenbart auch seine pathetische Beschreibung des Planungsprozesses, in der er die Qualen beschreibt, die dadurch entstanden, dass er allein Entscheidungen treffen musste. Sie weist Parallelen auf zu den Passagen in „Vers une Architecture", in denen Le Corbusier Phidias zum alleinigen Schöpfer des Parthenons ernennt: „Es handelt sich um reine persönliche Erfindung, so ganz persönlich, daß sie einem ganz bestimmten Mann gehört: Phidias. Phidias hat den Parthenon geschaffen, denn die offiziellen Baumeister des Parthenon, Iktinos und Kallikrates haben noch andere dorische Tempel geschaffen, die uns kalt und reichlich gleichgültig lassen. Leidenschaft, Großzügigkeit, Seelengröße, wie viele solcher Tugenden haben sie sich in der Geometrie der Durchformung niedergeschlagen; Größen, die in präzise Beziehungen miteinander gebracht sind. Der Parthenon ist das Werk von Phidias, Phidias, dem großen Bildhauer."[148]

VI. Ausblick: Die Rezeption der Rezeption

Le Corbusier als Katalysator von Auguste Choisys Akropolis-Rezeption

Nach Le Corbusiers Tod wurde laut Jerzey Soltan, einem ehemaligen Mitarbeiter Le Corbusiers, „any void, any hole […] glorified as INEFFABLE SPACE"[1]. Und nicht nur das, es gab auch die Tendenz, alle Volumen, die über einer Freifläche errichtet wurden, lapidar als Akropolis zu bezeichnen, wobei es sich nicht unbedingt um die Akropolis von Athen handeln musste – in der englisch- und französischsprachigen Literatur durch große Versalien gekennzeichnet –, sondern auch um die allgemeinere, kleingeschriebene „acropolis". Le Corbusier war keineswegs der Einzige, der die Akropolis als Denkmodell, als Inspirationsquelle oder sogar als abstraktes Motiv in die Architektur und den Städtebau des 20. Jahrhundert übertrug. Wann immer es darum ging, „heilige Orte" bzw. Orte mit einer Aura zu konstruieren, die einer Gemeinschaft oder Idee verpflichtet sind – Regierungs- oder Kulturzentren, Universitäten oder Museen –, bot sich auch im 20. Jahrhundert noch der Blick nach Athen an.[2]

Die Auseinandersetzung mit Le Corbusier Akropolis-Rezeption setzte keineswegs erst nach seinem Tod ein, sondern lässt sich früh schon als unmittelbare Reaktion auf „Vers une Architecture" nachweisen. Einer der Ersten überhaupt, der sich fast zeitgleich mit Le Corbusiers „Vers une Architecture" auf die Akropolis beruft, ist Moisei Ginzburg in seiner Publikation „Style and Epoch", die in Kenntnis von Le Corbusiers „L'Esprit Nouveau"-Artikel entstanden ist (siehe Kapitel II.3). Als Indiz für ein gesteigertes Interesse an der Akropolis könnte auch der 1927 ausgeschriebene Wettbewerb für eine Stadtkrone in Halle, die auf dem Lehmanns-Felsen über der Saale entstehen sollte, gelesen werden. Obwohl Bruno Taut 1919 in seiner Publikation „Die Stadtkrone" ein weites Spektrum von möglichen Vorbildern präsentiert, wählten auffällig viele Architekten die Akropolis als Vorbild. Die meisten Entwürfe für das Verwaltungs- und Kulturzentrum zeigen weite Rampen- oder Freitreppenanlagen und auf dem Plateau Gebäudevolumen, die durch Plätze, Höfe, Pergolen miteinander in Beziehung gesetzt werden, wie beispielsweise in den Entwürfen von Paul Bonatz, Wilhelm Kreis, Peter Behrens und Walter Gropius.[3] Angesichts der Faszination, die die Akropolis auf diese Generation von Architekten noch ausübte, erscheint es nicht weiter erstaunlich, dass sie an so exponierter Stelle als Inspirationsquelle nahelag. Es ist jedoch durchaus denkbar, dass sich hier bereits der Einfluss von Le Corbusiers Akropolis-Rezeption niederschlägt. Seine Publikation „Vers une Architecture" war 1926 erstmals unter dem Titel „Kommende Baukunst" in deutscher Übersetzung erschienen und kann 1927 in der Architektenschaft als allgemein bekannt angenommen werden.

Fast zeitgleich spiegelt sich Le Corbusier Akropolis-Rezeption deutlich in den Entwürfen des jungen finnischen Architekten Alvar Aalto wider. Sowohl in seinem Wettbewerbsentwurf für den Völkerbundpalast in Genf aus dem Jahr 1926 als auch im Entwurf für eine kleine Kirche in Töölö greift Aalto offensichtlich das von Le Corbusier publizierte Akropolis-Motiv von Auguste Choisy auf.[4] Göran Schildt stellt dar, dass Aaltos Entwurf für den Völkerbundpalast aus zwei frei in der Landschaft platzierten Volumen besteht, die weder durch Symmetrie noch durch rechte Winkel zusammengebunden seien. Das Hauptgebäude ist als mächtiger Kubus mit monotonen Fensterreihen für die Büros artikuliert, aus dessen Zentrum das Volumen der großen Versammlungshalle herausragt. (Abb. 45, 46) Licht wird durch eine Kolonnade in den Saal geholt, die sich wie ein Tempel über dem flachen Dach erhebt.[5] Aaltos Skizzen zeigen verschiedene Varianten, die unterschiedliche Assoziationen an die Akropolis evozieren. In der ersten erinnern die Lage und die asymmetrische Fügung der unterschiedlich hohen Bauteile, die den Geländeversprüngen folgen, eher an das Erechtheion. In der zweiten erscheint das Gebäude in starker Unteransicht und der schmalere tempelartige Aufbau erinnert an den kleinen Nike-Tempel, der auf der ehemaligen Bastion vor den Propyläen-Südflügel platziert wurde. Kombiniert ist die Skizze mit einer Schild und Lanze tragenden Skulptur, die an die Athena Promachos im Zentrum von Choisys Rekonstruktion erinnert. Eine ähnlich kolossale Skulptur, die die Gesamtkomposition dominiert, ist auch in einer Ansicht zu erkennen, die den Völkerbundpalast auf seiner Anhöhe in der umgebenden Landschaft zwischen See und Mont Blanc von der Seite zeigt.[6] Schildt weist darauf hin, dass Aalto in dem Entwurf den umgebenden Plätzen und Höfen große Aufmerksamkeit schenkt.[7] Außer der monumentalen Statue sind Terrassen und Treppenanlagen dargestellt, die ihrerseits an den Burgberg in Athen erinnern. Ähnliche Assoziationen evozieren auch die Entwürfe für die Kirche in Töölö, die Aalto 1927 entwarf, in der Campanile, Versammlungshalle und Pfarrhaus

Abb. 45: Alvar Aaltos
Wettbewerbsbeitrag für
den Völkerbundpalast
(1926)

Abb. 46: Alvar Aaltos
Wettbewerbsbeitrag für
den Völkerbundpalast
(1926)

als freistehende Volumen behandelt werden, die sich asymmetrisch gruppiert auf
einem terrassierten Abhang gruppieren. Das Modell, das dem Entwurf zugrunde
liegt, war hier ohne Zweifel die Rekonstruktionszeichnung der Akropolis, die von
Le Corbusier publiziert worden war, was durch die große Statue deutlich wird, die
ursprünglich, wie Schildt darstellt, an Pallas Athene erinnerte, dann aber in einen
Apostel verwandelt wurde.[8] In allen drei Fällen, in Choisys Zeichnung und Aaltos
beiden Entwürfen, heißt es bei Schildt, sei dieselbe Perspektive zu finden „with a

dominating statue in the foreground, a sloping temple gable, and finally, an Erechtheum, which is intended to give the composition balance"[9]. Er weist aber darauf hin, dass es sich dabei eher um eine formale, motivische Ähnlichkeit handelt als um eine theoretische.[10] Zu den wichtigsten motivischen Ähnlichkeiten, die Aalto aufgreift, gehört laut Richard Etlin die durch den Parthenon inspirierte schräge Ansicht eines Gebäudes, dessen dreieckiger Giebel sich vor dem Himmel abzeichnet.[11] Dieses Motiv, so Etlin, sei auch immer wieder in späteren Entwürfen Aaltos zu finden, wie beispielsweise der Town Hall von Säynätsalo, der regelmäßig mit der Akropolis in Verbindung gebracht wird.[12] Mittels Aushub schuf Aalto dort eine Anhöhe, auf der er ein Hof-Ensemble errichtete, zu dem eine Graskaskade hochführt, von der sich die Stadthalle leicht aus der Achse gedreht mit einem schrägen Dachaufbau präsentiert. Auch in anderen Anlagen, in denen Aalto mit Abstraktionen anderer klassischer Prototypen wie dem römischen Theater oder der griechischen Agora arbeitete, lässt sich laut Etlin eine Vorliebe für dramatisch ansteigende diagonale Dachlinien ablesen, die er auf Choisys Schemazeichnung in „Vers une Architecture" zurückführt.[13]

Neben diesen beiden frühen Entwürfen, in denen das Akropolis-Motiv direkt aufgerufen wird, gibt es einen weiteren Wettbewerbsbeitrag aus dem Jahr 1927, der sich als Hinweis darauf lesen ließe, dass Aalto sich, angeregt durch Le Corbusier, möglicherweise aktiv mit der Akropolis beschäftigte. Ein Entwurf für die Kirche in Taulumäki zeigt eine Cella auf einem flachen Sockel, die mit einer Art Peristasis-Rudiment, einer umlaufenden Reihe von niedrigen, gekappten Säulen umgeben ist. (Abb. 47) Die Eingangshalle ist an das äußerste Ende der Langseite gesetzt und als stilisierter Antentempel mit zwei Karyatiden zwischen den Anten artikuliert. Dieser niedrige Vorbau, der über die angedeutete Peristasis und den flachen Sockel hinausragt, „möbliert" die Wand der Cella, um Choisys Formulierung aufzugreifen, mit der er die Positionierung der Korenhalle an der Südflanke des Erechtheions beschreibt,[14] die nur durch vier schmale hochreckeckige Fenster aufgebrochen wird. Die Konfiguration erinnert an die Korenhalle am äußersten Ende der Südwand des Erechtheions aber auch an den vorgesetzten Eingangsportikus von Sigurd Lewerentz Auferstehungskirche auf dem Waldfriedhof von Stockholm aus den Jahren 1921–1925, bei der es sich zweifellos ebenfalls um eine freie Interpretation des Erechtheions handelt. Aaltos Kirchenentwurf lässt sich nicht nur auf das Erechtheion beziehen, sondern evoziert auch weitere Akropolis-Assoziationen. Die angedeutete Peristasis mit den gekappten Säulen könnte zum einen an die im Bau

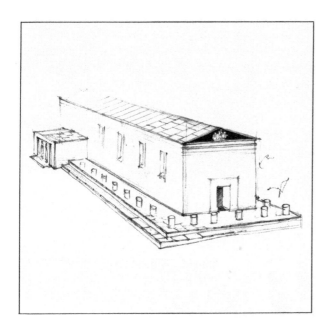

befindlichen Vorparthenon erinnern, dessen unterste Säulentrommeln der Peristasis bereits standen, als er 480/79 v. Chr. beim Persersturm zerstört wurde. Sie ruft aber auch Assoziationen an den Alten Athena-Tempel hervor, das archaische Hauptheiligtum auf der Akropolis, das das vom Himmel gefallene hölzerne Kultbild der Athena beherbergte. Beim Persersturm 480/79 v. Chr. wurde die Ringhalle zerstört, die Cella aber blieb erhalten, wurde mit einem Dach versehen und konnte das Kultbild wieder aufnehmen. Mindestens bis zur Einweihung des Parthenon im Jahr 438 v. Chr. und möglicherweise sogar darüber hinaus blieb die Ruine des Alten Athena-Tempels das Hauptheiligtum auf dem Burgberg.[15] Im Grundriss ist zu erkennen, dass die Korenhalle des 421 v. Chr. begonnenen Erechtheions über den Fundamenten der Peristasis des Alten Athena-Tempels erbaut wurde. Ähnlich wie in Aaltos Völkerbundentwurf offeriert auch der Entwurf für die Kirche in Taulumäki unterschiedliche Akropolis-Assoziationen, die möglicherweise durch Le Corbusier angeregt wurden, wie Aaltos Entwürfe für den Völkerbundpalast und die Kirche in Töölö zeigen.

Ein weiterer Künstler, der offensichtlich ebenfalls über Le Corbusier auf Auguste Choisys Akropolis-Rezeption aufmerksam wurde, die ihn massiv beeinflussen sollte, war der russische Regisseur Sergei Eisenstein. Eisenstein war ausgebildeter Architekt und nach eigener Angabe glühender Anhänger von Le Corbusiers Ästhetik.[16] 1928 trafen sich die beiden Künstler anlässlich der Realisierung des Centrosoyus bei einem Besuch Le Corbusiers in Moskau und waren tief fasziniert voneinander. In einem Interview, das Le Corbusier in Moskau gab, äußert er, dass er in seiner eigenen Arbeit denke wie Eisenstein in seinen Filmen. Eine ähnliche Widmung schrieb er Eisenstein auch in die Publikation, „L'Art décoratif d'aujourd'hui", die er ihm überreichte.[17] Beide Künstler interessierten sich in der Architektur für das, was Le Corbusier später *promenade architecturale* nennen sollte, für die aufeinanderfolgenden Bilder, die sich vor dem Auge eines voranschreitenden Betrachters im architektonischen Raum entrollen. Und von Le Corbusier „borgte" sich Eisenstein, wie Cohen es formuliert, eine der Hauptquellen von Le Corbusiers Theorie, Auguste Choisys Akropolis-Beschreibung, auf die dieser sich in der Formulierung seiner Idee der *promenade architecturale* bezieht.[18] In seinem um 1938 verfassten Aufsatz „Montage and Architecture" gibt Eisenstein lange Passagen aus dem Kapitel über die „Pittoresken Eigenschaften der Akropolis"[19] wieder, in denen Choisy die vier Standpunkte beschreibt, die die Betrachter einnehmen müssen, um die Akropolis als Ganzes zu erfassen, und in denen er darstellt, wie die verschiedenen architektonischen Ereignisse nacheinander ins Zentrum der Betrachtung treten, sodass sie nur in der Erinnerung miteinander kontrastieren. Choisys Bilder lasen sich in Eisensteins Augen wie das Storyboard für einen Film;[20] und so bezeichnet er die Akropolis auch als „perfect example of one of the most ancient films"[21]. Bevor er Choisys Ausführungen ungekürzt über vier Seiten wiedergibt, schreibt Eisenstein: „I shall here quote in full from Choisy's *Histoire de L'architecture* in which I shall not alter a single comma, and I would only ask you to look at it with the eye of a filmmaker: it's hard to imagine a montage sequence for an architectural ensemble more subtly composed, shot by shot, than the one that your legs create by walking among the buildings of the Acropolis."[22] Im Anschluss an das ausführliche Zitat entwickelte er in Anlehnung an Choisys Grafiken eine vierteilige, stark abstrahierte Schemazeichnung, in der er den für Filmeinstellungen extrem wichtigen ersten Eindruck der vier Einstellungen stark schematisiert auf den Punkt bringt. (Abb. 48) Die Einstellungen a) und b), die Frontalansicht der Propyläen und die Akropolis-Plattform mit dem zentralen Motiv der Athena Promachos, beschreibt Eisenstein als gleich in der Symmetrie, aber als Gegenteil voneinander in Bezug auf ihre räumliche Ausdehnung. „Shots *c* and *d* are in mirror symmetry, and function, as it were,

Abb. 48: Sergej Eisensteins vereinfachte Darstellung von Choisys vier Betrachter-Standpunkten auf der Akropolis (ca. 1938)

as enlargements of the right-hand and left-hand wings of shot *a,* then reforming again into a single, balanced mass. The sculptural motiv *b* is repeated through shot *c,* by the group of sculpture *d* and so on and so on."[23]

Wann genau Eisenstein auf Choisy aufmerksam wurde, ist nicht bekannt, aber es wird allgemein angenommen, dass Le Corbusier den Anstoß dazu gegeben hat, da das Thema der *promenade architecturale,* das damals noch unter dem Schlagwort Zirkulation firmierte, zentral war in Le Corbusiers Entwurf für den Centrosoyus mit seiner gegenläufigen Rampe. Der Hinweis könnte aber auch von Andrei Burov gekommen sein, dem Architekten, über den das Treffen zwischen Le Corbusier und Eisenstein zustande gekommen war. Burov war glühender Anhänger Le Corbusiers, was schon seine Selbstinszenierung auf den Fotografien des Treffens preisgibt, und er hatte eine Reihe von Set-Designs für Eisensteins Film „The General Line" produziert, in denen sich unter anderem die von Le Corbusier in „Vers une Architecture" publizierten Getreidespeicher aus Buffalo widerspiegeln.[24]

Die Verselbstständigung von Le Corbusiers Akropolis-Idee

Die an Auguste Choisys angelehnte Akropolis-Rezeption Le Corbusiers schlug sich jedoch nicht nur im Werk einzelner Künstler nieder, sondern auch in Forschungsprojekten und Studien, in denen es um die Frage des Raums in griechischen Heiligtümern und Stadtanlagen geht. Einige dieser Arbeiten, wie die von Konstantinos A. Doxiadis, Rex Martienssen oder Vincent Scully, sind unmittelbar durch Le Corbusier inspiriert worden, andere wiederum entstanden in Reaktion auf oder in

Anlehnung an die genannten.[25] Der griechische Architekt Konstantinos A. Doxiadis versucht in seiner 1937 publizierten Dissertation „Raumordnung im Griechischen Städtebau“ eine Verteilung der Baumassen auf der Akropolis und in anderen griechischen Stadtanlagen oder Heiligtümern nach dem sogenannten Polarkoordinatensystem nachzuweisen. Als Ausgangspunkt, von dem aus die altgriechischen Bauherren seiner Auffassung nach Gebäudegruppen wie die Akropolis von Athen entworfen haben, macht Doxiadis den Punkt aus, an dem die Besucher das Heiligtum betraten und zum ersten Mal die Gesamtanlage überblicken konnten. Er geht davon aus, dass von diesem Punkt aus alle Gebäude vollständig zu sehen waren, dass Überschneidungen vermieden und gegebenenfalls zurückliegende Gebäude stattdessen gänzlich verdeckt wurden, und er erarbeitete ein Winkelsystem, innerhalb eines angenommenen Sehkegels, in das sich in allen untersuchten Anlagen die Gebäude eingliedern ließen.[26] Zwar bezieht sich Doxiadis in seinem Text weder auf Le Corbusier noch auf Choisys, schreibt aber in einem Brief vom 8. Januar 1938 an Le Corbusier, dass er als Student alle seine Werke über die moderne Architektur gelesen und mit Freude bemerkt habe, dass die Frage der Ästhetik der Akropolis von Athen ihn viel beschäftigt habe. Aus diesem Grunde erlaube er sich, Le Corbusier seine Studie zu schicken, die er selbst zu dem Thema im Allgemeinen gemacht habe.[27]

Kurz darauf versuchte sich der südafrikanische Architekt Rex Martienssen an einer Systematisierung dessen, was Choisy und nach ihm Le Corbusier als pittoreske Organisation auf der Akropolis ausmachen. In seiner 1941 vorgelegten Dissertation „The idea of space in greek architecture – with special reference to the doric temple and it's setting“, die erst 1954 posthum publiziert wurde, untersucht er charakteristische Gebäudegruppen, meist Heiligtümer, und leitet ein System von Regeln von ihnen ab.[28] Als wichtigste Charakteristika für die Raumbildung nennt er die Temenosmauer und den gepflasterten Boden, über dem sich die Gebäudevolumen erheben,[29] eine Beobachtung, die wohlgemerkt aus dem unmittelbaren Umfeld Le Corbusiers kam, wie Sigfried Giedion zu beachten gibt.[30] In der Tat liest sich die Dissertation in weiten Teilen wie eine Einführung in Le Corbusiers durch Choisy inspirierte Akropolis-Rezeption.[31] Martienssen bewunderte Le Corbusier, laut Aussage seiner Frau, dessen Arbeiten und Schriften das Bewusstsein ihres Mannes stark erweiterten, glühend.[32] Es ist daher durchaus denkbar, dass Le Corbusier nicht nur Martienssens Leidenschaft für die Moderne, sondern auch für die griechische Antike entfachte. Während des Zweiten Weltkrieges verbreitete er das

Werk und die Theorien Le Corbusiers mit Enthusiasmus als Herausgeber des „South African Architectural Record" und spielte auch für die englische Le Corbusier-Rezeption eine bedeutende Rolle, wie am Beispiel von Peter und Alison Smithson noch dargestellt wird. Dass die Bewunderung wechselseitig war, zeigt sich darin, dass Le Corbusier, der von der Energie und Tatkraft des jungen Südafrikaners fasziniert war, mit der er die Botschaft der Moderne am anderen Ende der Welt propagierte, ihm 1936 die Neuauflage des ersten Bandes seines „Œuvre Complète" widmete.[33]

Während sich Martienssen in seiner Studie hauptsächlich mit dem Phänomen der Raumbildung innerhalb der in sich geschlossenen Heiligtümer beschäftigt, widmet sich einige Jahre später der Kunsthistoriker Vincent Scully der Frage nach der Positionierung der Tempel und Heiligtümer in der Landschaft. Seine 1962 erschienene Publikation „The earth, the temple and the goods" wurde ebenfalls durch Le Corbusiers Beschreibungen der Akropolis in der Landschaft inspiriert, wie Scully später zugibt: „From 1955 to 1963, despite publication in the modern field, I worked almost entirely on Greek architecture and was obsessed by it. Here [...] was the burning in me of a long fuse which had been lit by *Vers une Architecture,* when Le Corbusier wrote of the Acropolis ‚nothing … left but these closely knit and violent elements, sounding clear and tragic like brazen trumpets.' And of the Parthenon: ‚This creates a fact as reasonable to our understanding as the fact ‚sea' or the fact ‚mountain'.' And on the landscape: ‚The axis of the Acropolis runs … from the sea to the mountain.' Upon these three concepts all my own work on Greek temples in landscape might be said to have had its inception."[34] Scully vertritt die These, dass Tempel und Landschaft eine untrennbare Einheit bilden und in Beziehung zueinander betrachtet werden müssen. Er geht jedoch davon aus, dass die Griechen nicht systematisch vorgingen, sondern dass eine solche Interpretation, wie sie beispielsweise von Rex Martienssen vorgeschlagen wird, unseren zeitgenössischen pittoresken Sehgewohnheiten entspreche. Die Tatsache, dass die Griechen einen Blick für überraschende Landschaftskonfigurationen im Zusammenhang mit ihren Heiligtümern entwickelten, sei in der religiösen Tradition begründet, in der Landschaft nicht als Bild, sondern als wahre Kraft verstanden wurde.[35] Scullys Beschreibung der Akropolis liest sich in weiten Teilen wie eine ausführliche Ausformulierung dessen, was Le Corbusier in „Vers une Architecture" und seinem Orientreisebericht kursorisch anlegt. Er beginnt zunächst mit einer Beschreibung des Burgberges in der Landschaft, beschreibt die Anlage von verschiedenen Aussichtspunkten, um sich dem Ensemble dann auf dem Weg der Panathenäen zu nähern. Auf der Plattform beschreibt Scully die Anlage ähnlich wie Choisy im Vorangehen, wobei sein Fokus jedoch anders als bei Choisy weniger auf den Architekturen, sondern vielmehr auf dem leeren Raum dazwischen liegt. Er stellt dar, wie das Plateau mit seiner leicht gekrümmten Oberfläche, die ihn an den Radius der Erdkrümmung erinnert, links und rechts auf den abfallenden Hängen von Erechtheion und Parthenon besetzt wird und wie sich die Athena Promachos im leeren Zentrum der Anlage vor dem blauen Himmel erhebt. Er beschreibt, wie sich im Vorangehen auf Höhe der Parthenon-Westfront der Hymettos ins Bild zwischen Plateau und Himmel schiebt, und dass diese Verbindung exakt in dem Moment hergestellt wird, in dem das Zeus-Heiligtum und der Ort, an dem sich einst der Altar des Alten Athena-Tempels befand, sichtbar werde und der Parthenon sich in seiner berühmten Übereckansicht präsentiere.[36] Er beschreibt genau wie Le Corbusier die Achse, die vom Meer durch die Propyläen über das leere Zentrum der Akropolis zum Hymettos reicht. Und in Bezug auf das Wechselspiel der horizontalen Architekturteile des Parthenon mit den Horizonten heißt es bei Scully, dass der Tempel aus bestimmten Positionen betrachtet wie auf der fernen Horizontlinie platziert erscheine.[37] Im weiteren Voranschreiten stellt Scully dar, wie das Erechtheion in den Fokus rückt, das zusammen mit dem Parthenon die dramatische Landschaft, die von Pentelikon und Parnass im Hintergrund und dem Lycabettos im Vordergrund bestimmt wird, rahmt. Scully bezieht sich in seinem Text zwar nicht direkt auf Le Corbusier, doch seine Akropolis-Beschreibungen schwingen in jedem Absatz mit. Und es ist davon auszugehen, dass diese Referenzen an Le Corbusier, die in Scullys, insbesondere aber auch in Martinessens Studie mitschwingen, für viele Zeitgenossen auch lesbar waren, sodass davon ausgegangen werden kann, dass Le Corbusier tatsächlich einen nicht unerheblichen Beitrag dazu leistete, die Akropolis für das 20. Jahrhundert aufzubereiten.

Der wichtigste Katalysator in der Verbreitung mit Le Corbusier Akropolis-Idee wurde jedoch Le Corbusiers alter Weggefährte, der Kunsthistoriker Sigfried Giedion, mit dem er schon 1928 den „Congrès International d'Architecture Moderne", den CIAM gegründet hatte. Giedion hat ab 1964 mit seiner Idee der drei historischen Raumkonzeptionen dazu beigetragen, dass das Wissen um die Analogien zwischen der Akropolis von Athen und Le Corbusiers Werk weitere Verbreitung fand und auch unabhängig von Le Corbusiers eigener lebenslanger Inszenierung lesbar wurde. In seiner Publikation „Ewige Gegenwart. Die Entstehung der

Architektur" beschreibt Giedion abschließend auf drei Seiten die drei grundlegenden Raumkonzeptionen, die er in der historischen Entwicklung der Architektur ausmacht. Die erste Phase, die er in den frühen Hochzivilisationen Mesopotamien, Ägypten und Griechenland ansiedelt, zeichnet sich ihm zufolge dadurch aus, dass sie plastische Gebilde, Volumen, in den unendlichen Raum stellte, den Innenraum aber noch vollständig außer Acht ließ.[38] Die zweite Raumkonzeption begann laut Giedion mit den Römern und der zunehmenden Konzentration auf den Innenraum – in dieser Phase sei Raum gleichbedeutend mit ausgehöhltem Raum gewesen.[39] Die dritte Phase setzt Giedion, der sich der Gefahr durchaus bewusst war, dass ihm für eine solche Beurteilung die nötige Distanz fehle,[40] mit dem Beginn des 20. Jahrhunderts an: „Wir erkennen wieder, daß Bauten, wie Skulpturen, ihre eigene räumliche Atmosphäre ausstrahlen. [...] Unser Sensorium ist für die Strahlkraft der Volumen, wie sie die Architektur der Frühkulturen in so hohem Grade besaß, wieder besonders empfänglich geworden. Architektur nähert sich der Plastik, Plastik nähert sich der Architektur."[41] „In den Vordergrund des künstlerischen Interesses [ist] die Erforschung des Raumes als dynamisches Phänomen [getreten]."[42] Gleichzeitig werde die Tradition der zweiten Raumtradition, der Innenraumbildung weiter fortgeführt. „All dies führt zu neuen Beziehungen zwischen Innen und Außen, zwischen Volumen und Innenraum, sowie zur Durchdringung von beiden. Simultan tragen wir das Erbe der Vergangenheit und die neuen Komponenten der Zukunft in uns"[43], schließt er seine Publikation „Ewige Gegenwart". Was 1964 noch ein zweiseitiger Ausblick in einer umfangreichen zweibändigen Publikation war, wurde 1969 zu seiner letzten Publikation „Architektur und das Phänomen des Wandels. Die drei Raumkonzeptionen in der Architektur". Bezieht sich 1964 Giedions dritte Raumkonzeption nur indirekt auf Le Corbusiers Werke, so werden sie in der nachfolgenden Publikation explizit als Referenz für die dritte Raumkonzeption genannt. „Wir haben wieder erkannt, daß Volumen – wie Plastiken – Raum ausströmen"[44], heißt es in der Beschreibung von Le Corbusiers Entwurf für das Bürgerzentrum in St. Dié, dem Dach der Unité d'Habitation in Marseille oder dem Kapitol von Chandigarh, die auf diese Weise in unmittelbaren Zusammenhang mit der Raumkonzeption der Akropolis gestellt werden, die Giedion zuvor als Beispiel für die erste Raumkonzeption mit ihrer freien Platzierung der Tempel im Raum, der Übereckstellung des Parthenon und dem Verzicht auf Achsensymmetrien beschreibt.[45] Als Beispiel für eine skulptural aufgefasste freistehende Architektur zieht Giedion die Kapelle in Ronchamp heran, die auf diese

Weise zum Äquivalent des griechischen Tempels wird, den er als einen im Raum stehenden Kristall beschreibt.[46] „Die Strahlungskraft des Volumens zeigt sich beim einzelnen, isoliert stehenden Bau, wie Le Corbusiers Wallfahrtskirche Ste. Marie du Haut, 1951–55, Ronchamp. Erhöht auf einem Hügel steht die Kapelle plastisch in sich geschlossen, in blendendem Weiß das Bergland rings beherrschend."[47]

Durch diese unmissverständliche Gegenüberstellung sorgt Giedion dafür, dass sich Le Corbusiers *group design*[48] und seine skulpturalen Architekturen ganz ungeachtet seiner eigenen Akropolis-Rezeption auf das klassische Griechenland, die Akropolis und den Tempel im Allgemeinen beziehen lassen. Es war fortan nicht mehr notwendig, sich mit Le Corbusiers Gesamtwerk und seiner Affinität zur Akropolis zu beschäftigen, um erkennen zu können, inwiefern die Akropolis ein Modell für sein eigenes Schaffen geworden war. Giedion entkoppelt im Prinzip Le Corbusiers lebenslange Inszenierung von der Interpretation und wird sozusagen zu einem Katalysator, der die Intention Le Corbusiers weiterverbreitet, und zwar mit einer gewissen Breitenwirksamkeit. Auch in der Neuauflage der 1962 erschienenen Publikation „Raum, Zeit, Architektur", die zu den wichtigsten zeitgenössischen Abhandlungen über die moderne Architektur überhaupt gehört, werden die Kernideen der drei Raumkonzeptionen umrissen und der Publikation vorangestellt.[49] Das hatte zur Folge, dass sich fortan jegliches *group design* pauschal mit der Akropolis in Verbindung bringen ließ, ob sich der jeweilige Architekt nun mit dem Athener Burgberg befasst hatte oder nicht. Ein typisches Beispiel dafür ist der Platz der drei Gewalten (1956–1960) von Oscar Niemeyer in Brasília, der regelmäßig als Akropolis bezeichnet wird, obwohl sich Niemeyer definitiv nicht mit dem Monument beschäftigte, wohl aber mit Le Corbusiers Kapitol von Chandigarh. Auch Collin Rowe hat dazu beigetragen, dass jede Gebäudegruppe, die aus Volumen bestand, die frei im Raum platziert wurde, mit der Akropolis assoziiert wurde: „Ultimately, and in terms of figure-ground, the debate which is here postulated between solid and void is a debate between two models and, succinctly, these may be typified as acropolis and forum."[50]

Allen Studien, die sich mit der Raumdisposition in griechischen Heiligtümern beschäftigen – ganz gleich, ob sie im unmittelbaren oder mittelbaren Kontext von Le Corbusier entstanden sind, ist gemein, dass sie wie Le Corbusier und Choisy von dem modernen Raumkonstrukt ausgehen, das Mitte des 19. Jahrhundert unter Leo von Klenze und seinem Nachfolger Ludwig Ross auf dem Plateau entstanden ist. Die aktuellen Rekonstruktionen von Manolis Korres beispielsweise lassen keinen

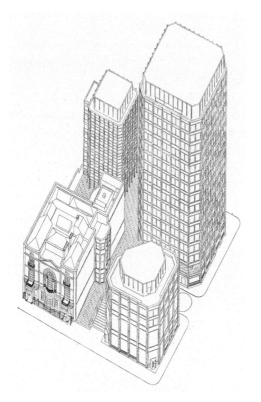

Zweifel daran, dass die Akropolis in der Antike so niemals ausgesehen hat. Bereits
Richard Stillwell verweist in seinem Aufsatz „The siting of classical greek temple"
von 1953 auf die Forschungsergebnisse Gorham Stevens von 1936, der herausgefunden hatte, dass die Akropolis niemals eine leere Mitte besaß, sondern dass der Alte
Athena-Tempel von einer Temenosmauer umgeben war, vor der die Kolossalstatue
der Athena Promachos stand. Und auch der Blick von den Propyläen aus auf den
Parthenon war vermutlich nicht frei, sondern wurde von der Temenosmauer der
unmittelbar vorgelagerten Chalkothek und ihrem Eingangspropylon verstellt, wie
auch aktuelle Rekonstruktionen von Manolis Korres zeigen.[51] Es ist daher wenig
erstaunlich, dass die genannten Studien in der heutigen Forschung keine Relevanz
mehr besitzen. Für einige Jahre aber, Mitte des 20. Jahrhunderts prägten sie das Bild
von der Akropolis, woran Le Corbusier und Choisy unmittelbar beteiligt waren.

Das Economist Building (1959–1962) – das abstrakte Akropolis-Motiv

Dass Le Corbusiers abstrahierte Akropolis-Idee eine Lesbarkeit besaß und auch ohne die Vermittlung Sigfried Giedions von Architekten rezipiert wurde, die ihrerseits durchaus lesbare Akropolis-Motive hervorbrachten, zeigt sich in keinem anderen Entwurf so deutlich wie in Alison und Peter Smithsons Economist Building in London (1959–1964). (Abb. 49) In dem Wettbewerb für das prominent gelegene L-förmige Grundstück an der Ecke St. James Street/Ryder Street/Bury Street, unmittelbar neben dem Boodle's Club mit seiner klassizistischen Fassade, zu dem neben den Smithons nur das wenig bekannte Büro George Trew & Dunn geladen war,[12] entschieden sich die Smithsons, nicht den gesamten Block auszufüllen. Stattdessen schufen sie eine asymmetrische Komposition aus drei separaten Gebäuden unterschiedlicher Höhe, die sich über einer künstlich eingezogenen Plattform erheben, unter der sich zwei Etagen mit Parkgarage und Serviceräumen befinden. Das eigentliche Economist Building ist ein 53 m hoher 15-geschossiger Turm über quadratischem Grundriss, der an die Rückseite des Blocks versetzt wurde und dort einem kleineren Wohnturm gegenübergestellt ist, der in Gestalt und Proportion das Hochhaus zitiert.[13] An der Hauptstraße leitet ein mittelgroßes viergeschossiges Bankgebäude, das sich über unregelmäßigem Grundriss erhebt, zu den unmittelbar benachbarten klassizistischen Gebäuden über, indem es die Proportionen und Geschosshöhen des Boodle's Club aufnimmt. Alle drei Volumen sind mit Travertin verkleidete Stahlrahmenkonstruktionen und haben angeschrägte Ecken, wobei das Bankgebäude, das eine diagonale Ausrichtung besitzt und seinen Eingang auf der Ecke St. James Street/Ryder Street hat, auf seiner Rückseite stärker angeschnitten wurde, sodass eine dreieckige „Plaza" zwischen den Gebäuden entstand und sich ein unregelmäßiger gewundener Weg zur öffentlichen Nutzung zwischen den Volumen ergab. Durch die Farbe, das Material und die einheitliche Gestaltung mit den abgeschrägten Ecken ist das Ensemble eindeutig als zusammenhängende Komposition lesbar, wobei der verbindende Raum zwischen den Gebäuden mindestens so wichtig für die Anlage ist wie der bebaute. Gordon Cullon beschreibt diesen Zwischenraum sicherlich in Anlehnung an Le Corbusiers *espace indicible* als „charged landscape", als aufgeladene Landschaft, die er folgendermaßen definiert: „When shapes, planes, spaces and object are put into relationship through a knowledge of the visual structure, then the atmosphere becomes charged."[14] Erst durch die Bewegung im Raum entlang eines „szenografischen

Weges"[55] erschließt sich das *group design* den Betrachtern, ähnlich wie es in den Kompositionen Le Corbusiers und der Beschreibung der Akropolis von Auguste Choisy der Fall ist. Eine wichtige Rolle kommt dabei dem dreigeschossigen Erker an der Brandwand des Boodle's Club zu, dessen Bedeutung als Dreh- und Angelpunkt der Komposition nicht zu unterschätzen ist. Mit seiner Hilfe bezogen die Smithsons zum einen die Brandwand des Boodle's Club souverän in die Komposition mit ein, zum anderen ponderierten sie auf diese Weise die Raumkomposition, der ansonsten ein stabiler Ankerpunkt gefehlt hätte. Hinzu kommt die räumliche Komponente, die sich daraus ergibt, dass sich der Erker den sich von der St. James Street nähernden Besuchern in den Weg stellt, den einfachen Durchblick verhindert und sie dazu zwingt, einen gewundenen und nicht direkten Weg auf der Plaza zurückzulegen. Laut Irénée Scalbert gab es eingangs Überlegungen, die Brandwand großflächiger zu durchfenstern, die Smithsons entschieden sich jedoch schließlich dafür, ihren Charakter zu erhalten, verkleideten sie mit Ziegeln und nahmen lediglich die beiden Gurtgesimse in Form von schmalen aufgesetzten Streifen auf und legten auf der Mitte der Wand, wo sich ursprünglich ein Lichtschacht befand und die Wand ohnehin unterbrochen war, einen dreigeschossigen Erker an.[56] Im Piano Nobile des Boodle's Club wurde damit das Speisezimmer erweitert, im Erdgeschoss entstand ein Raum für Kartenspiele und im zweiten Stock wurde das Gebäude auf diese Weise durch ein Schlafzimmer erweitert.[57] Während die Stahlrahmenkonstruktionen der drei Hauptgebäude mit hellem Travertin verkleidet sind, nimmt der Erker die formale Gestaltung der anderen Gebäude mit den abgeschrägten Ecken auf, verkleidet wurde der Erker jedoch mit cremefarbenen Betonplatten, die den bemalten Stuck an der Front des Boodle's Club aufnehmen.[58]

An dem Erker entzündete sich viel Kritik; beispielsweise wird er von Irénée Scalbert als gestalterisch wenig überzeugend charakterisiert, und offenbar wird er auch von einigen Autoren als Witz oder ironische Geste interpretiert.[59] Derjenige, der die Anlage des Economist Buildings am vehementesten kritisiert, ist sicherlich Reyner Banham, einer der größten Anhänger der Smithsons. Banham selbst ernennt den Erstling der Smithsons, die Hunstanton School in Norfolk (1949–1954) sozusagen zum Gründungsbau des New Brutalism und hat damit auch ihren Erfolg maßgeblich mit befördert.[60] Inzwischen gehörte das Architektenpaar einer jungen kritischen Architekten-Gruppe an, dem Team X, das sich als Untergruppe des CIAM formierte und diesen 1959 schließlich auflöste. Die sensibel in die bestehende Stadtstruktur eingefügte Economist-Gruppe mit ihrer vermittelnden Geste in Bezug auf die Nachbarbebauung zum umgebenden Stadtraum scheint ein Schock für Banham gewesen zu sein. Er kritisiert laut Scalbert die Economist-Plaza als Deckel eines großen Mülleimers „with modernity sweapt beneath it to make way for a historicist, Acropolis-like exercise in civic design"[61]. Im Schlusskapitel von „Brutalismus in der Architektur" von 1966 erklärt Banham die Bewegung des Brutalismus für beendet und macht das an den neueren Werken der Smithons und von Stirling and Gowan fest: „Das Smithsonsche Economist Gebäude […] ist ein Werk bewußter Zurückhaltung. Es mag die Vorstellung einer neuen Gesellschaftsstruktur ausdrücken, jedoch auf der Basis einer altgriechischen Akropolis und unter Beibehaltung des Maßstabes und der bestimmenden Linien der traditionsgebundenen St. James Street, in der es steht. Es behandelt den ‚Gedanken der Straße' sehr rücksichtsvoll. Weit davon entfernt, eine ‚andere' Architektur zu sein, ist dies eine geschickte Arbeit innerhalb der großen Tradition."[62] Noch versöhnlicher klingt es 1973, als Banham mit einem gewissen zeitlichen Abstand über das Economist Building schreibt: „They know and love the sacred sites of ancient greece; they have views on how and why they are planed as they were. Any visitor who stands at the foot of the steps that rise from St James Street to the piazza and compares the grouping of the buildings with that he can remember of the view of the Acropolis of Athens trough the propylaea may decide that what he sees could be the subtlest and craftiest piece of learning from Antiquity this century has produced."[63] Tatsächlich muss davon ausgegangen werden, dass die Smithsons die Akropolis ganz bewusst und gezielt in der Economist-Anlage aufrufen. Sie seien besessen gewesen von der Geschichte und insbesondere der griechischen Architektur, gesteht Peter Smithson später in einem Interview. Während des Studiums hätten sie noch alle Baugeschichts-Vorlesungen geschwänzt und seien der Meinung gewesen, dass es ausreiche, sich mit der modernen Bewegung auseinanderzusetzen.[64] Anfangs hätten sie etwa zehn Jahre lang Le Corbusiers Gebäude angesehen, danach studierten sie etwa zehn Jahre lang Mies van der Rohe „and than ten or fifteen years looking at all the Doric temples and classical Greek towns. […] that was how we spent our holidays!"[65] Wenige Monate vor dem Wettbewerb für das Economist Building hatte Peter Smithson in einem BBC-Beitrag einen Vortrag über „Space and Greek Architecture" gehalten, der im Oktober 1958 in ‚The Listener' abgedruckt wurde. Er eröffnet den Beitrag mit der Bemerkung, dass es vor hundert Jahren nicht ungewöhnlich gewesen sei, einen Architekten über klassische Archäologie sprechen zu hören. In der Gegenwart sei es hingegen fast unbekannt, dass ein Architekt sich für

Archäologie interessiere. Das gesamte 19. Jahrhundert über teilten Architekten und Archäologen eine Art absoluten Glauben an die systematisierte Ästhetik der Antike, und dieses Interesse sei auch sehr praktisch gewesen. Die Architekten füllten ihre Skizzenbücher mit Material, das sie später im Entwurf verwendeten. Das habe sich fundamental verändert. Nun sei der Archäologe ausschließlich Historiker und der Architekt lehne die Antike als Basis für seine Arbeit konsequent ab. „But curiously enough, the leaders of modern architecture have been passionately interested in Greek architecture […] and the interest in Greek architecture of the architects of my generation comes through the writings and work of pioneer modern architects. Le Corbusier, in his *Vers une architecture*, not only talks about machines for living in, but side by side he is always talking about absolute architectural values, and he illustrates these absolute values by the Parthenon."[66] Noch offensichtlicher als Le Corbusier sei Mies van der Rohe von der griechischen Architektur beeinflusst gewesen, jedoch auf eher indirektem Weg. Le Corbusier, so Smithson, habe sich hauptsächlich mit zwei Aspekten der griechischen Architektur beschäftigt. Der eine sei die durch Choisy inspirierte Frage der Gruppierung von Gebäuden und einer dynamischen Kompositionsweise, die Choisy als pittoresk bezeichnet. Der zweite sei, dass er an den geometrisch-mechanischen Aspekten griechischer Architektur interessiert gewesen sei, an ihrer Präzision, ihrer Unregelmäßigkeit und ihrer absoluten Verfeinerung von Typen. „So from Le Corbusier we get the idea of a Greek Architecture very strict, very pure, and the buildings themselves arranged systematically to give a dynamic space composition."[67] Le Corbusiers Ideen, so fährt Smithson später fort, habe ihn und die meisten Architekten seiner Generation nicht direkt erreicht, sondern über den südafrikanischen Architekten Rex Martienssen. Dieser sei Herausgeber des „South African Architectural Record" gewesen und habe viele Artikel veröffentlich, in denen er sich mit dem griechischen Tempel beschäftigt. In der unmittelbaren Nachkriegszeit sei diese Zeitschrift das Einzige gewesen, was man zur zeitgenössischen Architektur habe bekommen können. Später in seinem Buch „The Idea of Space in Greek Architecture" habe Martinessen das, was er als Corbusiers ersten Punkt beschrieben habe, die pittoreske Organisation, die Le Corbusier von Choisy übernommen habe, systematisiert. Er habe charakteristische Gebäudegruppen studiert, meistens in Heiligtümern, und habe von ihnen ein System von Regeln abgeleitet.[68] Zu den wichtigsten Charakteristika gehören laut Martienssen eine Temenosmauer und eine ebene, gepflasterte Fläche: „A plane has to be established on which space game is played, and the space game consists of arranging buildings not symmetrically but in a relationship to the route which one follows to get to them. This is not a relationship of mere convenience, but an aesthetic relationship: the buildings are deliberately placed to give a certain effect as one moves round the buildings in the prescribed arrangement based on its religious usage."[69] Diese Beschreibung liest sich wie eine Vorwegnahme der wenig später entworfenen Economist-Gruppe, auch wenn Smithson zu dem Zeitpunkt nach eigener Angabe bereits zu der Erkenntnis gekommen war, dass es keinen griechischen Raum in dem Sinne gebe. Er beschreibt, dass sie während ihrer ersten Griechenlandreise mit Martienssens Buch in der Hand die griechischen Heiligtümer erkundeten und dass sie auf ihrer zweiten Reise begannen, die Anlagen selbst zu betrachten. Dabei seien sie zu dem Ergebnis gekommen, dass es keinen griechischen Raum gebe und dass Martienssens Systematisierungen nicht richtig gewesen seien. Sie gingen im Gegensatz zu Martienssen davon aus, dass die Griechen nicht darüber nachgedacht haben, dass, wenn man zwei Dinge in den leeren Raum stellt, im Zusammenspiel der Objekte so etwas wie Raum entsteht.[70] Die Akropolis sei in dieser Hinsicht eine Ausnahme, mit der die Baumeister auf bestimmte Umstände reagierten. Die dort zugrunde liegenden Regeln könnten jedoch nicht anderswo angewendet werden.[71] Mit dieser Einschätzung ist Peter Smithson näher an der Le Corbusiers, als ihm bewusst war, da er ihm fälschlicherweise unterstellt, wie Martienssen von der Akropolis Regeln abgeleitet zu haben, was jedoch nie der Fall war. Le Corbusier hat nie über die griechische Architektur im Allgemeinen geschrieben, sondern seine Referenz blieb, anders als bei Choisy und insbesondere Martienssen, die Akropolis.

Kurz nach dem BBC-Beitrag hielt Peter Smithson im November 1958 einen Vortrag an der Architectural Association mit dem Titel „Theories concerning the layout of classical Greek buildings", in dem er das Thema des BBC-Beitrags aufnimmt. In dem Vortrag, der im Februar 1959 publiziert wurde, bezeichnet sich Smithson selbst als „a Greek architecture man", einen Fan, der zwar einerseits kein Spezialist sei auf dem Gebiet, aber andererseits kein Laie auf dem Gebiet der Stadtplanung, „and it is my none too secret intention, to use analyses of Greek layouts to show that there are technics other than visual ones to guide the shaping and layout of buildings. By visual technics, I mean those pictorial or optical theories of arrangement of buildings which have governed most of our architecture and town planning since the days of the picturesque."[72] Und er gibt zu, dass er sich mit den griechischen Gestaltungsprinzipien beschäftigt habe, aber auch, wie alle Generationen es getan haben, die griechische Architektur dazu benutzte, um seine eigenen Methoden und Vorgehensweisen zu rechtfertigen.[73]

Welche zentrale Rolle die griechische Antike in Peter und Alison Smithsons Denken einnahm, zeigt auch ihr Essay „Without Rethoric", den sie 1974 mit der Intention herausgaben, nachfolgenden Architektengenerationen in der Tradition Le Corbusiers und Viollet-le-Ducs eine Sicht auf die entscheidenden Themen ihrer Zeit zu hinterlassen.[74] Sie geben darin schließlich in abgewandelter Form den BBC-Text aus dem Listener „Space and Greek Architecture" wieder und bilden in diesem Kontext auch einen Grundriss des Economist Buildings ab, auf den sie jedoch im Text nur im Nebensatz zu sprechen kommen.[75] Später übernahm Peter Smithson den Terminus „charged void", den Gordon Cullen in seinem Artikel über die Economist-Gruppe verwendet,[76] und illustrierte beide Bände „The Charged Void: Architecture" und „The Charged Void: Urbanism" mit der Economist Plaza. Im erstgenannten Band heißt es in dem nur wenige Zeilen langen Begleittext zu der Anlage: „As in the components of ancient buildings, the modern components of the Economist Building indicate an architecture that has been first made in the mind"[77], was an Le Corbusiers zentrales Kapitel „Reine Schöpfung des Geistes" in „Vers une Architecture" erinnert, das der Akropolis gewidmet ist.

Bei den Smithsons kommt neben den frei im Raum platzierten Gebäudevolumen mit ihren Hierarchien und unterschiedlichen Größen und Maßstäben insbesondere der künstlich eingezogenen Plattform eine entscheidende Rolle zu. Sie verbindet die drei Solitäre und den Erker des Boodle's Club miteinander und separiert die Anlage durch das Emporheben von der umgebenden Stadt, wobei die Blöcke so platziert sind, „that it is possible to see between them through the complex; i. e. the piazza never appears as an enclosure of itself but as a space in relation to the outer space"[78]. Als ein Indikator dafür, dass die Referenz an die Akropolis wörtlich zu verstehen ist, kann auch der Erker an der Brandwand des Boodle's Club betrachtet werden. Er „möbliert die nackte Wand" – ähnlich wie die Korenhalle laut Auguste Choisy die nackte Wand des Erechtheions möbliert, die sich vor der Mauer wie vor einem Hintergrund, der für sie reserviert wurde, abzeichnet.[79] Da die Smithsons den Text von Auguste Choisy definitiv kannten und sich explizit mehrfach auf ihn bezogen, ist es durchaus möglich, dass es genau diese Passage war, die den Ausschlag dafür gegeben hat, dass die Ausgangsüberlegung, die Wand großflächiger zu durchfenstern, aufgegeben wurde zugunsten des Erkers. Dass dabei auch leicht ironische Untertöne mitschwingen könnten, wie Irénée Scalbert es in Erwägung zieht,

Abb. 50: Berthold Lubetkin, Haupteingang von Highpoint II. mit Abgüssen der Londoner Karyatide des Erechtheions, die das Vordach stützen (1936–38)

ist durchaus denkbar. Bereits einige Jahre zuvor hatte die Gruppe Tecton um Berthod Lubetkin die Kritiker gegen sich aufgebracht, als sie das weit ausschwingende Vordach ihres 1938 fertiggestellten Apartmentblocks Highpoint II. in London mit zwei Abgüssen der Karyatide des Erechtheions aus dem Besitz des Britischen Museums stützte. (Abb. 50) Highpoint II. war das Nachfolgeprojekt zum unmittelbar benachbarten Highpoint I., der 1935 als Höhepunkt einer klassisch-corbusianischen Moderne Englands für Furore sorgte und vom Meister selbst, wie auch von Kritikern in Europa und den USA, enthusiastisch gelobt wurde.[80] Die kompromisslose Modernität von Highpoint I. hatte jedoch eine Gegenreaktion in der lokalen Baubehörde hervorgerufen, die einen zweiten Bau in der Formen- und Architektursprache verbat.[81] Der sehr viel luxuriösere Nachfolgebau erhielt daraufhin, wie John Allan an der Gartenfassade darstellt, eine palladianisch anmutende Fassadengliederung.[82] Der Block wurde so untergliedert, dass er aus einem zentralen Hauptkörper und zwei rechts und links spiegelsymmetrisch angeordneten Flügeln zu bestehen scheint, die als untergeordnet gekennzeichnet sind, während der Mitteltrakt in Farbe, Gestaltung und durch die Bekrönung mit einem Penthouse hervorgehoben wird. Ursprünglich hatte die Eingangshalle zum Garten hin mit einer einwärts gekrümmten Glasfassade vollständig geöffnet werden sollen, was den palladianischen Charakter unterstrichen hätte, jedoch nicht zur Ausführung kam, da der Auftraggeber an der Stelle Garagen wünschte.[83] Vermutlich als ironische Antwort auf die Auseinandersetzungen mit Bauamt und Auftraggeber entschied sich Lubetkin dazu, die beiden Karyatiden, die er nach eigener Angabe von einem verwirrten, aber kooperativen Kurator der Antikenabteilung des Britischen Museums für 40 Pfund erhielt, mit einer inneren Regenrinne versehen als Stützen für den Eingangsbaldachin zu verwenden.[84] Wenn es noch nicht die Karyatiden selbst waren, die die Kritiker in Rage brachte, dann war es spätestens Lubetkins Schemazeichnung, mit der er die Karyatiden humorvoll begründet und schließlich als „a standadized sculptural human signal but to be read not as part of the building but as a garden ornament" bezeichnet.[85] Bereits 1973 stellt Reyner Banham fest, dass mit dem zeitlichen Abstand, der Lubetkins Klassizismus immer offensichtlicher gemacht habe, immer weniger von einem Affront übrig geblieben sei, der es zuerst gewesen sei. Es handele sich um nichts mehr als eine klassizistische Leseanleitung – bis man sich in Erinnerung rufe, was es für ein fantastisches Selbstbewusstsein benötige, um das zu tun in einer Zeit, in der die größten Unterstützer sich gerade davon kuriert hatten, Griechenland als das A & O aller künstlerischen Exzellenz zu betrachten.[86] Wen Banham dabei vergaß, war natürlich Le Corbusier, der keineswegs von seiner Liebe zu Griechenland kuriert war und jede Möglichkeit, die sich im bot, nutzte, um in Text oder Entwurf die Akropolis „aufblitzen" zu lassen.[87] Es erscheint durchaus möglich, dass Lubetkins Karyatiden auch als Anspielung auf Le Corbusiers Umgang mit der Akropolis verstanden werden könnten.

Lubetkins Verwendung von historischen Versatzstücken, mit denen er auch die Gestaltungspraxis des 19. Jahrhunderts persifliert, sollte in der Architektur der Moderne zunächst singulär bleiben und wurde erst in der Postmoderne wieder ein Thema. Bereits in der Zeit nach dem Zweiten Weltkrieg erfreute sich jedoch der Rückgriff auf historische Motive oder Gebäudetypen, die in eine moderne Formensprache transferiert wurden, großer Beliebtheit. Zu den bevorzugten Motiven, die insbesondere in den USA zur Anwendung kamen und in denen es darum geht, eine Tradition bzw. ein historisches Bezugssystem herzustellen, gehörten neben einzelnen Bautypen wie dem Palazzo oder dem Tempel auch die Stadtanlage von San Gimignano mit ihren Geschlechtertürmen, die Piazza del Campo in Siena, das Kapitol in Rom oder eben auch die Akropolis von Athen.[88] Aaltos Auditorium Maximum des Instituts für Technologie in Otaniemi (1955–1964) zitiert die Form eines römischen Amphitheaters, die Bostoner City Hall von Kallmann McKinnell & Knowles (1962–1967) evoziert unter anderem Assoziationen an den Typus des italienischen Palazzos, während in der zugehörigen Platzgestaltung die Piazza del Campo in Siena aufgerufen wird. Philipp Johnsons Lincoln Center (1965) in New York zitiert einen modernen Tempel, während die Platzgestaltung sich als Hinweis auf Michelangelos Kapitol in Rom liest. Louis Kahn bezieht sich mit seinem Richards Medical Laboratories in Philadelphia (1957–1962) auf San Gimignano, während das Parlament in Dacca (1963) an mittelalterliche Burganlagen erinnert und sein Salt Lake Institute for Biological Studies in La Jolla (1959–1965) ähnlich wie Alfred Mansfelds Israel Museum (1965) gemeinhin als Akropolis gelesen wird. So gesehen entsprechen Le Corbusiers abstrakte Interpretationen des Akropolis-Motivs in Marseille, St. Dié oder Chandigarh sowie das Economist Building der Smithsons durchaus dem Zeitgeist, an dessen Formulierung beide natürlich nicht unbeteiligt waren.

Le Corbusier abstraktes Akropolis-Motiv unterscheidet sich jedoch von den formalistischeren Zitaten seiner Zeitgenossen, die in der Regel ein lesbares Bild erzeugten. Le Corbusiers Anlagen wie das Dach der Unité in Marseille oder das Kapitol in Chandigarh besitzen ebenfalls eine Lesbarkeit, setzen jedoch die Kenntnis seiner Haltung zur Akropolis voraus. Von einem „Akropolis-Motiv" kann bei Le Corbusier erst gesprochen werden, wenn die wesentlichen Aspekte, die er jahrzehntelang im Zusammenhang mit der Akropolis beschrieben hatte, in einer Anlage zusammenkommen. Zu den wichtigsten Charakteristika gehören sicherlich die frei im Raum platzierten Volumen, die in Wechselwirkungen miteinander aber auch mit den fernen Landschaftskontrasten treten und auf diese Weise Raum formulieren, außerdem die *promenade architecturale*, die künstlich eingezogenen Horizontlinien und die Öffnung der Anlage zum Himmel.

Epilog

Le Corbusier hat den Ratschlag seines Mentors William Ritter, den er ihm offenbar kurz nach der Rückkehr nach La Chaux-de-Fonds von der Orientreise machte, zweifellos ernst genommen und beherzigt. Zunächst zögerlich, dann mit wachsender Intensität berief er sich auf das antike Monument, bis irgendwann um 1920 die Entscheidung gefallen war, die Akropolis und den Parthenon endgültig zur Generalidee zu erheben und untrennbar mit dem eigenen Werk zu verbinden. Zeit seines Lebens sorgte er von nun an dafür, dass in seinen Gebäuden, Projekten und Texten stets die Akropolis „aufblitzte", wie Holm Lorens es formuliert.[1] Dabei ist auffällig, dass Text und Architektur einander hinsichtlich der Akropolis diametral gegenüberstehen. Bereits 1923 mit dem Erscheinen von „Vers une Architecture" war Le Corbusiers Akropolis-Rezeption zu einer eigenständigen und originellen Form herangereift und damit eigentlich in sich abgeschlossen. Es kamen fortan keine wesentlich neuen Aspekte mehr hinzu, sondern Le Corbusier konnte auf diesen Grundstein für den Rest seines Lebens rekurrieren und tat das auch. Anders verhielt es sich hingegen mit der architektonischen Umsetzung der Akropolis-Referenzen. Auch in seinen frühen Werken lässt sich die Akropolis-Idee ausmachen, wobei sie dort mit Ausnahme der Villa Savoye noch verhältnismäßig starr und rigide erscheint. Es sollte noch Jahre, ja sogar Jahrzehnte dauern, bis Le Corbusier zu den souveränen, abstrakten Akropolis-Motiven in seinem Spätwerk gelangte. Zu diesem Zeitpunkt war die Akropolis auf der Textebene lange schon erstarrt, stereotyp und vorhersehbar geworden. Lediglich die Formulierung des *l'espace indicible* im unmittelbaren Zusammenhang mit der Akropolis im Jahr 1946, bezeichnenderweise dem Jahr, in dem auch die Planungen für die Unité d'Habitation in Marseille begannen, brachte in seinen späten Texten noch mal eine frische, unverbrauchte Komponente.

In einem Interview, das Le Corbusier Hughes Desalle am 15. Mai 1965 gab, beschreibt er auf die Frage nach seiner Affinität zur Akropolis seinen ersten Besuch als Schock. „And for seven weeks I remained face to face with the works that where there, and … the Greek scale, the Greek measure of man, the human presence in all the Greek works has stayed with me always."[2] Zweifellos war nicht alles Inszenierung, wie schon seine unmittelbare Reaktion auf Ritters Ratschlag, die Akropo-

Abb. 51: Le Corbusiers Grab in Roquebrune-Cap-Martin (1957)

lis in seinem Werk zu inszenieren, zeigt: „Oh Aufstachler, der Sie sind, und Ironiker! Das Blut und das Fleisch unter meiner Haut wissen es und erinnern sich daran!"[3]

Kurz nach dem Interview im Juli 1965 redigierte Le Corbusier auf Vorschlag seines Verlegers Jean Petit seinen Orientreisebericht und gab ihn zur Veröffentlichung frei.[4] Wie von höherer Hand inszeniert mag es erscheinen, dass sein vorgeblich erster Text posthum, sozusagen als eine Art testamentarische Hinterlassenschaft erschien. Eindrucksvoller hätte er seine lebenslange Affinität zur Akropolis kaum zum Ausdruck bringen können: Die Akropolis wurde auf diese Weise zur Klammer seines Lebens. Ob es sich dabei tatsächlich um einen Zufall handelt, darüber kann heute nur noch spekuliert werden. Gesichert ist, dass Le Corbusier seinen eigenen Tod im Sommer 1965 offenbar ernsthaft in Betracht zog und seinen Nachlass regelte, wie Catherine Smet beschreibt. Er hatte bereits 1960 die Gründung der Fondation Le Corbusier, die seinen Nachlass verwalten sollte, in die Wege geleitet und stellte in seinem Sterbejahr 1965 die editorische Frage ganz in den Mittelpunkt seines Schaffens. Noch im Juli 1965, in dem Monat, in dem er sein Reisetagebuch redigiert hatte, schloss er, wie Smet darstellt, mit Petit Verträge für nicht weniger als 28 Publikationen ab. Unter anderem waren 16 kleine Taschenbücher geplant, in denen er bereits veröffentlichte, aber auch unveröffentlichte Texte publizieren wollte.[5] Das spricht dafür, dass es darum ging, die Botschaft für die Nachwelt zu formulieren, wobei dem Orientreisebericht natürlich eine besondere Rolle zukam, sodass durchaus möglich ist, dass der Text als posthumes Testament geplant war.

Wie sehr Le Corbusiers jahrzehntelangen Bemühungen, die Akropolis in seinem Werk zu inszenieren, tatsächlich von Erfolg gekrönt waren, zeigte schließlich auch seine Beerdigungszeremonie. Le Corbusier starb am 27. August 1965 beim Schwimmen in Roquebrune-Cap Martin, in der Bucht, in der er jahrzehntelang erst im Haus E1027 von Eileen Gray und später in seinem Cabanon seinen Urlaub verbrachte. Seine letzte Ruhestätte fand er oberhalb dieser Bucht in dem Grab, das er bereits acht Jahre zuvor anlässlich des Todes seiner Frau Yvonne entworfen hatte. Es handelt sich um eine kleine abstrakte Miniatur-Akropolis, die sich vor dem Himmel und dem Horizont des Meeres erhebt. (Abb. 51) Ein abgeschrägter rechteckiger Block und ein Zylinder befinden sich auf einer unregelmäßigen L-förmigen Plattform, die ihrerseits eingefasst ist durch eine rechteckige flache Einfriedung. In diesem miniaturisierten Temenos treten die beiden Volumen sowohl miteinander als auch mit den fernen Landschaftskontrasten, dem Meereshorizont und den Hügeln der Umgebung, in Beziehung und formulieren dadurch Raum. Bei dem Staatsakt, der am 1. September 1965 im Innenhof des Louvre stattfand, bezeichnete Kulturstaatsminister Jean Malraux Le Corbusier in seiner Ansprache als Mann, der Griechenland gefühlt und geliebt habe.[6] Als Zeichen ihrer Ehrerbietung besprenkelten zwei Delegierte der Stadt Chandigarh den Sarg mit heiligem Wasser des Ganges, und zwei Abgesandte der Architektenschaft Griechenlands streuten, wie Alfred Roth das Zeremoniell beschreibt, „aus einer Urne Sand von der Akropolis über den Sarg, was einer erschütternden Geste von symbolhafter Kraft gleichkam. Dort oben, auf der klassischsten aller Architekturstätten der Welt, hatte Le Corbusier in seinen Jugendjahren jene Erleuchtung erfahren, die sein Genie erweckte und zur großartigen schöpferischen Entfaltung gebracht hatte."[7] Nicht nur die Geste der griechischen Architekten, sondern auch die Bewertung des Vorgangs durch Roth veranschaulichen, dass Le Corbusiers lebenslange Bemühungen, seinen Namen mit der Akropolis zu verbinden, von Erfolg gekrönt waren.

Anmerkungen

Prolog
1 LC in : Architecture d'Aujourd'hui, N° spécial, N° 10, 1933, S. 81/82. „Il y a 23 ans que je suis venu à Athènes; je suis resté 21 jours sur l'Acropole à travailler sans arrêt et à me nourrir de l'admirable spectacle. Qu'ai-je pu faire pendant ces jours? Je me le demande. Ce que je sais, c'est que j'y ai acquis la notion de l'irréductible vérité. Je suis parti, écrasé par l'aspect surhumain des choses de l'Acropole. Écrasé par une vérité qui n'est ni souriante, ni légère, mais qui est forte, qui est une, qui est implacable. Je n'étais pas encore un homme et il me restait, devant la vie qui s'ouvrait, à devenir un caractère. J'ai essayé d'agir et de créer une œuvre harmonieuse et humaine. Je l'ai fait avec l'Acropole au fond de moi, dans le ventre. Mon travail fût honnête, loyal, obstiné, sincère. C'est la vérité ressentie ici qui fit de moi un opposant, quelqu'un qui propose quelque chose, quelque chose qui se mettra à la place d'autre choses, à la place des situations acquises.

On m'accuse alors d'être révolutionnaire. Quand je suis rentré en Occident et que j'ai voulu suivre les enseignements des écoles, j'ai vu qu'on mentait au nom de l'Acropole. Je mesurais que l'Académie mentait en flattant les paresses; j'avais appris à réfléchir, à regarder et à aller au fonds de la question. C'est l'Acropole qui a fait de moi un révolté. Cette certitude m'est demeurée: ‚Souviens-toi du Parthénon net, propre, intense, économe, violent, de cette clameur lancée dans un paysage de grâce et de terreur. Force et pureté.'

Ce matin au Pirée, dans le port, nous nous promenions avec quelques amis: Fernand Léger, le peintre; Zervos, le créateur de ‚Cahiers d'Art'; Albert Jeanneret, le musicien; Ghyka, de chez vous, l'un des peintres qui s'imposera. Nous nous sommes arrêtés devant les bateaux qui font les cabotages: bateaux d'aujourd'hui et de toujours, bateaux de votre histoire. […] Dans ces bateaux du Pirée qui sont peints comme ceux d'il y a deux mille ans, nous avons retrouvé la tradition de l'Acropole; on n'était pas distingué avant Périclès. On était fort, strict, exact et intense, sensuel. L'esprit grec est demeuré le signe de la maîtrise; rigueur mathématique et loi des nombres nous apportant l'harmonie. Me voici au bout de cette petite introduction qui semble d'ailleurs n'avoir aucun rapport avec mon thème.

Il s'agit donc aujourd'hui, non pas de proposer toutes sortes de points de vue imaginable; il s'agit de savoir pourquoi on doit faire et trouver les moyens d'harmoniser dans un ensemble, les choses essentielles.

Et alors, pour finir avec l'Acropole, au nom de cette harmonic, il faut dans le monde entier, sans défaillance et avec une âme vaillante harmoniser. Ce mot exprime véritablement la raison d'être du temps présent.

Au nom de l'Acropole, une harmonie forte, conquérante, sans faiblesse, sans défaillance. Se faire une âme d'airain. Telle est l'admonition de l'Acropole! Passons aux temps modernes."

Einleitung
1 Bosman, 1987, S. 76
2 Vgl.: Philippides, 1994, S. 285. Es gibt verschiedene Darstellungsversionen dieses Vorfalls. Philippides beruft sich hier auf die Darstellung Patroklos Karantinos. Laut Alfred Roth hat Le Corbusier die dreiviertelstündige Verspätung damit begründet, dass er für 22.00 Uhr bestellt gewesen sei und nun zu entschuldigen bitte, dass er 10 Minuten früher beginne. Erst im Anschluss habe er engen Freunden mitgeteilt, dass er auf der Akropolis die Zeit vergessen habe. Vgl. Roth, 1973, S. 80

3   FLC, D2-4-82-85: „ il [Le Corbusier, Anmerkung T. F.] trouve que les beautés de l'architecture anti-
    ques ne sont pas susceptibles de féconder la discussion. les sentiments d'ordre purement esthétique
    ne sont pas un thème de discussion pour le 4e congés d'architecture moderne. les problèmes tels que
    L'ARCHITECTURE ET L'ESTHETIQUE; L'ARCHITECTURE ET LA POLITIQUE ne sont pas
    des questions d'ordre général et il est tout à fait périlleux de le discuter. ce congrès est un congrès des
    TECHNICIENS, s'il y a des poètes parmi eux – tant mieux: mais c'est individuel – et l'individuel ne
    peut pas être discuté par cent personnes." Dieses Protokoll findet sich wörtlich abgedruckt in Anna-
    les Techniques 1933, S. 1167.

4   Le Corbusier selbst sorgte dafür, dass die Hommage an verschiedenen Stellen publiziert wurde, so
    z. B. in der Zeitschrift „Annales Techniques" (1933) oder im gleichen Jahr in der Spezialausgabe der
    Zeitschrift „Architecture d'Aujourd'hui", die ihm gewidmet war. In der 1970 erschienenen, von Jean
    Petit herausgegebenen Publikation „Le Corbusier lui-même", an der er selbst mitgewirkt hatte, wurde
    der Text noch einmal aufgenommen, und auch in der für den englischen Markt bestimmten Publika-
    tion „New World of Space" von 1948 ließ er die erste Hälfte der Hommage noch einmal drucken.
    Derselbe Teil erschien am 24. Juli 1934 unter dem Titel: „Le Corbusier: Der Parthenon als Richtpfeil"
    in der Sonntagsausgabe der Neuen Zürcher Zeitung (S. 5).

5   Vgl.: Jeanneret in: Gresleri, 1991, S. 334

6   „Telle une comète dans le ciel, l'Acropole revient dès lors de manière cyclique dans les écrits de Le
    Corbusier." Cohen, 2013, S. 387

7   Vgl.: Smet, 2005, S. 7, 13. Bei den 35 Publikationen sind diejenigen über sein Werk, an denen Le Cor-
    busier selbst mitwirkte, nicht eingeschlossen.

8   Charles-Edouard Jeanneret nahm im Oktober 1920 den Künstlernamen Le Corbusier an und fir-
    mierte von 1923 an fast vollständig unter dem Namen. In der vorliegenden Arbeit wird die Namens-
    gebung entsprechend aufgegriffen. In der Darstellung der Entwicklung bis 1920 bzw. 1923 wird von
    Jeanneret, danach von Le Corbusier die Rede sein.

9   „Vous m'avez dit: Faites qu'on se souvienne que vous êtes allé à l'Acropole. Ô aiguillonner que vous
    êtes, et ironiste! Le sang et la chair sous ma peau, le savent et s'en souviennent." Brief an William Rit-
    ter vom 8. März 1912. FLC R3-18-165T. Diese Briefpassage ist in der Le Corbusier-Forschung bisher
    unberücksichtigt geblieben. Lediglich Sambal Oelek zitiert in seinem Le Corbusier-Comic „Jünglings-
    erwachen. Die ersten 38 % aus Le Corbusiers Leben" (1992) den Satz „Richten Sie es so ein, daß man
    daran denkt, daß Sie auf die Akropolis gegangen sind." (S. 14)

10 Gresleri, 1991, S. 73

11 Vgl.: Katalog: Le Corbusier et la Méditerranée, Marseille 1987, oder vgl.: Les Rencontres de la Fon-
    dation Le Corbusier: Le Corbusier, Voyages, rayonnement international, Paris 1997; Paquot, Thierry/
    Gras, Pierre (Hg.): Le Corbusier voyageur, Paris 2008

12 Theodorakopoulou stellt dar, dass eine „inhaltsorientierte Untersuchung" jedoch eine „übergeord-
    nete, symbolisch verschlüsselte Sinnebene" enthülle, die der Forschung bisher entgangen sei. Um die
    symbolisch verschlüsselte Sinnebene des Textes zu erschließen, habe die Autorin nach eigener An-
    gabe „Hinweise auf Ähnlichkeiten zu Büchern einbezogen", die Giuliano Gresleri und Paul Venable
    Turner erwähnen, und habe diese Informationen „mit Hilfe eigener Literaturkenntnisse ergänzt". In
    Bezug auf das Parthenon-Kapitel handelt es sich bei diesen „Literaturkenntnissen" um Homers
    Odyssee und einschlägige Werke Platons, sodass am Ende eine Interpretation entstanden ist, die
    nichts mehr mit Le Corbusiers Reisebeschreibungen zu tun hat, dafür offensichtlich umso mehr die
    Vorstellungswelt und den Wissenshorizont der Autorin offenbart. Theodorakopoulou, Pamela: Le
    Corbusier. Reise nach dem Orient. Die Vision von einer neuen Welt, Berlin 2013, http://opus4.kobv.
    de/opus4-tuberlin/frontdoor/index/index/docId/3978 [letzter Zugriff: 7.3.2015]

13 Turner, Paul Venable: The Education of Le Corbusier. A Study of the Development of Le Corbusiers Thought, 1900–1920, New York, London 1977

14 Gruben, Gottfried: Die Tempel der Griechen (1966), München, 1986 und Knell, Heiner: Die Architektur der Griechen, Darmstadt 1988

15 Korres, Manolis: The Architecture of the Parthenon, in: Tournikiotis, Panayotis: The Parthenon and its impact in modern Times, Athen 1994, sowie seine beiden Aufsätze „Die klassische Architektur und der Parthenon" und „Richtplatten. Akribie, Harmonie und Kanon" im Ausstellungskatalog der Antikensammlung Berlin „Die Griechische Klassik. Idee oder Wirklichkeit", Mainz 2002

I. Die Akropolis in „Vers une Architecture"

1 Vgl.: Cohen, 2007, S. 1

2 Vgl.: Jencks, 2003, S. 7

3 Kruft, 1985, S. 458

4 Vgl.: Cohen, 2007, S. 1

5 Vgl.: Moos, EN, 1987, S. 15

6 Vgl.: Nerdinger, 1987, S. 53

7 Kries, 2008, S. 95

8 LC: Ausblick, 1995, S. 38

9 Vgl.: Werkbund-Jahrbuch 1913, S. 17 ff.

10 Kruft, 1985, S. 459

11 Banham, 1990, S. 192

12 Vgl.: Moos, 1987, S. 22

13 Colomina, 1987, S. 41 und vgl.: FLC B2-15-70

14 Vgl.: LC: Ausblick, 1995, S. 151

15 LC: Ausblick, 1995, S. 153

16 LC: Ausblick, 1995, S. 152

17 Vgl.: LC: Ausblick, 1995, S. 154

18 Im Folgenden wird die deutsche Übersetzung „Durchbildung der Form" durch [Modénature] ersetzt.

19 LC: Ausblick, 1995, S. 154

20 Vgl.: LC: Ausblick, 1995, S. 155–157

21 Vgl.: LC: Ausblick, 1995, S. 157

22 Vgl. LC: Ausblick, 1995, S. 154, 159, 160

23 Vgl.: LC: Ausblick, 1995, S. 151

24 LC: Ausblick, 1995, S. 155

25 LC: Ausblick, 1995, S. 160/161

26 L'Esprit Nouveau, 10. Juli 1921, unpaginiert, und LC: Ausblick, 1995, S. 106/107

27 LC: Ausblick, 1995, S. 105

28 Vgl.: LC: Ausblick, 1995, S. 108/109

29 LC: Ausblick, 1995, S. 108

30 LC: Ausblick, 1995, S. 112

31 Vgl.: Moos, 1987, S. 41 und vgl. Moos, 1981, S. 306

32 LC: Ausblick, 1995, S. 114

33 Boyer, 2010, S. 592

34 Vgl.: LC: Ausblick, 1995, S. 89

35 LC: Ausblick, 1995, S. 31

36 LC: Ausblick, 1995, S. 159

37   LC: Ausblick, 1995, S. 162

38   LC: OC1, 1995, S. 141 (Villa Stein, Garches); LC: OC2, 1995, S. 99 (Heilsarmee, Paris), S. 66, 70 (Immeuble Clarté, Genf). Vgl.: Amado, 2011, S. 13 (Weißenhofsiedlung, Stuttgart), S. 15 (Villa Lipchitz und Miestchanninof, Paris), S. 18 (Pavillon Suisse, Paris).

39   Vgl.: LC: Ausblick, 1995, S. 112

40   LC: Ausblick, 1995, S. 53. Der letzte Absatz ist erst 1928 zur dritten Neuauflage hinzugekommen; die kombinierte Aufriss-Grundriss-Grafik stammt aus Choisy, 1996, S. 415.

41   LC: Ausblick, 1995, S. 135

42   LC: Ausblick, 1995, S. 141

43   LC: Ausblick, 1995, S. 142

44   LC: Ausblick, 1995, S. 144/145

45   LC: Ausblick, 1995, S. 144

46   LC: An die Studenten, 1962, S. 27

47   „Le Parthénon, du haut de l'Acropole, tient tête à tout le paysage – les monts Hymette au Pentélique, de l'estuaire à la mer et aux îles. Il attire à lui et domine tous les points de l'horizon. Or, il n'a pas dix-huit mètres de haut, ni plus de trente mètres de large; mais il est le lieu mathématique du site entier, et toutes les arêtes de son cristal répondent au paysage comme en écho." Vgl. LC: Sur le quatre routes, 1941, S. 196

48   LC: Voyage d'Orient; 1966, S. 153

49   Vgl.: Jeanneret in: Gresleri, 1991, S. 322

50   Etlin, 2005, S. 373

51   Vgl.: LC: Ausblick, 1995, S. 31

52   In dem Kapitel „Maßregler", das zwischen der ersten und der zweiten Trilogie eingeschoben wurde, gibt es nur indirekte Verweise auf die Griechen (S. 66) und Tempel im Allgemeinen (S. 63).

53   Moos, 1987, S. 22

54   LC: Ausblick, 1995, S. 103

55   Das Kapitel „Drei Mahnungen an die Herren Architekten III. Der Grundriss" hat zwei Akropolis-Abbildungen, „Augen, die nicht sehen… III. Die Autos" vier und in „Baukunst III. Reine Schöpfung des Geistes" sind es 18 Fotografien und eine Skizze.

56   Cohen geht davon aus, dass die einzelnen Textbausteine auch aus Kostengründen zunächst in der Zeitschrift publiziert wurden. Vgl.: Cohen, 2007, S. 40

57   „Augen, die nicht sehen… III. Die Autos" erschien in der L'Esprit Nouveau Ausgabe Nr. 10 im Juli 1921. Der Artikel „Baukunst III. Reine Schöpfung des Geistes" erschien in der Nr. 16 im Mai 1922.

58   Vgl.: LC: Ausblick, 1995, S. 38, 43, 85, 157

59   Vgl.: LC: Ausblick, 1995, S. 38, 48/49, 60

60   Doppelt abgebildet ist die Rekonstruktionsgrafik von Auguste Choisy: LC: Ausblick, 1995, S. 47, 142, die Frontalansicht des Parthenon: LC: Ausblick, 1995, S. 107, 149 und der Blick in die Parthenon-Stoa: LC: Vers une Architecture 1995, S. 117, 172

61   Vgl.: Moos, 1981, S. 310, 313 und vgl.: Moos, 1987, S. 41

62   Vgl.: Brief an William Ritter vom 8. März 1912 FLC R3-18-165T

63   Corboz, 1988, S. 8

64   Vgl. z. B. LC: Modulor 1, 1985, S. 33/34 oder LC: Von der Poesie des Bauens, 1958, S. 8/9, 13, 31, 47–68

65   Vgl.: LC: Les Trois Établissements humains, 1945, S. 61

66   LC in „Architecture d'Aujourd'hui, Numéro spéciale, 1946, S. 9–17; LC: Modulor, 1985, S. 31/32. und LC: New World of Space, 1948, S. 7–9. In der vorliegenden Arbeit wird zitiert aus Luciani, 2012, S. 173–175.

67 „*Action de l'œuvre* (architecture, statue ou peinture) sur l'alentour: des ondes, des cris ou clameurs (le Parthenon sur l'Acropole d'Athènes) des traits jaillissant comme par un rayonnement d'un explosif; le site proche ou lointain en est secoué, affecté, dominé ou caressé. *Réaction du milieu:* les murs de la pièce, les dimensions de la place avec poids divers de ses façades, les étendues ou les pentes et jusqu'aux horizons nus de la plaine ou à ceux crispés des montagnes, toute l'ambiance vient peser sur ce lie où est une œuvre d'art, signe d'une volonté d'homme, lui impose ses profondeurs ou ses saillies, des densités dures ou floues, ses violences ou ses douceurs. Un phénomène de concordance s'est produit, exact comme une mathématique – véritable manifestation d'*acoustique* plastique." LC: in Luciani, 2012, S. 173. Die Übersetzung erfolgte in Anlehnung an LC: Modulor, 1985, S. 31/33.

68 LC: Modulor, 1985, S. 209

69 Vgl.: LC: Almanach, 1925

70 Le Corbusiers Entwurf gehörte zu den neun ersten Preisen, die unter den 377 eingegangenen Beiträgen ausgewählt worden waren, schied aber aufgrund eines Formfehlers aus, da er Kopien anstelle von Originalzeichnungen eingereicht hatte. Vgl. dazu: Curtis, 1987, S. 100–103

71 Vgl.: LC in: Gresleri, 1991, S. 332

72 „Quelle distance des Mnésicles à Vitruve, et du temple d'Érechthée aux préceptes de Vignole!" Blanc, 1881, S. 176

73 LC: Feststellungen, 1987, S. 59/60

74 LC: Feststellungen, 1987, S. 60

75 LC: Feststellungen, 1987, S. 204

76 Vgl.: LC: Feststellungen, 1987, S. 43

77 LC: Feststellungen, 1987, S. 43

78 Vgl. den „Prolog" in dieser Arbeit

79 LC: An die Studenten, 1962, S. 37

80 LC: Unité, 1948, 39/40

81 Prélude Nr. 1 Feb. 1933 und „XX^c Siècle", Nr. 1, Juli 1933, S. 6

82 LC: Croisade, 1933, (unpaginiert, im Anschluss an den Abbildungsteil, vor der Wiedergabe des Textes von Umbdenstock.); LC: Ville Radieuse, 1935, S. 200/201; in: „XXe Siècle", Nr. 1, Juli 1933, S. 5

83 Erst im März 1933 deutete sich an, dass der Kongress nicht wie geplant in Moskau würde tagen können. Vgl.: Steinmann 1979, S. 128

84 Vgl.: Steinmann 1979, S. 128

85 Simeoforidis und Tzirtzilakis berichten, dass die Entscheidung für die Patris II. und Athen als Veranstaltungsort für den 4. CIAM-Kongress aus dem Zirkel der „Griechenlandfreunde" um Le Corbusier hervorgegangen sei. Vgl.: Simeoforidis/Tzirtzilakis, 1987, S. 64. Bei Sigfried Giedion hingegen heißt es, dass der Vorschlag von Marcel Breuer unterbreitet worden sei, woraufhin Le Corbusier sofort seinen Freund, Christian Zervos, den Herausgeber der „Cahiers d'Arts" angerufen habe. Vgl.: Bosman, 1987, S. 74

86 Curtis, 1987, S. 127

87 Vgl.: Simeoforidis/Tzirtzilakis, 1987, S. 66

88 „Entre temps […] j'avais compris que la Méditerranée est l'inépuisable réservoir d'enseignements utiles à notre sagesse." LC: En Grèce, à l'échelle humaine", 1939, S. 4

89 Vgl.: LC: Feststellungen, 1987, S. 60

90 „La Grèce a été pour moi le point de départ de ,l'esprit de vérité' en art. J'avais vingt-trois ans en 1910 quand j'ai passé six semaines sur l'Acropole." Vgl.: Cohen, 2013, S. 403

91 Vgl.: Žaknić, 1997, S. 108, 116/117

II. „Vers une Architecture": der Bezugsrahmen von Le Corbusiers Akropolis-Rezeption

1   Vgl.: Etlin, 1987, S. 266

2   Im Rahmen der Griechischen Unabhängigkeitskriege (1821–1830) wurde das heutige Griechenland von osmanischer Herrschaft befreit. Unterstützt wurden die griechischen Bestrebungen durch die Großmächte Frankreich, Großbritannien und Russland. An den Kämpfen beteiligten sich auch zahlreiche Philhellenen aus Europa und den Vereinigten Staaten Amerikas. Vgl.: Brewer, David J.: The flame of freedom. The Greek war of independence, 1821–1833, London 2001

3   Vgl.: Schneider/Höcker, 1991, S. 6/7

4   Vgl.: Grimm, 1999, S. 22–31

5   Vgl.: Schneider/Höcker, 1991, S. 6/7

6   Vgl.: Schneider/Höcker, 2001, S. 26. Literatur zum sogenannten „Greek Revival": Sutton, Robert K.: Americans interpret the Parthenon. The progression of Greek revival architecture from the East Coast to Oregon. 1800–1860, Colorado 1992; Schneider, Lambert: Klassik ohne Devotion. Ein Blick auf Amerikas griechisch inspirierte Architektur des 19. Jahrhunderts, Leipzig 2003, S. 143–178; Hamlin, Talbot: Greek revival architecture in America, New York 1964; Wiebeson, Dora: Sources of Greek Revival Architecture, London 1969; Crook, Joseph Mordaunt: The greek revival, Feltham, Middlesex 1968

7   Dem „Romantischen Hellenismus" rechnet er beispielsweise Sir William Chambers, John Papworth oder William Leake zu. Vgl.: Etlin, 2005, S. 364

8   Zu dieser zweiten Phase rechnet Etlin John Pennethorne, Joseph Hoffer und Francis Cranmer Penrose.

9   Vgl.: Etlin, 2005, S. 367 und vgl.: Korres, 1994, S. 79

10 Vgl.: Etlin, 2005, S. 368–370

11 Vgl.: Kruft 2004, S. 235 ff. und Schneider/Höcker, 2001, S. 34 und S. 48

12 Vgl.: Etlin, 1994, S. 83

13 Vgl.: Etlin, 2005, S. 370–372

14 Vgl.: Schneider/Höcker, 2001, S. 44 und vgl.: Tsigakou, Fani-Maria, Das wiederentdeckte Griechenland in Reiseberichten und Gemälden der Romantik, Köln 1995, und Tsigakou, Fani-Maria/Dollinger, Ana Sibylle (Hrsg.): Glanz der Ruinen. Die wiederentdeckung Griechenlands in Gemälden des 19. Jahrhunderts, Köln 1995

15 Vgl. dazu das Kapitel „Wandlung der Stätte zum modernen Ruinenkonstrukt" in : Schneider/Höcker, 2001, S. 46–55 und vgl. auch das Kapitel „Die Restaurierung der Akropolis" in dem Ausstellungskatalog: Ein griechischer Traum. Leo von Klenze der Archäologe, München 1986, S. 182–195

16 Schneider/Höcker, 2001, S. 48

17 Vgl.: Schneider/Höcker, 2001, S. 50

18 Schneider/Höcker, 2001, S. 55

19 Foucart, 1983, S. 60

20 Vgl.: Goodyear, 1912, S. 92

21 Vgl.: Choisy, 1996, vgl.: Kapitel „La compensation des erreurs visuelles", S. 402–409

22 Vgl.: Etlin, 1994, S. 87 ff., Kapitel „Curved lines and inclined planes" und Korres 1994, S. 78 ff., Kapitel „The basic architectural studies"; vgl.: Goodyear, 1912, S. 3–32

23 Vgl.: Choisy, 1996, S. 408

24 Choisy, 1996, S. 408/409. Vgl. dazu auch: Posener, 1974, S. 234/234

25 Choisy, 1996, S. 417/418. Diese Beobachtung basiert auf Carl Boettichers Entdeckung von 1862. Er stellt fest, dass die dem Parthenon vorgelagerten, in den Felsen gehauenen Stufen, die nie ein Gebäude getragen haben, ebenfalls mit einer Kurvatur versehen waren und demnach in die bildnerische Konzeption des Parthenon einbezogen waren. Vgl.: Etlin, 2005, S. 369. Darüber, ob die Beobachtung

Choisys stimmt, dass der Scheitel der beschriebenen Kurvaturen wirklich um 7,50 m aus der Mittelachse genommen wurde, haben sich keine Beweise finden lassen. In der klassischen Archäologie scheint die Beobachtung nicht aufgegriffen worden zu sein. Dafür, dass Choisy aber durchaus Recht gehabt haben wird mit seiner Beobachtung, dass die Übereckansicht des Parthenon intendiert und als Hauptansicht artikuliert war, spricht eine Beobachtung Manolis Korres. Er stellt dar, dass die südwestliche Ecke der Terrasse um 2,5 cm gesenkt wurde und im Gegenzug die Südwestecke der Parthenon-Krepis um 2,5 cm angehoben wurde. Durch diesen Kunstgriff wurde vermieden, dass sich die Kurvaturen der Krepis mit denen der Treppenanlage geschnitten hätten. Vgl.: Korres, 2002, S. 373

26 Vgl.: Choisy, 1996, S. 409–422. Kapitel „Le Pittoresque dans l'Art Grec: Partis Dissymétriques, Ponderations des masses." S. 418: „Le mur vide a se trouve meublé par la tribune des Arréphores, qui se dessin sur ce mur comme sur un fond reserve pour elle."

27 Vgl.: Choisy, 1996, S. 419

28 Vgl.: Smithson, 1959, S. 196

29 Vgl.: Choisy, 1996, S. 419

30 Choisy, 1996, S. 409. „Les Grecs n'imaginent pas un édifice indépendant du site qui l'encadre et des édifices qui l'entourent. L'idée des niveler les abords leurs est absolument étrangère: ils acceptent en le régularisant à peine l'emplacement tel que la nature l'a fait, et leur seule préoccupation est harmoniser l'architecture au paysage; les temples grecs valent autant par la choix de leur site que par l'art avec lequel ils sont construits. [...] Lorsqu'il s'agit d'un groupe d'édifices, ce respect de l'allure naturelle du sol interdit la symétrie."

31 LC: Vers une Architecture 1995, S. 31. „Acropole d'Athènes. Coup d'œil sur le Parthénon, l'Erechthéion, l'Athéna Parthénos depuis les Propylées. Il ne faut pas oublier que le sol de l'Acropole est très mouvementé, avec des différences de niveaux considérables qui ont été employées pour constituer des socles imposants aux édifices. Les fausses équerres ont fourni des vues riches et d'un effet subtil; les masses asymétriques des édifices créent un rythme intense. Le spectacle est massif, élastique, nerveux, écrasant d'acuité, dominateur." LC: Vers une Architecture, 1995, S. 31 und LC: L'Esprit Nouveau Nr.4, 1921, S. 457. In den meisten Ausgaben von „Vers une Architecture", so auch der aktuellen deutschen, ist dieser Untertitel entfernt worden. Vgl.: LC: Ausblick, 1995, S. 47

32 Etlin, 2010, S. 154

33 Vgl.: LC: Ausblick, 1995, S. 47–53

34 Vgl.: Etlin, 2010, S. 151

35 Vgl.: Choisy, 1996, S. 289–293

36 Vgl.: Choisy, 1996, S. 290

37 Auch zu Choisys Zeiten wird der Begriff „Modénature" nicht besonders gebräuchlich gewesen sein. Jean-Louis Cohen stellt dar, dass er sich vom italienischen „Modenatura" ableitet, der 1752 im „Dictionnaire de Trévoux" erstmals aufgenommen und 1832 auch in Quatremère de Quincys „Dictionnaire historique d'architecture" verwendet worden sei. Vgl.: Cohen, 2007, S. 22

38 Vgl. LC: Ausblick, 1995, S. 154, 159, 160

39 Vgl.: LC: Ausblick, 1995, S. 151

40 Vgl.: LC: Ausblick, 1995, S. 155

41 Banham, 1990, S. 18/19

42 Middleton/Watkin, 1987, S. 384

43 Posener, 1974, S. 235

44 Etlin, 2010, S. 151

45 Vgl.: LC: Almanach, 1987, S. 116

46 „Pourtant un maître disparu depuis peu, restera dans nos cœurs d'architectes comme un homme inspiré: cet ingénieur des Ponts-et-Chaussées, Auguste Choisy qui a écrit l'histoire de l'architecture

comme personne. Il avait compris ce qui est la vie même des organismes bâtis. C'est du haut d'un olympe qu'il fit tailler par le graveur ses plans, ses coupes et ses axonométries des œuvres humaines où éclate le grand discours de l'architecture. […] Par lui, à travers lui, tout est grand: l'architecture s'élève au jeu des rapports, à la symphonie des rythmes." LC: Sur les quatre routes, 1970, S. 197

47 Vgl.: Corboz, 1988, S. 19

48 Le Corbusier verweist in „Reine Schöpfung des Geistes" in einer Fußnote auf Boissonnas: Vgl.: LC: Vers une Architecture, 1996, S. 181. Die übrigen Akropolis-Aufnahmen tragen in der französischen Ausgabe alle den Bildnachweis „Albert Monrancé", den Herausgeber des Tafelwerks. Auf die Abbildungen Choisys verweist er in LC: Vers une Architecture, 1995, S. 48.

49 Ende 1863 wurde Viollet-le-Duc zwar auf den Lehrstuhl für Kunstgeschichte an der École des Beaux-Arts berufen, konnte sich aber dort nicht behaupten und legte bereits Ende März 1864 das Amt nieder. Sein Nachfolger wurde Hypolyte Taine. Vgl.: Bekaert, 1980, S. 207

50 Etlin, 1994, S. 8

51 Etlin, 1994, S. 10

52 Vgl.: Curtis, 1987, S. 29

53 Vgl.: Turner, 1977, S. 53

54 Vgl.: Etlin, 1994, S. 94 und siehe Viollet-le-Duc, 1965, S. 101/102. „Le grec […] sera le type le plus absolu et le plus parfait des principes sur lesquels j'aurai sans cesse l'occasion d'appeler l'attention de mes lecteurs."

55 Tournikiotis, 1996, S. 220

56 Vgl.: Etlin, 1994, S. 94. Er zitiert Viollet-le-Duc: „De la construction des édifices religieux en France depuis le commencement du christianisme jusqu'au XVI. siècle", Annales Archéologique 4, May 1846, S. 267

57 Vgl.: Etlin, 1994, S. 94

58 „Nous avons trop oublié qu'il faut, aux œuvres d'art une mise en scène. L'antiquité n'a jamais abandonné ce principe […] Nous élevons un monument, mais nous le plaçons mal, nous l'entourons mal, nous ne savons pas le présenter au public; […] le pittoresque joue un rôle important. Nous avons remplacé cela par la symétrie qui est contraire à notre esprit, qui nous ennuie, nous fatigue; […]. Ni l'Acropole d'Athènes, ni le forum romain ou celui de Pompéi, ni les descriptions de Pausanias ne nous donnent des dispositions symétrique d'ensemble. La symétrie chez les Grecs ne s'applique qu'à un édifice, […] jamais à un ensemble d'édifices. Mais avec quel art les Grecs savent-ils placer leurs monuments! Quelle juste appréciation de l'effet, de ce que nous appelons aujourd'hui le pittoresque! Objet de dédain pour nos architectes… Et pourquoi? Parce que le monument tracé sur le papier ne tient compte généralement ni du lieu, ni de l'orientation, ni des effets d'ombre et de lumière, ni de l'entourage, ni des différences de niveaux, si favorables, cependant, aux formes architectoniques; […]." Viollet-le-Duc, 1965, S. 254/255

59 Vgl.: Viollet-le-Duc, 1965, S. 255, vgl. auch LC: Ausblick, 1995, S. 146–148

60 Vgl.: Viollet-le-Duc, 1965, S. 256, vgl.: Choisy, 1996, S. 409

61 Vgl.: Etlin. S. 96/97 – er zitiert aus: Paccard, Alexis: Mémoires explicatif de la restauration du Parthénon, 1845, in: Paris, Rome, Athènes, S. 351

62 Vgl.: Viollet-le-Duc, 1965, S. 337

63 Viollet-le-Duc, 1965, S. 54. „Le soleil est évidemment le principe, le générateur."

64 Vgl.: Viollet-le-Duc, 1965, S. 49, 52–55, 86

65 Viollet-le-Duc, 1965, S. 55. Viollet-le-Duc bezieht sich auf das schottische Nationaldenkmal von William Henry Playfair und Charles Robert Cockerell auf dem Carlton Hill in Edinburgh.

66 Vgl. Viollet-le-Duc, S. 65, 190, vgl.: Choisy, 1996, S. 298, vgl.: Gegenüberstellung von Tempel und Auto bei LC: Ausblick, 1995, S. 105 ff.

67 Vgl.: Viollet-le-Duc, 1965, S. 83

68 Vgl.:Viollet-le-Duc, 1965, S. 59

69 Vgl.: Viollet-le-Duc, 1965, S. 61

70 Viollet-le-Duc, 1965, S. 293. „C'est qu'un effet les angles d'un édifice, c'est sa silhouette, sa ligne, sa forme extérieure, celle qui se grave dans le souvenir."

71 Viollet-le-Duc, 1965, S. 395

72 Vgl.: Viollet-le-Duc, 1965, S.85

73 Vgl.: Viollet-le-Duc, 1965, S. 87

74 Vgl.: Viollet-le-Duc, 1965, S. 87

75 Vgl.: Viollet-le-Duc, 1965, S. 86. „L'artiste grec est doué des sens trop délicats pour se soumettre à une loi impérieuse, aveugle. S'il admet la symétrie, c'est plutôt comme une pondération que comme une règle géométrique."

76 Viollet-le-Duc, 1993, S. 49

77 Viollet-le-Duc, 1993, S. 47

78 Viollet-le-Duc, 1993, S. 48

79 Viollet-le-Duc, 1993, S. 12

80 Viollet-le-Duc, 1965, S. 55

81 Vgl.: Viollet-le-Duc, 1993, S. 29/30

82 Viollet-le-Duc, 1993, S. 19

83 Vgl.: Viollet-le-Duc, 1993, S. 18/19

84 LC: Ausblick, 1995, S. 160

85 LC: Ausblick, 1995, S. 127

86 „Les ingénieurs navals, les constructeurs de machines ne cherchent pas, en faisant un vaisseau à vapeur ou une locomotive, à rappeler les formes d'un vaisseau à voile du temps de Louis XIV ou d'une diligence attelée, ils obéissent aveuglément aux nouveaux principes qui leur sont donnés, ils produisent des œuvres qui ont leur caractère propre, qui ont leur style, en ce sens qu'aux yeux de tous ces productions indiquent une destination qui n'a rien de vague. […] La locomotive est presque un être, et sa forme extérieure n'est que l'expression de sa puissance. Une locomotive donc a du style. […] Il n'y a de style que celui qui est propre à l'objet. Un vaisseau à voiles a du style, mais un bateau à vapeur qui dissimulera son moteur pour prendre l'apparence d'un bâtiment à voiles n'en aura pas." Viollet-le-Duc, 1965, 186

87 Vgl.: Viollet-le-Duc, 1965, S. 189

88 „Aujourd'hui le style a fui les arts pour se réfugier dans l'industrie; mais il pourrait retourner aux arts si l'on voulait mettre dans leur étude et leur appréciation un peu de cette raison que nous savons appliquer aux choses de la vie matérielle." Viollet-le-Duc, 1965, S. 189

89 „Nous qui, dans la fabrication de nos machines, donnons à chaque pièce qui les composent la force de la forme qui leur conviennent; qui ne mettons rien de trop, rien qui n'indique une fonction nécessaire, dans notre architecture nous accumulons sans raison des formes prises des tous côtés, résultats de principes contradictoires, et nous appelons cela de l'art!" Viollet-le-Duc, 1965, S. 190

90 Vgl.: Viollet-le-Duc, 1965, S. 190

91 „Il faut tenter de procéder comme les Grecs; ils n'ont rien inventé, mais ils ont tout transformé." Viollet-le-Duc, 1965, S. 190

92 Vgl.: Viollet-le-Duc, 1965, S. 77

93 Vgl.: Viollet-le-Duc, 1965, S. 489

94 Viollet-le-Duc, 1993, S. 158/159

95 Tournikiotis, 1994, S. 220

96 Galusek, 2014, S. 133

97 Das Thema Akropolis und Nation-Building kann im Kontext der vorliegenden Arbeit nicht eingehend bearbeitet werden.
    Hingewiesen sei in diesem Zusammenhang lediglich auf Joseph Plečnik, den konservativsten Schüler Otto Wagners, der sich, ähnlich wie Le Corbusier, im besonderen Maße der Akropolis verschrieben hatte und in den 1920er Jahren begann, etwa zeitgleich zum einen die Prager Burg als Akropolis und zum anderen die Stadt Ljubiliana als Neu Athen auszubauen, wie er es selbst formuliert. Siehe dazu einführend: Galusek, Lukaz: The Czechoslovakian Acropolis: Plečnik's Rebuilding of the Prague Castle, in: Centropa, New York 2014 und Krečnič, Peter: Jože Plečnic – Ljubiliana: An Architect's Vision of New Athens as Capital of Slovenia, in Centropa, New York 2014

98 Vgl.: Boehm, 1996, S. 15–39

99 Jean Cocteau prägte den Begriff „rappel à l'ordre" mit dem 1926 publizierten Essayband *Le Rappel à l'ordre*.

100 Vgl.: Loos, Kunstgewerbliche Rundschau (1. Oktober 1898) in: Loos, 1962, S. 167

101 Adolf Loos zitiert nach Kornel Ringli, 2008, S. 148

102 Auf den Einfluss von Berlage, Van de Velde, Hermann Muthesius und Otto Wagner auf Le Corbusiers „Vers une Architecture" weist auch Richard Etlin hin, vgl.: Etlin, 1987, S. 265.

103 Vgl.: van de Velde, 1955, S. 135; vgl. auch die Texte „Der neue Stil" (1907), ebenda, 156–169 oder seine Publikation „Les formules de la beauté architectonique moderne", in der Texte, die zwischen 1902 und 1912 publiziert wurden, zusammengefasst werden.

104 Vgl.: van de Velde, 1962, S. 233

105 Vgl.: van de Velde, 1962, S. 235 und ergänzend dazu Hammacher, 1967, S. 146–148

106 van de Velde, 1955, S. 135–140

107 van de Velde, 1955, S. 136/137

108 Vgl.: Heinze-Greenberg/Stephan, 2000, S. 174

109 Vgl.: Heinze-Greenberg/Stephan, 2000, S. 115; vgl.: dazu das Kapitel über das Mittelmeer, ebenda, S. 115–134

110 Fernand Léger: De l'Acropole à la Tour Eiffel, in: Le Voyage en Grèce I., printemps 1934, S. 6

111 Gropius, 1967, S. 80

112 Taut, 2009, S. 40, 53/54, 72/73, 129/130, 165–167. Der Text wurde erstmals 2009 in deutscher Übersetzung in der Zeitschrift „Arch +" publiziert.

113 Vgl.: Taut, 2009, S. 72

114 Taut, 2009, S. 129

115 Nachdem die konservativen Strömungen in der Athener Volksversammlung die Übermacht erlangt hatten, bewirkten sie, dass der ionische Nike-Tempel, der bereits unter Perikles Vorgänger Kimon beschlossen worden war, auf der dem Propyläen-Südflügel vorgelagerten Bastion errichtet wurde, was zur Beschneidung des Flügels führte. Auch das ionische Erechtheion gehörte zum konservativen Gegenprogramm, das dem Parthenon und dem Erechtheion entgegengesetzt wurde. Vgl.: Schneider/Höcker, 2001, S.166–181

116 Taut, 2009, S. 129

117 Das unveröffentlicht gebliebene Manuskript wurde erst 1977 von Allen Brooks entdeckt und als Kopie der Öffentlichkeit zugänglich gemacht. 1992 wurde es von Marc Emery erstmals publiziert, vgl.: Schnoor, 2008, S. 21/22.

118 Le Corbusier beschreibt regelmäßig die Akropolis, aber auch seine eigenen Werke, die in Anlehnung an seine Akropolis-Idee entstanden, als Symphonie. Vgl. z.B. LC: Ausblick, S. 140, vgl.: LC: OC5, 1995, S. 218, 221 und vgl. auch: LC: Unité, 1948, S. 44

119 Sitte, 1965, S. 10/11

120 Sitte, 1965, S. 11

121 Vgl. Ginzburg 1982, S. 51

122 Ginzburg, 1982, S. 52
123 Vgl.: Ginzburg, 1982, S. 52–55
124 Greenough zitiert nach Etlin, 1994, S. 181
125 Etlin, 1994, S. 183
126 Eine Aussage, die 1911 Niederschlag in der Gestaltung der Kühlerfigur des Rollce Royce fand, vgl.: Marinettis 1. Manifest des Futurismus, Punkt 4), in: Nobis, 2001, S. 367
127 Vgl.: Loos, 1962, S. 57
128 Loss, 1962, S. 166
129 van de Velde, 1955, S. 165, vgl. auch die französische Variation dieser Aussage in Formules, 1978, S. 22/23
130 Muthesius, 1964, S. 154
131 Etlin, 1994, S. 182, zitiert Muthesius aus: „Das Moderne in der Architektur, in Kunstgewerbe und Architektur“, S. 31/32
132 Etlin, 1994, S. 182
133 Vgl.: Doesburg, 1968, S. 174, 179/180
134 Vgl.: Etlin, 1994, S. 181
135 LC: Ausblick 1995, S. 162
136 Zum Werkbund-Streit siehe Posener, 1964, S. 199 ff.
137 Anders als der typische dorische Tempel hat der Parthenon anstelle von sechs Frontsäulen acht. Er weist ein ungewöhnliches Proportionssystem mit einer breiten Cella und sehr schmalem Peristyl auf, besitzt wie auch das Erechtheion und der Alte Athena-Tempel auf der Akropolis eine ansonsten untypisch unterteilte Cella und ist mit ionischen Schmuckformen angereichert worden, um nur die wichtigsten Abweichungen vom gängigen Typus zu nennen. Vgl.: Schneider/Höcker, 2011, S. 160
138 Moos, 1981, S. 321 Fußnote 2
139 Vgl.: Nerdinger, 1987, S. 48
140 LC: Ausblick, 1995, S. 110, 116
141 Vgl.:Viollet-le-Duc, 1965, S. 65, 190, vgl.: Choisy, 1996, S. 298, vgl.: Blanc, 1881, S. 169, vgl.: Loos, 1962, S. 165, vgl.: Berlage, Grundlagen, 1991, S. 123, vgl.: van de Velde, 1955, S. 138 und vgl.: Valéry, 1973, S. 143
142 Vgl. Berlage, Grundlagen 1991, S. 123 und vgl. van de Velde, 1955, S.150/151
143 Vgl.: LC: Ausblick 1995, S. 114
144 Vgl.: Loos, 1962, S. 165 und van de Velde, 1955, S. 165
145 Auch Wolf Tegethoff geht davon aus, dass Le Corbusier die Texte van de Veldes bekannt waren und in ihm nachhallten. Vgl.: Tegethoff, 1996, S. 446
146 van de Velde, 1955, S. 135/136
147 Hammacher 1967, S. 148
148 Vgl.: LC: Ausblick, 1982, S. 108, vgl. in dieser Arbeit S. 18/19
149 Ginzburg, 1982, S. 86/87
150 Vgl.: z. B. bei LC: Ausblick, S. 159, S. 160
151 Vgl.: Oechslin, 1999, S. 173–175
152 Vgl.: Gropius, 1913, Anhang 1, 2. Gropius erinnerte sich, dass Le Corbusier erst 1923 nach der Bauhaus-Ausstellung in Weimar die Bilder bei einem Treffen in dem Pariser „Café des Deux Margots“ übergeben habe. Vgl.: Gropius, Apollo 1967, S. 129
153 Gropius, 1913, S. 19/20. Fast der gleiche Wortlaut findet sich in einem Vortrag, den Gropius im Januar 1911 im Kunstgewerbemuseum Hagen gehalten hat. Nur, dass diese Passage sich nicht explizit auf den Industriebau bezieht, sondern auf das Entwerfen von Architektur allgemein. Vgl.: Gropius in: Wilhelm, 1983, S. 119

154 Vgl.: LC: Ausblick, 1995, S. 38

155 Gropius, 1913, S. 21

156 Muthesius, 1913, S. 25

157 Vgl.: Brooks, 1997, S. 209, 216/217

158 Vgl.: Jeanneret, Etudes 1912, S. 5

159 Brief von Jeanneret an Perret vom 30. Juni 1915, FLC E1-11-174T. Jeanneret gibt Perret in diesem Brief vier Literaturhinweise – die Werkbund-Jahrbücher, von denen er zwei sehr bedeutende von 1913 und 1914 habe, eine Publikation über das Œuvre von Peter Behrens, eine Publikation über Theodor Fischer und schließlich das Jahrbuch des Rhythmus des Instituts Jaques Dalcroze in Hellerau, über das im nächsten Kapitel noch eingehender berichtet werden soll.

160 Vgl.: Posener, 1964, S. 204–207

161 Vgl.: Brief von Jeanneret an Perret vom 1. Juli 1914, FLC: E1-11-112T und 114T und vgl.: Kries, 2008, S. 96

162 Posener, 1964, S. 215

163 „Nota. –Les cliches qui illustrent ce chapitre proviennent de l'ouvrage Le Parthénon, paru aux Éditions Albert Morancé 30 et 32, Rue de Fleurus, Paris, et due l'ouvrage l'Acropole paraissant actuellement aux même éditions. Ces deux magnifiques ouvrages, documents véritable précis du Parthénon et de l'Acropole, ont pu être établis grâce à talent de M. Frédéric Boissonnas, photographe, dont la persévérance, les initiatives et les qualités de plasticien nous ont révélé le principal des œuvres grecques de grande époque." LC: Vers une Architecture, 1995, S. 181. In der deutschen Ausgabe fehlt diese Anmerkung.

164 Freigang, 2003, S. 181

165 Freigang, 2003, S. 180. Collignon greift in seinem Tafelwerk „Le Parthénon" auf Zeichnungen von Lucien und Marcel Magne zurück, vgl.: Collignon, 1912, Pl. 21, 42, 71

166 Vgl. Freigang, 2003, S. 181

167 Freigang, 2003, S. 181/182

168 Vgl.: Freigang, 2003, S. 181/182

169 Vgl.: Freigang, 2003, S. 185

170 Vgl.: Gresleri, 1991, S. 20

171 Vgl.: Gresleri, 1991, Abbildungen, S. 342–345

172 Im „Almanach" bildete er einen Ausschnitt einer Aufnahme von Erechtheion ab sowie eine Abbildung, die ihn selbst als jungen Mann vor einer Reihe von am Boden liegenden Säulentrommeln zeigt. Des Weiteren hat Le Corbusier im Nationalmuseum in Athen und im Akropolis-Museum eine Reihe von archaischen Skulpturen fotografiert, von denen zwei, die sogenannte Peploskore und ein Detail aus dem Tympanon des Alten Athena Tempels, ebenfalls im „Almanach" publiziert wurden, vgl.: Gersleri, 1991, S. 348/349 und vgl. LC: Almanach, 1974, S. 65/66, 68/69. In „La Ville radieuse" verwendet er eine Abbildung der Parthenon-Westfront, vgl.: LC: Ville Radieuse, 1964, S. 139

173 „Baigné de lumière, dominant de sa masse le plateau rocheux qui lui sert de piédestal, il se détache sur le ciel, dont la clarté l'enveloppe de toute part. Et c'est d'abord, entre ciel et terre, une vision unique de grandeur de ruine." Collignon, 1912, S. 41

174 Vgl.: LC: Almanach, 1974, S. 64

175 LC: Ausblick, 1995, S. 163

176 Vgl.: LC: Ausblick, 1995, S. 158, 160–164 und vgl.: Collignon, 1912, Pl. 20, 45/3, 71, 72,2, 73.1

177 Vgl.: LC: Ausblick, 1995, S. 107 und vgl. : Collignon, 1912, Pl. 1 bzw. 2/3

178 Vgl.: LC: Vers une Architecture, 1995 und LC: Ausblick, 1995, S. 110/111. An der Größe der Autobilder im Vergleich zu den Parthenon-Ausschnitten ist deutlich zu erkennen, dass es sich um keine intendierte, geschlossene Komposition handelt, wie es im Rahmen der echten Gegenüberstellung von

Tempeln und Autos der Fall ist. Die zweite Gegenüberstellung ist in der 1. Ausgabe der Bauwelt-Fundamente-Reihe 1963 erstmals erschienen.

179 Lorens, 2010, S. 197

III. Die Entdeckung der Akropolis 1908–1914

1 Vgl. zu Ausbildung und Jugend: Curtis, 1987, S. 17–25

2 Curtis, 1987, S. 21

3 Curtis, 1987, S. 26

4 LC: OC1, 1995, S. 14

5 Vgl.: Curtis, 1987, S. 18–20

6 Vgl.: Curtis, 1987, S. 20

7 Curtis berichtet, dass sie in Vicenza nicht einmal den Zug verließen, um sich Werke von Palladio anzusehen, was angesichts der späteren Vorliebe für mathematische Abstraktion und die Ordnungsprinzipien des Klassizismus erstaunlich sei. Vgl.: Curtis, 1987, S. 24

8 Über die Faszination, die für L'Eplattenier und seine Schüler von Ruskin ausging, siehe: Brooks, 1997, S. 69

9 Wie in Wien und später auch in Deutschland ist Jeanneret offenbar recht unorganisiert und uninformiert in Paris angekommen. Brooks berichtet, dass die Bewerbungsfrist für die École des Arts Décoratifs gerade drei Wochen abgelaufen war, als Jeanneret am 1. März 1908 in Paris ankam. Als er schließlich die Eignungsprüfung im September machte, belegte er von 230 Kandidaten Platz sechs, vergaß aber, sich einzuschreiben. Während der ersten Wochen und Monate habe er sich vollständig in der Bibliothek Sainte-Geneviève vergraben und hörte offenbar eine Vorlesung über Architekturgeschichte an der École des Beaux-Arts. Erst vier Wochen nach seiner Ankunft begann Jeanneret, sich nach einer Anstellung umzusehen. Er stellte sich bei Frantz Jourdain vor, bei Charles Plumet und Henri Sauvage und entdeckte schließlich im Telefonbuch den Namen Eugène Grasset, mit dessen Publikationen über Ornament und Design er von der Kunstgewerbeschule La Chaux-de-Fonds bestens vertraut war. Grasset bestätigte L'Eplatteniers Auffassung, dass die Pariser Architektur die Dekadenz repräsentiere und dass die große Hoffnung, die an die neuen Materialien des 19. Jahrhunderts geknüpft war, sich nicht erfüllt hätte. Grasset schickte Jeanneret mit einem Empfehlungsschreiben zu den Brüdern Perret, da sie Experimente mit Stahlbeton machten. Siehe zu dieser Episode: Brooks, 1997, S. 156–159

10 Vgl.: Curtis, 1987, S. 29–31

11 Vgl.: Curtis, 1987, S. 31

12 Vgl.: Brooks, 1997, S. 151

13 Vgl.: Curtis, 1987, S. 31

14 Vgl.: Brooks, 1997, S. 159

15 Brooks, 1997, S. 155

16 Champigneulle, 1959, S. 8. Der Autor zitiert Perret, ohne anzugeben, von wann das Zitat war.

17 Gargiani, 1994, S. 90, zitiert aus: Zervos: Réflexions d'Auguste Perret sur l'architecture, 1924, „‚une masse parfaite et stable, une œuvre de toujours'".

18 Perret deklariert im Frühjahr 1924, kurz nach dem Erscheinen von „Vers une Architecture", dass ein Kunstwerk nicht nur Stil brauche, sondern auch Charakter. Der Charakter sei die Art und Weise, wie ein Werk auf seine Bestimmung reagiere, die Beziehung zwischen dem Objekt und seinem Zweck. Eine Lokomotive habe keinen Charakter, während der Parthenon Stil und Charakter habe. In einigen Jahren wird die schönste Lokomotive von heute nicht mehr sein als eine Anhäufung von Alteisen, während der Parthenon ewig singe (vgl.: Gargiani, 1994, S. 89, zitiert aus: Zervos: Réflexions

d'Auguste Perret sur l'architecture, 1924). Und auch im Jahr 1938 übt er diese Kritik noch in einem Interview. Die Griechen lehrten uns Demut, heißt es da. Er weist darauf hin, dass unsere Maschinen weniger präzise seien als der Parthenon, weil bei den Maschinen alles rechtwinklig sei im Gegensatz zum Parthenon, bei dem alles Verschiebung sei: Abweichungen und unsichtbare Schrägen (Gargiani, 1994, S. 90, zitiert aus E. de Thubert, 1938, S. 21).

19 Vgl.: Gargiani, 1994, S. 99
20 Vgl.: Gargiani, 1994, S. 98
21 Vgl.: Gargiani, 1994, S. 108 über die „conditiones permanentes et les conditiones passagères" in der Architektur allgemein und beim Parthenon im Speziellen.
22 Vgl.: Gargiani, 1994, S. 113
23 Vgl.: Goldfinger, 1954, S. 341
24 Brief vom 14. März 1912 von Jeanneret an Perret, FLC, E1-11-47T. „Monsieur Auguste m'avait dit auparavant, avec un grand geste, que le soleil sur l'Acropole, là-bas, s'était couché dans l'axe du Parthénon sur la mer, derrière les monts du Péloponnèse. Pendant trois semaines j'étais allé voir cela, presque chaque soir, le soleil avait dévié et tirait vers Eleusis : c'était l'hiver bientôt !"
25 Gresleri, 1991, S. 437/438
26 Vgl.: Brooks, 1997, S. 210
27 Vgl.: Passant, 2002, S. 83
28 Vgl. dazu auch Jeannerets Briefe an seine Eltern vom 16., 18., 21. und 28. Oktober 1910 in: Gresleri, 1991, S. 407/408 sowie vom 24. und 28. Oktober 1910 an William Ritter in: Gresleri, 1991, S. 416/417
29 Vgl.: Brooks, 1997, S. 234
30 Brief von Jeanneret an L'Eplattenier, 16. Januar 1911, FLC E2-12-57T
31 Brief von Jeanneret an L'Eplattenier 16. Januar 1911, FLC E2-12-59T. „Chez Behrens, le choc a été brutal. […] J'arrivai chez Behrens ne sachant presque pas ce qu'était un style, et ignorant totalement l'art des moulures et de leurs rapports. Je vous assure que ce n'est point facile. Et c'est pourtant de rapports que naît l'harmonieuse forme. […] Behrens, sévère, exige la cadence et les rapports subtiles et tant choses qui m'étaient inconnues." Vgl. auch Brooks, 1997, S. 239
32 Es ist bekannt, dass Jeanneret über Monate hinweg von Perret hartnäckig dazu aufgefordert worden ist, nach Versailles zu fahren, und dass Jeanneret auf diese Bitte mit Ignoranz und Desinteresse reagierte, bis er schließlich den Besuch seiner Eltern im Frühjahr 1909 zum Anlass nahm. Vgl.: Brooks, 1997, S. 244
33 „Je me souviendrai toujours de ce matin plein de fleurs printannières de maronniers neigeux et de lilas nains, qui déploya devant mes yeux le spectacle colossal et inattendu de Versailles. Ce fut l'écroulement de ma mythologie enténébrée et alors rayonna la clarté classique. […] Et voici que maintenant j'ai tous mes enthousiasmes pour la Grèce pour l'Italie et seulement un intérêt éclectique pour ces arts qui me donnent le malaise, gothiques du nord, barbaries russes, tourments germains. C'est là mon évolution." Brief von Jeanneret an L'Eplattenier 16. Januar 1911, FLC E2-12-59T
34 Vgl.: Brief von Jeanneret an L'Eplattenier 16. Januar 1911, FLC E2-12-59T
35 Vgl.: Curtis, 1987, S. 35/36 und vgl.: ebenda S. 17/18
36 Curtis, 1987, S. 36
37 Curtis, 1987, S. 36
38 Vgl.: Brooks, 1997, S. 245 und vgl.: die Korrespondenzen dieser Zeit in Gresleri, 1987, S. 409–413, 418/419, 428/429
39 Jeanneret in: Gresleri, 1991, S. 412
40 Passanti, 2002, S. 82
41 Jeanneret in: Gresleri, 1991, S. 430
42 Vgl.: LC, Ausblick, 1995, S. 154 und Jeanneret in: Gresleri, 1991, S. 327, 333

43 Vgl.: Blanc: 1981, S. 234/235

44 „L'Egypte, la Grèce, toute la haute antiquité, avaient recherché les effets des grandes lignes parallèles à horizon, et y avaient reconnu l'expression imposante du calme, de immobilité et de la durée." Blanc, 1881, S. 294

45 „Plus d'une fois, nous plaçant à l'orient du Parthénon et regardant la mer du haut des Ruines, dans un jour calme, nous avons été frappé de la similitude qui existe entre courbe du fronton occidental et celle qui dessine l'horizon de la mer, de l'île d'Égine au cap Sunium. Les deux arcs paraissent avoir le même rayon." Blanc, 1981, S. 167

46 Jeanneret in: Gresleri, 1991, S. 430

47 Jeanneret in: Gresleri, 1991, S. 431

48 „Scandaleuse nouvelle, mon départ pour l'Orient, Constantinople et probablement la Grèce, avec mon retour sur Rome. Cette décision que j'avais prise en janvier déjà, je la vais mettre à exécution dans 3 semaines. […] ‚Tu es trop jeune pour comprendre ces trop grandes œuvres'. Qui, certes j'en comprendrai peu. Cependant j'ai le désir et je suis psychiquement préparé,– ce qui est énorme. Il y a 3 ans, que j'eus envoyé les Grecs aux 500 diables. Aujourd'hui, je suis, par eux, ému réellement et profondément. Et si je ne comprends pas tout, ce qui est certain et naturel, je retournerai un jour." Very, 2013, S. 300

49 Vgl.: Brooks, 1997, S. 246

50 Vgl.: FLC, E2-17-61T

51 Vgl.: Gargiani, 1994, S. 11

52 Vogt in: Gresleri, 1991, S. 9–11

53 Vgl.: Boyer, 2011, S. 119

54 Vgl.: Gresleri, 1991, S. 73

55 Jeanneret in: Gresleri, 1991, S. 324

56 Jeanneret in: Gresleri, 1991, S. 325

57 Vgl. Jeanneret in: Gresleri, 1991, S. 73, 324

58 Jeanneret in: Gresleri, 1991, S. 438

59 Jeanneret in: Gresleri, 1991, S. 326

60 Jeanneret in: Gresleri, 1991, S. 326

61 Vgl.: LC in: Gresleri, 1991, S. 327

62 Brief an August Klipstein, November 1911, Florenz, FLC E2-6-134T. „O, l'ignoble Beck! Qu'avons nous fait de nous accoupler avec ce sale individu. Le cochon! Il était au milieu du Parthénon, la première fois que j'ai franchi les propylées!"

63 Vgl.: Brooks, 1997, S. 281

64 Jeanneret in: Gresleri, 1991, S. 326

65 In dem Brief vom 1. März 1911 fragt Jeanneret William Ritter, wie bereits dargestellt wurde, nach der Publikation.

66 Renan, 1883, S. 1: „L'impression que me fit Athènes est de beaucoup la plus forte que j'ai jamais ressentie. Il y a un lieu ou la perfection existe; il n'y en a pas deux; c'est celui-là. Je n'avais rien imaginé de pareil. C'était l'idéal cristallisé en marbre pentélique qui se montre à moi. Jusque-là, j'avais cru que la perfection n'est pas de ce monde."

67 Renan, 1883, S. 1/2 „Je savais bien, avant mon voyage, que la Grèce avait créé la science, l'art, la philosophie, la civilisation; mais l'échelle me manquait. Quand je vis l'Acropole, j'eus la révélation du divin […]. Le monde entier alors me parut barbare."

68 Jeanneret in: Gresleri, 1991, S. 440

69 Jeanneret in: Gresleri, 1991, S. 331. Dass Jeanneret ausgerechnet die Propyläen heranzieht, um die Horizontalität des Bodens und die Glattheit der Wände zu beschreiben, erstaunt vor dem Hinter-

grund, dass diese größtenteils noch mit der Marmor-Schutzschicht überzogen sind und nur an den
Gebäudeecken und in einem 5 cm Radius um die Säulentrommel herum bearbeitet wurden.

70 Vgl.: Jeanneret in: Gresleri, 1991, S. 332
71 Jeanneret in: Gresleri, 1991, S. 329, siehe auch S. 331/332 und vgl.: LC, Ausblick, 1995, S. 157–161
72 Jeanneret in: Gresleri, 1991, S. 332
73 Vgl.: Lucan, 1987, S. 22
74 Vgl.: Jeanneret in: Gresleri, 1991, S. 329
75 Jeanneret: in: Gresleri, 1991, S. 330
76 Vgl.: Jeanneret in: Gresleri, 1991, S. 328–330
77 Jeanneret in: Gresleri, 1991, S. 322
78 Vgl.: Freigang, 2003, S. 180; vgl.: Fougères, 1912, S. 7
79 Jeanneret in: Gresleri, 1991, S. 323
80 Jeanneret in: Gresleri, 1991, S. 327
81 Jeanneret in: Gresleri, 1991, S. 327
82 Jeanneret in: Gresleri, 1991, S. 333
83 Im Reisebericht gibt es zwar vereinzelte Passagen, die auf die Existenz der Stadt hinweisen – im Zu-
    sammenhang mit den Beschreibungen der Akropolis wird sie jedoch konsequent ausgeblendet.
84 LC, Ausblick, 1995, S. 163/164
85 Jeanneret in: Gresleri, 1991, S. 328
86 L'Acropole se présente comme un rocher isolé de toutes parts et dont la plate-forme est consacrée
    au culte des dieux nationaux." Choisy, 1996, S. 412/413
87 „Baigné de lumière, dominant de sa masse le plateau rocheux qui lui sert de piédestal, il se détache
    sur le ciel, dont la clarté l'enveloppe de toute part. Et c'est d'abord, entre ciel et terre, une vision
    unique de grandeur de ruine." Collignon, 1912, S. 41
88 „A l'Acropole, la nature avait préparé la tâche des architectes en façonnant pour leurs monuments un
    incomparable piédestal. A l'état brut, ce roc, isolé au centre d'un amphithéâtre de menues collines,
    dressait la vigoureuse beauté de ses formes et de ses lignes." Fougères, 1912, S. 26
89 Vgl.: Georgiadis, 1987, S. 104
90 Maurer, in: Moos, 1987; S. 175
91 Vgl.: Jeanneret in: Gresleri, 1991, S. 327–330
92 Jeanneret in: Gresleri, 1991, S. 329
93 Jeanneret in: Gresleri, 1991, S. 334
94 Vgl.: LC: Carnets, 1987, Anhang, S. 122
95 Vgl.: LC: Almanach, 1974, S. 66 und LC : La Ville radieuse, 1964, S.139
96 Vgl.: Brooks, 1997, S. 280 und vgl.: LC in: Gresleri, 1991, S. 426
97 Vgl.: Cohen, 2013, S. 380
98 Vgl.: Cohen, 2013, S. 381
99 Vgl.: Georgiadis, 1987, S. 104
100 „J'ai vu Elensi et Delphes. C'était bien, mais j'ai vu l'Acropole pendant 3 semaines. Tonnerre de Dieu,
    j'en était dégouté à la fin, tant ça vous pile et vous met en poudre." Brief an L'Eplattenier, Rom, 15.
    November 1911, FLC E2-12-96T
101 Brief an August Klipstein, Florenz, November 1911, FLC E2-6-134T. „Je pète sur l'Italie et lui dis
    adieu. J'irai dorénavant dans les pays où l'unité règne. Mon prochain tour, c'est l'Egypte avec retour
    su Athénes. Le Parthénon, Dieu ! j'aurais jamais cru çà. Je le tiens dans les yeux, je l'adore. Nous avons
    vu là, la beauté."
102 Vgl.: Very, 2013, S. 303; und vgl.: Piscopo 2013, S. 121–123
103 Vgl.: Gubler, 1999, S. 17

104 Jeanneret in Gresleri, 1991, S. 322
105 Jeanneret in Gresleri, 1991, S. 334
106 Jeanneret in: Gresleri, 1991, S. 334
107 Jeanneret in: Gresleri, 1991, S. 440
108 Jeanneret in: Gresleri, 1991, S. 440
109 LC, Ausblick, 1995, S. 38
110 Vgl.: Jeanneret in: Gresleri, 1991, S. 301, 323, 325, 334
111 Vgl.: Jeanneret in: Gresleri, 1991, S. 300, 305, 307, 309, 320
112 Jeanneret in: Gresleri, 1991, S. 210
113 Vgl.: Gresleri,1991, Fußnote 32, S. 441
114 Vgl.: Sitte, 1965, S. 14
115 Vgl.: Lucan, 1987, S. 23
116 Brief an L'Eplattenier vom 16. Januar 1911, FLC E2-12- 61T. „S'en vient créer les volumes qui jouent sous la lumière en rythmes à base géométrique."
117 Vgl.: Passanti, 2002, S. 85
118 Vgl.: Passanti, 2002, S. 86
119 Vgl.: Sokrates Äußerungen über die reinen Formen in Platons Philebos, 1997, S. 66–77
120 24. bis 26. Oktober 1910, Weihnachten 1910 und vermutlich um den 7. Mai 1911. Vgl.: Gresleri, 1991, S. 29
121 Vgl.: Turner, 1977, S. 10–24
122 Vgl.: Turner, 1977, S. 11/12
123 Blum, 1988, S. 115
124 Vgl.: Turner, 1977, S. 18
125 Vgl.: Turner, 1977, S. 12/13
126 Vgl.: Turner, 1977, S. 19
127 Turner, 1977, S. 21 bzw. Provensal, 1904, S. 159. „Les oppositions d'ombre et de lumière, de plein et de vide, les conclusions cubiques de ses trois dimensions, constituent un des plus beaux drames plastiques du monde."
128 „Avant d'animer l'espace d'un forme harmonieuse, l'artiste doit, avant tout, chercher une situation favorable choisie a sa convenance. Les lignes, les volumes étant déterminés dans de certains rapports, il s'agit de faire surgir de cette masse harmonique ‚l'idée'." Provensal, 1904, S. 159
129 Vgl. Provensal, 1904, S. 208–218 über Griechenland und ebenda S. 216–218 das Teilkapitel über die Akropolis
130 Giertz, 1975, S. 117
131 Vgl.: Beacham, 1994, S. 80
132 Vgl.: Schinker, 2013, S. 477 ff.
133 Vgl.: Giertz, 1975, S. 118
134 Bienz, 1999, S. 46
135 Giertz, 1975, S. 119
136 Vgl.: Kapitel „Der klassische Tanz und die ‚Plastique animée'" in: Giertz, 1975, S. 82 ff.
137 Giertz, 1975, S. 61
138 Vgl.: Giertz, 1975, S. 125
139 Vgl.: Beacham, 1994, S. 73, 75
140 Appia in: Bablet, 1982, S. 43
141 Giertz, 1975, S. 125. Bablet geht davon aus, dass die in den Zeichnungen präsenten Grundelemente, Wasser, Himmel, Gemäuer und Licht, durch die Umgebung des Genfer Sees inspiriert wurden, die

„Waagrechte des Wassers des Sees, die Senkrechten seiner Zypressen, das Spiel der senkrechten Waagrechten Linien der waadtländischen Weinberge (vgl.: Bablet, 1982, S. 14).

142 Vgl. Beacham, 1994, S. 79
143 Vgl.: Giertz, 1975, S. 63/64
144 Vgl.: Beachem, 1994, S. 140
145 Vgl.: Beacham, 1994, S. 12
146 Appia in: Bablet, 1982, S. 43
147 Vgl.: Giertz, 1975, S. 126
148 Bablet, 1982, 59
149 Vgl.: Giertz, 1975, S. 128
150 Vgl.: Giertz, 1975, S. 139
151 Vgl.: Giertz, 1975, S. 139/140
152 Vgl.: Beacham, 1994, S. 93/94 und Giertz, S. 129, 149
153 Vgl.: Giertz, S. 140/141
154 Vgl.: Giertz, S. 141
155 Jeanneret in: Gresleri, 1991, S. 408
156 Vgl.: Bienz, 1999, S. 51
157 Siehe Einleitung des L'Esprit Nouveau Nr. 14, Jan. 1922, und siehe Anhang des „Almanach d'architecture moderne", Paris 1974.
158 Vgl.: L'Esprit Nouveau Nr. 2, S. 183–189 und L'Esprit Nouveau Nr. 3, S. 331–338
159 Bablet, 1982, S. 13
160 Vgl.: Gresleri, 1991, S. 440
161 LC in: „Unité", 1948, S. 39. „J'ai soixante ans aujourd'hui. Je puis dire que mon activité plastique n'a pas quitté cette ligne: ,Jeu savant, correct et magnifique des volumes assemblés sous la lumière', tel fut l'idéal vers lequel tendit mon effort."
162 Vgl.: Lindner/Lühr, 2008, S. 57
163 Vgl.: Giertz, 1975, S. 145
164 Vgl.: Curtis, Encyclopédie, 1987, S. 41
165 Giertz, 1975, S. 142/143
166 Giertz stellt allerdings dar, dass diese Vorstellung von Orchestik tatsächlich wenig mit Griechenland zu tun hat. „So blieb im Entwurf von Dalcroze nur die repräsentative Fassade der kultischen Feste Griechenlands. Der geistige Inhalt war getilgt." Vgl.: Giertz, 1975, S. 101/102
167 Vgl.: Giertz, 1975, S. 8
168 Vgl.: Giertz, 1975, S. 130, 143/44
169 Vgl.: Giertz, 1975, S 70
170 Vgl.: Giertz, 1975, S. 125
171 Wolkonsky in: Bablet, 1982, S. 27
172 Jeanneret in: Gresleri, 1991, S. 430

IV. Aus Jeanneret wird Le Corbusier 1918–1923

1 Brief an William Ritter vom 24. März 1914 FLC R3-18-336. „Car en chaque volume, et détail et ensemble, la possibilité est là de faire un Parthénon ou du moins une chose parfaitement belle."
2 Vgl.: Ducros, 1987, S. 66
3 Vgl.: Brooks, 1991, S. 132 ff.
4 Curtis, 1987, S. 42
5 Passanti, 2002, S. 72

6   Vgl.: Brooks, 1997, S. 377

7   Passanti, 1987, S. 59/60

8   Tsiomis, 2013, S. 322

9   Boyer, 2011, S. 152

10   Vgl.: Boyer, 2011, S. 113

11   Vgl.: Brooks, 1997, S. 258

12   Vgl.: Brooks, 1997, S. 258

13   Vgl.: Tournikiotis, 2013, S. 398

14   Lediglich in seiner 1942 erschienenen Publikation „An die Studenten" wird das Reisejahr korrekt mit 1911 angegeben. Vgl.: LC: An die Studenten, 1962, S. 27

15   Vgl.: Tournikiotis, 2013, S. 402/403

16   LC: En Grèce à l'échelle humaine; in: Voyage en Grèce, no. II. été 1939, S. 4 und vgl.: Gresleri, 1991, S. 351

17   Das Gemälde „Frau mit offener Hand" aus Drews Privatbesitz trägt die Doppelsignatur Paris 1932 und Chandigarh 1952. Vgl.: Drew, 1977, S. 366, 368

18   Vgl.: LC: OC1, S. 14–21

19   Die Meinungen in der Forschung gehen diesbezüglich auseinander. Mogens Krustrup geht, wie Gresleri darstellt, sogar davon aus, dass Jeanneret bereits 1910 in Berlin Choisy gelesen hat und dadurch seine Hinwendung zum Klassischen evoziert wurde. Vgl.: Gresleri, 2013, S. 138

20   Vgl.: Cohen, 2009, S. 65

21   Vgl.: Boyer, 2010, S. 220. Wann Jeanneret genau nach Paris übersiedelte, lässt sich nicht mehr eindeutig bestimmen. In der Forschung haben sich unterschiedliche Daten durchgesetzt, vgl.: Turner, 1977, S. 136, Fußnote 1, S. 223

22   Ebenfalls nicht mehr mit Gewissheit rekonstruierbar ist, wann das erste Treffen zwischen Ozenfant und Jeanneret stattgefunden hat. Laut Ozenfant war es im Mai 1917 (vgl.: Ozenfant, 1968, S. 101), Jeanneret datiert es pauschal ins Jahr 1918. Aufgrund eines Briefes, den Jeanneret am 24. Januar 1918 an Ritter schrieb und in dem er von einem Essen Ozenfants berichtet, geht beispielsweise Carol Eliel davon aus, dass das erste Treffen am 23. Januar 1918 stattgefunden haben muss (vgl.: Eliel, 2001, S. 15). Ducros geht davon aus, dass das Treffen bereits Ende 1917 stattgefunden haben müsse, und beruft sich auf einen Brief Jeannerets an Ritter vom 4. November, in dem er berichtet, in einer Pariser Taverne mit einer Gruppe namens „Kunst und Freiheit" gegessen zu haben – in diesem Rahmen siedelt Ducros das erste Treffen an. Vgl.: Ducros, 1985, S. 23, Fußnote 35

23   Vgl.: Ducros, Ozenfant 1987, S. 280 „… et il conduit pendant les heures ouvrables, la maison JOVE où passent les grandes hétaires. Il peint, il écrit, il lit."

24   Ducros, 1985, S. 16

25   Der Hispano-Suiza gehörte zu der Reihe von Autos, in der man versuchte, funktionelle Lösungen durch die Anwendung von Aluminium zu erhalten mit flacher Konstruktion der Rücksitze und fliehenden Kotflügeln. Ducros, Ozenfant 1987, S. 279

26   Ducros 1985 (1), S. 19

27   Vgl.: Ball, 1981, S. 15

28   Vgl.: Ball, 1981, S. 18

29   Vgl.: Ball, 1981, S. 18/19

30   Vgl.: Ball 1981, S. 29

31   „Le cubisme est un mouvement de purisme". Ozenfant in S. Ball Appendice Architecture, „Notes sur le cubisme", L'Elan 10, Januar 1916

32   Ball, 1981, S. 21

33   Boehm, 1996, S. 16

34 Vgl. Boehm, 1996, S. 6, S. 20, 22

35 Ozenfant hatte zwischen 1910 und 1913 hauptsächlich im Ausland, meistens in Russland verbracht und war mit der Russin Zina Klingenberg verheiratet. Vgl.: Ducros, 1985 (1), S. 18. Seine mediterrane Leidenschaft galt den römischen Überresten in Südfrankreich, die er studiert hatte. Vgl.: Ball, 1981, S. 8

36 Vgl.: Ball, 1981, S. 32

37 Vgl.: Ball, 1981, S. 30

38 Vgl.: Ball, 1981, S. 33

39 Vgl.: Ball, 1981, S. 33

40 Vgl.: Turner, 1977, S. 143/144 und vgl. auch Banham, 1990, S. 175

41 Vgl.: Ozenfant, 1968, 102

42 Vgl.: Turner, 1977, S. 138

43 Vgl.: Turner, 1977, S. 141

44 Vgl.: Boyer S. 233–236

45 Vgl.: Iuliano, 2013, S. 415

46 Vgl.: Boyer 2010, S. 250. Nach eigener Angabe behielt Le Corbusier diesen Malrhythmus fast unverändert bei, wie er 1950 in dem Text „Purisme" in der Zeitschrift „l'Art d'Aujourd'hui" berichtet. Nur, dass es ab 1928 die Vormittage von 8.00 bis 13.00 Uhr und der ganze Sonntag gewesen seien, die der Malerei reserviert waren. Vgl.: LC: Purisme, 1950, S. 37

47 Vgl.: Boyer, 2010, S. 248

48 Brief an Ritter vom 9. Dezember 1919, in Boyer, 2010, S. 249

49 Öl auf Leinwand, 60 x 73 cm. Dafür, dass das Gemälde nicht, wie gemeinhin datiert wird, im Oktober 1918 entstanden ist, spricht der Brief an William Ritter vom 1. Oktober 1918, in dem er die Ausstellung für den 15. November 1918 ankündigt und zugibt, dass er erst ein Gemälde fertiggestellt habe. Vgl.: Boyer, 2010, S. 235/236. Ducros weist darauf hin, dass „La Cheminée" nicht wirklich Jeannerets erstes Gemälde ist, sondern lediglich das erste, das nach puristischen Prinzipien entstanden ist. Sie verweist auf vier kleinere Ölgemälde aus dem Jahr 1917, die vorher entstanden sind. Vgl.: Ducros, 2002, S. 135, 137

50 „1er 1918. Espace, lumière, intensité de la composition. À vrai dire derrière cela est présent la site de l'Acropole. [...] Ce 1er tableau est une clé pour la compréhension de sa plastique: volume dans l'espace. Espace." Iuliano, 2013, S. 415

51 Vgl.: Boyer, 2010, S. 416. Boyer bezieht sich auf Giampiero Bosoni: Lucien Hervé fotografo de Le Corbusier, in: Abitare, n° 309, 1992, S. 166–171, 206

52 Vgl. Ball, 1981, S. 30

53 Ozenfant, 1968, S. 104. Le Corbusier erinnert sich hingegen 1950: „Ozenfant méditait un pamphlet; nous l'écrivîmes ensembles." LC: Purisme in: Architecture d'Aujourd'hui, Jan. 1950, No. 6; S. 36

54 Vgl.: Turner, 1977, S. 144 und Ball, 1981, S. 34, Ozenfant, 1968, S. 103

55 Vgl.: Turner, 1977, S. 145

56 Vgl.: Banham, 1990, S. 176

57 Vgl.: Erstes „De Stijl"-Manifest in: Conrads, 1981, S. 36. Christine Boyer stellt dar, dass Theo van Doesburg, Herausgeber und Kopf der Zeitschrift „De Stijl", sich erfreut über eine Anfrage von Paul Dermée bezüglich einer Zusammenarbeit mit dem „L'Esprit Nouveau" zeigte und ankündigte, gerne eine französische Zeitung zu unterstützen, die die gleichen Ziele vertrete, wie sie in Holland. Vgl.: Boyer, 2010, S. 269

58 Zu den Einflüssen Henri Poincarés und Paul Valérys siehe Boyer, 2010, S. 262–265. Boyer weist darauf hin, dass Jeanneret und Ozenfant sogar ein Zitat Poincarés verwenden, ohne jedoch die Quelle zu nennen. Vgl.: Jeanneret/Ozenfant, 1918, S. 48 und vgl. Boyer 2010, S. 264

59   Curtis, 1987, S. 56
60   Vgl.: Jeanneret/Ozenfant, 1918, S. 13 und vgl. auch die Einleitung der ersten Ausgabe des L'Esprit Nouveau „Domaine de L'Esprit Nouveau", L'Esprit Nouveau 1, Okt. 1920, S. 1
61   Vgl.: Jeanneret/Ozenfant, 1918, S. S. 17–19, 26
62   Vgl.: Jeanneret/Ozenfant, 1918, S. 33
63   Vgl.: Jeanneret/Ozenfant, 1918, S. 39/40
64   Vgl.: Jeanneret/Ozenfant, 1918, S. 26
65   Vgl.: Jeanneret/Ozenfant, 1918, S. 47, vgl.: Boyer, 2010, S. 263
66   Vgl.: Jeanneret/Ozenfant, 1918, S. 41
67   Vgl.: Viollet-le-Duc, 1965, S. 338
68   Vgl.: Jeanneret/Ozenfant, 1918, S. 41 und vgl.: Berlage, Grundlagen, 1991, S. 104–108. Berlage geht davon aus, dass nicht die Welt der Erscheinungen als solche die Betrachter erregen können – es seien die „Gesetze, denen das ganze Weltall unterworfen ist,[…] welche uns vor Ehrfurcht schaudern machen, schaudern vor der Einheitlichkeit, mit der das Ganze organisiert ist, und die die Unendlichkeit bis zu den unsichtbaren Teilchen durchdringt". Aus diesem Grunde fordert Berlage, dass auch bei einem Kunstwerk nichts reine Willkür sein dürfe, sondern nach einem gewissen Gesetz gestaltet werden möge. „Und indem nun diese Gestaltungsgesetze im ganzen Universum mathematischer Natur sind, soll auch ein Kunstwerk in Übereinstimmung damit nach mathematischen Gesetzen gestaltet sein." Vgl.: Berlage Grundlagen, 1991, S. 105/106
69   Vgl.: Jeanneret/Ozenfant, 1918, S. 54
70   Vgl.: Jeanneret/Ozenfant, 1918, S. 59
71   Laut Susan Ball waren unter den 30 ausgestellten Bildern zwei Porträts; vgl.: Ball, 1981, S. 42
72   Vgl.: Jeanneret/Ozenfant, 1918, S. 54/55
73   Vgl.: Jeanneret/Ozenfant, 1918, S. 55
74   Vgl.: Boehm, 1996, S. 335
75   Vgl.: Ozenfant, 1968, S. 53
76   Vgl.: Jeanneret/Ozenfant, 1918, S. 26
77   Vgl.: Jeanneret/Ozenfant, 1918, S. 28
78   Vgl.: Jeanneret/Ozenfant, 1918, S. 27. „Jamais depuis Périclès, la pensée n'avait été aussi lucide."
79   Jeanneret/Ozenfant, 1918, S. 28. „Tout ceci est en voie de réaliser ce que les Grecs, si compréhensifs de cet esprit, avaient rêvé sans pouvoir le réaliser jamais, faute de méthodes et de moyens comparables à ceux de l'industrie moderne. Nous avons aujourd'hui nos Ponts du Gard, nous aurons aussi notre Parthénon, et notre époque est plus outillée que celle de Périclès pour réaliser l'idéal de perfection."
80   Siehe Kapitel II. Die Akropolis in der Architekturtheorie des frühen 20. Jahrhunderts.
81   Jeanneret/Ozenfant, 1918, S. 29. „L',Art' est presque totalement étranger à l'esprit moderne. Plaçons par la pensée l'art le plus moderne, le seul qui mérite attention, le cubisme, dans cette atmosphère de science et d'industrie: le désaccord est frappant. Il y a comme un changement de plan. Et le plan le plus moderne n'est pas occupé par l'art. Changeait-on de plan en passant de la ville à l'Acropole? Non, parce que Phidias et Ictinos sont les artistes de leur temps. Le cubiste n'est pas l'artiste représentant le nôtre."
82   In „Grundlagen der Entwicklung der Architektur" von 1908 heißt es beispielsweise: „Die Tatsache allein, daß wir wissen, daß in alten Zeiten nach einer gewissen Methode gearbeitet wurde, sollte Anregung genug sein, wenigstens auch nach einer Methode zu arbeiten, und […] auch in der Kunst etwas mehr wissenschaftlich vorzugehen. […]; denn Kunst und Wissenschaft stehen einander nicht feindlich gegenüber, im Gegenteil sind sie von derselben Mutter geboren. Und namentlich ist das bei der Architektur der Fall, welche Kunst die Wissenschaft braucht, um zur höheren Entwicklung gelangen zu können." Berlage, Grundlagen, 1991, S. 123. An anderer Stelle schreibt Berlage, dass nicht

nur die Architektur ihrem Wesen nach mit der Wissenschaft zusammenhänge, sondern auch ihre beiden Schwesterkünste, die Skulptur und Malerei, deren Gestaltung ebenfalls gewissen Gesetzen unterworfen sei. Vgl.: Berlage, Grundlagen, 1991, S. 110

83 Jeanneret/Ozenfant, 1918, S. 33/34. „On nous objectera que l'art est éternel, la science ou l'industrie périssables; les machines actuelles seront remplacées par de meilleurs, les principes scientifiques seront modifiés par quelque découverte inattendue, tandis que rien ne remplacera Phidias. D'accord; aussi ne faut-il voir dans la science qu'un des éléments de l'esprit moderne; Phidias montre précisément qu'il fut l'esprit du siècle de Pèricles."

84 Jeanneret/Ozenfant, 1918, S. 57. „Une œuvre vraiment puriste doit vaincre le hasard, canaliser l'émotion; elle doit être la rigoureuse image d'une conception rigoureuse: par une conception claire, purement réalisée, offrir des *faits* à imagination. L'esprit moderne l'exige; cette nouveauté pour notre époque rétablira le lien avec l'époque des Grecs."

85 Boehm, 1996, S. 19

86 Vgl.: Boehm, 1996, S. 19

87 Vgl.: Gresleri, 2013, S. 138

88 Françoise Ducros ist es gelungen, die Doppelseite in Choisys Publikation zu identifizieren. Vgl.: Ducros, 2002, S. 138/139, 274

89 Vgl.: Ducros, Purism 2002, S. 274

90 Vgl.: Eliel, 2001, S. 22 und Ball, 1981, S. 34

91 Vgl.: Eliel, 2001, S. 22

92 Vgl.: Ball, 1981, S. 7

93 LC, Purisme, in: Architecture d'Aujourd'hui, Jan. 1950, No. 6, S. 36

94 Vgl.: Ball, 1981, S. 79. Dass die übrigen Passagen von „Après le cubisme" ihre Gültigkeit behielten, zeigt sich darin, dass in einer späteren Ausgabe vom November 1921 unter dem Titel „Les Idées d'Esprit Nouveau dans les Livres et la Presse" weite Teile des zweiten und dritten Kapitels publiziert wurden. (L'Esprit Nouveau Nr. 11/ 12 unpaginiert)

95 Vgl.: Jeanneret/Ozenfant, Purisme,1921, S. 371/372

96 Vgl.: Jeanneret/Ozenfant, Purisme,1921, S. 375

97 Vgl.: Ball, 1981, S. 91

98 Vgl. zum Format: Jeanneret/Ozenfant: Purisme, 1921, S. 379/380

99 Vgl. zur Farbgebung Jeanneret/Ozenfant: Purisme, 1921, S. 382/383

100 „Pour architecturer il faut de l'espace; l'espace comporte trois dimensions. Nous admettons donc le tableau non pas comme une surface, mais comme un espace." Jeanneret/Ozenfant, Purisme, 1921, S. 379

101 So formuliert es Le Corbusier im „Vers une Architecture" in Bezug auf den Parthenon LC: Ausblick, 1995, S. 161

102 Vgl.: Ducros, 2002, S. 139. William Curtis stellt die Verbindung zu Choisys Isometrien nicht explizit her, beschreibt aber, dass die Kompositionen an Ingenieurzeichnungen erinnern, „bei der Grundriß und Aufriß ein und desselben Objekts auf einem Blatt gezeigt sind". Vgl.: Curtis, 1987, S. 56

103 Vgl.: Curtis, 1987, S. 56

104 Vgl.: Ducros, 1987, S. 79

105 Vgl.: Ducros, 1987, S. 74

106 Vgl.: Ball, 1981, S. 93

107 Vgl.: Eliel, 2001, S. 28

108 Vgl.: Ducros, in: Moos, 1987, S. 79

109 Vgl. : Eliel, 2001, S. 63

110 Le Corbusier-Saugnier, L'Esprit Nouveau Nr. 4, 1921, S. 457

111 Laut Ozenfant war er es, der Le Corbusier geraten hat, ein Pseudonym anzunehmen, und vorgeschlagen hat, dafür einen Namen aus der Familie aufzunehmen. Da Perret, wie Jeannerets Mutter mit Mädchennamen hieß, nicht geeignet war aufgrund der Nähe zu Auguste Perret, entschieden sie sich für Lecorbésier, woraus Ozenfant Le Corbusier gemacht habe, was ihn reicher klingen lassen würde. Vgl.: Ozenfant, 1968, S. 113

112 Vgl. Turner, 1977, S. 228, Fußnote 52

113 Moos, 1968, S. 69

114 Vgl.: Ducros, 1987, S. 70 und vgl.: Ball, 1981, S. 111

115 L'Esprit Nouveau Nr. 1, Okt. 1920, Einleitung S. 1. „L'Esprit Nouveau est la première revue du monde vraiment consacrée a l'esthétique vivante."

116 L'Esprit Nouveau Nr. 1, Okt. 1920, Einleitung S. 2

117 L'Esprit Nouveau Nr. 1, Okt. 1920, Einleitung S. 3–6

118 L'Esprit Nouveau Nr. 1, Okt. 1920, Einleitung S. 3

119 L'Esprit Nouveau Nr. 1, Okt. 1920, Einleitung S. 3

120 Vgl.: Baker, 1996, S. 242

121 Le Corbusier, L'Esprit Nouveau Nr. 17, Juni 1922

122 Le Corbusier, L'Esprit Nouveau Nr. 17, Juni 1922

123 Ozenfant/Jeanneret, L'Esprit Nouveau Nr. 19, Dezember 1923

124 Le Corbusier, L'Esprit Nouveau Nr. 27, Dezember 1924

125 Fayet, L'Esprit Nouveau Nr. 16, unpag. Gleich zu Beginn heißt es hier, dass es gut sei, sich vor Augen zu halten, dass Vasen aus einem Kunstkonzept stammen, das zum Parthenon geführt habe (unpag,1. Textseite, vgl.: auch S. 3).

126 Ozenfant/Jeanneret, L'Esprit Nouveau, Nr. 11/12, unpag.

127 Charles Henry, Wahrnehmungspsychologe der Sorbonne publizierte eine vierteilige Folge unter dem Titel „La lumière, couleur et la forme" in den Ausgaben 6–9 des L'Esprit Nouveau, von März bis Juni 1921.

128 Brief an William Ritter, 19. Juni 1920, FLC R3-19-365 T. „Je n'ose pas entrer dans le récit du détail de notre plan, car on n'en finirait pas. Je crois seulement que je ne vous ferai pas trop honte."

129 Brief an Willam Ritter, 19. Juni 1920, FLC R3-19-365T „,… j'aurais même le droit d'être orgueilleux. Je suis très orgueilleux, á cause des gens que j'apprend à connaitre, mais mon attention est fixée sur le Parthénon et Michel Ange; je suis donc modeste et un enragé bûcheur. Une œuvre peinte est aussi totale qu'une architecture. Ce n'est pas que j'ai retrouve et ressenti cette vérité que j'ai consenti á peindre et que désormais mon être entier y est occupé. Un art sans défaillance. Et le tempérament jugulé: modèle encore une fois; le Parthénon, ce drame."

130 Vgl.: Boyer, 2010, S. 271

131 Vgl.: Ball, 1981, S. 124

132 Vgl.: Ducros, 2002, S. 83

133 Ducros, 1987, S. 69

134 Ducros, 2001, S. 93. Sie zitiert aus einem Brief, den Ozenfant am 13. August 1924 an Jeanneret schrieb. Bei dem Buch, von dem die Rede ist, handelt es sich um „La peinture moderne" (1925), der letzten gemeinsamen Publikation von Ozenfant und Le Corbusier. Die Publikation, die Ozenfant kritisiert, ist „L'Art décoratif d'aujourd'hui" (1925).

135 Vgl.: Ball, 1981, S. 124/125

136 Vgl.: Boyer, 2010, S. 255

137 Vgl.: Very, 2013, S. 301

138 Vgl.: LC, Purismus, 1950, S. 37

139 Vgl.: Boyer, 2010, S. 269

140 „Ce livre vous est dédié en témoignage de notre amitié et en vertu de notre travail commun.", Cohen, 2007, S. 43

141 Vgl.: Cohen, 2007, S. 43

142 LC: OC1, 1929, S. 15

143 „Qu'on ne croie pas a l'exagération; c'est un fait précis que le vrais sculpteurs comprendront, mais qui étonnera beaucoup d'architectes qui ne peuvent apprécier que les proportions architecturales se mesurent au millimètre. Nous croyons qu'Ictinos était bien de cet avis." Vgl.: Caron, Julien: Une Villa de Le Corbusier 1916, in: L'Esprit Nouveau Nr. 6, 1921, S. 694, 703

144 Vgl.: Colomina, 1987, S. 38

145 Vgl.: Ducros, 1985 (1), S. 68

146 Ozenfant, 1968, S. 158–171. Es handelte sich dabei um Texte, die in den 1930er und 1940er Jahren bereits in anderen Kontexten publiziert wurden, wie Ozenfant angibt. Vgl.: ebenda, S. 171

147 Vgl.: Heinze-Greenberg/Stephan, 2000, 115; und vgl. ebenda, S. 115–134

V. Die Akropolis-Idee in Le Corbusiers architektonischen und städtebaulichen Entwürfen

1 Den Anfang machte Collin Rowe in seinem Artikel „The Mathematics o the Ideal Villa" (1947), 1980, S. 13.

2 Vgl.: Curtis, 1987, S. 112 und Etlin, 2005, S. 388. Überraschenderweise assoziiert Etlin mit der Farbwahl nicht die formal naheliegenden puristischen Gemälde, sondern stellt eine Analogie zu der ursprünglich polychromen Fassung des Parthenon-Gebälks her.

3 Vgl.: Curtis, 1989, S. 186

4 Vgl.: Etlin, 1994, S. 125, 127

5 Vgl.: Curtis, 1989, S. 194; vgl.: Curtis, 1975, S. 38, vgl.: Etlin, 1987, S. 31

6 Vgl.: LC: OC2, 1995, S. 24

7 Dass der Terminus Manifest tatsächlich gerechtfertigt ist, zeigt sich an einer Formulierung, die Le Corbusier zeitgleich im 1929 erschienenen ersten Band seines Œuvre Complète in Bezug auf Auguste Perrets Haus in der Rue Franklin verwendet, das er als „Manifest" bezeichnet. Vgl.: LC: OC1, 1995, S. 14

8 Vgl.: Etlin, 1994, S. 126, 198

9 Vgl.: Curtis, 1975, S. 16

10 Benton, 1984, S. 192

11 LC in: Roth, 1927, S. 6/7

12 Vgl.: Oechslin, 1999, S. 207

13 Vgl.: LC in: Roth, 1927, S. 6. In der später für den ersten Band des Œuvre Complète neu formulierten Fassung der „Les 5 points d'une architecture nouvelle" fehlt diese einleitende Passage. Vgl.: LC: OC1, 1995, S. 128

14 Vgl.: Oechslin, 1999, S. 214

15 Vgl.: LC in: 1927, S.7

16 Curtis, 1987, S. 113

17 Vgl.: Curtis, 1989, S. 186

18 Curtis 1975, S. 39

19 Curtis, 1987, S. 114

20 Vgl.: Riehl, 1992, S. 125–131

21 Vgl.: Riehl, 1992, S. 130

22 Vgl.: Curtis, 1975, S. 15

23 LC: Ausblick, 1995, S. 153, Curtis, 1975, S. 15/16

24 Vgl.: Curtis, 1975, S. 15/16, vgl. dazu auch Curtis, 1989, S. 193
25 Vgl.: Curtis, 1989, S. 194
26 Vgl.: Curtis, 1975, S. 38
27 Curtis, 1987, S. 114
28 Vgl.: Curtis, 1987, S. 115/118, und siehe dazu auch Curtis, 1989, S. 193 und Curtis, 1975, S. 38
29 Vgl.: Curtis, 1987, S. 115/118, und siehe dazu auch Curtis, 1989, S. 193 und Curtis, 1975, S. 38
30 Etlin, 1994, S. 198
31 Vgl.: Curtis, 1975, S. 38, und vgl.: LC: Ausblick, 1995, S. 112
32 Vgl.: Curtis, 1975, S. 38
33 Zu den prominentesten Neuinterpretationen des Tempelmotivs gehören Peter Behrens Turbinenhalle (1908/09), Mies van der Rohes Haus Farnsworth (1946–1950) und Philip Johnsons Antwort darauf, das Glass House (1947–1949), sowie Mies van der Rohes Neue Nationalgalerie in Berlin von (1962–1968), die Amerikanische Botschaft in Athen von Walter Gropius (1956–1961) oder der Palácio do Planalto (1958–1960) und der Präsidentenpalast und der Palácio da Alvorada (1957/58) von Oscar Niemeyer in Brasilia.
34 Vgl. LC: OC 1, 1995, S. 87
35 Vgl.: Colquhoun, 1989, S. 170
36 Moos, 1968, S. 363
37 LC: Une Petite Maison, 1954, S. 4 des deutschen Anhangs
38 LC: Une Petite Maison, 1954, S. 4 des deutschen Anhangs
39 Vgl.: Moos, 1968, S. 363. Zum Thema „Framing" bei Le Corbusier siehe auch Samuel, 2010, S. 49 ff.
40 Vgl.: Freigang, 2003, S. 290/291
41 Vgl.: Colomina; 1987, S. 42
42 Freigang, 2003, S. 290. Freigang bezieht sich auf den Aufsatz; Reichlin, Bruno: The Pros and Cons of the Horizontal Window, in: Daidalos 13, 1984
43 Vgl.: Colomina, 2007, S. 251
44 Siehe dazu auch Schumacher, 1987, S. 38
45 Colomina, 2007, S. 260
46 Schumacher, 1987, S. 37, und vgl.: LC: OC2, 1995, S. 26/27 und S. 30/31.
47 Curtis, 1987, S. 111
48 „L'architecture arabe nous donne un enseignement précieux. Elle s'apprécie à la marche, avec le pied; c'est en marchant, en ce déplaçant que l'on voit se développer les ordonnances de l'architecture." LC: OC2, 1995, S. 24
49 LC: Feststellungen, 1987, S. 157
50 LC: An die Studenten, 1962, S. 29
51 Vgl.: dazu Beatrice Colomina: War on Architecture: E.1027, in Assemblage 20, 1993
52 LC: An die Studenten, 1962, S. 30
53 Vgl.: LC: Ausblick, 1995, S. 148
54 Vgl.: LC: Ausblick, 1995, S. 143
55 LC: Ausblick, 1995, S. 141
56 LC: An die Studenten, 1962, S. 27
57 Cohen/Hurtt, 1980, S. 150
58 LC in: Luciani, 2012, S. 173
59 LC: Modulor 2, 1958, S. 265/266
60 LC: OC5, 1995, S. 73
61 Vgl.: Jeanneret in: Gresleri, 1991, S. 322
62 Vgl.: Cohen/Hurtt, 1980, S. 144

63 Curtis weist darauf hin, dass Le Corbusier im Zusammenhang mit der gekrümmten Wand des Pavillons Suisse beschrieben habe, dass die gekrümmte Wand die Landschaft der Umgebung aufzunehmen scheine. Vgl.: Curtis, 1987, S. 202

64 Vgl.: Curtis 1987, S. 201

65 Curtis, 1989, S. 273

66 Vgl.: Cohen/Hurtt, 1980, S. 150

67 Ob der Parthenon jemals eine sakrale Funktion hatte, ist in der Forschung umstritten. Ein eigener Altar ist nicht gefunden worden, was aber auch darin begründet sein könnte, dass der Altar des Alten Athena-Tempels, dessen Cella bis zum Baubeginn des Erechtheions noch gestanden hat, möglicherweise noch weiter benutzt wurde. Ein Großteil der Forscher geht heute davon aus, dass der Parthenon als Schatzhaus im sakralen Gewand errichtet wurde, um den attisch-delischen Staatsschatz, das Athena-Kultbild des Phidias, aufzunehmen. Dagegen, dass er gar keine sakrale Funktion hatte, würde jedoch sprechen, dass der Parthenon einen unvollendeten Vorgängerbau besaß, der in den Perserkriegen 479 v. Chr. zerstört wurde, und es nicht ohne Weiteres möglich gewesen wäre, einen bestehenden heiligen Ort zu säkularisieren. Daher ist zumindest anzunehmen, dass er teilweise religiöse Funktionen hatte. Vgl. dazu: Schneider/Höcker, 2001, S. 116/117, und Korres, 1994, S. 56/58

68 Vgl.: Tafuri, 1987, S. 203

69 Vgl.: Curtis, 1987, S. 129 und vgl.: LC: OC2, 1995, S. 52–57

70 Tafuri, 1987, S. 204

71 „Le Solarium. Si l'on reste planté sur ses pieds, on ne voit absolument rien que le gazon, les quatre murs et le ciel avec tout le jeu des nuages." LC: OC2, 1995, S. 54

72 Vgl.: LC: Ausblick, 1995, S. 143–145

73 Jeanneret in: Gresleri, 1991, S. 328

74 Reichlin, 1987, S. 56

75 „Paris est caché par les haies de lierre ou d'ifs: on ne voit apparaitre que quelques-uns des lieux sacrés de Paris: L'Arc de Triomphe, la Tour Eiffel, la perspective des Tuilerie et de Notre-Dame, le Sacré-Cœur." LC: OC2, 1995, S. 56

76 „En pressant un bouton électrique, la palissade de verdure s'écarte et Paris apparait. On dine le soir, on dans sous le ciel de Paris, tandis que les autos déferlent au pied de l'immeublement. La Tour Eiffel s'éclaire. L'Arc de Triomphe apparait, faisant partie de la composition." LC: in Sonderausgabe „Architecture d'Aujourd'hui", 1933, S. 27

77 Vgl.: Reichlin, 1987, S. 58

78 Vgl.: Malfroy, 1987, S. 34

79 Vgl.: dazu in erster Linie: Reichlin, 1987, S. 47–58

80 LC: OC1, 1995, S. 108, vgl.: LC: OC4, 1995, S. 143 und LC: Feststellungen, 1987, S. 165–167

81 Vgl.: Benton, 1994, S. 209

82 Vgl.: Benton, 1994, S. 20

83 Vgl.: LC: Städtebau, 1979, S. 66, 192, und siehe auch den zweiten Punkt seiner „Fünf Punkte zu einer neuen Architektur". Vgl.: LC in: Roth, 1927, S. 6

84 Jeanneret in: Gresleri, 1991, S. 440

85 Le Corbusier hatte bereits in seinem Kapitel „Häuser im Serienbau" in „Vers une Architecture" die Vision formuliert, große Wohneinheiten nach dem Vorbild von Ozeandampfern organisieren zu wollen und Portiers, Dienstboten und Küchenpersonal wie in einem Hotel zu organisieren und allen zugänglich zu machen. Vgl.: LC: Ausblick, 1995, S. 186

86 Curtis, 1987, S. 196

87 LC: OC5, 1995, S. 195

88 Giedion: Architektur und Gemeinschaft, 1956, S. 102

89 Giedion: Architektur und Gemeinschaft, 1956, S. 102

90 Vgl.: LC: OC5, 1995, S. 194 und Abb. S. 195

91 Giedion: Architektur und Gemeinschaft, 1956, S. 102

92 Auf Appia verweist in diesem Zusammenhang auch Jacques Sbriglio, 1987, S. 107.

93 Bereits in „Vers une Architecture" formuliert Le Corbusier in seinem Kapitel „Häuser im Serienbau" die Vision von gestapelten und gereihten Villen in sogenannten Villenblocks. In dem Zusammenhang beschreibt er, dass auf jedem Dach eine 300 m lange Laufbahn und ein Sportraum angelegt werden sollen, was er auf dem Dach in Marseille umsetzte. Vgl.: LC: Ausblick, 1995, S. 186

94 Moos: Synthese, 1968, S. 247

95 Das Gespräch mit Alexandre Kujawski fand im März 1999 statt.

96 LC: Feststellungen, 1987, S. 82

97 Tafuri, 1987, S. 204

98 Curtis, 1987, S. 197

99 Vgl.: Buchanan, 1987, S. 56

100 Vgl.: Potié, 2001, S. 34

101 Vgl.: LC: OC5, 1995, S. 218, 222

102 „En bâtissant , à Marseille, une maison pour 1 600 habitants, c'est cette mesure humaine ressentie en Grèce quarante ans antérieurement qui anime mes tracés. L'immense bâtisse est d'esprit grec; sa toiture, ou sont les enfants de la maternelle, est une acropole. – A cause de la mesure." Tournikiotis, 2013, S. 404

103 Gargiani/Rosellini, 2011, S. 11, Fußnote 35

104 Vgl.: Gargiani/Rosellini, 2011, S.11

105 Le Corbusiers Entwurf gehörte zu den neun ersten Preisen, die unter den 377 eingegangenen Beiträgen ausgewählt worden waren, schied aber aufgrund eines Formfehlers aus, da er Kopien anstelle von Originalzeichnungen eingereicht hatte. Vgl. dazu: Curtis, 1987, S. 100–103

106 Curtis, 1987, S. 104

107 LC: Feststellungen, 1987, S. 58, und vgl. dazu auch: LC: OC 1, 1995, S. 197

108 Vgl.: LC: Ville Radieuse, 1964, S. 264

109 LC: Feststellungen, 1987, S. 58

110 „Tous ces bâtiments […] forment avec les monts et le lac une pathétique symphonie: Nature et Architecture." LC: Ville Radieuse, 1964, S. 265

111 Vgl.: Gresleri, 1991, S. 322

112 Vgl.: Curtis, 1987, S. 104

113 Vgl.: Curtis, 1987, S. 104/105

114 Curtis, 1987, S. 104

115 Teige kritisiert außerdem, dass Le Corbusier gegen die Prinzipien des Funktionalismus verstoßen habe und nicht wissenschaftlich rational sei, sondern ein metaphysisches, abstraktes, spekulatives Konzept künstlerisch in einer monumentalen Komposition umsetze. Er kritisiert, dass Le Corbusiers höchstes Ziel die Schaffung eines Heiligtums oder Tempels sei. Vgl.: Curtis, 1987, S. 105. Karel Teige publizierte seine Kritik in der Zeitschrift in dem Artikel „Mundaneum" in: STAVBA, Jg. VI, Nr. 10, April 1929, S. 152 ff. Karel Teiges Kritik und Le Corbusiers Erwiderungen darauf sind ins Englische übersetzt und publiziert worden in: Baird, George: Karel Teiges Mundaneum, 1929 and Le Corbusier's In Defense of Architecture, 1933, in: Oppositions No. 4 Oct. 1974

116 Vgl. zum „Erkenntnisweg" des Musée Mondial Elisabeth Blum, 1988, S. 95 ff.

117 Curtis, 1987, S. 186

118 Vgl. LC: OC4, 1995, S. 132/133

119 Giedion: Raum, 1965 S. 340/41

120 Giedion: Architektur, 1956, S. 99

121 LC: in Luciani, 2012, S. 173

122 Vgl.: Curtis, 1987, S. 216

123 Ursprünglich waren Albert Mayer und Matthew Nowicki mit der Entwicklung des Masterplans beauftragt worden. Als Nowicki, der als architektonischer Berater und ausführender Architekt des Kapitols tätig war, bei einem Flugzeugabsturz ums Leben kam, wurde eine Umdisponierung notwendig. Mayer war weiterhin als Stadtplaner vorgesehen, hatte aber keinerlei Chance, sich gegen die Persönlichkeit Le Corbusiers durchzusetzen und wurde aus dem Projekt gedrängt. Vgl.: Curtis, 1987, S. 217

124 Vgl.: Prakash, 2002, S. 68

125 Vgl.: Prakash, 2002, S. 69

126 „Attention! [On the]city side, the capitol must be enclosed by a continuous glacis [consisting] of a horizontal embankment. (Hide all constructions of the city)." Vale, 1992, S. 109. Er zitiert aus Le Corbusier Sketchbooks, Vol. 2 (1950–1954), 1981, Scetchbook F26, no. 826

127 Vale, 1992, S. 109. Er zitiert aus Le Corbusier Sketchbooks, Vol. 3 (1950–1954), 1982, Scetchbook H31, no. 23, 14. Februar 1954

128 Parallelen zur Akropolis sieht in der Ausgrenzungsstrategie des Kapitols auch Constant, 1987, S. 68

129 Vgl.: Gargiani/Rosellini, 2011, S. 213

130 Vgl.: Curtis, 1989, S. 278

131 Vgl. dazu auch Curtis, 1987, S. 225

132 Vgl.: Evenson, 1966, S. 72

133 Vgl.: Kalia, 1999, S. 116, und Vale, 1992, S. 111–113

134 Vgl.: Tafuri, 1987, S. 213

135 Kenneth Framptons Behauptung, dass man „mehr als 20 Minuten benötige, um vom Sekretariat zum Obersten Gerichtshof zu gelangen (Frampton, 1983, S. 197), ist stark übertrieben, da es sich nur um 700 m Wegstrecke handelt.

136 LC: OC5, 1995, S. 116

137 Le Corbusier soll, nach Caroline Constant, den Pinjore Garden in der Nähe von Chandigarh und die Baradari Gärten in Patiala besucht haben. Vgl.: Constant, 1987, S. 70, und vgl.: Curtis, 1989, S. 276/277; vgl. dazu auch in Gargiani/Rosellini das Kapitel „Screens for vision and optical illusions: artificial hills, rows of trees, reflecting pools", 2011, S. 209–217

138 Frampton, 1983, S. 197

139 Tafuri, 1987, S. 213

140 Gargiani/Rosellini, 2011, S. 210

141 Joedicke, 1990, S. 26

142 Vgl.: die Beschreibung von Appias Bühnenbildern von Beacham, 1994, S. 79

143 LC: Modulor 2, 1979, S. 225–227

144 Vgl.: Constant, 1987, S. 68

145 Bereits in der ersten Bauphase, als Chandigarh für die ersten 150 000 Bewohner konzipiert wurde, war das Kapitol auf 18 000 Arbeitsplätze ausgerichtet worden, eine Zahl, die heute massiv angestiegen sein wird. Die Stadt ist inzwischen auf ca. eine Million Einwohner angewachsen, im Großraum Chandigarh leben sogar 1,5 Millionen Einwohner. Die Anzahl der Beschäftigten auf dem Kapitol wird auch dadurch massiv angestiegen sein, dass die drei Großbauten inzwischen geteilt sind und gleich zwei Provinzregierungen, die des Punjab und die des Staates Haryana, beherbergen.

146 Vgl.: Curtis, 1989, S. 277, und vgl.: Curtis, 1987, S. 224

147 Vgl.:Vale, 1992, S. 109; vgl.: Tafuri, 1987, S. 211/212; vgl.: Frampton, 1983, S. 197, vgl.: Curtis, 1983, S. 184, 190 und vgl.: Constant, 1987, S. 68

148 LC: Ausblick, 1995, S. 160/161

VI. Ausblick: Die Rezeption der Rezeption

1 Soltan, 1987, S.6
2 Zu den Architekten, die mit steter Regelmäßigkeit mit der Akropolis in Verbindung gebracht werden, gehört Louis Kahn mit seinem Parlamentsgebäude für Dakka oder seinem Salt Lake Institute. Hans Holleins postmodernes Museum Abteiberg in Mönchengladbach (1972–1978) ruft mit seiner Treppenanlage und dem als modernen Nike-Tempel artikulierten Eingangspavillon die Akropolis gezielt auf. Aber auch das Israelmuseum in Jerusalem (1959–1965) von Alfred Mansberg und das von Richard Meyer entworfene Getty Center in LA (1984–1997), beides Pavillonstrukturen auf einer Hügelkuppe über der Stadt, werden gemeinhin mit der Akropolis in Verbindung gebracht, um nur einige prominente Beispiele zu nennen.
3 Zum Wettbewerb in Halle siehe: Fuhrmann, Christine/Helten, Leonhard: eine stadtkrone für halle saale. walter gropius im wettbewerb, Halle 2011
4 Darüber, dass Aalto von der Choisy-Grafik, die Le Corbusier publizierte, inspiriert wurde, besteht einhellige Übereinstimmung, wie verschiedene Publikationen zeigen. Vgl.: Etlin, 2005, S. 385; vgl.: Schildt 1984, S. 288; vgl.: Reed, 1998, S. 52 oder vgl. Weston, 1995, S. 33
5 Schildt, 1984 , S. 283/284
6 Vgl.: Weston, 1995, S. 31
7 Schildt, 1984, S. 284
8 Vgl.: Schildt, 1984, S. 288, vgl.: Frampton, 1995, S. 173
9 Schildt, 1984, S. 219
10 Vgl.: Schildt, 1984, S. 219/220
11 Vgl.: Etlin, 2005, S. 385
12 Vgl.: Etlin, 2005, S. 387
13 Vgl.: Etlin, 2005, S. 386/387
14 Vgl.: Choisy, 1996, S. 418
15 Es ist in der Forschung umstritten, ob der Parthenon überhaupt als Heiligtum geplant war oder ob es sich von vornherein um ein Schatzhaus in sakralem Gewand handelte, da nie ein zugehöriger Altar gefunden wurde. Vgl.: dazu Schneider/Höcker, 2001, S. 116–120
16 Vgl.: Vidler, 2000, S. 119
17 Vgl.: Cohen, 1992, S. 49
18 Vgl.: Cohen, 1992, S. 122
19 Choisy, 1996, S. 412–420
20 Vgl.: Ive-Alain Bois in der Einleitung zu Eisensteins „Montage and Architecture, 1989, S. 114
21 Eisenstein, 1989, S. 117
22 Eisenstein, 1989, S. 117
23 Eisenstein, 1989, s. 120/121
24 Vgl.: Cohen, 1992, S. 48/49
25 Im Rahmen der vorliegenden Arbeit werden nur die unmittelbar durch Le Corbusier inspirierten Arbeiten vorgestellt, nicht aber die Studien, die in Reaktion auf die Arbeiten entstanden bzw. auf diese Bezug nehmen. Zu nennen sind hier: Scranton, Robert: Group Design in Greek Architecture, 1949; Needham, John: The siting of greek buildings, 1953, und Stillwell, Richard: The siting of classical Greek Temples, 1954.
26 Vgl.: Doxiadis, 1937, S. 10/11
27 Brief von Doxiadis an Le Corbusier vom 8. Januar 1938, FLC T1-4-374
28 Vgl.: Smithson, 1958, S. 600
29 Vgl.: Martienssen, 1968, S. 1–10 und vgl. Smithson, 1958, S. 600
30 Giedion, 1969, S. 18

31 In seinem Akropolis-Kapitel bezieht sich Martienssen auch auf Choisy und Le Corbusier, verwendet aber überraschenderweise nicht das weltweit bekannte Pseudonym Le Corbusier, sondern führt ihn unter seinem Geburtsnamen Jeanneret-Gris, der zu dem Zeitpunkt, insbesondere mit dem Zusatz „Gris", kaum jemandem geläufig gewesen sein wird. Vgl.: Martienssen, 1968, S. 112

32 Martienssen, 1968, S. XVII

33 Es handelt sich weniger um eine klassische Widmung als vielmehr um einen auf den 23. September 1936 datierten Brief an Martienssen. Vgl.: LC: OC1, 1995, S. 5

34 Vgl.: Scully, 2003, S. 151

35 Vgl.: Scully, 1962, S. 2/3

36 Vgl.: Scully 1962 180/181

37 Vgl.: Scully, 1962, S. 181

38 Vgl.: Giedion, 1965, S. 358

39 Vgl.: Giedion, 1965, S. 358

40 Vgl.: Giedion, 1969, S. 273

41 Giedion, 1965, S. 360

42 Giedion, 1965, S. 360

43 Giedion, 1965, S. 360

44 Giedion, 1969, S. 1, 274–282

45 Vgl.: Giedion, 1969, S. 23

46 Vgl.: Giedion, 1965, S. 358/359

47 Giedion, 1969, S. 275

48 Den Begriff „group design" für Gebäudegruppen, die als Ensemble geplant und realisiert wurden, führte der Archäologe Robert L. Scranton mit seinem 1949 im Art Bulletin erschienenen Artikel „Group Design in Greek Architecture" ein. Sigfried Giedion und andere Zeitgenossen übernahmen diesen sehr treffenden Terminus, der sich jedoch nicht allgemein durchzusetzen vermochte.

49 Vgl.: Giedion, 1974, S. 29–33

50 Rowe, 1980, S.83. Dass er dabei tatsächlich auf die Akropolis von Athen anspielt und nicht auf eine beliebige antike Hochstadt, wie durch die Kleinschreibung suggeriert werden könnte, zeigt sich daran, dass auf der daran anschließenden Doppelseite links ein Grundriss der Akropolis rechts einem Grundriss der römischen Kaiserforen gegenübersteht. Vgl.: ebenda, S. 84/85

51 Vgl.: Hurwitt, 2005, S. 10

52 Robin Dunn war ein Freund und Nachbar von Sir Geoffry Crowther, dem Vorstandsvorsitzenden und Herausgeber des Economist. Zur Planungs- und Wettbewerbsgeschichte siehe Scalbert, 2005, S. 16/17.

53 Zur Anlage des Economist Buildings vgl. Smithson, 1965, 63–83; Frampton, 1965, S. 61/62; Blundell-Jones, 2002, S. 61–69; Scalbert 2005, S. 11–29.

54 Cullen, 1965, S. 115

55 Vgl.: Blundell-Jones, 2002, S. 67

56 Vgl.: Scalbert, 2005, S. 21/22

57 Vgl.: Smithson, 1965, S. 70

58 Vgl.: Smithson, 1965, S. 78

59 Vgl.: Scalbert, 2005, S. 22/23

60 Vgl.: Blundell-Jones, 2002, S. 60

61 Vgl.: Scalbert, 2005, S. 14. Sie zitiert Banham aus einem Artikel „Crowthers Acropolis" in der Zeitschrift „The new statesman" vol. 15. Januar 1965, S. 83.

62 Banham, 1966, S. 134

63 Banham, 1973, S. 115

64 Vgl.: Smithson in: Spellmann/Unglaub, 2005, S. 14
65 Vgl.: Smithson in: Spellmann Unglaub, 2005, S. 18
66 Smithson, 1958, S. 599
67 Smithson, 1958, S. 599
68 Vgl.: Smithson, 1958, S. 600
69 Vgl.: Smithson, 1958, S. 600
70 Vgl.: Smithson, 1958, S. 600
71 Vgl.: Smithson, 1958, S. 601
72 Smithson, 1959, S. 194
73 Vgl.: Smithson, 1959, S. 194
74 Smithson, 1974, S. 1
75 Vgl.: Smithson, 1974, S. 54–58
76 Cullen, 1965, S. 115
77 Smithson, 2001, S. 248
78 Cullen, 1965, S. 123 und vgl. dazu auch Smithson, 2001, S. 248
79 Vgl.: Choisy, 1996, S. 418
80 Vgl.: Coe/Reading, 1981, S. 121
81 Vgl.: Coe/Reading, 1981, S. 153
82 Vgl.: Allan, 1992, S. 302
83 Vgl.: Coe/Reading, 1981, S. 33
84 Vgl.: Allan, 1992, S. 296/298
85 Allen, 1992, S. 297
86 Banham, 1973, S. 138
87 Vgl.: Lorens, 2010, S. 202
88 Vgl. dazu Curtis, 1989, S. 300 ff.

Epilog

1   Lorens geht allerdings davon aus, dass Le Corbusier den Parthenon aufrief. Tatsächlich bezieht sich
    Le Corbusier jedoch meistens auf die Akropolis als Ganzes. Vgl.: Lorens, 2010, S. 202
2   Żaknić, 1997, S. 117
3   FLC R3-18-165T – Brief an William Ritter vom 8. März 1912. „Vous m'avez dit: Faites qu'on se sou-
    vienne que vous êtes allé à l'Acropole. Ô aiguillonner que vous êtes, et ironiste! Le sang et la chair
    sous ma peau, le savent et s'en souviennent."
4   Vgl.: Smet, 2005, S. 11
5   Smet, 2005, S. 111
6   Vgl.: Malraux in LC: OC8, 1995, S. 187
7   Roth, 1973, S. 115

Literaturverzeichnis

Texte von Charles-Edouard Jeanneret/Le Corbusier

Boesiger, Willy (Hg.): Le Corbusier: Œuvre Complète (OC), Bd.1: 1910–29, Zürich 1995
Boesiger, Willy (Hg.): Le Corbusier: Œuvre Complète (OC), Bd.2: 1929–34, Zürich 1995
Boesiger, Willy (Hg.): Le Corbusier: Œuvre Complète (OC), Bd.3: 1934–38, Zürich 1995
Boesiger, Willy (Hg.): Le Corbusier: Œuvre Complète (OC), Bd.4: 1938–46, Zürich 1995
Boesiger, Willy (Hg.): Le Corbusier: Œuvre Complète (OC), Bd.5: 1946–52, Zürich 1995
Boesiger, Willy (Hg.): Le Corbusier: Œuvre Complète (OC), Bd.6: 1952–57, Zürich 1995
Boesiger, Willy (Hg.): Le Corbusier: Œuvre Complète (OC), Bd.7: 1957–65, Zürich 1995
Boesiger, Willy (Hg.): Le Corbusier: Œuvre Complète (OC), Bd.8: Die letzten Werke, Zürich 1995
Jeanneret, Charles-Edouard: voyage d'orient: carnets 1910/11, Gresleri, Giuliano (Hg.)
Jeanneret, Charles-Edouard: Étude sur le mouvement d'art décoratif en Allemagne, La Chaux-de-Fonds 1912
Jeanneret, Charles-Edouard: Le renouveau dans l'Architecture, (1914), in: Emery, Marc (Hg.): La Construction des villes: genèse et devenir d'un ouvrage écrit de 1910 à 1915 et laissé inachevé, Lausanne 1992
Jeanneret, Charles-Edouard/Ozenfant, Amédée: Après le cubisme, Paris 1918
Le Corbusier: Purisme, in: L'Esprit Nouveau, Nr. 4, Jan. 1921, S.369–386
Le Corbusier: Vers une Architecture (1923), Paris 1995
Le Corbusier: Ausblick auf eine Architektur (1923), Gütersloh 1995
Le Corbusier: Städtebau (1925), Berlin/Leipzig 1929
Le Corbusier: L'Almanach d'architecture moderne (1925), Paris 1974
Le Corbusier: La peinture moderne, Paris 1925
Le Corbusier: L'Art décoratif d'aujourd'hui (1925), Paris 1996
Le Corbusier: Feststellungen zu Architektur und Städtebau (1929), Braunschweig/Wiesbaden 1987
Le Corbusier: Une maison – un palais (1929), Paris 1989
Le Corbusier: Architecture d'Aujourd'hui, Numéro Spéciale Le Corbusier, Paris 1933
Le Corbusier, Manifestation décisive, in: XXᵉ Siècle, Nr. 1, Juli 1933, S. 5
Le Corbusier: Point de Départ, in: Le Voyage en Grèce, I. Printemps Croisade, ou le crépuscule des académies, Collection d'EN, Paris 1933
Le Corbusier: Esprit grec, esprit latin, esprit gréco-atin, in: Prélude Nr. 1, Feb. 1933 und „XXᵉ Siècle", Nr. 1, Juli 1933, S. 6
Le Corbusier: La Ville radieuse (1935), Paris 1964
Le Corbusier: En Grèce, á L'échelle humaine, in: Le Voyage en Grèce, Nr. II. Été 1939
Le Corbusier: Sur les quatre routes, Paris 1941
Le Corbusier: L'espace indicible (1945), in: Luciani, Domenico (Hg.): Il luogo et il sacro, Treviso 2012, S. 173–175
Le Corbusier: Les Trois Établissements humains, Paris 1945
Le Corbusier: Manière de penser l'urbanisme, Boulogne-sur-Seine 1946
Le Corbusier: Unité, in: Architecture d'Aujourd'hui, No. spéciale, 1948
Le Corbusier: New World of Space, London 1948
Le Corbusier: Purisme, in: Architecture d'Aujourd'hui, Jan. 1950, No. 6, S. 36/37
Le Corbusier: Der Modulor 1 (1953), Stuttgart 1985
Le Corbusier: Une petite maison, Zürich 1954
Le Corbusier: Von der Poesie des Bauens, Zürich 1957

Le Corbusier: Der Modulor 2, Stuttgart 1958
Le Corbusier: An die Studenten. Die ,Charte d`Athènes' (1957), Hamburg 1962
Le Corbusier: Le Voyage d'Orient 1911 (1966), Paris 1987

Unveröffentlichte Dokumente aus der Fondation Le Corbusier, Paris
FLC, D2-4-82-85
FLC R3-18-165T
FLC B2-15-70
FLC E1-11-174T
FLC: E1-11-112T und 114T
FLC, E1-11-47T
FLC E2-12-57T
FLC E2-12-59T
FLC, E2-17-61T
FLC E2-6-134T
FLC E2-12-96T
FLC R3-18-336
FLC R3-19-365T
FLC T1-4-374

Verwendete Literatur
Allan, John: Berthold Lubetkin. Architecture and the tradition of progress, London 1992
Amado, Tonio: Voiture Minimum. Le Corbusier and the Automobile, Cambridge, London 2011
Annales Techniques: Le IVᵉ Congrès International d'Architecture Moderne. La Ville fonctionnelle, No. 44–46, Athen Okt./Nov. 1933
Appia, Adolphe: L'œuvre d'art vivant, Genf, Paris 1921
Architecture in Greece, Sonderheft: Le Corbusier in Greece, Nr. 21/1987 Athen
Archithese, Sonderheft: La Chaux-de-Fonds und/et Jeanneret (Le Corbusier) 1983/2
Bablet, Denis u. Marie-Louise: Adolphe Appia 1862–1928. Darsteller – Raum – Licht. Ausstellungskatalog der Kulturstiftung Pro Helvetia, Zürich 1982
Baird, George: Karel Teiges Mundaneum 1929 and Le Corbusier's 'In Defense of Architecture', 1933, in: Oppositions, No. 4, Oct. 1974
Baker, Geoffrey H.: Le Corbusier: an analysis of form, London 1989
Baker, Geoffrey H.: Le Corbusier – The creative search. The formative years of Ch.-E. Jeanneret, New Orleans 1996
Ball, Susan L.: Ozenfant and Purism. The Evolution of a Style 1915–1930, Michigan 1981
Baltanás, José: Le Corbusier – Promenades, München 2005
Banham, Reyner: Brutalismus in der Architektur, Stuttgart 1966
Banham, Reyner: Age of the masters. A personal view of modern Architecture, London 1973
Banham, Reyner: Die Revolution der Architektur. Theorie und Gestaltung im ersten Maschinenzeitalter (1960), Braunschweig 1990
Baumstark, Reinhold (Hg.): Das neue Hellas. Griechen und Bayern zur Zeit Ludwigs I., München 1999
Beacham, Richard C.: Adolph Appia. Artiste and Visionary of the modern Theatre, Harvard 1994
Beer, Olivier: Lucien Hervé, Ostfildern-Ruit 2002
Bekaert, Geert/van Brunt, Henry: A la recherche de Viollet-le-Duc, Brüssel 1980

Benton, Tim: Le Corbusiers Pariser Villen aus den Jahren 1920–1930, Stuttgart 1984

Berlage Hendrik Petrus: Grundlagen und Entwicklung der Architektur (1908), in: ders.: Über Architektur und Stil, Aufsätze und Vorträge 1894–1928, Basel, Berlin, Boston 1991

Berlage Hendrik Petrus: Gedanken über Stil (1905), in: ders.: Über Architektur und Stil, Aufsätze und Vorträge 1894–1928, Basel, Berlin, Boston 1991

Bienz, Peter: Le Corbusier und die Musik, Braunschweig, Wiesbaden 1999

Blanc, Charles: Grammaire des Arts du Dessin, Paris 1881

Blum, Elisabeth: Le Corbusiers Wege. Wie das Zauberwerk in Gang gesetzt wird, Braunschweig 1988

Blundell-Jones, Peter: Modern architecture through case studies, Boston 2002

Boehm, Gottfried: Eine andere Moderne. Zur Konzeption und zu den Grundlagen der Ausstellung, in: Boehm, Gottfried/Mosch, Ulrich/Schmidt, Katharina (Hg.): Canto d'amore – Klassizistische Moderne in Musik und bildender Kunst 1914–1935, Basel 1996, S. 15–39

Boehm, Gottfried: Amédée Ozenfant und Le Corbusier: Werke des Purismus, in: Boehm, Gottfried/Mosch, Ulrich/Schmidt, Katharina (Hg.): Canto d'amore – Klassizistische Moderne in Musik und bildender Kunst 1914–1935, Basel 1996, S. 334–338

Bosman, Jos: Sur le Patris II. De Marseille á Athènes, in: Katalog: Le Corbusier et la Méditerranée, Marseille 1987, S. 73–80

Boudon, Philippe: Der architektonische Raum. Über das Verhältnis von Bauen und Erkennen. Eugéne Viollet-le-Duc: Maßstab und Proportion aus dem Dictionnaire raisonné de l'architecture, Basel, Bonn, Boston 1991

Boyer, M. Christine: Le Corbusier, homme de Lettres, Princeton 2011

Brooks, Allen (Hg.): Le Corbusier: The Garland Essay, New York, London 1987

Brooks, Allan, H.: L'évolution de la Conception de l'espace au cours des années d'apprentissage, in: Katalog: La Ville et L'Urbanisme après Le Corbusier, La Chaux-de-Fonds 1993

Brooks, Allen: Le Corbusiers formative years: Ch.-E. Jeanneret et La-Chaux-de-Fonds, Chicago 1997

Buchanan, Peter: La Tourette und Le Thoronet, in: Architectural Review, Westminster Jan. 1987, S. 48 ff.

Champigneulle, Bernard: Perret, Paris 1959

Choisy, Auguste: Histoire de l'architecture (1899), Paris 1996

Coe, Peter/Reading, Malcom: Lubetkin and Tecton. Architecture and Social Commitment, Bristol, 1981

Cohen, Stuart/Hurtt, Steven: The Pilgrimage Chapel at Ronchamp: It's Architectonic Structure and Typological Antecedents, in: Kenneth Frampton: Oppositions: Le Corbusier 1933–60, Winter/Spring 1980, 19/20

Cohen, Jean-Louis: Le Corbusier and the Mystique of the URSS: Theories and Projects for Moscow, 1928–1936, New Jersey 1992

Cohen, Jean-Louis (Hg.): Encyclopédie Auguste Perret, Paris 2002

Cohen, Jean-Louis: Le Corbusier. Toward an Architecture, Los Angeles 2007

Cohen, Jean-Louis: France ou Allemagne? Un livre inédit de Le Corbusier, Paris 2009

Cohen, Jean-Louis: Vers une Acropolis: d'Athènes à Ronchamp, in: L'Invention d'un architecte. Le voyage en Orient de Le Corbusier, Paris 2013, S. 376–393

Collignon, Maxime: Le Parthénon, Paris 1912

Collignon, Maxime: Sur l'Acropole, Paris 1913

Colomina, Beatriz: Le Corbusier und die Photographie, in: von Moos, Stanislaus (Hg.): L'Esprit Nouveau. Le Corbusier und die Industrie 1920–1925, Berlin 1987

Colomina, Beatriz: War on Architecture: E.1027, in: Assemblage 20, 1993, S. 28/29

Colomina, Beatriz: Vers une architecture médiatique; in Ausstellungskatalog: Le Corbusier. The Art of Architecture, Weil am Rhein 2007

Colquhoun, Alan: Modernity and classical Tradition. Architectural Essays 1980–1987, Massachusetts 1989

Condaratos, Savas/Wang, Wilfried: 20th Century Architecture Greece, München, Athen 1999

Constant, Caroline: From the Virgilian Dream to Chandigarh, in: Architectural Review, Westminster Jan. 1987

Corboz, André: Le Corbusier als Raubtier, in: Le Corbusier im Brennpunkt. Vorträge an der Abteilung für Architektur an der ETHZ, Zürich 1988

Cullen, Gordon: The 'Economist' Buildings, St. James's, in: Architectural Review 137, Westminster, Feb. 1965, S. 115–124

Curtis, William jr.: Le Corbusier. The evolution of his architectural language and the crystallization in the Villa Savoye in Poissy, in: The open university, Unit 17, 1975 Walton Hall, Milton Keynes

Curtis, William jr.: Authenticity, Abstraction and ancient Sense: Le Corbusier`s and Kahn's Ideas of Parliament, in: Perspecta 20, 1983

Curtis, William jr.: Modern Transformations of Classicism, in Architectural Review 176 (1984) S. 39–45

Curtis, William jr.: L'ancien dans le modern, in: Electa Moniteur: Architectures en Inde, 1986

Curtis, William jr.: Le Corbusier. Ideen und Formen, Stuttgart 1987

Curtis, William jr.: Le Corbusier. Le révolutionnaire qui retourna aux sources, in: Connaissance des Arts, Nr. 429, Paris Nov. 1987

Curtis, William jr.: Architektur im 20. Jahrhundert, Stuttgart 1989

Curtis, William jr.: Le Corbusier, La modernité et le culte de ruines, in: Le Méditerranée de Le Corbusier, Colloque International, Marseille 1987, Provence 1991

Dalcroze, Emile Jaques: Rhythmus, Musik und Erziehung (1921), Basel 1977

Djelepy, Panos: Les maisons d'archipel grec observées du point de vue de l'architecture moderne, in: Cahiers d'Art, Paris, No. 1–4, 1934, S. 93 ff.

van Doesburg, Theo: „Der Wille zum Stil" (Neugestaltung von Leben, Kunst und Technik), in: de Stijl, Amsterdam, Den Haag 1968

Doxiades, Konstantinos, A.: Raumordnung im griechischen Städtebau, Heidelberg 1937

Drew, Jane: Le Corbusier as I know him; in: Walden, Russell: The open hand: essays on Le Corbusier, Cambridge, Massachusetts 1977, S. 366 ff.

Ducros, Françoise: Amédée Ozenfant, St. Quentin 1985

Ducros, Françoise (Hg.): Amédée Ozenfant. Catalogue de l'exposition, Musée Antoine Lécuyer, 1985

Ducros, Françoise: Der Purismus und die Kompromisse der modernen Malerei, in: von Moos, Stanislaus (Hg.): L'Esprit Nouveau, Berlin 1987.

Ducros Françoise: Purist Brothers, in: Eliel, Carol S.: Purism in Paris 1918–1925, 2001, S. 71–100

Ducros Françoise: From Art Nouveau to Purism, in: von Moos/Stanislaus/Rüegg, Athur: Le Corbusier before Le Corbusier. Applied Arts, Architecture, Painting, Photography, 1907–1922, New Haven, London, Yale 2002

Eisenstein, Sergej: Architecture and Montage (ca. 1938) mit einer Einleitung von Ive-Alain Bois, in: Assemblage 10, Dez. 1989, S. 111–131

Eliel, Carol S.: L'Esprit Nouveau – Purism in Paris 1918–1925, New York 2001

Etlin, Richard, A.: A paradoxical avant-garde. Le Corbusiers villas of the 1920s, in: Architectural Review, Westminster Jan. 1987, S. 20 ff.

Etlin, Richard, A.: Le Corbusier, Choisy and French Hellenism: The Search for a New Architecture, in: Art Bulletin Bd. 69, No. Nr. 2, New York Juni 1987, S. 265 ff.

Etlin, Richard A.: Frank Lloyd Wright and Le Corbusier: the romantic legacy, Manchester 1994

Etlin, Richard A.: Aesthetics and the Spatial Sense of Self, Journal of Aesthetics and Art Criticism 56, 1, Winter 1998

Etlin, Richard A.: The Parthenon in the Modern Era, in: Neils, Jenifer: The Parthenon. From Antiquity to the Present, Cambridge 2005

Etlin, Richard, A.: Auguste Choisy's Anatomy of Architecture, in: Giron, Javier/Huerta, Santiago (Hg.): Auguste Choisy (1841–1909). L'architecture et l'art de bâtir, Madrid 2010

Evenson, Norma: Chandigarh, Berkley, Los Angeles 1966

Foucart, Bruno: La modernité des néo-grecs, in: École nationale supérieur des Beaux-Arts (Hg.): Archéologues et architectes, Paris 1983

Fougères, Gustave: Athènes, Paris 1912

Frampton, Kenneth: The Economist and the Hauptstadt, in: Architectural Design, Feb. 1965, London, S. 63–83

Frampton, Kenneth: Die Architektur der Moderne. Eine kritische Baugeschichte, Regensburg 1995

Freigang, Christian: Auguste Perret, die Architekturdebatte und die „Konservative Revolution" in Frankreich 1900–1930, München 2003

Léger, Fernand: Contemporary Architecture in Painting, in: Frey, Edward F./Anderson, Andrea (Hg.): Functions of Painting, New York 1973

Fuhrmann, Christine/Helten, Leonhard: eine stadtkrone für halle saale. walter gropius im wettbewerb, Halle 2011

Galusek, Lukaz: The Czechoslovakian Acropolis: Plečnik's Rebuilding of the Prague Castle, in: Centropa, New York 2014

Gargiani, Roberto: Auguste Perret. La Théorie et l'Œuvre, Milano 1993

Gargiani, Roberto/Rosellini, Anna: Le Corbusier. Béton brut and ineffable Space, 1940–1965. Surface Materials and psychophysiology of Vision, Oxford 2011

Georgiadis, Sokratis: Le Corbusier. Greece and the limits of Reason, in: Architecture in Greece, Nr. 21 Le Corbusier and Greece, Athen 1987

Giedion, Sigfried: Bauen in Frankreich, Leipzig, Berlin 1928

Giedion, Sigfried: Raum, Zeit, Architektur. Die Entstehung einer neuen Tradition (1941), Ravensburg 1965

Giedion, Sigfried: Die Herrschaft der Mechanisierung (1948), Frankfurt 1982

Giedion, Sigfried: Architektur und Gemeinschaft. Tagebuch einer Entwicklung, Hamburg 1956

Giedion, Sigfried: Ewige Gegenwart. Der Beginn der Architektur, Köln 1965

Giedion, Sigfried: Architektur und das Phänomen des Wandels. Die drei Raumkonzeptionen in der Architektur, Tübingen 1969

Giertz, Gernot: Kultus ohne Götter: Emile Jaques-Dalcroze und Adolphe Appia. Der Versuch einer Theaterreform auf der Grundlage der rhythmischen Gymnastik, München 1975

Ginzburg, Moisei: Style and Epoch, (Hg. Anatole Senkevitch), New York, Cambridge 1982

Goldfinger, Ernö: Auguste Perret, in: The Architectural Review, Westminster, Vol. 65, 1954, No 689, S. 341

Goodyear, William H.: Greek refinements: studies in temperamental architecture, London 1912

Gresleri, Giuliano: Les Leçons du Voyage d'Orient, in: Le Corbusier et la Méditerranée, Marseille 1987

Gresleri, Giuliano: Le Corbusier. Reise nach dem Orient. Unveröffentlichte Briefe und z. T. noch nicht veröffentlichte Texte und Photographien von Edouard Jeanneret. Venedig, Paris 1984, Zürich 1991

Gresleri, Giuliano: L'Europe en zigzag et la dérive vers l'Orient, in: L'invention d'un architecte. Le voyage en Orient de Le Corbusier, Paris 2013, S. 130–145

Grimm, Gerhard: „We are all Greeks". Griechenbegeisterung in Europa und Bayern, in: Baumstark, Reinhold (Hg.): Das neue Hellas. Griechen und Bayern zur Zeit Ludwigs I., München 1999

Gropius, Walter: Monumentale Kunst und Industriebau, Vortrag Januar 1911, in: Wilhelm, Karin: Walter Gropius. Industriearchitekt, Braunschweig, Wiesbaden 1983

Gropius, Walter: Die Entwicklung moderner Industriebaukunst, in: Jahrbuch des Deutschen Werkbundes, Jena 1913

Gropius, Walter: Der stilbildende Wert industrieller Bauformen (1914), in: Schädlich, Probst: Walter Gropius Bd. 3 Ausgewählte Schriften, Berlin 1988

Gropius, Walter: Tradition und Kontinuität in der Architektur, in: ders.: Apollo in der Demokratie, Cambridge, Hamburg 1967

Gubler, Jaques: Il Partenone di Le Corbusier, in: La construction de l'immeuble Clarté, Cataloghi dell' Accademia di architettura, Luzern 1999

Hearn, Millard F.: The Architectural Theory of Viollet-le-Duc: Readings and Commentary, Massachusetts 1990

Heinze-Greenberg, Ita/Stephan, Regina: Erich Mendelsohn. Gedankenwelten, Ostfildern-Ruit 2000

Holm, Lorens: Brunelleschi, Lacan, le Corbusier: architecture, space, and the constitution of subjectivity, Routledge 2010

Iuliano, Marco: Montage d'orient, in: Fondation Le Corbusier: L'invention d'un architecte. Le voyage en Orient de Le Corbusier, Paris 2013, S. 414–425

Hubrich, Hans Joachim: Hermann Muthesius: die Schriften zu Architektur, Kunstgewerbe, Industrie in der „Neuen Bewegung", Berlin 1981

Hurwitt, Jeffrey M.: Space and Theme: The setting of the Parthenon, in: Neils, Jenifer: The Parthenon. From Antiquity to the Present, Cambridge 2005

Jahrbuch des Deutschen Werkbundes: Die Industrie in Kunst und Handel, Jena 1913

Jenger, Jean: Le Corbusier – Choix de lettres – Sélection, introduction et notes, Bâle 2002

Jencks, Charles: Le Corbusier and the Revenge of the Book, in: Mostafavi, Mohsen: Le Corbusier the Architecture of Reinvention, Paris, London 2003

Joedicke, Jürgen: Geschichte der modernen Architektur, Stuttgart 1966

Joedicke, Jürgen: Architekturgeschichte des 20. Jahrhunderts, Stuttgart, Zürich 1990

Kalia, Ravi: Chandigarh. The Making of an Indian City, Oxford 1999

Katalog: Léger and Purist Paris, Tate Gallery Nov. 1970 – Jan. 1971

Katalog: Ein griechischer Traum. Leo von Klenze. Der Archäologe, München 1986

Katalog: Le Corbusier: Le passé à réaction poétique, Sully 1987/88.

Kondaratos, Savas: The Parthenon as Cultural Ideal, in: Tournikiotis, Panayotis: The Parthenon and its Impact in modern Times, Athen 1994

Kontratos, Savas: L'Acropole de son „autre": Renan, Freud, Le Corbusier, in: L'invention d'un architecte. Le voyage en Orient de Le Corbusier, Paris 2013, S. 366–375

Korres, Manolis: The Architecture of the Parthenon, in: Tournikiotis, Panayotis: The Parthenon and its Impact in modern Times, Athen 1994

Korres, Manolis: Bauforschung in Athen 1832–41, in: Baumstark, Reinhold (Hg.): Das neue Hellas. Griechen und Bayern zur Zeit Ludwigs I., München 1999

Korres, Manolis: Die klassische Architektur und der Parthenon, in: Antikensammlung Berlin SMPK (Hg.): Die Griechische Klassik. Idee oder Wirklichkeit, Mainz 2002

Korres, Manolis: Richtplatten. Akribie, Harmonie und Kanon, in: Antikensammlung Berlin SMPK (Hg.): Die Griechische Klassik. Idee oder Wirklichkeit, Mainz 2002

Krečnič, Peter: Jože Plečnic – Ljubiliana: An Architect's Vision of New Athens as Capital of Slovenia, in Centropa, New York 2014

Kries, Mateo: Le Corbusier: Studie über die deutsche Kunstgewerbebewegung, Weil am Rhein 2008

Kruft, Hanno-Walter: Geschichte der Architekturtheorie, München 2004

Larnaudie, Szuanne: Paul Valéry et la Grèce, Genf 1992

Léger, Fernand: De l'Acropole à la Tour Eiffel, in: Le Voyage en Grèce, I. Printemps 1931

Loos, Adolf: Die potemkinsche Stadt. Verschollene Schriften 1897–1933, Wien 1983

Loos, Adolf: Sämtliche Schriften, 2 Bd., Wien, München 1962

Lucan, Jaques: The terrain of architecture – Liberation of the ground and return to the Acropolis, in: Lotus International 36, Milano 1982

Lucan, Jaques: Die Propyläen der Akropolis von Athen: ein architektonisches Rätsel, in: Daidalos 15, 1985

Lucan, Jaques: Acropole. Tout a commencé là, in: Le Corbusier. Une encyclopédie, Paris 1987

Mallouchou-Tufano, Fani: The Parthenon from Cyriacus of Ancona to Frédéric Boissonnas, in: Tournikiotis, Panayotis: The Parthenon and its Impact in modern Times, Athen 1994, S. 162–199

Malfroy, Sylvain: Le Corbusier tombe dans le Panorama, in: Architectes/Architecture, Nr. 174, Jan./Feb. 1987, S. 32–35

Martienssen, R.D.: The Idea of Space in Greek Architecture, Witwatersrand 1956

Middleton/Watkin: Klassizismus und Historismus, Bd.2, Stuttgart 1987

von Moos, Stanislaus: Le Corbusier. Elemente einer Synthese, Frauenfeld 1968

von Moos, Stanislaus: Standard und Elite. Le Corbusier, die Industrie und der `Esprit Nouveau´, in: Buddensieg, Tilmann/Rogge, Henning (Hg.): Die nützlichen Künste, Berlin 1981, S. 306–323

von Moos, Stanislaus/Smeenk, Chris: Avantgarde und Industrie, Delft 1983

von Moos, Stanislaus (Hg.): L'Esprit Nouveau. Le Corbusier und die Industrie 1920–1925, Berlin 1987

von Moos, Stanislaus: Le Corbusiers „Hellas". Fünf Metamorphosen einer Konstruktion, in: Kunst und Architektur in der Schweiz 1999/1

Muthesius, Hermann: Kunst und Maschine, in: Die Kunst, Bd. VI, 1902, S. 141 ff.

Muthesius, Hermann: Stilarchitektur und Baukunst, Wandlungen der Architektur im 19. Jh. und ihr heutiger Standpunkt (1902), in: Posner, Julius: Anfänge des Funktionalismus. Von „Arts and Crafts" zum Deutschen Werkbund, Berlin, Frankfurt a. M., Wien 1964

Muthesius, Hermann: Das Formproblem im Ingenieurbau, in: Jahrbuch des Deutschen Werkbundes, Jena 1913

Needham, J.N.: The siting of Greek Buildings, Journal of the Royal Society of British Architects 60,1953, S. 180–185

Nerdinger, Winfried: Le Corbusier und Deutschland. Genesis und Wirkungsgeschichte eines Konflikts 1910–1933, in: Arch+ Sonderheft, 90/91, 3, 1987

Nobis, Norbert: Der Lärm der Straße. Italienischer Futurismus 1909–1918, Rom 2001

Oechslin, Werner: Stilhülse und Kern. Otto Wagner, Adolf Loos und der evolutionäre Weg zur modernen Architektur, Zürich 1994

Oechslin, Werner: Moderne entwerfen: Architektur und Kunstgeschichte, Köln 1999

Oechslin, Werner: Die Fortsetzung der „Akropolis-Idee": „Parthenons upon Skyscrapers", in: Antikensammlung Berlin SMPK (Hg.): Die Griechische Klassik. Idee oder Wirklichkeit, Mainz 2002

Oechslin, Werner: Von Viollet-le-Duc zu Le Corbusier. Das „Klassische", die Proportion und die „tracés régulateurs", in: ders.: Eugène Emmanuel Viollet-le-Duc. Internationales Kolloquium, Zürich, Berlin 2010

Oelek, Sambal: Jünglingserwachen. Die ersten 38 % aus Le Corbusiers Leben, Zürich 1992

Ozenfant, Amédée: Mémoires 1886–1962, Paris 1968

Passanti, Francesco: Wolkenkratzer für die Ville Contemporaine, in: von Moos, Stansilaus (Hg.): L'Esprit Nouveau, Berlin 1987.

Passanti, Francesco: Architecture: Proportion, Classicism and other issues, in: von Moos, Stanislaus/ Rüegg, Athur: Le Corbusier before Le Corbusier. Applied Arts, Architecture, Painting, Photography, 1907–1922, New Haven, London, Yale 2002

Pearson, Paul D.: Alvar Aalto and the international style, London 1989

Petit, Jean: Le Corbusier parle, darin: La Grèce, Paris 1967

Petit, Jean: Le Corbusier lui-même, Genève, Lausanne 1970

Philippides, Dimitris: The Parthenon as Appreciated by Greek Society, in: Tournikiotis, Panayotis: The Parthenon and its Impact in modern Times, Athen 1994

Piscopo, Carmine: Les aquarelles du „Langage des pierres", in: Fondation Le Corbusier: L'invention d'un architecte. Le voyage en Orient de Le Corbusier, Paris 2013, S.114–127

Potié, Philippe: Le Corbusier: Le Couvent Sainte Marie de La Tourette, Basel, Boston, Berlin 2001

Posner, Julius: Anfänge des Funktionalismus. Von „Arts and Crafts" zum Deutschen Werkbund, Berlin, Frankfurt a. M., Wien 1964

Posener, Julius: Auguste Choisy, in: Peschken, Gerd/Radicke, Dieter/Heinisch, Tilmann (Hg.), Festschrift Ernst Heinrich, Berlin 1974

Prakash, Vikramaditya: Chandigarh's Le Corbusier. The Struggle for Modernity in Postcolonial India, Seattle, Ahmedabad 2002

Provensal, Henry: L'Art de demain, Paris 1904

Raynal, Maurice: Point d'arrivée … Point de départ … Le Voyage en Grèce, Printemps, Paris 1936

Reichlin, Bruno: The Pros and Cons of the Horizontal Window, in: Daidalos 13, 1984

Reichlin, Bruno: L'Esprit de Paris, in: Arch+ Sonderheft, 90/91, 3, 1987

Renan, Ernest: Prière sur l'Acropole, Paris 1883

Riehl, Martin: Vers une architecture: Das moderne Bauprogramm Le Corbusiers, München 1992

Roth, Alfred: Begegnung mit Pionieren, Basel 1973

Rowe, Colin: The mathematics of the ideal villa and other essays, Cambridge, London 1980

Rowe, Colin/Koetter, Fred: Collage City, Cambridge, London1980

Samuel, Flora: Le Corbusier and the Architectural Promenade, Basel 2010

Sbriglio, Jaques: Air, mer, soleil, verdure, in: Katalog: Le Corbusier et la Méditerranée, Marseille 1987, S. 101–113

Scalbert, Irénée: The Smithsons and the Economist Building Plaza, in: Johnston, Pamela (Hg.): Architecture is not made with the brain. The labour of Alison and Peter Smithson, London 2005

Schildt, Göran: Alvar Aalto: The early years, Otava 1984

Schinker, Nils M.: Die Gartenstadt Hellerau 1909–1945. Stadtbaukunst Kleinwohnungsbau, Sozial- und Bodenreform, Dresden 2013

Schneider, Lambert/Höcker, Christoph: Die Akropolis von Athen. Antikes Heiligtum und modernes Reiseziel, Köln 1990

Schneider, Lambert: Die Wissenschaft und ihr Objekt. Das Phantom Parthenon, in: Forum loccum, 10. Jg. 1/1991 Hannover

Schneider, Lambert/Höcker, Christoph: Die Akropolis von Athen. Eine Kunst- und Kulturgeschichte, Darmstadt 2001

Schnoor, Christoph: La Construction des villes: Le Corbusiers erstes städtebauliches Traktat von 1910/11, Zürich 2008

Schumacher, Thomas: Deep Space, in: Architectural Review, Westminster, Jan. 1987, S. 37 ff.

Scranton, Robert: Group Design in Greek Architecture, in: Art Bulletin, 31, 1949

Scully, Vincent: The Earth, the Temples and the Gods, Cambridge 1962

Scully, Vincent: Modern Architecture and other Essays, Princeton 2003

Simeoforidis, Georgios/Tzirtzilakis, Georios: Le Dernière Voyage en Grèce, in: Katalog: Le Corbusier et la Méditerranée, Marseille 1987

Sitte, Camillo: Der Städtebau nach seinen künstlerischen Grundsätzen (1889), Wien 1965

de Smet, Catherine: Le Corbusier. Architekt der Bücher, Baden 2005

Smithson, Peter: Theories concerning the layout of Classical Greek Buildings, in: Architectural Association Journal, 74, Feb. 1959, No. 829, S. 194–209

Smithson, Peter: Space and Greek Architecture, in: The Listener, Oct. 16, 1958, S. 599–601

Smithson, Alison and Peter: The Economist group St James's Street, London, in: Architectural Design, Feb. 1965, London, S. 63–83

Smithson, Alison and Peter: Without rhetoric: An Architectural Aesthetic 1955–1972, Cambridge, Massachusetts 1974

Smithson, Alison and Peter: The Charged Void: Architecture, New York 2001

Smithson, Alison and Peter: The Charged Void: Urbanism, New York 2005

Soltan, Jerzey: Working with Le Corbusier, in: Brooks, Allen: Le Corbusier, Princeton 1987

Spellmann, Catherine/Unglaub, Karl (Hg.), Smithson, Peter: Conversion with students. A space for Our Generation, Barcelona 2005

Steinmann, Martin (Hg.): CIAM, Basel, Stuttgart 1979

Stillwell, Richard: The siting of classical Greek temples, in: Journal of the Society of Architectural Historians, 13, 1954

Tafuri, Manfredo: „Machine et mémoire". The City in the Work of Le Corbusier, in: Brooks, Allen (Hg.): Le Corbusier, Princeton 1987

Taut, Bruno: Die Stadtkrone, Jena 1919

Taut, Bruno: Architekturlehre (1938), in: Arch+ 194, Oktober 2009, S. 36–157

Tegethoff, Wolf: Vom „modernen" Klassizismus zur klassischen Moderne – Wege und Ziele der Architektur in der ersten Hälfte des 20. Jh., in: Boehm, Gottfried/Mosch, Ulrich/Schmidt, Katharina (Hg.): Canto d'amore – Klassizistische Moderne in Musik und bildender Kunst 1914–1935, Basel 1996

de Thubert, E.: A propos d'une Interview de Perret et d'un article de Maigret, in: La Construction moderne, 21. aout 1938, No. 34

Tournikiotis, Panayotis: The Parthenon and its Impact in modern Times, Athen 1994

Tournikiotis, Panayotis: La résurgence de l'Acropole, in: Fondation Le Corbusier: L'invention d'un architecte. Le voyage en Orient de Le Corbusier, Paris 2013, S. 394–405

Tsiomis, Yannis: Sur les ailes métalliques du Parthénon, in: Les passions de Le Corbusier, Les Éditions de la Villette, Paris 1989

Tsiomis, Yannis: L'Antiquité, Byzance et la mort, in: L'Invention d'un architecte. Le voyage en Orient de Le Corbusier, Paris 2013, S. 308–323

Turner, Paul Venable: The Beginning of Le Corbusier's Education, 1902–07, in: Art Bulletin, No. 2, 1971

Turner, Paul Venable: The Education of Le Corbusier. A Study of the Development of Le Corbusiers Thought, 1900–1920, New York, London 1977

Vale, Lawrence J.: Architecture, Power and national Identity, Yale 1992

Valéry, Paul: Eupalinos oder der Architekt (1921), Frankfurt 1973

van de Velde, Henry: Gedankenfolge für einen Vortrag (Notizen aus Griechenland) (1903); in ders.: Zum neuen Stil, Tübingen 1955

van de Velde, Henry: Notizbuch von einer Reise nach Griechenland, Weimar 1905

van de Velde, Henry: „Der neue Stil" (1907); in ders.: Zum neuen Stil, Tübingen 1955

van de Velde, Henry: Formules de la beauté architectonique moderne (1916), Brüssel 1978

Very, Françoise: La Grèce imaginée de Jeanneret, in: L'invention d'un architecte. Le voyage en Orient de Le Corbusier, Paris 2013, S. 296–307

Vidler, Anthony: Warped space: art, architecture and anxiety in modern culture, Cambridge, Massachusetts 2000

Viollet-le-Duc, Eugène: Entretiens sur l'Architecture (1863), Bd. I., Ridgewood, 1965

Viollet-le-Duc, Eugène: Definitionen: Sieben Stichworte aus dem „Dictionnaire raisonné de l'architecture française du XIe au XVIe siècle, Basel, Berlin, Boston, 1993

Vogt, Adolf Max: Die verkehrte Grand Tour des Charles-Edouard Jeanneret, in: Bauwelt H. 38/39, 1987, Sonderheft Le Corbusier

Weston, Richard: Alvar Aalto, London 1995

Žaknić, Ivan: The final Testament of Père Corbu, Yale 1997

Abbildungsverzeichnis

Abb. 1: Le Corbusier, Ausblick, 1995, S. 106/107

Abb. 2: Le Corbusier, Ausblick, 1995, S. 47

Abb. 3: Le Corbusier, Ausblick, 1995, S. 103

Abb. 4: Le Corbusier, Ausblick, 1995, S. 149

Abb. 5: Le Corbusier, La Ville radieuse, 1964, S. 201

Abb. 6: Choisy, 1996, S. 417

Abb. 7: Choisy, 1996, S. 414

Abb. 8: Choisy, 1996, S. 415

Abb. 9: Choisy, 1996, S. 416

Abb. 10: Choisy, 1996, S. 418

Abb. 11: Collignon, 1912, PL. 1

Abb. 12: Le Corbusier, Ausblick, 1995, S. 110/11

Abb. 13: Collignon, 1912, Pl. 10

Abb. 14: Collignon, 1912, Pl. 65

Abb. 15: Le Corbusier, Ausblick, 1995, S. 116

Abb. 16: Gresleri, 1991, S. 341

Abb. 17: Gresleri, 1991, S. 341

Abb. 18: Gresleri, 1991, S. 345

Abb. 19: Gresleri, 1991, S. 343

Abb. 20: Gresleri, 1991, S. 341

Abb. 21: Gresleri, 1991, S. 346

Abb. 22: Beacham, 1994, S. B9

Abb. 23: Beacham, 1994, S. B8

Abb. 24: Le Corbusier: En Grèce, à l'échelle humaine, 1939, S. 4

Abb. 25: Ducros, 2002, S. 275

Abb. 26: Eliel, 2001, S. 19

Abb. 27: Choisy, 1996, S. 358/59

Abb. 28: Curtis, 1987, S. 115

Abb. 29: Le Corbusier, OC2, 1995, S. 26/27

Abb. 30: Turit Fröbe

Abb. 31: Le Corbusier, OC6, 1995, S. 20
Abb. 32: Le Corbusier, OC2, 1995, S. 55
Abb. 33: Le Corbusier, OC2, 1995, S. 57
Abb. 34: Le Corbusier, OC2, 1995, S. 54
Abb. 35: Le Corbusier, OC5, 1995, S. 215
Abb. 36: Turit Fröbe
Abb. 37: Turit Fröbe
Abb. 38: Le Corbusier, OC7, 1995, S. 52
Abb. 39: Gargiani, 2011, S. 11
Abb. 40: Le Corbusier, OC1, 1995, S. 191
Abb. 41: Le Corbusier, OC7, 1995, S. 182
Abb. 42: Le Corbusier, OC4, 1995, S. 139
Abb. 43: Le Corbusier, OC5, 1995, S. 143
Abb. 44: Turit Fröbe
Abb. 45: Pearson, 1989, S. 47
Abb. 46: Pearson, 1989, S. 48
Abb. 47: Schildt, 1984, S. 291
Abb. 48: Eisenstein, 1989, S. 120/21
Abb. 49: Scalbert, 2005, S. 19
Abb. 50: Allan, 1992, S. 297
Abb. 51: Turit Fröbe

Bauwelt Fundamente (Auswahl)

1   Ulrich Conrads (Hg.), Programme und Manifeste zur Architektur des 20. Jahrhunderts
2   Le Corbusier, 1922 – Ausblick auf eine Architektur
4   Jane Jacobs, Tod und Leben großer amerikanischer Städte
12 Le Corbusier, 1929 – Feststellungen
16 Kevin Lynch, Das Bild der Stadt
21 Ebenezer Howard, Gartenstädte von morgen (1902)
41 Aldo Rossi, Die Architektur der Stadt
50 Robert Venturi, Komplexität und Widerspruch in der Architektur
53 Robert Venturi / Denise Scott Brown / Steven Izenour, Lernen von Las Vegas
118 Thomas Sieverts, Zwischenstadt
126 Werner Sewing, Bildregie. Architektur zwischen Retrodesign und Eventkultur
127 Jan Pieper, Das Labyrinthische
128 Elisabeth Blum, Schöne neue Stadt. Wie der Sicherheitswahn die urbane Welt diszipliniert
131 Angelus Eisinger, Die Stadt der Architekten
132 Wilhelm / Jessen-Klingenberg (Hg.), Formationen der Stadt. Camillo Sitte weitergelesen
133 Michael Müller / Franz Dröge, Die ausgestellte Stadt
134 Loic Wacquant, Das Janusgesicht des Ghettos und andere Essays
135 Florian Rötzer, Vom Wildwerden der Städte
136 Ulrich Conrads, Zeit des Labyrinths
137 Friedrich Naumann, Ausstellungsbriefe Berlin, Paris, Dresden, Düsseldorf 1896–1906
138 Undine Giseke / Erika Spiegel (Hg.), Stadtlichtungen
140 Yildiz / Mattausch (Hg.), Urban Recycling. Migration als Großstadt-Ressource
141 Günther Fischer, Vitruv NEU oder Was ist Architektur?
142 Dieter Hassenpflug, Der urbane Code Chinas
143 Elisabeth Blum / Peter Neitzke (Hg.), Dubai. Stadt aus dem Nichts
144 Michael Wilkens, Architektur als Komposition. Zehn Lektionen zum Entwerfen
145 Gerhard Matzig, Vorsicht Baustelle!
146 Adrian von Buttlar et al., Denkmalpflege statt Attrappenkult
147 Andre Bideau, Architektur und symbolisches Kapitel
148 Jörg Seifert, Stadtbild, Wahrnehmung, Design
149 Steen Eiler Rasmussen, LONDON, The Unique City
150 Dietmar Offenhuber / Carlo Ratti (Hg.), Die Stadt entschlüsseln
151 Harald Kegler, Resilienz.
152 Günther Fischer, Architekturtheorie für Architekten
153 Bodenschatz / Sassi / Guerra (Hg.), Urbanism and Dictatorship
154 M. Dellenbaugh / M. Kip / M. Bieniok / A. K. Müller / M. Schwegmann (Hg.), Urban Commons
155 Anja Schwanhäußer (Hg.), Sensing the City. A Companion to Urban Antropology

Alle Titel sind auch als E-Book erhältlich: degruyter.com